社科文献 SSAP 学术文库

文史哲研究系列

事实与价值
休谟问题及其解决尝试

FACTS AND VALUES:
HUME'S PROBLEM AND ITS SOLUTION

（修订本）

孙伟平 著

社会科学文献出版社
SOCIAL SCIENCES ACADEMIC PRESS (CHINA)

出版说明

社会科学文献出版社成立于 1985 年。三十年来，特别是 1998 年二次创业以来，秉持"创社科经典，出传世文献"的出版理念和"权威、前沿、原创"的产品定位，社科文献人以专业的精神、用心的态度，在学术出版领域辛勤耕耘，将一个员工不过二十、年最高出书百余种的小社，发展为员工超过三百人、年出书近两千种、广受业界和学界关注，并有一定国际知名度的专业学术出版机构。

"旧书不厌百回读，熟读深思子自知。"经典是人类文化思想精粹的积淀，是文化思想传承的重要载体。作为出版者，也许最大的安慰和骄傲，就是经典能出自自己之手。早在 2010 年社会科学文献出版社成立二十五周年之际，我们就开始筹划出版社科文献学术文库，全面梳理已出版的学术著作，希望从中选出精品力作，纳入文库，以此回望我们走过的路，作为对自己成长历程的一种纪念。然工作启动后我们方知这实在不是一件容易的事。对于文库入选图书的具体范围、入选标准以及文库的最终目标等，大家多有分歧，多次讨论也难以一致。慎重起见，我们放缓工作节奏，多方征求学界意见，走访业内同仁，围绕上述文库入选标准等反复研讨，终于达成以下共识：

一、社科文献学术文库是学术精品的传播平台。入选文库的图书必须是出版五年以上、对学科发展有重要影响、得到学界广泛认可的精品力作。

二、社科文献学术文库是一个开放的平台。主要呈现社科文献出版社创立以来长期的学术出版积淀，是对我们以往学术出版发展历程与重要学术成果的集中展示。同时，文库也收录外社出版的学术精品。

三、社科文献学术文库遵从学界认识与判断。在遵循一般学术图书基本要求的前提下，文库将严格以学术价值为取舍，以学界专家意见为准绳，入选文库的书目最终都须通过各该学术领域权威学者的审核。

四、社科文献学术文库遵循严格的学术规范。学术规范是学术研究、学术交流和学术传播的基础，只有遵守共同的学术规范才能真正实现学术的交流与传播，学者也才能在此基础上切磋琢磨、砥砺学问，共同推动学术的进步。因而文库要在学术规范上从严要求。

根据以上共识，我们制定了文库操作方案，对入选范围、标准、程序、学术规范等一一做了规定。社科文献学术文库收录当代中国学者的哲学社会科学优秀原创理论著作，分为文史哲、社会政法、经济、国际问题、马克思主义等五个系列。文库以基础理论研究为主，包括专著和主题明确的文集，应用对策研究暂不列入。

多年来，海内外学界为社科文献出版社的成长提供了丰富营养，给予了鼎力支持。社科文献也在努力为学者、学界、学术贡献着力量。在此，学术出版者、学人、学界，已经成为一个学术共同体。我们恳切希望学界同仁和我们一道做好文库出版工作，让经典名篇，"传之其人，通邑大都"，启迪后学，薪火不灭。

社会科学文献出版社

2015 年 8 月

社科文献学术文库学术委员会

（以姓氏笔画为序）

作者简介

孙伟平　哲学博士。上海大学特聘教授，上海大学社会科学学部主任、马克思主义学院院长，中国社会科学院研究生院教授，博士生导师。"百千万人才工程"国家级人选，获国家"有突出贡献中青年专家"称号，享受国务院特殊津贴。曾任中国社会科学院哲学研究所副所长。主要社会职务有中国现代文化学会副会长及文化建设与评价专业委员会会长，中国辩证唯物主义研究会副会长及价值哲学专业委员会副会长；韩国成均馆大学等校客座教授。

主要从事价值论、伦理学、社会历史观和文化问题研究。主持承担了包括国家社会科学基金重大项目、重点项目在内的 20 多项课题，主持编写年度性的生态城市蓝皮书、文化建设蓝皮书等。已出版专著12 部，合著 25 部、主编 12 部、译著 2 部，在《哲学研究》《求是》《人民日报》《光明日报》等报刊发表论文、译文 300 多篇。论文 100多篇次为《新华文摘》《中国社会科学文摘》《文摘报》《人大报刊复印资料》等转载或摘要转载，并被广泛引用。

内容提要

休谟提出的事实与价值的关系问题，即以"是"为连系词的事实判断能否导出以"应该"为连系词的价值判断以及这种推导的根据与理由问题，是价值论、伦理学领域的一个基本的但尚未解决的问题。自休谟在《人性论》中提出这一问题之后，一些哲学家继承并发展了休谟的观点，将它演变为所谓"休谟法则"，即事实和价值分属两个完全不同、互不相关的领域，价值判断绝不能从事实判断推导出来。近代以来，这种事实与价值的二分对立观普遍流行、影响深远，对价值论、伦理学提出了学理上的挑战，也给诸如科学探索、伦理评价、行为选择以及决策活动带来深刻影响。

本书以马克思主义哲学"新世界观"为基础，从探讨事实与价值、认知与评价的内在关联出发，系统研究了沟通事实与价值、"是"与"应该"的实践和理论途径，给出了解决这一古老问题的一个新尝试。

实质上，事实与价值的关系问题是一个实践问题。在主体（人）的具体的、历史的社会实践中，并不存在事实与价值的二分鸿沟，主体（人）无时无刻不在根据其本性、需要与能力，根据实践活动中所发现和把握的事实，进行价值评价，获得价值判断，并以之为指导进行价值创造活动。生活实践中的解决对休谟问题具有决定性意义，只要对之加以创造性的总结和提炼，逻辑上的解决也是完全可能的。

应该强调指出的是，从事实到价值、从事实判断导出价值判断的过程并不是单向、静态的，而是一个双向作用、相互过渡、相互转化的永无止境的过程。随着主体（人）的具体的历史的社会实践的发展，事实与价值、事实判断与价值判断就不断在新的水平上双向过渡，达到统一。

Abstract

The question that D.Hume pointed out about the relationship between facts and values, namely, the question of whether a value statement about what "*ought*" to be the case can be derived from a factual statement about what "*is*" the case, and what the basis and justification for such an inference might be is a fundamental but not-yet-solved question in axiology and ethics. Since D.Hume posed this question in *A Treatise of Human Nature*, many philosophers have concurred with him and developed a so-called "Hume's Law". According to this rule, facts and values belong to two completely different and unrelated fields, therefore, value judgments cannot be derived from factual judgments. In modern times, this view has been very popular and profoundly influential, presenting challenges for axiology and ethics and affecting many other fields such as scientific exploration, ethical evaluation, choice of action and decision-making.

On the basis of the "new world outlook" of Marxist philosophy and the internal relationships between facts and values and between cognition and evaluation, the author tries to find ways to bridge the gap between them, both in theory and in practice. At the end of this book, the author tries to provide a new solution to the perennial problem.

In essence, the problem about the relationship between facts and values is a practical one. In the realm of human practice there is no impassable gulf between facts and values. On the basis of their natural inclinations, needs and abilities the agent is always assessing, judging and engaged in some value-creating activities on the basis of facts that have been discovered and appreciated. A solution through practice is of decisive significance to Hume's problem. Such a solution, with innovative theoretical treatment, may well form the foundation for a solution on the level of logic.

It should be emphasized that the derivation from facts to values, or from factual judgments to value judgments is bidirectional and dynamic, not unidirectional and static. As human's specific and historical practices continue to develop, the connection between facts and values or factual judgments and value judgments will reach new levels. The bidirectional relationship between the two will facilitate the realization of unity.

修订本自序

　　事实与价值的关系问题亦称"休谟问题"，是哲学价值论领域的一个重大而基本的问题，堪称价值王国的一项璀璨夺目的皇冠。这一问题所涉甚广，除了哲学（包括伦理学、美学等）之外，它还渗透到经济学、政治学、法学、文学、艺术学、新闻学、教育学、心理学、历史学、社会学、宗教学、民俗学等之中，甚至它还与自然科学、技术科学研究及其社会应用（科技社会学）密切相关。或许正是因为此，拙著作为国内第一部系统讨论这一问题的专著，于1996年完成并以系列论文的方式发表初步成果之后，特别是入选中国社会科学出版社"博士文库"于2000年10月正式出版之后，不仅在哲学界（主要是价值哲学和伦理学领域）产生了一定的反响，也荣幸地得到了其他学科（包括法学、政治学、文学、新闻学、教育学等）同仁的关注。据我不怎么全面、权威的观察，引用率最高的并不一定是我所供职的哲学界，而可能是其他学科，例如法学界。有位法律学者在某篇论文中，曾经"夸张地"引用了17次之多。这种始料未及的状况令我感动，亦令我倍感振奋——因为法律价值是一种特别"实在"的价值，法治实践是人与社会互动的一种重要生活体验，是社会价值观内化、"虚功实做"的关键途径。至于为什么会出现这种情况，我暗暗思忖，或许是因为在社会法治化浪潮中，法哲学或法律实践中的许多问题，如"法治何为"与法律评价的合理性，为什么以及如何确立法律规范，如何根据一定的事实情况和法律规范作出公正的判决……都需要很好地处理其中事实与价值的关系问题。

"是"与"应该"、事实与价值的关系一直存在，但它之所以成为一个问题，却肇始于怀疑论者休谟。然而，自休谟在《人性论》（创作于 1732～1736 年）中轻描淡写地提出这一问题之后，似乎包括休谟本人在内，学者们基本上都没有将它当一回事。这个问题因而沉寂了相当长的一段时间，学者们有时甚至刻意地对它"视而不见"，依然若无其事地探讨价值问题，作出评价性或规范性的价值判断，教导甚至干预大众的价值生活实践。转机大致出现在 19 世纪末 20 世纪初。在这个时期，一般价值论的产生是一个标志性事件，而摩尔开创的"元伦理学革命"更是意义非凡。自此以后，在价值（包括善与恶、美与丑等）领域，"元问题"的探讨、"元理论"的建构受到学者们的重视，甚至变得急迫、时髦起来。在此背景下，"休谟问题"日益变得引人注目，越来越多的学者试图真正地理解它，想方设法去消解或解决它。经过许多睿智的学者的思考，问题实际上不断被拓展和深化了。在"哲学科学化"以及哲学的"语言学转向"背景下，以否定的方式理解和解决这一问题，曾经是 20 世纪西方哲学界的主流，以至于"事实与价值的二分法"、"事实与价值的二歧鸿沟"广泛流传，甚嚣尘上，以至于学者们在现实生活中，往往拒绝对具体的道德或价值问题发表意见。当然，自由、多元的学术界从来就不会只有一种声音。坚信事实与价值之间存在内在关联，从事实判断能够过渡到价值判断，类似的信念一直"顽固地"存在，相关的努力也从来没有中断过。只不过，比较遗憾的是，受制于问题本身的难度，受制于各种主客观条件，沟通事实与价值的尝试尚未能取得公认的突破性进展。而休谟问题迟迟不能得到解决，对一切价值判断的合理性，对价值理论的"科学性",都构成了严峻的挑战!有人甚至认为,这一问题迟迟得不到解决,是伦理学、价值论乃至整个哲学界的耻辱!

当初我涉足价值论时,中国的价值论和我自己都还很年轻,或者说不算太成熟(或许应该说,今天仍然不太成熟)。那时的我,作为中国"第一位以价值论为研究方向"的博士研究生,颇有些意气风发,十分珍惜难得的脱产学习机会,一心想着选择一个有点难度的问题做博士论文,令为期三年的博士研究生生涯"不虚此行"。今天看来,选择"啃"休谟问题这块"硬骨头",实在是有些不自量力,或者说,冒了相当大的风险。因为,这是一个基础性的"老大难"问题,而无论是价值论自身的发展,还是可以用来解题的逻辑工具和方法,以及我自己的哲学素养和知识储备,都明显不够,现在想一想都感觉有些后怕。

不过,二十年过去了,对休谟问题进行再反思,我仍然坚定地认为,当初的基本信念,以及选择的解决问题的视角和路径是正确的。毕竟,在具体的历史的生活实践中,人们每时每刻都在大量地、经常地从事实过渡到价值,或者说,依据自己所处的事实情况(事实判断)而进行评价,形成自己的价值判断,因此可以说,在人们具体的历史的生活实践中,根本不存在事实与价值之间的二分鸿沟。而生活实践中的具体解决思路和推理方式,又为逻辑上的最终解决提供了可能性。当然,实现从实践到理论的"飞跃"并不容易,需要破除我们头脑中既有的观念和思维定势,谦逊地"向生活实践学习",并开动脑筋,从逻辑层面进行创造性的反映和提炼。近年来,这一工作一直没有取得实质性的进展,这明显受制于人们头脑中的逻辑观念比较陈旧(认为逻辑是超主体的思维工具,加工处理的对象仅仅是客体及其性质),受制于既有逻辑工具的贫乏(如缺乏切合价值问题的性质和特点、合理处理价值问题的逻辑推理形式和方法)。也就是说,逻辑上的彻底解决,尚待逻辑观的革命,尚待逻辑理论构造取得革命性进展。这当然是一项十分艰巨的工作，可能需要一个漫长的历史过程，急功近利，期待毕其功于一役是没有用的；但因为有理论和实践层面的巨大需要，我们有理由对前景表示乐观。

今天，拙著在经受了一定的考验之后，有机会得以修订再版，必须感谢社会科学文献出版社的学术精品项目，感谢相关的匿名评审专家，以及出版社的各级决策者和同仁。本次修订所做的工作应该说是全面的：对问题进行了再反思，对立场进行了再审视，对观点进行了再提炼，增加了一些新的材料，添加了一些新的论证，对文字进行了增删和提炼，对注释和参考文献进行了重新整理。经过近一年时间见缝插针、呕心沥血、日夜兼程的审校、修改，全书自然也"成长"了不少，至少，排版字数从22.8万增加到了30多万。当然，由于仍然坚持当初的基本信念、研究视角和解题思路，因而全书的整体框架和基本思想没有什么实质性的变化，只是围绕解决休谟问题的实践方式和逻辑方式，从多方面、多角度竭尽心力地进行了深化和系统化。我真诚地希望，拙著的修订再版，能够唤起人们对休谟问题的持续关注，并期待有兴趣的逻辑学家全身心投入，实质性地推动这一问题的讨论和解决。

修订本很快就要面世了，作为付出了辛劳和汗水的著作者，我自然是最为期待、最为兴奋的。这种时候，回首二十年来的求索之路，也自然难免心潮澎湃，浮想联翩。我自20世纪90年代初投身价值论研究，一路走来，风风雨雨，磕磕碰碰，自有许多不足以向外人唠叨的甘苦。不过，抚今追昔，我始终清晰地记得，在这条冷寂的求索之路上，总是有一些同仁执着守望，一直有许多师友伸手相携。这是人世间最温暖、最值得珍视的感情，也是我自己体味"价值"之意蕴最为宝贵的案例。在这里，我想借此机会，由衷地表达我自心底涌生的绵绵谢意：一是我的恩师李德顺教授，是他不嫌弟子愚笨，手把手地将我引进价值论研究的大门，并鼓励我选择这个深具挑战性的问题，以我们特有的实践唯物主义的方式尝试进行解答；二是拙著初版后，曾经有许多同仁认真地研读、评论过本书，其中包括张明仓、孙美堂、易力、韩东屏、杨泽波、黄凯锋、熊在高等，他们的视角和思想启迪了我，在一定程度上深化了我的认识；三是我的学生兼朋友曾祥富博士，他一直热情地关注着我的学术探索，这次又不辞辛苦，逐字逐句地核校了拙著的电子版和纸质版，以及英文目录，对本次修订的贡献颇为具体；四是许多师友通过各种方式对拙著的写作、出版和传播作出过贡献，其中特别应该提及的有萧前、夏甄陶、赵凤岐、袁贵仁、李景源、郭湛、李鹏程、谢寿光、赵剑英、陈波、马俊峰、冯平、江畅、陈新汉、刘进田、韩东屏、袁祖社、贾红莲、鉴传今、崔唯航、陈德中、王绯、周琼、胡文臻、单远举等。古人云，"滴水之恩，当涌泉相报"。我自知"水平"有限，难有"涌泉"相报万一，但我会永远感恩且铭记：没有各位同仁、师友长期的一以贯之的关爱和支持，就不可能有我所取得的些许成就，更不可能有供读者诸君批评的这本小书问世。

最后，不能不深深鞠躬致谢的，是那些自掏腰包购买拙著的读者（第一版短时间内就印刷了三次），以及那些不嫌拙著粗陋，拿出生命中最宝贵的时间"消费"在拙著上的朋友！没有他们的青睐、支持和实质性付出，就不可能有这一次修订再版的"资本"！我无以为报，只能在修订的时候认真、再认真一些，尽量不让大家的宝贵付出毫无价值。至于我是否做到了，我没有资格自我评说，还是请我的"上帝们"畅所欲言地批评吧！

孙伟平

2015 年 12 月 28 日

初版序言

  人类对于世界的思考和探求是永不满足的。无止境的反思、批判、超越精神是其本性。在哲学和科学上可以说，人类思维每发展到一个近乎"完备"状态时，就会发生一场革命，引发新的一轮思考。哲学上的革命往往表现为对某些思维前提的超越，就是对以往未曾省思的前提，提出思辨的或实证的质疑与改造。虽然它最初的表现也许仅仅是提出问题，但因为确实抓住了哲学上一些"老、大、深、难"，并且往往是"牵一发而动全身"的问题，所以它们从不同角度和层次上看，都对人类思维能力和哲学的发展构成了挑战。正因为如此，就引得那些喜欢追根究底和应付挑战的哲学家以经久不衰的热情去关注它、思考它、试图解答它。由此而产生的后果，往往超出了对一个问题本身的回答，推翻了某些长期沿用的思维前提，或者引入了新的前提，或者改变了某种传统的思维方式，或者开辟了新的研究领域，或者要求重组人类已有的知识体系，等等。这样，理论就大大地变化发展了。而最初发现和提出问题的哲学家则成为哲学史乃至人类思想史上的关键人物，他们提出的问题，更成为后世思想者无法回避的精神"卡夫丁峡谷"。

  如果要举出一位近代哲学家的典型，我们不应忘记休谟。休谟正是因提出著名的哲学问题而影响了人类的一位学者。他实际上并不是只提出了一个问题，而是提出了彼此相关的一系列问题。其中很有名的，在哲学、伦理学和逻辑学上影响很大的一个问题，是关于从"是"到"应该"过渡或推理的。这个问题是说，在我们的思考中，从关于事物、对象本身"是"什么（含怎么样、为什么等）的描述和判断，到人、主体"应该"怎样（含要什么、做什么、怎么做等）的判断，这中间有一个逻辑上的过渡和转变；长期以来人们对此似无察觉，常常是在未加注意的情况下进行了理论上、逻辑上的跳跃，很轻易就从一个"是"跳跃到了"应该"，几乎已是习惯成自然。然而，这个过渡和转变何以是可能的、何以发生、如何才是合理的等，却需要加以论证和说明，否则它将永远处于一个无理的地位。这就是一个所谓的"休谟问题"。它后来被进一步深化和扩展为"事实与价值"问题，但核心和焦点并没有变，仍然主要是关于"是"与"应该"之间的关系问题。

乍看起来，这个问题似乎有些学究式"钻牛角尖"的味道，但每个不停留于概念和字眼儿的表面，而是关注问题实质和意义的人，却能从中体味出它所包含的某种"颠覆性"的或者说启发性的力量，从中感受到一种要对我们人类自己的思维和行动负责的压力。因为实际上它关系到反思整个人类思想史，也关系到如何看待人类的行为方式和实践逻辑，既是一个有普遍性的理论问题，也是一个有特殊难度的现实问题。记得罗素在总结哲学史的经验教训时就曾指出，在全部哲学史中，哲学一直是由两个部分构成的：一方面是关于世界本性（"是什么"）的学说，另一方面是关于最佳生活方式（"应如何"）的伦理学说或政治学说（即价值学说），但它们是被"不调和地混杂在一起"的，而"这两部分未能充分划分清楚，自来是大量混乱想法的一个根源"[①]。他的话可以代表后人对"休谟问题"的一种回应。

---

① 罗素：《西方哲学史》下卷，马元德译，商务印书馆，1981，第395页。

在这期间，并且直到今天，世界上都有很多学者从各个方面为阐发和回答"休谟问题"而努力着，并且历来是众说纷纭、方案迭出、风格各异。

在中国，当哲学的一个重要分支——价值论——被提出和认真加以研究之前，人们对于这一"休谟问题"的具体内容、特点和它的意义，应该说是理解得很有限、重视得很不够的。这并不意味着我们的研究水平已经远远地超出了它的高度。由于长期把"休谟问题"当作认识论和存在论（本体论）范畴的问题来看待，因此我们过去往往只把它当作一种学术观点、流派的表现，着重于它所反映的怀疑论、"不可知"论等倾向，而较少把它当作思想发展史的一个标志、一个要由大家共同来面对的"问题"，而给予建设性的回应。近十年情况则有了很大的改变。特别是随着价值论问题进入了中国哲学研究的视野，当每一位研究者越是想要深入地探究价值问题的真髓，越是有志于建立科学的价值理论基础的时候，也就越是感觉到困扰了几代人的"休谟问题"的力量，越是唤起一种勇敢探索的热情，试图以新的方式从正面给它一个明确的回答。孙伟平博士的学位论文《事实与价值——休谟问题及其解决尝试》，便是在这种背景下产生的一部探索之作。不难想到，在前人的有关论述已可称汗牛充栋、前人的解答方案似可谓周到已极的情况下，要想讲出一点有新意的见解来，显然不是很容易的。孙伟平博士敢于向这个领域挺进，我想除了有理论上攻坚的勇气和志气以外，他还从两个方面为自己找到了支持，从而建立起信心。这两个方面，简单地说，一是靠虚心学习，就是首先尽可能充分地了解已有的相关材料和成果，向前人、他人学习。这是一切为学者的基本功。二是靠找到一个自己特有的角度或视点，就是近年来国内马克思主义哲学界提供的有关实践唯物主义的研究成果。要会学习，就离不开自己独立的思考和创造，就需要有一个自己特有的角度或视点。在学习中最重要的，是从前人、他人成功之处学习应该和可以怎样做，从前人和他人失败之处学习不该和不可怎样做，这一切都是为了使你能够走到前人、他人所走之路的尽头，然后再往前走；这时候所迈出的一步，就是你自己的创造与贡献了。学习和创造的统一当然不是简单的事，但做学问和搞研究都唯有如此，才有一代又一代的发展。在这两点上，我觉得本书体现了一种值得注意的宝贵的探索精神。

究竟如何看待和回答"是—应该"或"事实—价值"问题？在历来特别是一些有影响的西方学者的探索中，他们已经围绕学理式的、概念和语言逻辑的分析做了许多文章，在这方面加以研究的可能方式和出路，差不多都已被尝试过了。其中的进展和成就自然不应该忽视。但这些研究往往有一种局限，就是离开了人类实践的历史和现实去看待一个本身实质上是产生于实践并在实践中不断解决的问题。退回到问题的起点上，就应该承认一个基本的事实：在人类对世界和自己生活的理解与探索中，从"是"到"应该"、从事实到价值的过渡和转变，恰恰是一个在现实中永远存在的必然的普遍现象，正因为它体现出，人的本质存在方式在于实践地改变世界。人作为人，必须依靠不断地把客体从它本来所"是"的东西，变成对人来说所"应该"的东西，才能保证自己作为人的生存和发展。这一点自有人类以来，在实践上就从未含糊过。它已经像"这是食物，在你觉得饿时，就应该把它吃下去"一样自然、简单而直截了当，是一个"不成问题的问题"。所以在几千年里，人类的思考，包括早期大哲学家们的思考中，都一直没有对这种过渡提出什么疑问，而只是应用着这种看来"天经地义"的逻辑。如今这个"不成问题的问题"已经成了一个问题，它看起来已经不那么"天经地义"了。自休谟以后，学者们纷纷证明："是"和"应该"是两种有实质差别的判断，从事实到价值之间并不存在天然合理的过渡桥梁，而是包含着如马克思所说的商品交换时面临的那种致命的"惊险的一跃"。发现和指出这一点，应该说是人类理论思维和反思精神的一大进步、一大突破。但仅仅到此显然还不是人类智慧的成功，特别是当这个问题导致了某种消极的、否定式的结论，如断定"从一切'是'中都根本推不出'应该'"，或单纯强调"事实与价值两分、彼此不可沟通"之类的观念，而很少能够提供积极的建设性的答案时，理解和回答问题的方式本身是否合理、是否保持了发现和提出问题的初衷，就显得更需要注意了。因为"解铃还须系铃人"，问题只有在它产生之处得到回答，在某个层次上被剥夺了的人类的权利，只有在新的层次上重新归还给人类，才符合科学的人道主义，才能显示人类智慧的完整性。

按照马克思"实践的唯物主义"及其批判精神，在思考这个问题时，就不能不对问题本身产生的原因和根据，也就是提出问题的前提和背景保持一种同样的自我意识。例如，造成理论与现实之间这种反差的根子是什么？矛盾是怎样产生的？是由于人类生存发展的实践和历史本身不合逻辑，还是理论和逻辑的研究未能给予实践以应有的理解和说明？如果是后者，那么我们怎样从实践的角度和高度来思考和回答"休谟问题"？《事实与价值——休谟问题及其解决尝试》一书的立意和视角，应该说就是从这里开始的，它是一种从"实践的唯物主义"出发的尝试。在这里，作者不仅力求搞清"休谟问题"的意义和后来所产生的结果——这通常是哲学史研究所要做的工作，更力求站在当代马克思主义哲学研究发展的高度，探索一条解决这个问题的新思路——这是作者身为马克思主义哲学理论（原理）研究者所应该承担的任务。所以，作者在对问题作出必要历史考察的基础上，着重探讨了转变视角与思维方式的问题，从而肯定了以马克思的"实践的唯物主义"方式来回答这个问题的必要；然后，又就如何把握和界定诸如"事实"、"价值"、"是"、"应该"等起始概念，在比较不同理论背景和思考方式长短的基础上，得出了自己的理解；经过了这样"从头做起"的功夫以后，作者提供了自己关于如何解答"休谟问题"的思维和实践逻辑，作出一定的分析和概括。从这个过程可以看出，作者治学既是力求踏实严谨的，也是力求积极和富有建设性的。

至于这部专著的成就如何，它是否在某些方面为我们的哲学研究作出了新的贡献或提供了有益的启示，当然有待于理论和实践的发展来检验，内行的读者们也有评价的发言权。我作为作者的指导教师，本身也是和他一起探讨、一起接受"审判"的角色，自然不宜在这里多说。特别是作者作为一名逻辑学硕士出身的哲学博士，他的很大一部分兴趣在于探讨当代逻辑学的一些难点，这部分内容也已超出了我本人的专业，是更不该多说的。当然，从我的角度也有一个真诚的愿望，就是希望看到在类似或更多的问题上，能够通过哲学与逻辑学的结合，促进我们的学术研究出现一些新的气象，产生一些新的成果。在我们建设中国特色社会主义这个实践大发展的时代，需要有能够充分揭示社会实践内在逻辑的科学，应该有自己指导新时代实践的哲学。所以尽管不懂，我也绝不低估这种探讨的意义。

作为指导博士研究生工作的一部分，我把现在想到自己该说的话、该交代的事写下来，是为序言。

李德顺

1997 年 1 月

目　录

第一章　问题的提出 ………………………………………… 001

一　休谟问题及其实质 ……………………………………… 001

二　休谟问题与休谟法则 …………………………………… 012

三　休谟问题的意义 ………………………………………… 029

第二章　休谟问题的历史鸟瞰 …………………………… 034

一　贯穿哲学史的问题 ……………………………………… 034

二　休谟问题与哲学传统 …………………………………… 040

三　求解休谟问题的诸方案述评 …………………………… 052

第三章　视角与思维方式的转变 ………………………… 087

一　科学的实践观及其意义 ………………………………… 088

二　视角的转换 ……………………………………………… 091

三　思维方式的根本变革 …………………………………… 101

第四章　事实与价值的哲学涵义 ………………………… 110

一　事实与客体 ……………………………………………… 110

二 价值与主体 ……………………………………………………… 121

三 价值事实及其意义 ………………………………………… 141

第五章 事实认知与价值评价的内在关联 ……………… 147

一 存在纯粹的"事实"语言或"价值"语言吗? ……… 147

二 事实认知的价值渗透 …………………………………… 152

三 价值评价中的事实认定 ………………………………… 161

四 事实认知与价值评价的双向互动 …………………… 168

第六章 事实判断与价值判断 ……………………………… 171

一 关于"是"与"应该" ……………………………… 171

二 价值判断的分类与意义 ………………………………… 182

三 事实判断与价值判断之区别 ………………………… 201

第七章 价值原理及其意义 ………………………………… 207

一 价值原理及其特点 ……………………………………… 207

二 价值原理的分类 ………………………………………… 215

三 价值原理的意义 ………………………………………… 224

第八章 解决休谟问题的实践方式 ……………………… 235

一 社会历史实践中普遍的事实 ………………………… 235

二 导出价值判断的实践方式 …………………………… 242

三 实践何以能沟通事实与价值 ………………………… 260

第九章 解决休谟问题的逻辑方式 ……………………… 275

一 形式逻辑的局限性 ……………………………………… 276

二 逻辑的实践品格 ………………………………………… 281

三　价值逻辑与休谟问题 ………………………………………… 285

四　导出价值判断的推理方式 …………………………………… 292

第十章　价值推理与人的行为 ……………………………… 312

一　价值推理与事实推理 ………………………………………… 312

二　价值推理的模式与规则 ……………………………………… 316

三　价值推理与人的行为 ………………………………………… 333

结语　事实与价值的统一是一个过程 …………………… 340

主要参考文献 ……………………………………………………… 345

索　引 ……………………………………………………………… 361

原版后记 …………………………………………………………… 368

Contents

Chapter 1   Proposing of Hume's Problem / 001

1. Hume's Problem and Its Essence / 001
2. Hume's Problem and Hume's Rule / 012
3. Significance of Hume's Problem / 029

Chapter 2   Historical General Survey of Hume's Problem / 034

1. A Problem Throughout the Whole History of Philosophy / 034
2. Hume's Problem and the Philosophical Tradition / 040
3. A Commentary on Finding the Solutions to Hume's Problem / 052

Chapter 3   Conversion of Studying and Thinking Model / 087

1. Scientific Point of View of Practice and Its Significance / 088
2. Changes of Studying Angel / 091
3. Changes of Thinking Model / 101

Chapter 4   Philosophical Meaning of Facts and Values / 110

1. Facts and Object / 110
2. Values and Subject / 121
3. Facts of Value and Its Significance / 141

Chapter 5   Internal Relations of Congition of

Facts and Evaluation of Value   / 147

1. Is There Pure Facts Language and Value Language?   / 147

2. Value-Laden for Congnition of Facts   / 152

3. Factual Acknowledge of Evaluation of Value   / 161

4. Interaction between Congition of Facts and

Evaluation of Value   / 168

Chapter 6   Fact Judgment and Value Judgment   / 171

1. On "Is " and "Ought"   / 171

2. Types and Significance of Value Judgment   / 182

3. Difference between Fact Judgment and Value Judgment   / 201

Chapter 7   Principle of Value and Its Significance / 207

1. Principle of Value and Its Characteristics   / 207

2. Types of Principle of Value   / 215

3. Significance of Principle of Value   / 224

Chapter 8   The Practical Mode of Solution to Hume's

Problem   / 235

1. Universal Facts in Social Historical Practice   / 235

2. Practical Mode Deriving Value Judgment   / 242

3. Why Can Practice Unify Facts and Values?   / 260

Chapter 9   The Logical Mode of Solution to Hume's

Problem   / 275

1. The Limitations of Formal Logic   / 276

2. Practical Characteristics of Logic   / 281

3. Value Logic and Hume's Problem / 285

4. Mode of Inference Deriving Value Judgment / 292

Chapter 10　Value Inference and Action of Men / 312

1. Value Inference and Factual Inference / 312

2. Rules and Modes of Value Inference / 316

3. Value Inference and Action of Man / 333

Summary　Unity of Facts and Value Is a Course / 340

Main Bibliographies / 345

Index / 361

Postscript / 368

第一章

问题的提出

导引我们走向思想深处的，往往不是先哲们精辟的结论，而是大师们苦苦思索而未能解决的问题。

在价值论这个古老而又年轻的领域，先行者就为我们留下了这样一个基本而重大的问题——事实与价值的关系问题，也即所谓"休谟问题"。

一　休谟问题及其实质

真正的哲学探索大致有两种途径，一是提出新的哲学问题，一是给问题以新的解答。由于哲学问题的解决总是受制于问题本身，并受到客观历史条件的限制，这一解决总具有相对的意义，即真正的哲学问题需要永无止境地进行探索，因而能提出真正的根本性问题的哲学家就更为历史所瞩目。

就着哲学的历史咀嚼哲学，休谟（D. Hume，1711 – 1776）显然属于那种因提出问题而不朽的哲学家。"休谟问题"作为哲学中的专门术语，是哲学中无法回避而迄今尚待解决的难题。"休谟问题"之深刻与睿智，被哲人们引以为傲；而"休谟问题"长期得不到解决，又被人视为"哲学的耻辱"。

可冠以"休谟问题"名义的哲学问题实际上有两个，其一是认识论或逻辑学意义上的"归纳问题"或"因果问题"，其二是伦理学或价值论意义上的"是—应该"问题或"事实—价值问题"。前者意在诘问人类赖以获得新知的归纳推理（或归纳法）何以可能，或者进一步说，人们的因果观念何以可能。后者旨在追问伦理或价值观念、知识如何得来，甚至更进一步地，伦理学或价值论何以可能。或许是因为自近代以来认识论在哲学中的主导地位，似乎前者（即归纳问题）的知名度更高一些，甚至长期以来，"休谟问题"被一些人视为"归纳问题"或"因果问题"的同义语。

其实，这两个"休谟问题"之间存在内在关联，即都是对获得知识、观念的方法、程序、可能性等的根本性诘问。前一问题的解决对后一问题的解决无疑具有制约作用：若归纳推理或归纳法的合理性问题能够得以解决，则"事实—价值问题"的解决便可凭借归纳途径加以探索；若归纳推理或归纳法的合理性问题不能解决，则解决"事实—价值问题"的归纳途径在逻辑上也缺乏依据，也仍然是成疑问的；而后一问题又可看作归纳或因果问题存在的一个典型领域，它的探索进程反过来又可能成为解决归纳问题的突破口或判据。

1. 休谟问题的提出

价值论中的休谟问题，即事实与价值的关系问题，是英国哲学家休谟在论述道德并非理性的对象时提出来的。当然，休谟并没有直接使用价值概念，没有直接讨论过事实与价值的关系问题，而只是在阐述其道德理论时，从道德领域间接地阐述这一问题的。由于伦理学是价值论的一门典型的应用学科，特别是价值论产生以前，哲学史上一直习惯于以伦理问题为名讨论许多实质上的价值问题，因而这并不影响休谟的论述方式的价值论意义。

休谟之所以能够提出休谟问题，一场涉及道德基础的争论发挥了重大作用。争论的主题是："道德是导源于**理性**还是导源于**情感**，我们获得对于道德的知识是通过一系列论证和归纳还是凭借一种直接的感受和较精致的内在感官，道德是像对于真理和谬误的所有健全判断一样对一切有理性的理智存在物应当相同还是像对于美和丑的知觉一样完全基于人类特定的组织和结构"①。

对于这场争论，不同人的回答也迥然不同。

西方具有悠久、厚重的理性主义传统。休谟以前或同时代的不少哲学家、伦理学家从理性主义出发，认为道德是从理性中引申出来的，可以像几何学或代数学那样，通过一连串论证和归纳获得有关道德的知识，并对其确实性加以判断和论证。而且，这一点具有普适性，对任何有理智的人都是一样的。

休谟从一种彻底的经验主义立场出发，对此不以为然。"现在是他们应该在所有道德研讨中尝试类似这样一种改革，拒绝一切不是建立在事实和观察基础之上的、不论多么玄奥或精妙的伦理学体系的时候了"②。他认为，伦理学不同于其他理论科学，属于实践领域，与人们的生活息息相关；道德并不是理性的对象，善恶并不是可以理证的；理性既不能说明道德的起源，也不适用于规范人们的行为。

休谟否认道德感仅仅根源于理性。伦理学作为一门属人的实践科学，与人们的情感和行为相关，并不像理性那样"冷漠"和"超脱"。"理性的作用在于发现真或伪。真或伪在于对观念的**实在**关系或对**实际**存在和事实的符合或不符合。因此，凡不能有这种符合或不符合关系的东西，也都不能成为真的或伪的，并且永不能成为我们理性的对象。"③"道德上的善恶的区别不可能是由理性造成的；因为那种

---

① 休谟：《道德原则研究》，曾晓平译，商务印书馆，2001，第22页。
② 休谟：《道德原则研究》，曾晓平译，商务印书馆，2001，第27页。
③ 休谟：《人性论》下册，关文运译，商务印书馆，1980，第498页。

区别对我们的行为有一种影响，而理性单独是不能发生那种影响的。理性和判断由于推动或指导一种情感，确是能够成为一种行为的间接原因；不过我们不会妄说，这一类判断的真伪会伴有德或恶。"①

休谟把牛顿《光学》中关于第一性质和第二性质的区分引申开来，认为道德感情就像声音、颜色、热与冷这些知觉属性一样，并不依赖于观察对象的某些事实，而取决于观察者的天性结构，即人们在观察一定行为或认识、思考一定对象时，在心中所产生的感觉与情感。他在《道德原则研究》中指出："尽管理性在得到充分的帮助和改进时足以给我们指明品质和行动的有害的或有用的趋向，然而它单独却不足以产生任何道德的谴责或赞许。……为了给予有用的而非有害的趋向以一种优先选择，在此就必须展现出一种**情感**。"②

休谟所持的道德假设是浅显明白的。"它坚持道德性是由情感所规定的。它将德性界定为**凡是给予旁观者以快乐的赞许情感的心理活动或品质**，而恶行则相反。我们接下来着手考察一个浅显明白的事实，即什么行动具有这种影响力。我们考虑这些行动所一致具有的所有因素，由此努力引出关于这些情感的某些一般的见解。倘若你们将这称为形而上学，并于此发现任何玄奥的东西，那么你们只好断定你们的心性不适合于精神科学。"③

休谟认为，一切经验知识都来源于印象和观念，而一切观念又起源于印象。他认定，无论直接的还是间接的情感都是建立在痛苦和快乐之上的，即情感源于原始的苦乐感觉印象；不过这种苦乐感觉与单纯肉体的苦乐不同，它们"只是一些特殊的痛苦或快乐"，一旦我们观察某种行为或品格时就会表现出来，使人们即时获得这种行为善或恶的情感。

休谟指出，一切道德善恶都依赖人类的某种内在感官或感受："很

---

① 休谟：《人性论》下册，关文运译，商务印书馆，1980，第 502～503 页。
② 休谟：《道德原则研究》，曾晓平译，商务印书馆，2001，第 138 页。
③ 休谟：《道德原则研究》，曾晓平译，商务印书馆，2001，第 141 页。

可能，那宣判性格和行动是可亲或可恶、是值得称赞或令人谴责，那给它们打上光荣或耻辱、赞许或责难的印记，那使道德性成为一条能动的原则，并将德性规定为我们的幸福、而将恶行规定为我们的苦难的最终的裁决：我是说，很可能，这种最终的裁决依赖于大自然所普遍赋予整个人类的某种内在的感官或感受。"① 也就是说，它根本上取决于人们心中内在的、自然的"道德感"——对人类幸福的寻求和对其痛苦的憎恶，善的本质在于使人快乐，恶的本质在于给人痛苦。"道德这一概念蕴含着某种为全人类所共通的情感，这种情感将同一个对象推荐给一般的赞许，使人人或大多数人都赞同关于它的同一个意见或决定。这一概念还蕴含着某种情感，这种情感是如此普遍如此具有综括力，以至于可以扩展至全人类，使甚至最遥远的人们的行动和举止按照它们是否符合那条既定的正当规则而成为赞美或责难的对象。惟有这两个不可或缺的因素才属于我们这里所坚持的人道的情感。"②

"以公认为罪恶的故意杀人为例。你可以在一切观点下考虑它，看看你能否发现出你所谓恶的任何事实或实际存在来。不论你在哪个观点下观察它，你只发现一些情感、动机、意志和思想。这里再没有其他事实。你如果只是继续考究对象，你就完全看不到恶。除非等到你反省自己内心，感到自己心中对那种行为发生一种谴责的情绪，你永远也不能发现恶。这是一个事实，不过这个事实是感情的对象，不是理性的对象。它就在你心中，而不在对象之内。因此，当你断言任何行为或品格是恶的时候，你的意思只是说，由于你的天性的结构，你在思维那种行为或品格的时候就发生一种责备的感觉或情绪。因此，恶和德可以比作声音、颜色、冷和热，依照近代哲学来说，这些都不是对象的性质，而是心中的知觉"③。也就是说，休谟把善和恶

---

①　休谟：《道德原则研究》，曾晓平译，商务印书馆，2001，第 24 页。
②　休谟：《道德原则研究》，曾晓平译，商务印书馆，2001，第 124～125 页。
③　休谟：《人性论》下册，关文运译，商务印书馆，1980，第 508～509 页。

（价值）不是看作对象所具有的性质，而是视为主体内心由于其天性结构而产生的"知觉"，即人们在观察一定行为或认识、思考一定对象时，在心中唤起、产生的感觉与情感。由于善恶等作为人们内心的感觉或情感，不是理性的对象，"只在于内心的活动与外在的对象之间"，而不是存在于对象之中的"事实"，因此，休谟便在事实与善恶（价值）之间，作出了一个重要区分。

在休谟看来，人的行为的善恶等只受愉快或不愉快的情绪或情感的支配或指导，理性作为"情感的奴隶"，是服从情感的，只是为情感服务的。当然，这并不是说理性对于道德丝毫不起作用，实际上，"**理性和情感**在几乎所有道德规定和道德推论中都是共同发生作用的"[1]；当然，理性和情感所发挥的作用不同，有主有次，理性往往只有通过情感才能发挥作用，即只产生某种辅助性作用。在《人性论》中，休谟指出："理性，在严格的哲学意义下，只有在两个方式下能够影响我们的行为。一个方式是：它把成为某种情感的确当的对象的某种东西的存在告诉我们，因而刺激起那种情感来；另一个方式是：它发现出因果的联系，因而给我们提供了发挥某种情感的手段。"[2] 在后来的《道德原则研究》中，休谟进一步指出："为了为这样一种情感铺平道路、并确切地分辨它的对象，我们发现，事先进行大量的推理，作出精细的区分，引出合理的结论，建立广泛的比较，考查复杂的关系，确定和确断一般的事实，常常是必要的。"[3] 很显然，有时情感和理性也会发生矛盾和冲突，这就要诉诸自然的普遍的同情原则加以解决。

总之，在休谟看来，面对善恶（价值）等道德问题，以理性为特征、以客观事实为对象的科学是无能为力的。"道德并不成立于作为科

① 休谟：《道德原则研究》，曾晓平译，商务印书馆，2001，第24页。
② 休谟：《人性论》下册，关文运译，商务印书馆，1980，第499页。
③ 休谟：《道德原则研究》，曾晓平译，商务印书馆，2001，第24页。

学的对象的任何关系……道德也不在于知性所能发现的任何**事实**。……道德并不是理性的一个对象。"① 科学运用理性所研究的关系（类似、相反、性质程度和数量比例等）与道德（或价值）关系不同，前者的连系词是"是"或"不是"等，而后者的连系词是"应该"或"不应该"等。根据逻辑②规则，道德（或价值）关系既然不在科学所研究的诸种关系之内，它就不可能从那些关系中被推导出来，即是说，理性、科学只能回答"是什么"的问题，而不能告诉我们"应该怎样"。

休谟在《人性论》中认为，几乎所有的哲学家都忽略了这一点："在我所遇到的每一个道德学体系中，我一向注意到，作者在一个时期中是照平常的推理方式进行的，确定了上帝的存在，或是对人事作一番议论；可是突然之间，我却大吃一惊地发现，我所遇到的不再是命题中通常的'**是**'与'**不是**'等连系词，而是没有一个命题不是由一个'**应该**'或一个'**不应该**'联系起来的。这个变化虽是不知不觉的，却是有极其重大的关系的。因为这个**应该**或**不应该**既然表示一种新的关系或肯定，所以就必须加以论述和说明；同时对于这种似乎完全不可思议的事情，即这个新关系如何能由完全不同的另外一些关系推出来的，也应当举出理由加以说明。不过作者们通常既然不是这样谨慎从事，所以我倒想向读者们建议要留心提防；而且我相信，这样一点点的注意就会推翻一切通俗的道德学体系，并使我们看到，恶与德的区别不是单单建立在对象的关系上，也不是仅仅被理性所察知的。"③ 换言之，休谟认为，在以往的伦理学体系中，普遍存在一种思想跃迁，即从"是"或"不是"为连系词的事实命题，向以"应该"或"不应该"为连系词的伦理命题（价值命题）的跃迁，而且，

---

① 休谟：《人性论》下册，关文运译，商务印书馆，1980，第508页。
② 由于归纳的合理性尚待论证，这里仅指演绎逻辑或必然性逻辑。
③ 休谟：《人性论》下册，关文运译，商务印书馆，1980，第509～510页。原译文漏译了最后一句"也不是仅仅被理性所察知的"中的"仅仅"一词。

这种思想跃迁是不知不觉发生的，既缺乏相应的说明，也缺乏逻辑上的根据和论证。

上述这段话便是公认的伦理学或价值论领域"休谟问题"的来源。休谟也为自己的这个"新发现"兴奋不已，认为简直可以和牛顿在物理学中的发现相媲美！因为，仅仅这样一个"发现"，就可以"推翻一切通俗的道德学体系"！

2. 休谟问题的实质

尽管休谟认为上述发现或问题"或许会被发现为相当重要的"①，但它不过是休谟在《人性论》第三卷第一章第一节"道德的区别不是从理性得来的"最后的一则附论中提出的，而且，除了在这一附论中三言两语提出这一问题外，整个《人性论》都没有再对此作进一步的阐释与探究。甚至在后来的众多伦理学著作中，包括休谟十分看重的《人性论》第三卷《道德学》的改写本《道德原则研究》中，他都未予以任何方式的重申，未加以任何必要的说明。这使得后人颇感困惑，对休谟是否真的认为这一问题"相当重要"产生了怀疑。

因为休谟提出这一问题时只用了短短的几句话，语焉不详，这也为后人如何理解这一问题埋下了争论不休的种子。如麦金太尔（A. C. MacIntyre, 1929 - ）指出："仔细读完这段文字，我们仍不清楚休谟是说从'**是**'到'**应当**'的转变需要人们给予极大关注，还是说事实上这种转变在逻辑上是不可能的；他是说从'**是**'到'**应当**'的大多数转变实际上是虚妄的，还是说任何这种转变必定是虚妄的。"② 特别是，不同的思想家往往学术视角、学术兴趣、研究方法和学术观点不同，他们据此理解、阐释这一问题，更是使之多元化、复杂化了。梳理这一问题，呈现众说纷纭、莫衷一是、"百家争鸣"的

---

① 休谟：《人性论》下册，关文运译，商务印书馆，1980，第509页。
② 阿拉斯代尔·麦金太尔：《伦理学简史》，龚群译，商务印书馆，2003，第233页。

景象。例如，有些描述主义者认为，休谟提出的问题被后人"完全误解了"。他们认为，与流行的"应该"与"是"之间没有任何逻辑上的联系的观点相反，休谟的意思是："应该"与"是"之间有一种逻辑上的联系，尽管其他道德哲学家不能正确地解释它，但他们能够正确地解释和解决"是—应该"问题。[①] 再如，有人指出，休谟的这段话并不包含现代人所理解的那种具有现代意味的哲学观点，只是由于"一切历史都是当代史"，后来人们在新的时代背景下，为之强加上了现代解释和现代意义罢了。此外，还有人干脆说，休谟所谓从"是"不能导出"应该"的说法从其伦理学思想来看不能自圆其说，[②] 休谟恐怕也并不是那么认真的，因此，我们也大可不必那么当真。

将纷繁复杂的历史"简单化"，特别是立足价值论、伦理学的学科立场，我们认为，关于休谟问题的如下一些解释才是至关重要的。或者说，休谟问题实质上指称或包括如下一些问题。

第一种是比较流行的，认为休谟提出的是由"是"或"不是"为连系词的事实判断能否推出由"应该"或"不应该"为连系词的伦理判断或规范判断的问题；如果能够推出来，那么这种推导的根据或理由是什么。

第二种比较通行的理解是立足于价值论的，认为休谟在这里提出了事实与价值的关系问题，即从事实判断能否推导出价值判断的问题，以及这种推理的基础和根据问题。

由于价值判断既包括评价判断，也包括规范判断（这一点我们后

---

① 描述主义者的一种观点认为，道德判断**报告**某些情绪的发生，根本不必解释为从"是"到"应该"的推导，因为应该命题意指的东西可以依据"是"给予适当的界定。另一种观点认为，通过扩展"推出"的含义，就可以跨越"是"与"应该"之间的鸿沟（参见孙伟平《伦理学之后——现代西方元伦理学思想》，中国社会科学出版社，2014，第 337 ~ 341 页）。

② 如艾耶尔就指出，根据休谟的观点，人们的行为和感情受判断之真假和推理之对错的影响，而这与其所谓道德是不可理证的观点直接相冲突。

面还将详细讨论），因而休谟问题就被理解为事实判断、评价判断与规范判断的关系问题，即事实判断何以导出评价判断的问题，事实判断、评价判断何以导出规范判断的问题。显然，这种理解包含了第一种理解，而且包含了第一种理解所忽略了的评价判断这一环节。考虑到哲学问题的开放性，这一理解也是合理而有意义的。

此外，关于休谟问题，还有与前述理解密切相关的第三种理解，即道德科学（价值科学）是否可能的问题，亦即我们能否获得道德（价值）知识，能否建立道德科学（价值科学）的问题。这一理解是由情感主义者所"发挥"出来的。很明显，这里有一个关键概念——科学——需要加以界定，因为对科学的不同界定，会导致对这一问题的大相径庭的看法。情感主义学派认为，只有当一个命题或者是分析的，即逻辑重言式命题，或者是经验上可证实的命题时，才是有意义的，才是科学知识；而是否"有意义"，是区分科学与非科学的划界标准。按照这一界定，由于伦理或价值判断本身不是分析的，也不能如事实判断一样诉诸经验事实，甚至也不能简单地分解或还原为经验上可加以证实或证伪的事实判断，因而伦理或价值判断便被其排除在科学知识的范围之外，伦理学或价值论也就不是科学。这样，情感主义就从其所规定的科学标准——或者伦理或价值判断具有事实判断一样的经验证实意义，或者伦理或价值判断能由有意义的事实判断推导出来——出发，否定了形成伦理或价值判断、建立伦理或价值科学的可能性。

应该说，情感主义者走得太远了，甚至远离了"始作俑者"休谟。休谟虽然提出了"是"判断与"应该"判断之间推导的可能性与根据问题，但是，他并未否认伦理或价值判断的可能性，并未否认伦理学或价值论作为一门精神科学的可能性。特别是，由于价值现象（包括道德现象）的客观存在，由于生活实践中大量存在的从事实前提向价值或道德结论的推演，因而关于价值（伦理）判断、价值科学

（伦理学）是否可能的问题，其答案是不言自明的。这本身就是事实性的。也就是说，只要不对科学作那种过于狭隘的理解，而是把它界定为关于客观世界的本质与规律性的探索活动或知识体系，那么，价值科学（或伦理学）是否可能的问题，就并不成为一个真正的哲学困境。

哲学思考的是生活的底蕴，是知识的基础，是问题的根源。如果说关于"价值科学（或伦理学）是否可能"的问题并不成立，那么，关于"价值科学（伦理学）何以可能"的问题，即价值知识从何而来，从事实前提如何推出价值结论的问题，就是价值科学（伦理学）不可回避的根源性的问题。这也是关于休谟问题的进一步理解，或者说第四种理解。这种理解就如同另一个休谟问题——归纳问题——一样，我们并不问"归纳推理是否可能"，因为归纳推理之客观存在无须证明；而只需要问"归纳推理何以可能"。

实际上，在休谟那段著名的话中，休谟也确实提出了价值科学何以可能的问题。价值判断能否从事实判断推导出来？推导的基础与根据何在？这本身就是对价值知识的根源性的诘问。而且，休谟深信，"这样一点点的注意就会推翻一切通俗的道德学体系"[1]，即以前关于伦理或价值判断的推导与论证，其本身都是需要论证的，其合理性都是尚成疑问的。建立在这种尚成疑问、需要论证的推导与论证基础上的价值科学（伦理学），当然是值得怀疑的。休谟这位怀疑论哲学家正是通过这种基础性、根源性的追问，使得价值科学（伦理学）之为"科学"，需要一种新的解答、新的说明。这也正是休谟问题最深刻意义之所在。

此外，还有一些哲学家提出了一些"独到的"见解。有人认为，以"是"或"不是"为连系词的事实判断都是描述性判断，而以"应该"或"不应该"为连系词的伦理或价值判断都是规范性判断，

---

[1] 休谟：《人性论》下册，关文运译，商务印书馆，1980，第510页。

因而关于事实与价值的关系这一休谟问题，也就是描述性判断与规范性判断的关系问题；有人从价值判断不同于事实判断出发，提出了价值判断是否断言实际的或非实际的知识的问题，以及价值判断有无真假等问题；等等。不过，对这些问题只要稍加分析就可发现，它们不过是上述理解的休谟问题的子问题。

结合休谟所处的时代和其整体思想，如经验主义、怀疑主义、不可知论，以及对归纳问题的诘问，这一"发现"大致可以概括为两个互相关联且层层递进的问题，即"是"与"应该"、事实判断与价值判断的关系问题，甚至以之为基础的伦理学或价值科学何以可能的问题。这是伦理学、价值论领域中的一个根本性问题，哲学界通常简略地用"事实与价值的关系问题"来指称它。这一问题的发现、反思和大讨论，已经极大地改写了伦理学、价值论的研究方法和进程。如果说提出问题比解决问题更重要的话，那么，休谟仅仅因为"发现"这一问题，就必然彪炳青史！

二　休谟问题与休谟法则

在休谟看来，事实与价值（道德之善恶等）是两个迥然不同的领域。他对事实的理解是比较狭隘的，即事实是存在于对象之中、与人的天性结构或价值无关的、可以为理性所把握的对象及其性质，如时空关系、数量关系以及物理、化学、生物特性等。而价值（道德之善恶等）并不存在于对象之中，并不是对象的性质，不是理性所能加以把握的；它是人在认识或思考对象时，主体内心由于其天性结构而产生的感觉或情感；人的行为的善恶等只受愉快或不愉快的情绪或情感的支配或指导，理性作为"情感的奴隶"，在道德（价值）行为中，只是为情感服务的。

既然事实与价值是两个互相分离的领域，那么，从事实判断（以

"是"等为连系词）导出价值判断（以"应该"等为连系词）就是需要理由和根据的，是必须加以说明的。而休谟"大吃一惊"的发现，就在于以前的一切伦理学体系（价值论体系）从来就不加怀疑、不加分析、不知不觉地进行着这种尚须说明理由的推导。这两个不同领域的逻辑联系是怎样的？如何从事实判断导出价值判断？休谟本人认为事关重大，却无从回答。一方面，事实是理性的对象，存在于对象之内，而价值（道德）则不是理性而是情感的对象，它存在于对象与主体内心的天性结构之间；休谟在伦理学中又仅仅使用自然科学的方法，即建立在心理学基础上的观察和实验的方法，如《人性论》的全部标题就是《人性论——在精神科学中采用实验推理方法的一个尝试》；那么，运用这种方法如何能沟通二者，是尚须探索与说明的，休谟本人也并未对此作出太多努力。另一方面，从事实判断推导价值（道德）判断，在逻辑上何以可能尚待证明。由于价值（或道德）不只与对象有关，价值判断与事实判断相比还涉及主体，因而传统的演绎逻辑或必然性逻辑是无从进行这种推导的；而由于休谟对于因果性、必然性观念的生成思路的归纳问题的提出，归纳推理何以可能的问题尚待证明，而这种尚成疑问的逻辑方法显然也不能用来承担这种推导任务。可见，休谟从其怀疑主义立场出发，把事实和价值（道德）的内在关联，把价值科学（伦理学）的可能性，都置于人类值得怀疑、需要说明的尴尬境地。

值得注意的是，休谟关注的焦点，或者休谟问题的实质，仅仅是价值（道德）判断和价值科学（伦理学）何以可能的问题。然而，由于他对事实以及逻辑等比较狭义的理解，他反对从事实推论价值，或者说，反对把价值还原为外在对象的属性。后来一些哲学家进一步发展了休谟这一尚处于萌芽状态、并不成熟的思想，并冠之以所谓"休谟法则"或"休谟律"，即价值判断绝不能从事实判断中推导出来，这就是所谓事实与价值的"二分法"或"二分鸿沟"。坚持"休谟法则"或事实与价值的"二分法"的人们认为，事实与价值分属两个完全不同的、互不相关的领域，事实判断并不承担价值判断，或说具有某种"承担裂隙"。近代以来，西方这种"裂隙"观普遍流行且影响深远，不少哲学流派、哲学家，如叔本华（A. Schopenhauer，1788 – 1860）、尼采（F. W. Nietzsche，1844 – 1900）、基尔凯郭尔（S. A. Kierkegaard，1813 – 1855）、西季威克（H. Sidgwick，1838 – 1900）、柏格森（Henri Bergson，1859 – 1941）等非理性主义者，特别是 20 世纪摩尔（G. E. Moore，1873 – 1958）、罗斯（W. D. Ross，1877 – 1971）等直觉主义者，罗素（B. Russell，1872 – 1970）、维特根斯坦（L. Wittgenstein，1889 – 1951）、艾耶尔（A. J. Ayer，1910 – 1989）、卡尔纳普（R. Carnap，1891 – 1970）、史蒂文森（C. L. Stevenson，1908 – 1978）等情感主义者，以及赫尔（R. M. Hare，1919 – 2002）等规定主义者等由之出发，取消了价值科学的可能性，连价值概念、价值判断也成了所谓"伪概念"与"妄判断"，这倒是休谟可能也始料不及的。

1. 摩尔与"自然主义谬误"

在现代伦理学史上，英国著名哲学家、伦理学家摩尔是一位举足轻重、具有转折性意义的关键人物：他既是元伦理学的先驱和创始人，也是直觉主义伦理学的重要代表人物。在《伦理学原理》这部"标志着 20 世纪伦理学革命的开端"[①] 的著作中，摩尔对从前的一切有影响的伦理学思想和流派进行了批驳，以其关于"善不可定义"、"自然主义谬误"等思想，进一步深化了"休谟问题"与"休谟法则"的影响。

自古希腊以来，西方伦理学学派林立，思想芜杂，但大致可以分为两类。一类是自然主义伦理学，即某种用自然属性去规定或说明道

---

① 路德·宾克莱：《二十世纪伦理学》，孙彤、孙南桦译，河北人民出版社，1988，第1页。

德（或价值）的理论。自然主义认为，道德之善恶（或价值）就是事物的自然属性，即事物的可经验地加以观察的属性，如快乐、幸福（功利主义）；较进化的行为（进化伦理学）；兴趣（培里）等物理的或心理的经验事实。或者说，所有的道德与价值属性都能够借助事实加以定义，或者翻译为事实的属性，如"某人的行为是错误的"，就可以翻译为"某人的行为与其家庭及所处文化所奉行的行为理想相抵触"这样一个原则上可证实的事实判断。以此为依据，从"是"或事实判断推导出或派生出"应当"或伦理（或价值）判断就是可能的，因为，只要给一个伦理（或价值）判断以一个自然主义的事实定义，就能合乎逻辑地完成这一推导。另一类是非自然主义伦理学，如斯宾诺莎、康德的伦理学以及神学伦理学等，其特点是用某种形而上的、超验的判断来作为伦理或价值判断的基础，因而它们又被称为形而上学伦理学。

摩尔认为，无论是自然主义伦理学，还是形而上学伦理学，都犯了"自然主义谬误"。所谓"自然主义谬误"（naturalistic fallacy），就是在本质上混淆善与善的事物，并以自然性事实或超自然的实在来规定、定义善的各种伦理观点。摩尔认为，"善"之类基本概念是单纯的、终极的、不可直观感觉的、不可试验的也不可分析的性质，它是不能定义的；任何"X是善的"形式的判断都在指称一个唯一的性质，即善性，当我们称某物为"善"时，也就是把这种性质归属于它。摩尔这样写道："如果有人问我，'什么是善？'我回答说，'善就是善'，这就是全部答案。或者如果有人问我，'如何定义善？'我的回答是：善不能定义。这是我的全部回答……"[1]

自然主义伦理学把善混同于某种自然物或某些具有善性质的东西，如功利主义伦理学以"最大多数人的最大幸福"等来规定善，进

---

[1] 摩尔：《伦理学原理》，长河译，商务印书馆，1983，第6页。

化论伦理学用"自然进化"之类来定义善，等等；形而上学伦理学把善混同于某种超自然、超验的实在，如康德把人的理性本质或"善良意志"作为善的同义语。自然主义伦理学从事实中求"应该"，使"实然"与"应然"混为一体；形而上学伦理学又从"应然"、"应该"中求实在，把"应该"当作超自然的实体。两者虽然形式各异，但都犯了"自然主义谬误"，都是不适当的。对于自然主义伦理学，摩尔重申了休谟的观点：伦理学是关于评价、鉴别行为好坏的理论，科学事实能够告诉我们实际上人们是如何采取行动的，却不能真正解决"什么是善"和"我应该做什么"之类问题。对于形而上学伦理学，摩尔指出，它错误地认定善存在于某个超自然的世界中，并把"什么应该存在"与"我应该做什么"混为一谈。①

在摩尔看来，真正有意义的问题是，无论是存在的东西（自然的或超自然的），还是任何存在物的特性，人们总可以提问："但是它是善的吗？""但是它是正确的吗？"等等。例如，有人说"幸福是善"，你总可以问："善是幸福吗？"有人说，善就是"被欲望的"，你总可以问："它是被欲望的，但它是善吗？"如果可以对无论什么存在物及其特性提出这个开放问题，那么自然主义就必定是假的。也就是说，对于一个真正的定义，定义项与被定义项具有相同的意义，关于它的问题就是一个封闭问题；而当某两个词（如幸福与善）没有被定义如此地联结在一起时，那么关于它的问题（如"善是幸福吗？"）就总是保留着开放性。因此，摩尔指出，正是在这一意义上，无论你说什么东西是善，善的定义永远是一个开放问题。摩尔的上述方法也被后人称为"开放问题论证"（open question argument）。

哲学界一般认为，摩尔的"自然主义谬误"、"善不可定义"以及"开放问题论证"等思想，是对休谟关于事实与价值关系问题的补

---

① 参见摩尔《伦理学原理》，长河译，商务印书馆，1983，第129页。

充与发展。这些思想连同他的分析方法，使他的伦理学成为 20 世纪西方伦理学革命的开端。自摩尔始，传统的自然主义伦理学与形而上学伦理学日趋式微，西方伦理学逐渐转向从形式方面探讨问题，即在将事实与价值、道德与科学知识绝对对立的前提下，专注于对道德语言进行逻辑的或语言学的分析，也即出现了元伦理学（分析伦理学）占主导地位的倾向。如果说在休谟那里，"是"与"应该"的关系问题或事实与价值的关系问题还只是其伦理学之一部分的话，那么在摩尔特别是当代元伦理学家那里，它却是被当作整个伦理学（价值论）的主题与中心来论述的。

不过，顺便应该指出的是，尽管摩尔等直觉主义者认为"善"等基本概念不可定义，特别是不能诉诸自然的事实概念，但摩尔等人并未彻底切断事实与价值之间的联系。在事实判断能否导出价值（伦理）判断的问题上，摩尔等直觉主义者的回答甚至是别具一格的：它既不同于自然主义，认为价值（伦理）判断或"应该"判断可以直接从事实判断或"是"判断推导出来；也不同于某些形而上学伦理学家，通过"绝对命令"或上帝的启示之类途径，把价值（伦理）判断从彼岸世界输入现实世界；而是诉诸人类自身的某种特殊能力——直觉，即基本的价值（伦理）判断都是通过直觉不证自明地察知的，通过直觉可以建立事实与价值之间的联系。

彻底地在事实与价值之间掘一道鸿沟，并进而否定价值科学的可能性，是摩尔之后的非认知主义者（如情感主义者和规定主义者）所完成的。

2. 情感主义与伦理（价值）表达无意义

从哲学流派而论，情感主义是与逻辑实证主义和语言分析哲学联系在一起的。情感主义的阵营庞大，主要代表人物有罗素、维特根斯坦、艾耶尔、石里克（M. Schlick，1882 – 1936）、卡尔纳普、史蒂文森等人。

　　从起源而论，情感主义是对于语言的功能和意义进行分析的产物。1923 年，奥格登（C. K. Ogden，1889 – 1957）和理查兹（I. A. Richards，1893 – 1979）在《意义的意义》一书中指出，语言符号既有指称外部事物、记录经验事实的功能，又有表达或激化情绪、情感的功能；而"善"这个概念是独特的、不可分析的，因为它只有一种纯情感的用法。奥格登和理查兹写道："'善'被认为是一个独特的、不可分析的概念……（这个概念）是伦理学的主题。我们认为，'善'的这一独特的伦理用法是一种纯情感的用法。当这个词被这样使用时，它不代表任何意义，也不具有任何符号功能。因此，当我们在'这是善的'这个句子中使用它时，我们所指涉的仅仅是'这'，而加于其上的'是善的'这个短语，对我们所指称的对象并没有造成什么差别。与此不同，当我们说'这是红的'时，把'是红的'加于这之上，则标志着我们指称的对象扩展到了另外某一红的东西上。但是，'是善的'不具有可比较的标示功能，它只是用作一种情绪记号，表达我们对于'这'的态度，也许还在他人身上唤起同样的态度，或者激励他们采取某种行动。……当然，如果我们把'善'定义为'我们所赞成的东西'，或者当我们说'这是善的'时，我们下任何这样的定义，那么，我们也就是在做出一个断言。在我们看来，所谓不可定义的'善'，不过是一个纯情感记号而已。人们所说的任何善之定义都无法涵盖的'其它东西'，就是这个词的情绪感染力。"[①]也就是说，"善"只有一种纯粹情绪、情感的用法，其作用在于表达我们的某种态度，激起他人的同样态度，以促使他人采取某种行动。"善"这一概念的不可定义之处，也正在于它的情绪上的感染力。而休谟则可说是情感主义的直接思想先驱。休谟把善和恶（价值）不是

----

① C. k. Ogden and I. A. Richards, *The Meaning of Meaning*, 2d ed. London, Kegan Paul, Trench, Trubner, 1923, p. 125.

看作对象所具有的性质，而是视为主体内心由于其天性结构而产生的"知觉"，即人们在观察一定行为或认识、思考一定对象时，在心中唤起、产生的感觉与情感。"当你断定任何行为或品格是恶的时候，你的意思只是说，由于你的天性或结构，你在思考那种行为或品格时，产生了一种责备的感觉或情绪。"① 情感主义正是吸收了休谟情感论的主张，以及奥格登和理查兹关于语言的标示或描述功能与表达情感的功能的区分，并加以进一步发展而建立起来的。

现代情感主义伦理学（价值论）的哲学基础是逻辑实证主义。逻辑实证主义坚持"科学的哲学观"，认为哲学并没有任何超越于经验科学之上的优越性，它应该像数学与逻辑那样具有严密的逻辑必然性，或者具有充分的经验证实依据，这样才能成为一门"严格的科学"。在逻辑实证主义者看来，哲学的任务就是进行逻辑语言分析。例如，罗素把逻辑视为哲学的本质，所谓哲学问题，实际上就是逻辑问题。② 艾耶尔更干脆地说："哲学是逻辑的一个部门。"既然哲学的本质是逻辑，哲学命题实际上也就是逻辑命题，因此，哲学所应从事的工作主要就是哲学命题的逻辑分析，亦即对哲学命题的表达形式进行分析，如讨论哲学语言的逻辑、结构、功能、界限和它所指称的意义等内容。对表达哲学的语言的意义，逻辑实证主义认为，必须诉诸"可证实性原则"，即只有通过经验直接或间接证实，或与逻辑和数学规则相符合的、具有严密逻辑必然性的命题或判断，才是有意义的。

逻辑实证主义者依据其"可证实性原则"和意义标准，通过对伦理（或价值）语言的严格的逻辑分析，认为伦理（或价值）概念和伦理（或价值）判断都既不具有严格的逻辑必然性（或不是逻辑重言

① 休谟：《人性论》下册，关文运译，商务印书馆，1980，第509页。
② 罗素：《逻辑是哲学的本质》，参见《西方著名哲学家评传》第八卷，山东人民出版社，1985，第465页。

式命题），也不具有经验上的可证实性，只不过是人们的情绪、情感、态度和欲望等的表达。例如，罗素指出："当我们断言这个或那个具有'价值'时，我们是在表达我们自己的感情，而不是在表达一个即使我们个人的感情各不相同，但却仍然是可靠的事实。"① 艾耶尔更是明确地指出，"在价值问题上，我认为伦理和美学判断不是认识的判断，而是情感的判断，是用于表达情感和激起情感的"②，甚至"仅仅表达道德判断的句子什么都没有说，它们纯粹是感情的表达"③。这种仅仅表达情感的语词或语句是没有认知意义的。艾耶尔论证说，像"偷钱是错误的"这个句子，只不过表达了我们对于偷窃行为极其不赞成这种道德感情，即使有人对于偷窃行为的主张与我不一，这也只是由于我们具有不同的道德情操，因而没有什么好争论的。当然，伦理或价值语词或语句有时不仅用作表达情感，也用于唤起情感，并由于唤起情感而刺激行动。例如，"你应该说真话"这一句子，就不仅表达了一种伦理情感，而且有谴责某人说谎、责成某人说真话的意味。总的来说，伦理或价值概念、判断不表达任何事实内容，因而是不可证实的、无所谓真假的、没有意义的伪概念或伪判断，是应该加以拒斥的。

后来，鉴于艾耶尔等人的极端情感主义引起了广泛的批评，史蒂文森提出了一种温和的情感主义理论，有人称之为"态度理论"。史蒂文森认为，伦理或价值语言不仅具有情感意义，同时也具有描述意义，只不过描述意义是次要的。伦理或价值判断表达说话人的态度，而且一般说来，说话者是带着希望其他人持相似态度的意图的。他指出："无疑，在伦理判断中总有某些描述成分，但是这一点无论在什么情况下都不是主要的。伦理判断的主要用途不在于陈述事实，而是

---

① 罗素：《宗教与科学》，徐奕春、林国夫译，商务印书馆，1982，第123页。
② 艾耶尔：《二十世纪哲学》，李步楼等译，译林出版社，2015，第158页。
③ 艾耶尔：《语言、真理与逻辑》，尹大贻译，上海译文出版社，1981，第116页。

要施加影响。"① 伦理语词不仅描述人们的兴趣，而且通过建议、加强语调等方式，加强或改变人们的兴趣，它部分地具有命令的力量，但又与命令句存在微妙的区别，即是以一种不自觉的方式使人作出改变。例如，他认为，"这是善的"的意思是"我赞成它，你也赞成吧"，以用来加强或改变听话者的态度。史蒂文森并不同意"伦理或价值判断没有什么好争论的"的观点。他详细分析了伦理或价值争论中的两种类型，即所谓"信念上的分歧"和"态度上的分歧"，其中"信念上的分歧"涉及的是人们对真实情况的认识和判断上的分歧，如医生们对同一种病因的不同看法，朋友们对于上次见面的确切日期的记忆的分歧；而"态度上的分歧"则是对事态的某种评价，即意愿、需要、爱好、欲望等的不同。伦理学或价值论上的分歧常常与信念和态度的分歧都有关，并且信念和态度常常是互相影响的。但是，"态度上的分歧在争论中起着统一的和支配的作用"②。一方面，"态度上的分歧决定与争论有关的信念是什么"，另一方面，"当态度上的分歧解决后，即使确实还存在大量的信念上的分歧，但伦理学上的争论通常也就结束了"③。而只有当态度依赖于信念的程度达到不确定时，"信念"才改变态度。例如，乘车时我并不赞成系安全带，但只要他人论证说，这一规定已挽救了成千上万的人的生命和财产，我就可能受到这一"信念"的影响，从而改变态度。可见，在史蒂文森看来，事实还是可以通过某种途径影响态度的，尽管是否接受事实证据是以态度为准的。当然，史蒂文森尽管修正了极端情感主义的一些过激观点，但并没有改变情感主义的基本立场，其理论不过是情感主义

① C. L. Stevenson, *Facts and Values*, New Haven, Connecticut, Yale University Press, p. 16.
② C. L. Stevenson, *The Nature of Ethical Disagreement*, *Facts and Values*, New Haven, Connecticut, Yale University Press, 1963, p. 4.
③ C. L. Stevenson, *The Nature of Ethical Disagreement*, *Facts and Values*, New Haven, Connecticut, Yale University Press, 1963, p. 5.

发展的逻辑必然。

总之，在情感主义者看来，伦理或价值语言不过是主体情绪、情感、态度等的表达，它们既不能通过经验事实加以证实，也不能从经验事实中推导出来，是无所谓真假的、没有意义的伪概念或伪判断。这样，情感主义者通过否认道德或价值的客观性和有效性，割断了事实与价值之间的联系，从而把事实与价值（道德）对立起来了。

更进一步地，情感主义者从其意义标准（即"可证实性原则"）出发，把价值（伦理）概念、判断视为没有认知意义的伪概念、伪判断，从而否定了价值（伦理）知识的可能性，把价值论（伦理学）排除在科学之外，即取消了价值论或伦理学作为科学的可能性。这一步走得确实比休谟和摩尔远多了，它不但否认了从前和现在一切伦理学、价值论的科学地位，而且永远地否决了伦理学、价值论作为一门科学的可能性。休谟曾经说，对"是"与"应该"关系问题的注意，可能会"推翻一切通俗的道德学体系"。发展到情感主义，这一断言以如此方式应验了，这应该是大出休谟之所料的。

情感主义兴起之后，一方面，因为其观点过于激进，受到了来自各个方面持续不断的诘难与批评。其中，有些批评是一知半解、仅仅是出于义愤的。例如，有人针对艾耶尔等人关于伦理判断"无意义"的观点，谴责这种学说否定了伦理道德，无异于鼓励人干坏事。但也有些批评是学理性的，具有学术价值。例如，有人对史蒂文森关于信念与态度的分歧之区分提出质疑，认为不能说态度上的分歧是伦理争论的特征，科学中的许多争论也不仅有对事实的信念问题，而且有态度上的分歧与对立的因素，等等。另一方面，有人明确首肯和赞扬情感主义，认为其对伦理或价值语言的分析是深入而精辟的，人们据此可以更准确地揭示伦理或价值语言的含义，更有效地进行伦理或价值讨论。虽然情感主义的分析方法不无缺陷，也确实存在一些过激的观点，但它把逻辑与语言分析方法引入伦理学、价值论研究，对促进伦理学、价值论研究的深化，特别是促使其研究重心从规范理论转向元理论，其意义不容低估。今天，无论是伦理学、价值论的元理论研究，还是自 20 世纪 70 年代重新抬头的规范论研究，语言分析方法已经成为不可或缺的方法，这与情感主义的倡导和示范是密不可分的。

在笔者看来，情感主义这种独特的理论是既深刻又片面的，而且，它的缺陷与优点犹如一枚硬币的两面，紧密相关而无法分割。首先，情感主义者把分析方法引入伦理学或价值论研究，这对于澄清其中的混乱、误解与矛盾，使之走向精确、明晰与科学，在方法论上具有革命性意义。当然，我们也应该看到，伦理与价值问题是实践性的，对伦理与价值语言、问题的逻辑分析并不能代替对问题的实质性解决，单纯的逻辑与语言分析的作用是有限的。其次，情感主义者抓住了道德之善恶、价值等与主体情绪、情感、态度等密切相关这一至关重要的方面，并把这一点强调到前所未有的高度，这对于理解善恶等价值的主体性特征、区分事实与价值、匡正某些人视价值为客体本身或客体的属性的观点，是正确而有积极意义的。当然，情感主义否认价值现象的客观存在，认为价值完全不过是主观情绪、情感、态度的表达，而未进一步深入到对主观情绪、情感、态度之客观基础的考察，这又是其片面、肤浅与不彻底之处。再次，情感主义者在强调伦理或价值概念、判断与事实概念、判断的区分上，是有特殊贡献的。根据其"可证实性原则"和意义标准，情感主义者特别强调了事实概念、判断的经验证实意义，以及价值（伦理）语言表达主体情绪、情感、态度的意义。当然，据此而把事实概念、判断与价值概念、判断完全对立起来、隔绝开来，这既是片面的，也是无视现实的。特别是情感主义者据此否认价值概念、价值判断作为知识的可能性，从而取消伦理学与价值科学乃至于一切哲学，^① 这就更为极端而远离真理了。

3. 规定主义与价值推理的限定性规则

20 世纪 50 年代兴起的规定主义是与分析哲学家赫尔（R. M. Hare，1919 – 2002，又译黑尔）的名字紧密相连的。赫尔开始从事哲学研究的时候，正是情感主义受到激烈批评之时，因此，赫尔的规定主义也是从批判情感主义出发的，即建立在克服情感主义缺陷的基础之上。赫尔的著述甚丰，包括《道德语言》、《自由与理性》、《道德思维》、《清理伦理学》以及大量的论文，其思想涉及元伦理学、规范伦理学与应用伦理学等诸多方面。

赫尔的伦理学或价值论研究，仍然秉承了自摩尔以来为情感主义者所充分发展了的逻辑与语言分析传统。他的研究也是从价值语言的分析开始并且始终以之为中心的。

通过对价值语言的日常用法的考察，赫尔认为，它们"主要被用来给予建议和教导，或者一般地说，用来指导选择"^②。也就是说，一切价值语言都是规定性语言^③的一个子类，即专门用来向人们揭示行动方针的语言。规定性语言大致可以分为两类，一类是明显的命令，包含有"应该"、"正当"、"应当"等价值词；一类是评价性语词或语句，包含有"善的"、"正确的"、"好的"等价值词。为什么评价性语词或语句也是规定性语言呢？这是因为，说某事物是"善的"、"恶的"等，就是试图通过褒奖或谴责来进行劝导，指导人们进行价值选择，因此，它实质上是在规定或约束。

---

① 如卡尔纳普在《统一科学》中指出："对于哲学问题我们不予以回答，我们抛弃一切哲学问题，不论是形而上学，还是伦理学，或者认识论。"（参见 R. Carnap, *The Unity of Science*, London, 1934, pp. 21 – 22）

② R. M. Hare, *The Language of Moral*, Oxford Clarendon Press, 1952, p. 155.

③ "规定性语言"中的"规定性"是和"描述性"相对而言的，它决定了道德语言既有规定语言的一般意义，也有它独特的规定性特征。规定语言包括一般命令句（或祈使句）和价值判断，价值判断又包含道德的价值判断和非道德的价值判断（如美学中的审美判断、日常语言等）。

赫尔认为，规定性是价值语言的基本意义，但并不否认它具有描述意义。在《自由与理性》中，赫尔认为，术语与意义的关系有三种不同的类型，即仅具有描述意义而没有其他意义的描述术语、具有规定意义的规定术语，以及具有上述两种意义的评价术语。评价术语在下述意义上具有描述意义，例如，当你说"这是一本好书"时，你实际上是说这本书符合某种标准，从而你就正在向知道你的标准的人描述它。在这里，赫尔实际上提出了评价术语或价值词的意义与标准之间的极其重要的区别。赫尔认为，在评价术语中，规定意义对于相应价值词，如"好书"、"好人"、"好汽车"等之中的"好"的意义是不变的，而描述意义即"好"这个词的应用标准却是随着评价客体的不同而不断变化的，并且诸如"好"这类词的原始功能总是规定性的，描述意义总是受到规定意义的影响，所以，赫尔认为，规定意义是评价术语的基本意义，而描述意义则从属于它。赫尔还指出，"'善'这个词的首要功能是劝告"，"善"虽然与"应该"、"正当"有着不同的用法和功能，但在具有规定性这一点上是相同的，而且"善"与"应该"、"正当"之间还存在明显的逻辑联系，关于"善"之类的评价性判断，为判定一个行为是否"应该"或"正当"提供了客观标准。

因此，赫尔认为，价值判断的基本意义既不是描述客观事实，也不是表达情感和态度，而是规定和约束，以影响人们的选择，指导人们的行为。但是，规定性的价值判断又与一般的命令不同，它必须基于一种能够为人们接受的合理性根据或"正当理由"，赫尔将之称为"可普遍化性"。

所谓"可普遍化性"，是指在理性（逻辑规则）的基础上，可以使价值判断达到普遍化的实现。它可以这样表述："作出一个道德判断就是说，如果另一个人处于相同的境遇，就必须对他的状况作出相同的判断。"[1] 或者这样表述："如果我们承认各种其描述特征是相同

---

① R. M. Hare, *Freedom and Reason*, Oxford, Clarendon Press, 1963, pp. 48 – 49.

的境遇，但又对它们作出不同的道德判断，那么我们就会自相矛盾。"① 例如，有 A、B、C 三个人，A 借 B 的钱未还，B 借 C 的钱未还。假定 B 说"如果 A 借我的钱不还，就应该把他关进监狱"，那么依照道德判断的"可普遍化性"，B 应该把他的这一道德判断普遍化，即"任何借钱不还的人都应被关进监狱"。这意味着 C 也应该把 B 关进监狱。如果 B 坚持把 A 关进监狱，却又拒绝 C 把他关进监狱，那么就自相矛盾了。

实际上，"可普遍化性"是事实判断与价值判断共有的一种特性。但是，价值判断与事实判断的"可普遍化性"并不完全相同，后者是由描述性语言的一般意义规则所决定的，如说某物是"红的"，即意味着某物具有某种性质（如具有特定波长的光波），而前者的意义则比后者复杂，例如，并不能根据 X 具有某种性质这一事实描述来断定 X 是"好的"，还必须依据某种预先承诺了的价值标准、价值原理才能作出判断。

自此，赫尔描绘了一幅"普遍规定主义"的蓝图：道德或价值判断既具有规定性，又是可普遍化的，是规定性与普遍性的统一；道德或价值判断的规定性决定了它必须是可普遍化的，而其普遍性又只有通过规定性才能发挥调节、指导行为的普遍作用；可普遍化是道德或价值判断得以实现的内在逻辑根据，而规定性又是其功能的逻辑特征；两者不可分割，而在具体的社会现实中表现为一个统一的过程。

赫尔的上述思想是与他关于事实与价值的关系，以及价值推理的规则与结构的观点相联系的。赫尔沿袭了休谟、摩尔等区分事实与价值，以及价值判断不同于而且不可还原为事实判断的观点。他认为，

① R. M. Hare, *Moral Thinking*: *Its Levels*, *Methods and Point*, Oxford, Clarendon Press, and New York, Oxford University Press, 1981, p. 21.

价值判断是规定性的，具有规范、约束和指导行为的功能，而事实判断作为对事物的描述，则不具有规定性，它们之间存在不可逾越的逻辑上的鸿沟，单纯从事实判断是推不出价值判断的。

在《道德语言》中，赫尔具体地研究了他称为"混合的"或"实践的"三段论的价值推理。这种三段论的大前提是命令句，小前提是陈述句，而结论是命令句。例如：

把所有的箱子运到车站去（命令句）；

这是一个箱子（陈述句）；

所以，把它运到车站去（命令句）。

如果结论是一个陈述句，如"你将把这个箱子运到车站去"，那么这个推理就是无效的。为什么呢？赫尔提出了掌握这种推理的两条规则：

（1）如果一组前提不能仅从陈述句中有效地推导出来，那么从这组前提中也不能有效地推导出陈述句结论；

（2）如果一组前提不包含至少一个命令句，那么从这组前提中不能有效地推导出命令句结论。

赫尔认为，无论是陈述句还是命令句，都必须服从某种逻辑规则。"从各种命令可能产生矛盾这一事实中可以得出结论，为了避免自相矛盾，一种命令也像一种陈述一样，必须遵守逻辑规则。"① 根据上述两条限定性规则，在一个有效的三段论推理中，若两个前提都是陈述句，那么结论必是陈述句；若大小前提至少有一个是命令句，那么结论也必然是命令句。赫尔认为，第二条限定性规则是极其重要的，根据这一规则，从事实判断中便不可能推出价值判断。

---

① R. M. Hare, *The Language of Moral*, Oxford Clarendon Press, 1952, p. 24.

至此，"休谟法则"或"休谟律"就被具体化为一条逻辑推导规则。考虑到赫尔对规定性语言的分类，即既包括一般祈使句，也包括价值判断，那么，如果只从价值判断的角度考虑，第二条规则就可以具体化为：

（3）如果一组前提不包含至少一个价值判断，那么，从这组前提中不能有效地推导出价值判断的结论。

依据这条规则，赫尔就在逻辑上把事实判断与价值判断完全隔绝开来了。不过，赫尔的这条限定性规则倒也揭示出，在价值判断之间存在逻辑联系，依据上述规则，可以进行价值判断之间的逻辑推导。只不过赫尔囿于逻辑与语言分析方法，并没有说明这类推理中作为大前提的价值判断是从何而来的，即那种基本的、具有"可普遍化性"和规定性的价值判断是从何而来的。

应该说，赫尔的规定主义克服了情感主义的一些局限，指出了价值语言的规定意义。与情感主义把价值语言完全视为非理性的情感或态度的表达相比，赫尔的规定主义具有更多的理性色彩。例如，他承认价值语言具有一定的描述意义，坚持价值判断的"可普遍化性"，把价值推理看成一个理性的逻辑推理过程。但是，赫尔仍是站在非认知主义立场上思考价值或道德问题的，仍然否认价值判断是对客观价值现象的反映，也从未考虑到社会实践中寻找作为大前提的价值原理，而是企图通过分析价值语言来解决所有价值问题。这些局限性注定了赫尔的努力是难以成功的。

特别值得注意的是，赫尔的限定性规则的流传与演变，导致事实判断与价值判断的逻辑鸿沟彻底地呈现在人们面前，在学术界产生了广泛而深远的影响。发展至此，事实与价值问题上的"休谟法则"建立起来了，事实与价值二分对立的图景变得清晰起来。并且，随着哲学的所谓"语言学转向"和分析哲学的广为盛行，这种二分图景曾经盛极一时，其影响迄今仍然根深蒂固。

三　休谟问题的意义

休谟问题的提出，"休谟法则"的"确立"，以及这种由二分对立的语言表达的问题与观点的广泛应用，导致事实与价值二分对立的范围大大地扩展了，充分地多样化了。它远远超出了休谟、摩尔等思想先驱主要关注的相对狭窄的伦理学领域，而拓展到一切事实性领域和价值性领域，形成了两个相对独立、彼此对立的王国。在一些人的言行中，这种二分对立的信念曾发展到异常极端的地步。例如，有人认为，科学是与价值无涉或"价值中立"的，科学家正因为是科学家，所以不能提供价值选择、价值判断；关于价值的探索绝不可能成为一门科学，人文学科学者的研究成果或意见，包括政策和决策研究，以及人生指导和道德教化，并不具有其所声称的可信度或"科学性"，等等。这类观点在 20 世纪上半叶曾经甚嚣尘上，不可一世。例如，当时的不少伦理学家都背弃"入世"传统，醉心于技术性的道德语言分析，而对具体的道德问题刻意保持沉默，不再以道德教化、指点人生迷津为己任。

然而，事态并没有按照二分对立论者的思路推进。自 20 世纪六七十年代始，事实与价值二分对立的观念开始全面发生变化。导致这种变化的因素很多，既有来自事实方面的，也有来自价值方面的；既有来自理论层面的，也有来自实践层面的。最典型的是人们在具体的生活实践中发现，科学作为人类探索未知、把握事实、建立世界图景的一种活动，是人类变革世界、建设理想社会、追求幸福生活，以及完善和提升自己不可分割的一部分，无论是就总体而言，还是在具体操作①中，

---

① 在高新科技的研究与应用（如核能、遗传学、生殖技术、基因工程、克隆人、信息技术等的研究与应用）中，这类新问题层出不穷，引发了社会各界的热烈讨论。这也导致科技伦理研究日益红火，成为万众瞩目的"显学"。

它根本不可能是与价值无涉的；科学家的研究成果越来越多地被用来指导社会政策和法规的制定，科学家们也越来越多地参与到社会管理和决策中来，甚至越来越成为一种不可缺少的依靠力量。发展到今天，关于事实与价值尖锐对立的状况在很多领域都受到了批评，甚至在理性主义、逻各斯主义滥觞的西方哲学界，也已经有人在进行深刻的反思，试图在事实与价值之间寻求沟通它们的桥梁。

不过，无论如何，休谟问题的提出，以及"休谟法则"的影响，已经使得如下两个方面的问题变得重要而迫切起来。

一方面，在理论上，如何把握事实与价值的关系，如何导出价值判断，如何建立系统的可靠的价值理论，成为价值论和伦理学等不容回避、必须解决的问题。

事实、实然世界是传统的科学和哲学所致力研究的领域，也是人们极为熟悉、成果丰硕的领域；而价值、应然世界虽然与人们的生活、实践、行为等密切相关，但在理论上的建构长期未能取得实质性进展，人们对之的议论虽然不少，但明显缺乏类似数学和自然科学那样的客观性和精确性，迄今仍然是大家比较陌生、不太"拿手"的领域。因此，有必要深刻反省价值的特点和价值问题的性质，深化价值、评价和价值观问题的研究，从学理上建构作为哲学基本理论的价值论。其中尤为重要的是恰当地看待事实与价值、事实科学与价值理论，弄清它们之间的学理区别以及这两个领域之间的联系。

由于价值是属人的，具有鲜明的主体性，它与"客观的"、"不以人的意志为转移"的事实之间存在实质性的区别——"休谟法则"虽然难以成立，但它以严谨而极端的方式，独到而深刻地揭示出了这一区别。在这种区别的基础上，价值判断不能如事实判断一样从事实判断中推导出来，价值论不能套用事实科学的方式、方法建立起来，却是一个明显的但有些人不愿意承认的事实。在历史上，一直都有人试图运用自然科学的方法建构"价值科学",或者试图把价值论(伦理学)变成自然科学之一个门类,甚至这种努力在近代哲学史上还颇为时髦,在相当程度上取得过"显学"的地位。例如,笛卡尔(R. R. Descartes,1596 – 1650,又译作笛卡儿)的研究意图就不仅仅在于建立一门数学自然科学,而且也希望建立类似的道德科学;莱布尼茨(G. W. Leibniz,1646 – 1716)发展了霍布斯"推理就是计算"的思想,企图创立一种涵盖自然科学和人文科学的通用代数,把一切都归于计算,有歧见但有解决争端的良好意愿的哲学家只需说:"让我们坐下来算一算吧!"斯宾诺莎(B. de Spinoza,1632 – 1667)更是身体力行,他曾依照"一切科学的范例"——欧氏几何——的公理化方法,推导、建构了一整套伦理学说;洛克(John Locke,1632 – 1704)在《人类理解论》中表示,道德和数学一样可以证明,道德知识可望取得与数学一样的真实确定性;贝克莱(G. Berkeley,1685 – 1753)将认识论当作神学伦理学的工具,认为神学伦理学的规则与几何命题一样具有永恒的普遍真理性⋯⋯至于休谟,自然也不例外,著名的《人性论》一书的全部标题直接就是《人性论——在精神科学中采用实验推理方法的一个尝试》。近代以降,这一传统仍然根深蒂固,影响深远,不少哲学流派(包括自然主义、新自然主义等)仍然沿着这一思路耕耘,当然在新的探索中,也奉献了不少有创意的成果。典型的如现代伦理学的开山鼻祖摩尔的尝试,摩尔将自己的《伦理学原理》视为"任何可能以科学自命的未来伦理学的导论",[①]通过逻辑与语言分析开创了分析伦理学研究的新范式,提出了"自然主义谬误"等颇具冲击力的观点。然而,总体来说,这一系列的尝试都不能算成功,甚至我们可以宣布,已经以失败而告终了。这也从反面警醒人们,事实与价值之间存在深刻的实质性的学术差异,价值问题具有

----

① 摩尔:《伦理学原理》,长河译,商务印书馆,1983,第3页。

毋庸置疑的特殊性，价值论（伦理学）需要有适合其性质和特点、不同于事实科学的研究方法。[①]

另一方面，在具体的历史的生活实践中，如何协调事实和价值的关系，合理地指导人们的生活和行为，作出最优决策，也是一直未能很好解决的问题。这正如瓦托夫斯基所说：事实和价值的关系问题，"不单纯是一个哲学的疑难问题，它也一直是一个使公众和个人深感混乱的问题"[②]。

事实与价值具有很不相同的内涵、特征、使命和功能。科学（自然科学）可以告诉我们关于对象的事实情况，告诉我们"变革"对象的途径和方法；但是，它并不告诉我们是否应该去行动，以及应该如何采取行动。爱因斯坦（A. Einstein, 1879－1955）指出："我们所谓的科学的唯一目的是提出'**是**'什么的问题。至于决定'**应该是**'什么的问题，却是一个同它完全无关的独立问题，而且不能通过方法论的途径来解决。"[③] 例如，科学探索可以告诉我们关于某一星球的实际情况，以及到达这一星球的途径和方法，但是，它并未告诉我们是否应该牺牲民众其他方面的需求，包括民生方面的改善，而耗费巨大的人力物力去完成这一庞大的宇航计划。而后者恰恰是价值所蕴含或承担的内容。价值以人们的目的、利益和需要为基础，以"好"或"应该"等价值词为特征，昭示着人们行动的原则、动机、方向和目标。在人们的生活实践中，特别是在重大决策中，总是既包含着事实要素，也包含着价值要素。事实要素是我们决策的外在依据，价值要素是我们决策的内在动力和目的，两者不可或缺，相辅相成。如果不能正确认识决策过程中的事实要素和价值要素，恰当地处理好它们之

① 关于科学认知论与人学价值论之间的学术差异，特别是价值论研究方法的详细讨论，请参见拙著《价值哲学方法论》，中国社会科学出版社，2008。

② 瓦托夫斯基：《科学思想的概念基础——科学哲学导论》，范岱年译，求实出版社，1982，第570页。

③ 《爱因斯坦文集》第1卷，许良英等编译，商务印书馆，2010，第703页。

间的关系，往往将导致行动失败，造成严重的损失，甚至导致灾难性后果。在人类历史上，并不缺乏类似中国 20 世纪五六十年代"大跃进"这样劳民伤财、欲速不达的例证。

在日常生活中，我们也常常发现两种截然不同的生活态度：有些人耽溺于实际的现实生活，满足于现状，得过且过，而没有信仰，没有理想，没有希望，没有改变现实的勇气，缺乏改变现状的计划，更不愿意付出辛劳，这些人可以称为"应该盲"或"价值盲"；另一些人则"满肚子的不合时宜"，头脑中充满了构想、蓝图和浪漫的梦想，就是缺乏可行的脚踏实地的计划与行动，还有些人总是从理念或概念出发，从虚幻而美好的理想出发，随意评点和批判现实，把现实视为毫无合理性的谴责对象，而不愿意认真地对待它、变革它，这些人可以称为"是盲"或"事实盲"。无论是哪一种情况，都片面地割裂了事实与价值，从而使人的世界失去了其应有的丰富性和多变性，使人的生活失去了其本应具有的理性和宽容。

总之，人们生活在一个丰富多彩却并不完满的世界上，每时每刻都在与各种各样的"事实"打交道，每时每刻都在根据自己的目的和需要，形成自己个性化的价值评价，进行价值选择和决策，展开自己各具特色的价值生活。正确地认识事实与价值，恰当地解决事实与价值的关系这一休谟问题，无论是对于价值理论的研究乃至一切关涉价值问题的研究，还是对于指导人们的价值生活实践，建设自由、民主、公正的社会，提升人们的幸福指数，都具有基本而重要的意义。

第二章

休谟问题的历史鸟瞰

休谟问题重要、艰深，可谓价值王国万众瞩目的一顶皇冠。作为一个基本而重要的价值论（伦理学）问题，它被提出是有深厚的历史背景和传统积淀的；而它作为一道迄今尚未解决的难题，曾经吸引了无数聪明的哲人沉醉其中，为之呕心沥血，孜孜求索！咀嚼先辈们孜孜探索的历史，思绪万千，令人难免涌生无限感慨。

一　贯穿哲学史的问题

尽管休谟问题作为一个问题而受到哲学家们关注只是近代以来的事，但这一问题几乎与哲学一样古老，贯穿着整个哲学史。自从人类诞生以来，人与世界便处于一种既对立又统一的矛盾关系之中。哲学作为求解人与世界之谜的智慧之学，不仅包括说明、解释世界之谜的"宇宙智慧"，而且包括"变革"世俗世界、指点人生迷津的"人生智慧"，因而关于事实、知识、真理的问题，与关于价值、人生、实践的问题，自古以来一直都是哲学探索的主题。

早在古希腊时期，事实与价值的关系问题便已初露端倪。苏格拉底（Socrates，公元前 469 ~ 前 399）的著名论断——"美德即知识"，可以说是哲学史上关于事实与价值关系问题的第一次鲜明的表达。苏格拉底把伦理学建立在知识论基础上，认为德性就是知识，而恶便是无知的同义语，最高的知识就是对"善"这一永恒的、普遍的、绝对不变的概念的认识。苏格拉底把理性和知识当作判断道德行为的标准，一个人如果没有知识，也就不懂得善是什么，便不可能自觉为善；而一个人有了知识，也就绝不能为恶。善出于知，恶出于无知。人的灵魂天生具有潜在的知识和美德，哲学家的任务就是借助一系列的引导、启发，如苏格拉底所谓的"助产术"，把美德和知识诱发出来，导引人们走向至善。柏拉图（Plato，约公元前 427 ~ 前 347）进一步发展了苏格拉底的思想，他从各种具体的美德中抽象出一个"善"的理念，以及"智慧、勇敢、节制、正义"等伦理理念，认为理念才是客观独存的唯一真实的世界，而感官所接触到的具体的美德不过是"模仿"或"分有"了理念。理念是划分为许多等级的，处于最高等级的是"善"的理念，以下依次是"智慧"、"勇敢"等伦理理念，"一"、"多"等数学理念，"水"、"火"等自然理念，等等。世界就是神按照"善"的理念创造出来的，他所谓的"理想国"就是这样的唯一完美的世界。在认识论上，柏拉图主张"回忆说"，求知识就是唤起灵魂对理念世界的回忆，他宣称，辩证法就是一种通过回忆探求理念体系的方法。这样，通过"理念"，柏拉图就把事实领域与价值领域统一起来了。亚里士多德（Aristoteles，公元前 384 ~ 前 322）强调了价值选择的"中道"原则，认为把握适度和中道需要有一种见识和智慧，即"实践智慧"。他批评了苏格拉底"美德即知识"的观点，指出从知识到德性之间还有许多中间环节，即还要经过情感、意志等非理性的过程，因此，知识和德性不能绝对等同。显然，亚里士多德的认识比苏格拉底有所深化。此外，古希腊的斯多亚派也从自然与人性的角度论及事实与价值的关系问题，认为人生的最高目的是按照人的本性生活，即顺从自然、顺从理性生活。综而观之，古希腊对于事实与价值的关系问题的探索，是以关系双方的朴素一体化，特别是以价值（善）为基础的朴素统一为内容的。

中世纪的经院哲学家们把上帝看成具有最高价值的实体，以一种独特的方式讨论了事实与价值的关系问题：上帝既是最高、最先的存在，世界上的一切存在（包括人）皆是上帝所创造的；上帝也是最高、最优的价值，是一切价值的源泉，世界上的一切价值都不过是"分有"了上帝的价值。在经院哲学家看来，人的自然理性是不能或不能完全认识上帝的，因而"达到"上帝的唯一或最高方式是信仰，必须先信仰而后理解。信上帝、爱上帝被视为最高的德性，是一切美德的基础和源泉；神的意志或宗教戒律则被作为最高的道德权威或标准；获得上帝的宠爱、灵魂得救、与上帝融合为一则是最高的道德（价值）目的。这样，通过"全知、全能、全善"的上帝，事实与价值、认知与信仰便完满地统一起来了。

穿过黑暗的中世纪，文艺复兴时代既是自然科学飞速发展的时代（以哥白尼太阳中心说为代表），也是高扬人的价值和人文精神的时代，事实领域与价值领域都被极大地拓展了。在这个时代，人文主义作为主流社会思潮，虽未否定上帝是最高的存在，但把强调的重心由人神关系移向了人与世界万物的关系，提出人是自然的中心，把人及其现实生活视为最高价值；认为人具有理性和自由意志，有决定自己命运和道德善恶的权利和能力；认为道德的生活就是符合人的自然本性的生活，人的幸福并不在彼岸的虚幻，而在于此岸的现实。整个文艺复兴运动的成就被后人概括为"人的发现"与"自然的发现"，事实与价值的关系问题以自然与人的关系的方式重新得以现实地讨论。

文艺复兴之后，随着近代实验科学的兴起和科学的里程碑式的突破（牛顿力学），理性主义、客观主义、逻各斯主义在思维王国中的地位得以确立，哲学也把追问"世界是什么"的使命交付给了科学，转而思考"如何认识世界"这一认识论问题。在哲学的这种认识论转向背景下，经验论哲学家休谟在考察人类知识的可能性与人类道德的起源问题时，发现了"是"与"应该"、事实与价值（善）的不可通约性问题。从此，事实与价值的关系这一休谟问题成了一个真实的困扰一代又一代哲学家的理论难题。

康德（I. Kant，1724 – 1804）这座哲学史上的丰碑在继往开来的同时，无限感叹和敬畏"头上的星空和内心的道德法则"。他把世界分为纯粹理性王国和实践理性王国，第一次明确区分了事实领域和价值领域、认知领域和评价领域，并终其一生都在为休谟问题苦苦求索。康德曾试图通过人类理性批判——探讨人类理性能力的构成和界限——来解决这一问题。"批判哲学必定非常确信：它会不可抗拒地趋向于既满足理性的理论目的，也满足理性的道德（即实践）目的，永远无需做出观点上的改变、有所动摇或要重构为另一种形式。"① 但康德的解决方式，即以事实为目标的"理论理性"和以价值为目标的"实践理性"的统一，最终却求助于三种形而上的假设——自由、上帝、灵魂不朽，因而并未能真正解决这一问题。

黑格尔（G. W. F. Hegel，1770 – 1831）在《法哲学原理》中提出了"凡是现实的都是合理的，凡是合理的都是现实的"这一命题，试图将事实与价值统一起来。在这里，黑格尔并不把"现实的"等同于"现存的"，而是理解为某种必然的或合乎规律的东西，而必然的东西归根到底会表明自己是合理的。在这一命题中，黑格尔肯定了价值的事实基础（"凡是合理的都是现实的"），这是深刻的；他从事实即"现实的"中去寻求价值存在（"凡是现实的都是合理的"）或不存在

---

① 德里克·帕菲特：《论重要之事》，阮航、葛四友译，北京时代华文书局，2015，序言 xix 页。

（"凡是现存的，都是要灭亡的"——恩格斯对黑格尔的理解）的根据，也不无意义。但是，黑格尔把"现实的"和"合理的"、事实与价值的统一归于"绝对精神"的自我运动、自我发展，而不是从实践活动着的人与人类、不是从人的具体的历史的生活实践去寻求统一的根据，从而也决定了其努力是不可能成功的。

现代西方哲学对休谟问题的讨论，是在人本主义与科学主义的两极发展中展开的。人本主义执着于人学本体论和价值目的论，认为唯有人、人性和价值才是世界意义的根本，关于事实的科学、真理都是"人为的"和"为人的"，因而倾向于以人、人性和价值统摄事实与科学。例如，新康德主义者文德尔班（Wilhelm Windelband，1848 – 1915）认为，哲学应该像自然科学回答对象是什么一样研究事物应该是什么的问题，即将价值和评价问题视为哲学的根本问题。哲学只有作为"普遍有效的价值的科学"才能继续存在。他将人所存在的世界分为"事实世界"与"价值世界"，即表象世界与本体世界；将知识分为"事实知识"与"价值知识"，即理论知识与实践知识。他认为，价值高于事实，事实命题从属于价值命题，事实知识、真理最终必须诉诸价值目的。李凯尔特（V. H. Rickert，1863 – 1939）认为，价值是区分自然与文化的决定性标准。一切自然的东西都与价值无涉，必须不从价值的观点进行考察。而"价值是文化对象所固有的……如果把价值和文化对象分开，那么文化对象也就会因此而变成纯粹的自然了。通过**与价值的这种**联系（这种联系或者存在或者不存在），我们能够有把握地把两类对象区别开，而且我们**只有**通过这种方法才能做到这一点，因为撇开文化现象所固有的价值，每个文化现象都可以被看作是与自然有联系的，而且甚至必然被看作是自然"①。现象学价值论者胡塞尔（E. Edmund Husserl，1859 – 1938）区分了事

---

① H. 李凯尔特：《文化科学与自然科学》，涂纪亮译，商务印书馆，1986，第 21 页。

实与价值："应当区分对象、物、性质、事态，它们在评价中呈现作被评价者，或者呈现作表象、判断等相应意向对象，它们是价值意识的根基；另一方面则为价值对象本身以及价值事态本身，或与它们相应的意向对象的变样。"① 他认为，事实、真理与价值、意义不能割裂，必须以人性为基础予以统一；他深刻揭示了经验科学之于人性的消极影响，力图通过现象学纯粹主体意识的本质直观把握生活世界的人学底蕴，从而促使人们走出科学给人带来的精神危机。让－保罗·萨特（Jean － Paul Sartre，1905 － 1980）则倡导激进的自由意志主义和"存在主义的人道主义"。他漠视科学，否定任何形式的必然性的"客观真理"；他接受尼采"上帝已死"的判断，认为没有价值和戒律说明人的行为是正当的；他坚持人是自由的，否定任何形式的决定论，把一切存在世界都视为人的价值的自由创造天地；当然，正因为人有选择的自由，所以要对自己所做的一切负责。

科学主义则以自然科学的突飞猛进为背景，试图以科学的方式看待和改造哲学，但在善恶、美丑以及规范问题上，把对科学的崇尚推向了极端，完全借鉴或套用科学的研究方式、方法来处理价值问题。科学主义者立足"科学的哲学观"，认为哲学应该"科学化"，并提出了具有浓厚科学色彩的"可证实性原则"和相应的意义标准，将科学、事实与价值、规范分裂开来，甚至截然对立起来，从而将价值论（包括伦理学等）完全逐出了"科学"阵营。例如，罗素（Bertrand Russell，1872 － 1970）认为，"关于'价值'的问题是完全处于知识范围之外的问题"②。石里克（M. Schlick，1882 － 1936）把伦理学等价值科学视为"规范科学"，以与"事实科学"相对。他认为，前者只能规范、调节人的行为，不能提供任何知识或真理，而后者依据经

① 胡塞尔：《纯粹现象学通论》，李幼燕译，商务印书馆，1992，第 241 页。
② 罗素：《宗教与科学》，徐奕春等译，商务印书馆，1982，第 123 页。

验事实与逻辑规则，是真理的唯一承担者。维特根斯坦
（L. Wittgenstein，1889－1951）直接宣称，"伦理学是超验的"，伦理
学不可能是科学，"不可能有伦理的命题"。① 伦理道德方面的感情只
能通过比喻等进行描绘，它们都碰到了语言的边界而"不可言说"。
既然不可言说，那么我们就应该对之保持沉默。维特根斯坦特别强
调，伦理学没有给任何意义上的知识增加任何新的内容，应该结束一
切伦理学的唠叨不休，例如，是否有伦理学的知识，是否有绝对的善
和绝对的价值，善是否能够定义，等等。总之，上述哲学家都把价值
与价值表达看作与事实对立的、没有意义的甚至"不能说"的东西，
给了休谟问题以截然二分的否定回答。

通过以上删繁就简、提纲挈领的梳理，我们大致勾勒了休谟问
题在西方哲学史中的演变进程。尽管各时代、各流派、各思想家提
出、处理这一问题的方式不尽相同，观点和论断也多种多样，甚至
迥然相异，但这一问题确实贯穿了整个西方哲学，特别是近现代西
方哲学。而且，更重要的是，关于这一问题的理解与解释，关于这
一问题的令人信服的解决，都仍然是整个哲学史遗留给后人的一个
难题。

二　休谟问题与哲学传统

人类早期的认识并没有专门的学科领域之分，而处于一种粗陋的
实践与"爱智慧"的混沌状探索之中。在早期的这种朴素的探索中，
关于自然的探讨与关于人的求索，关于事实的知识与关于价值和实践
的智慧，都熔于一炉，其明确的分野是随着人类探索人与自然的底蕴
的深化而逐渐出现的。当然，这种分化的程度、方式，以及对后来哲

---

① 维特根斯坦：《逻辑哲学论》，郭英译，商务印书馆，1962，第95页。

学探索的影响，是与不同地域、不同民族的哲学传统密切相关的。更明确地说，事实与价值的关系问题之所以为近代西方哲学家休谟所提出，而不是为东方或其他地域的哲学家所发现，在相当程度上是与不同哲学传统相关联的。

提出事实与价值的关系问题的前提，是对事实与价值有比较明确的理解和比较严格的区分。在不同的历史发展过程中，不同民族经历了不同生产方式、生活方式及其历史沿革，形成了不同的民族特性；与此同时，也形成了各民族不同的哲学传统，如不同的把握世界的基本哲学框架、不同的哲学价值取向、不同的哲学思维方式，等等。而这些又反过来对哲学的具体研究与运作产生影响。事实与价值之关系这一休谟问题为西方而不是为中国（东方）哲学家所发现，正是这种影响的结果。

1. 从把握世界的基本哲学框架看

概而言之，天人相分是西方哲学把握世界的基本框架。

自古希腊起，西方就形成了分别以自然和"人事"为对象的两大哲学阵营。前苏格拉底哲学关注的重心是"世界的本原"问题，如泰勒斯的"水"、阿拉克西米尼的"气"、赫拉克利特的"火"、毕达哥拉斯的"数"、德谟克利特的"原子"等。他们的共同特点是在人之外的对象物中进行探究，运用理性把握世界，体现着科学的风格和精神。这些哲学家的探索对人似乎并不怎么"关心"，甚至关于人的探索都被消融于关于自然的探索之中了。例如，巴门尼德（Parmenides of Elea，约公元前515～前5世纪中叶以后）认为，哲学的使命在于"思考事物的本质"；赫拉克利特（Heraclitus，约公元前540～前470）认为，自然喜欢与人捉迷藏，人的眼睛与耳朵甚至是"不好的见证"，从而否定了人的感官和感性认识的重要性。而从智者派的普罗泰戈拉（Protagoras，约公元前490或480～前420或410）起，以"人事"为对象的哲学出现并一度占据了主流地位。普罗泰戈拉的"人是万物的尺度，是存在者存在的尺度，也是不存在者不存在的尺度"①，可说是关于人的哲学的一面旗帜。苏格拉底更是把人当作自己哲学的主题，认为哲学认识的目的在于追求真正的善，使得以自然为中心的本体论哲学转变为以人的善行为中心的伦理学。苏格拉底反对人们不管"人事"，对天上的事情妄加猜测，而以"助产术"的方式，努力探索与人类有关的事情，如什么是虔诚、什么是公道、什么是明智、什么是勇敢、什么是治国之本、什么是善于治人者的品质，等等。柏拉图进一步发展了苏格拉底的观点，认为哲学是对"善"这一最高理念的知识和追求，世界万物都是"善"的影像，人对一切事物的真知，归根到底是认识与回忆它们之中所蕴含的"善"。当然，由于西方古代对自然与"人事"、对事实与价值的认识并不充分，其区别并不那么严格和精确，因而这种二分传统在古代还是直观的、粗陋的；不少哲学家还明确意识到了两者的相关性和统一性，如苏格拉底就提出了"美德即知识"的著名命题。

但无论如何，古希腊关于自然与人事、关于知识的本性与人的本性（善恶等）、关于事实与价值的关系逐渐凸显出来，并已进行了分别的研究。经过中世纪至近代，西方哲学的重心已由宇宙本体论转向认识论，其基本思路已由人与自然的直观层面进到以"主体和客体"为轴心的认知层面，作为把握客体本质的事实与指向主体行为本质的善恶（更普遍的价值）的区分更加突出出来。这一二分传统在理论上发展到极致，就必然在事实与价值（善恶）之间掘一道鸿沟。

天人合一是中国传统哲学理解和把握世界的基本框架。当然，在不同时期、不同思想家那里，天人合一又有各自不同、各具特色的含义。

---

① 转引自北京大学哲学系外国哲学史教研室编译《西方哲学原著选读》上卷，商务印书馆，1988，第 54 页。

天人合一最普遍的理解是天人相通。如《易·乾卦·文言》将理想人格与天的种种特征加以沟通："夫大人者，与天地合其德，与日月同其明，与四时合其序，与鬼神合其吉凶，先天而天弗违，后天而奉天时。"《易·系辞传》说，圣人"仰则观象于天，俯则观法于地"，目的是"以通神明之德，以类万物之情"。孟子则认为，"尽其心者，知其性也。知其性，则知天矣。存其心，养其性，所以事天也"[①]。也就是说，天是人之道德观念的本源，人的善性是天赋予的，认识了人的善性便能认识天，尽量保持和培养人的心与性便能侍奉天。

物我合一是天人合一之另一含义。如庄子认为，天与人本是同一个东西，"天与人一也"。"有人，天也；有天，亦天也。"[②] "天地与我并生，而万物与我为一。"[③] 二程也认为，"天人本无二，不必言合"[④]。"天、地、人只一道也"，"在天为命，在人为性，论其所主为心，其实只是一个道"[⑤]。

天人感应是天人合一说之又一重要内涵。《吕氏春秋》就有天与人同类相应之说。《淮南子》中云："四时者，天之吏也。日月者，天之使也。星辰者，天之期也。虹霓彗星者，天之忌也。"董仲舒更是明确指出，天与人相类相通，天能干预人事，人的行为也能感应天。"天亦有喜怒之气，哀乐之心，与人相副，以类合之，天人一也。"[⑥]天有阴阳，人亦有阴阳，"天地之阴气起，而人之阴气应之而起，人之阴气起，而天之阴气亦宜应之而起，其道一也"[⑦]。他认为人的形体结构也与天相合，"人有三百六十节，偶天之数也；形体骨肉，偶地

---

① 《孟子·尽心上》。
② 《庄子·秋水》。
③ 《庄子·齐物论》。
④ 程颢、程颐：《遗书》卷六。
⑤ 程颢、程颐：《遗书》卷十八。
⑥ 董仲舒：《春秋繁露·阴阳义》。
⑦ 董仲舒：《春秋繁露·同类相动》。

之厚也；上有耳目聪明，日月之象也；体有空窍理脉，川谷之象也"①。他甚至认为天理与封建伦理纲常是一致的，认为天是人的"爷爷"，人是天的副本，并由此论证"王道之三纲，可求之于天"②。此外，董仲舒还创造了灾异谴告说，认为为政而人事不臧，必定招致天怒。天怒表现为"灾害"、"怪异"，如地震、日食、月食、旱灾、水灾等。这是上天警告君王，令他警醒，改正自己的错误。

当然，在中国哲学史上，也有人主张"天人相分"。其中较有影响的思想家包括荀子、刘禹锡等。荀子认为，"天有其时，地有其材，人有其治，夫是之谓能参"③。荀子主张人能参与、控制自然界的变化，进而提出了"制天命而用之"的思想。刘禹锡是天人相分的另一代表人物，他提出的"天人交相胜，还相用"的观点颇有影响。"天之道在生植，其用在强弱；人之道在法制，其用在是非。"④ 但是，这类天人相分的思想并不普遍，从未成为中国哲学思想的主流。

拓展视野，我们会发现，天人合一可以说是东方文化的共同传统。例如，在儒家文化圈的朝鲜半岛、日本列岛以及东南亚，类似的思想一直根深蒂固。如韩国的"身土不二"观念，既是天人合一观念的形象表达，又是一种朴素的信念，深刻地影响着韩国人的生活。而且，在东亚社会，天人合一可以说是东亚文化传统中共通的观念。除了以上提及的儒家、道家之外，佛教中也有不少类似的思想。例如，所谓"依正不二"的佛教自然观，这里"依"为"依报"，指一切自然环境；"正"为"正报"，指生命主体，即认为人与自然不是对立关系，而是相互依存的。生命主体与其所依赖的环境间各自从对方获得其存在的真谛，脱离对方，便失去了意义。虽然对它们可分别加以认识，但在其存在中是融合

---

① 董仲舒：《春秋繁露·天副人数》。
② 董仲舒：《春秋繁露·基义》。
③ 《荀子·天论篇》。
④ 刘禹锡：《天论》（上）。

为不可分的一体来运动的，因此，它们之间是"一体不二"的关系。此外，大乘起信论中的"色心一如"，僧肇所谓的"天地与我同根，万物与我一体"，等等，都明显是与"天人合一"思想相类相通的。

在中国乃至东方这种天人合一的哲学传统中，关于天道与人事的探索、关于求真与求善的研究、关于致知与修养、关于做事与做人等，一直都处于综合性、包容性的"和合"状态之中，而没有出现类似西方主体与客体、事实与价值等的分化和对立。在这种混沌一体、"重和谐"、"重统一"的文化氛围中，相关的理论建构往往宏大而笼统，其至"弹性"十足，满足于"差不多"，不求甚解。这一切既影响了数学和自然科学研究的形式化、精确化，又影响了各学科分门别类的深入发展，特别是导致"阴阳"、"五行"之类模糊的解释模式大行其道，导致事实与价值的关系问题未能充分凸显出来。

2. 从哲学的价值取向看

哲学作为爱智之学或智慧之学，其智慧既包括宇宙智慧，也包括社会和人生智慧，特别是批判传统价值观、确立新的价值观的智慧。由于价值观是属人的，具有鲜明的主体性，不同的宗教、民族、国家等往往具有不同的价值观，这往往导致其哲学的旨趣不同，哲学关注的重心不同，哲学的运思方向也不同。

中西方文明的发源地不同，演化环境和条件不同，文化传统也各具特色。在不同的发展历程中，西方与中国哲学的旨趣、价值观及其发展进程也不尽相同。而中西哲学的旨趣、价值观或价值取向的差异，往往导致其对待事实与价值的关系问题的态度也不同。

西方古代哲学与科学（自然科学）是混沌一体的，它们都肩负同样的使命，即说明世界之谜，导引人类走出蒙昧、无知状态。而随着"爱智慧"的深化，科学逐渐从哲学中分化出来：科学集中于解释经验现象之间的联系；哲学则倾向于追问经验现象后的本原或本体，即亚里士多德所谓"研究'实是之所以为实是'，以及'实是由于本性所应有的秉（禀）赋'"①。相信世界本原的存在，努力把握这一本原，成为西方哲学直至近代的传统，如古希腊哲学家"发现"的水、火、数、原子、理念（柏拉图）、形式（亚里士多德）等；经院哲学家之上帝；近代哲学家如斯宾诺莎之实体，霍尔巴赫之物质，莱布尼茨之单子，笛卡尔之心灵与物体，黑格尔之绝对观念，等等。当然，近代哲学对世界本原的探讨已经不同于古代，是一种间接的、非重点的研究了。文艺复兴运动和实验科学的兴起，特别是牛顿力学的划时代成功，使得科学只能是关于现象的而不能是关于本体的观念破产了：科学既能透过现象说明事物的原因与普遍性质，也能解决过去由哲学来解决的本原问题。于是，既然科学可以承担原来哲学的使命，那么哲学又有什么用呢？哲学存在的理由出现了空前的危机。近代哲学家们穷则生变，经过不断的思考和探索，特别是经过经验主义与唯理主义者的实践，终于把研究的重心从"世界是什么"转向了"如何认识世界"。这就是所谓"认识论转向"。

西方哲学的"认识论转向"意味深长，它导致了如下两个后果。第一，认识论转向直接是随着文艺复兴特别是自然科学的成功而兴起的，西方注重科学、理性，以及知识至上的传统观念更被突出出来，"知识就是力量"、"人定胜天"等成为时髦的口号，西方哲学从此走上了一条轰轰烈烈的"科学化"之路。这种哲学科学化的结果，一方面使得哲学探索采取"拟科学"的方式，如斯宾诺莎采用公理化方法构造其伦理学体系，拉美特利等人论证动物甚至人都是机器，等等；

---

① 亚里士多德：《形而上学》，吴寿彭译，商务印书馆，1959，第58页。亚里士多德接着解释道："这与任何所谓专门学术不同；那些专门学术没有一门普遍地研究实是之所以为实是。它们把实是切下一段来，研究这一段的质性；例如数学就在这样做。现在因为我们是在寻取最高原因的基本原理，明白地，这些必须是禀于本性的事物。若说那些搜索现存事物诸要素的人们也就在搜索基本原理，这些要素就必须是所以成其为实是的要素，而不是由以得其属性的要素。所以我们必须认清，第一原因也应当求之于实是之所以为实是。"（亚里士多德：《形而上学》，吴寿彭译，商务印书馆，1959，第58页。）

另一方面，关于价值的探索，由于与人特别是人的需要、情感等相联系，不能简单地照搬科学方法、手段进行研究，于是，关于事实科学与价值探索的分歧日益突出出来。第二，认识论转向的另一后果是关于人的认识能力的探讨。这种探讨一方面使西方古老的理性主义得到进一步发展，发展到前所未有的高度；另一方面，使得理性的局限性（如演绎逻辑与归纳逻辑的局限性）突出出来，特别是归纳问题的提出，使得经验科学的大厦也摇晃起来，道德之善恶、价值知识何以可能等就更成为必须说明的问题。在休谟看来，由于归纳问题何以可能等问题并未解决，理性连科学何以可能也说明不了，在理性之外的善恶、价值等何以可能的问题，就更是难以有效地进行论证了。

中国古代哲学也是和科学结合在一起的，甚至这种结合不论在哲学上，还是在科学上，都曾经产生过辉煌灿烂的成就。例如，传统哲学的阴阳五行学说、中医的辨证施治、天文历法以及"四大发明"等，所达到的学术高度都是世所公认、令人服膺的。然而，中国自古代到近代，关于事实、科学的探讨相对而言并不尽如人意。典型的如老子认为，"智慧出，有大伪"[①]；"为学日益，为道日损"[②]。有些统治者甚至视科学技术为"雕虫小技"、"奇技淫巧"，阻挠科学研究、迫害科学家的案例时有发生。

如果说关于事实、科学的探讨在古代中国相对沉寂的话，那么关于社会伦理、政治问题，特别是"修齐治平"的讨论，在中国哲学中倒是极为繁荣的，有时甚至细致入微到了令人难以忍受的地步。例如，"天人"之辩、"群己"之辩、"义利"之辩、"理欲"之辩、"名实"之辩、"德力"之辩、"知行"之辩、"志功"之辩、"力命"之辩、"王霸"之辩等，争论时间就几乎跨越了整个中国思想史，而其内容之

---

① 老子：《道德经》第十八章。
② 老子：《道德经》第四十八章。

繁复、观点之多样、参与者之众、影响之深广，令人叹为观止。

而且，无论是对自然世界（包括自然、"天"或事实）的真实本性的探索，还是关于人的善恶本性等价值关系的探讨，中国哲学的着眼点、落脚点均在于社会伦理政治，都是围绕着社会伦理政治这一中心展开的。"孔子的'则天'思想，着重在引导人们去领悟'礼'与'仁义'；老、庄的'人法地、地法天、天法道、道法自然'，所得的结论是'无为'；墨子的'顺天而行'也归结为'兼爱'。他们都把对'天'的考察推到玄远的思辨中，而把注意力放在人世的价值观上。"①

例如，在中国传统哲学中，"知行"之辩与西方之事实与价值的关系问题最为相近，但相关的探讨主要落实到了人的道德修养、道德践履等价值问题之上。"知行"之辩的讨论成果极为丰富，如古老的"知易行难说"、孙中山的"知难行易说"、道家的"不行而知说"、程颐的"知先行后说"、王守仁的"知行合一说"等。然而，这里的"行"，主要是指道德践履或道德行为，而"知"则主要指认识、知识，特别是道德意识等。于是，整个"知行"问题便主要囿于社会伦理领域进行讨论，甚至简化成了一个社会伦理问题，其中所蕴含的事实性知识与价值性行为的内容便悄无声息地消解了。

与天人合一、求真与求善合一（或格致与修养合一）的传统相一致，中国哲学的发展尽管有些曲折，经历了一些冲击，但是，重人伦轻自然、重德行轻科学等价值取向一直未有根本的改变，中国哲学中也一直未能出现类似西方的"认识论转向"，以及现代的"语言学转向"和分析哲学运动。这种"非科学化"风格导致中国哲学与西方哲学差异甚殊，以至于黑格尔之流质疑"中国哲学"的"合法性"。但也正是因为这些原因，那种建立在事实与价值（善恶）的严格区分基础上的关于价值（善恶）知识从何得来、价值判断何以可能之类问

---

① 李德顺：《价值论》，中国人民大学出版社，1987，第26～27页。

题，就从未成为中国传统哲学的根本性问题。时至今日，仍有许多人对这一问题漠不关心，甚至颇不以为然。

3. 从哲学思维方式来看

所谓思维方式，是在一定社会历史实践活动中形成的，由人的各种思维要素及其结合按一定的方法和程序表现出来的相对稳定的思维样式。由于世界上各民族所处的环境、条件并不一致，走过的历史过程也并不相同，因而往往会形成各具特色的思维方式。

一般来看，如果进行中西思维方式的对比的话，它们在哲学上会表现出如下几个特点。

首先，中国哲学思维长于综合，短于分析，它总是注重从整体、全局出发，综合性地把握对象，而且这种思维常常停留在宏观层面，满足于笼统地自圆其说的"宏大叙事"，而忽视局部、细节的解剖和分析等。西方哲学的显著特征则是重理性和逻辑，特别重视分析，即把对象通过各种逻辑方法分析为不同的部分和层次，使哲学的探讨具体、清晰而明确，这一特点发展的顶峰便是现代西方哲学的分析哲学运动。经历过语言分析哲学运动的洗礼后，西方哲学（特别是英美哲学）与中国哲学的差异就更加突出了。

其次，中国传统思维具有直观模糊性，这与西方传统思维重逻辑、追求精确形成对照。本来，大胆的猜测、形象的比拟、神秘的直观是中西古代哲学的共性，但西方近代以来，由于观察、实验方法的普遍应用，特别是数学、逻辑工具的公理化、形式化发展，以及自然科学划时代的突破（以经典力学为代表），西方哲学可以运用数学和逻辑工具，以及借鉴自然科学的方法，改革与促进其哲学研究；而中国由于传统数学和逻辑的缺陷，如重算不重证，使用有歧义的自然语言表达，含有过多直观猜测成分，一直未能公理化、形式化等，以及与此相关的科学（非指技术）不成熟等，造成中国哲学一直保持着直观猜测、模糊笼统的特色。

　　再次，重思辨、轻实证是中国传统思维区别于西方的又一特征。推崇理性、知识至上，是西方文化的重要特征，特别是自近代以来，哲学"拟科学"的特征日益突出，实证分析成为哲学研究的主要方法，而中国哲学却一直流于一种排斥逻辑推证的、缺乏经验与事实作为基础的空泛思辨。例如，儒家中庸之道的信条，追求至善至美的理想，驱使古代儒者运用那种含糊其词的表达方式、具有无限涵容量的玄论，运用抽象的思辨来容纳一切，以应付经验事实的诘难和具体生活的证伪，从而达到"放之四海而皆准"的目标。所谓"大道不称"、"大辩不言"，以及具有无限涵容量和解释力的"阴阳"学说，就典型地说明了这一特点。

　　最后，中国哲学思维注重求同，注重一致、和谐，热衷于抹杀人们的个性和"棱角"，而西方哲学则注重求异，注重批判、斗争，善于"怀疑一切"。在中国，除了先秦"百花齐放，百家争鸣"的那个时代，长期的政治经济一元化，思想文化的一元化（多数时候以儒家思想为主体），特别是经学思维方式（以圣人、圣言、经典为标准）盛行，严重遏制了人们思维的独立性和个性，扼杀了人们思维的独特性、批判性和否定性，形成了一种重求同、重统一的巨大的思维惰性。而在西方，除了黑暗的中世纪之外，怀疑与批判精神一直是其文化精神的核心，标新与求异一直是其明确的思维指向，这也是西方哲学流派杂多、思想体系众多的原因之一。

　　如果继续进行挖掘和总结，那么中西哲学思维方式的差异还有不少，限于篇幅，这里就不一一列举和分析了。当然，"西方"是一个含义模糊的概念，西方哲学源远流长，流派众多，思想庞杂，并不适合概而言之，例如英美哲学与大陆哲学之间就差异甚殊，德国哲学与法国哲学也各呈风姿。因此，以上的区别只是就主流、就一般而说的，显得有些大而化之，绝不能说没有反例存在。而且，从整个人类历史来看，不同思维方式的形成有其必然性，而且承担的功能也不一样，很难说有优劣之分、高下之别，关键在于是否能够适应时代的变迁和特点，是否切合思维对象的性质和特点，是否能够有效地提出和解决问题。历史已经而且正在证明这一点。

不过，就事实与价值的关系这一休谟问题而论，它却是西方哲学重理性逻辑、重实证分析、重推理论证、重怀疑批判的思维方式的产物：休谟从其彻底的怀疑主义出发，通过实证性的分析，严格地区分了事实与价值（道德之善恶）；通过对理性与逻辑的考察，提出了因果性、必然性观念何以可能的问题（归纳问题），以及伦理判断或价值判断（"应该"判断）何以可能的问题。而由于中国传统思维方式之综合、直观、模糊、思辨、求同等特点，既不可能严格区分事实与价值（善）、事实表达与价值表达，也不可能对事实判断或价值判断作逻辑上、理论上根本性的诘问。由于中国逻辑之不独立（散见于哲学、数学或其他文献之中），没有构成严格意义上的逻辑体系，通过自然语言表述很不精确，因而难以被人作为分析工具应用于哲学，提出和考察哲学问题，剖析和明确哲学概念（范畴），创造和构筑哲学命题体系等。中国传统哲学家也习惯和满足于对对象作综合模糊的把握，或者进行直观体悟和空泛思辨，而缺乏那种怀疑一切、穷根究底的反思、批判与探索精神。因此，关于事实与价值的关系的思想，长期保持在诸如"一天人"、"合真善"之类直观统一的思辨水平上，[①] 而一直未能真正"成为"一个哲学问题（价值判断、价值科学何以可能的问题）。

4. 扼要的小结

综观以上几个方面，我们就休谟问题为西方哲学家提出和关注，而在中国等东方国家却一直不被特别重视的原因，从"哲学传统"的角度进行了扼要的反思和粗略的分析。应该说，限于篇幅，这里的反思和分析是不系统、不全面的，或者说，仅仅是一种概略性、鸟瞰式的考察。

---

① 参见李德顺《价值论》，中国人民大学出版社，1987，第 27 页。

但是，从这种概略性、鸟瞰式的考察、分析和反思中，我们不难发现，一个哲学问题，特别是重大的基础性问题的提出，总是有其时代背景和历史渊源的，总是与这种哲学探索的传统等密切相关的。如果我们能够清醒地意识到这一点，或许就能对哲学的民族性、地域性等主体特质产生新的认识和感悟；同时，也可能会对事实与价值的关系问题，立足中国传统哲学的视角，或者马克思主义哲学的视角，产生一种"中国化"或马克思主义维度的理解，并提出具有中国特色或马克思主义特色的解决方案。

三 求解休谟问题的诸方案述评

休谟问题，即事实与价值的关系问题提出以后，西方哲学依其天人相分，注重科学、理性，特别是推崇实证分析的传统演进，其结果是事实与价值的二分裂隙越来越大，终于形成根深蒂固的二分信念。但同时，自休谟以来的价值学说史，几乎也是不断缝合事实与价值这把破裂的大伞的历史。即便是在崇尚哲学科学化的"分析的时代"，也涌动着一股求解休谟问题的潮流，只是大多数时候它并不那么引人注目。梳理、挑选一些最有影响的思想，对之作一些必要的历史考察、批判，我们不难发现一些具有启发意义的、能将我们的思绪引入深处的东西；至少，我们会从这些尚称不上成功的尝试中，找到其失误之处，然后通过调整我们的视角，更新我们的思维方式，帮助我们另辟蹊径，尝试解决这一问题。①

---

① 自 20 世纪 80 年代中国开展价值论研究以来，国内一些学者也自觉或不自觉地开始涉及事实与价值的关系问题。李德顺在其《价值论》中，以"真理与价值"的名义对这一问题进行过较为系统的探讨，从实践唯物主义角度发表过很多创新性意见。此外，袁贵仁、万俊人、赖金良、冯平、江畅、韩东平等人也曾涉足此问题，发表过一些各具特色的看法。本书就是在上述讨论的基础上，全面探索与求解这一问题的一个尝试。

1. 从自然主义到新自然主义

休谟问题和"休谟法则",包括"自然主义谬误"等,主要、直接针对的就是自然主义,因而现当代自然主义的发展史,几乎就是不断自我辩护、设法沟通事实与价值的历史。当然,持续的批评声浪也促使自然主义者不断反思和创新,产生了不少有价值的思想,从而有力地促进了自然主义的发展。

20 世纪上半叶,自然主义的代表人物之一杜威(J. Dewey,1859 – 1952)把自然科学的实验方法引进价值论,建立了以评价判断为核心的实验经验主义价值哲学。杜威认为,哲学研究的根本目的是为人类有效地行动提供智慧,而人类行动的根本难题是如何形成价值判断,作出价值选择,因此,哲学的使命就在于为人类的价值选择、价值判断提供智慧。哲学研究的对象是人类的生活世界,在这个经验世界中,根本不存在事实与价值的二元对立。实际上,事实与价值是浑然一体的,在经验世界之外,根本不存在人类需要供奉的尊贵的价值。因此,应当把伦理学说、价值判断建立在人们的经验基础上,根据人们行动的后果评价价值,形成价值判断。杜威还把他为自然科学总结的"实验探索方法"运用到伦理、价值领域,试图以此沟通事实与价值。这包括如下几个步骤:首先,根据道德问题情境提出要加以解决的道德问题;其次,针对问题提出一个假设性的价值判断,即关于要达到什么目的的判断;再次,联系道德问题情境对假设性的价值判断进行观念的、符号的分析,并以之指导具体行为,解决所面临的道德困境;如果行为结果与预期目的相符,那么价值判断便被接受,否则便被拒绝。这样,杜威就立足实用主义,通过所谓的"实验法",把事实和价值联结起来了。

自然主义的另一代表人物、新实在论者培里(R. B. Perry,1876 – 1957)则通过把价值定义为"兴趣"的对象,从而联结事实与价值。培里在《一般价值论》中指出:"我们把价值定义为,一切兴趣和它的对象之间的特殊关系；或者定义为，构成引起兴趣事实的对象的特殊特征。"① 他在《价值领域》中指出："当一个事物（或任何事物）是某种兴趣（任何兴趣）的对象时，这个事物在原初的和一般的意义上便具有价值，或者是有价值的。或者说，是兴趣对象的任何东西事实上都是有价值的。"② 在培里看来，兴趣就是这样一组词，它标明如"喜欢或不喜欢"、"满意或不满意"、"爱或恨"、"期望或恐惧"、"寻求或回避"这样一些肯定态度或否定态度。如果某人对某物持肯定态度，那么此物便是善的，由这种态度所生发出来的具体判断就是肯定的价值判断；如果某人对某物持否定态度，那么此物就是恶的，由这种态度所生发出来的具体判断就是否定的价值判断。这样，培里就通过一系列可以凭经验把握的心理状态或心理事实，说明了什么是价值，或者说从事实判断过渡到了价值判断。

现代自然主义者（诸如杜威、培里等人）探索事实与价值之统一的努力并不成功，至少，正如摩尔的追随者所指控的，他们仍旧犯了"自然主义谬误"。而且，他们主要侧重探讨什么是善（或价值）以及善（或价值）的根据、标准之类问题，而并不重视对价值语言的性质、意义、功能及证明等问题的研究，甚至对"自然主义谬误"之类说法并不怎么关心，因此，他们并没有从根本上改变传统自然主义的研究方式，从而也就不可能真正理解休谟、摩尔等人提出的问题，更不可能有效地回应休谟、摩尔、情感主义者等的诘难与攻击。当然，这并不是说，回答休谟等人的问题必须接受其研究前提与语言分析方法，而仅仅是说，剖析、批判、反驳某人的观点，回答某人提出的问题，首先必须真正理解它，彻底弄懂它。如果一个人固执己见，连实证主义思潮或分析哲学运动都知之甚少，或者一知半解，那么相应的

---

① 冯平主编《现代西方价值哲学经典·经验主义路向》（下册），北京师范大学出版社，2009，第 425 页。

② R. B. Perry, *Realms of Value*, Harvard University Press, 1954, p. 3.

批判必然是缺乏针对性、不彻底的，对他们提出的问题也不可能真正有效地予以回答。

20世纪五六十年代崛起的新自然主义，主题和思想庞杂，代表人物和作品众多。撮其要者，主要包括弗兰克纳（W. K. Frankena, 1908 - ）、吉奇（P. T. Geach, 1916 - ）、拜尔（Kurt Baier, 1917 - ）、福特（P. R. Foot, 1920 - ）、普特南（H. Putnam, 1926 - ）、麦金太尔（A. C. MacIntyre, 1929 - ）、塞尔（J. R. Searle, 1932 - ）、布兰特（R. B. Brandt, 1910 - ）等人。他们不同于传统的自然主义者，试图改变传统自然主义者不重视理论证明和逻辑分析的缺陷，而在分析道德语言的涵义、注重逻辑论证的基础上，展开他们自己的新自然主义观点。当然，他们也不同于语言分析哲学家们，比较注意克服分析哲学只重视逻辑与语言分析的形式化倾向，而保持了自然主义看待和处理问题的视角和风格。

消除事实与价值二分对立的观念，求解休谟问题，试图在事实与价值之间寻求沟通它们的桥梁，是新自然主义者重点关注并投入了较多精力的中心课题。我们不妨选取一些比较有代表性的人物及其方案，简要地陈述如下。

（1）福特是新自然主义的重要代表人物。她并不像传统自然主义者一样，主张价值实际上就是事实，而认为价值不能还原为事实，事实也不能还原为价值，但她仍认为价值与事实是紧密联系的。

福特重点驳斥了赫尔等人将价值与事实区分为规定性的和描述性的观点。福特指出，概念的思考表明价值与事实在逻辑上是联系的，将它们分成两种具有不同功能的类型是毫无意义的，甚至像"危险的"之类概念都具有所谓事实与价值相缠绕的特性，以至于不能区分其中的事实成分与价值成分；而且，概念的行为指导特征与事实特征不是凭借把它们分为价值与事实两个组成部分之类方式来辨别的。

（2）普赖尔（Arthur N. Prior, 1914 - 1969）在《伦理自然主义》

一文中论证说，从事实前提到价值判断的推导是完全可以做到的。他认为，从前提"他是一位船长"就可以有效地导出结论"他应该做一位船长应该做的一切"。因为"船长"是一个角色概念，也是一个功能性概念，一个人作为"船长"，自然有其社会角色方面的要求，必须承担相应的义务。

普赖尔还举了一个推导的例证：像"他要么是一个傻瓜，要么是一个流氓"之类的命题，要么是一个伦理或价值命题，要么不是。如果它是一个非伦理或价值命题，那么，它就会与"他不是一个傻瓜"这一非伦理或价值命题一起，必然得出"他是一个流氓"这一伦理或价值命题。如果它是一个伦理或价值命题，那么，按照逻辑规则和逻辑推理形式，它就必然是由"他是一个傻瓜"这个非伦理、非价值的命题所产生的。

然而，普赖尔把所有命题要么看作伦理或价值命题，要么不是，这又是一种二分法，且显然是成问题的。普赖尔上述论证中的前提"他要么是一个傻瓜，要么是一个流氓"之类的命题，实际上既不是纯粹的伦理或价值命题，也不是纯粹的事实命题。而许多坚持二分法的哲学家，如休谟、赫尔所要求的是"从事实前提推出毫不含糊的评价结论"，因此，赫尔等人根本不认为上述推导是真正的对他的反驳。不过，普赖尔的论证至少说明了，事实命题和伦理或价值命题、事实与价值的划分，也不是那么纯粹、那么毫不含糊的，截然的二分并不符合实际。

（3）布莱克引入人们活动的"意愿"，将"是"与"应该"具体地连接起来了。他针对一些人宣称"是"与"应该"之间存在逻辑断裂、不存在沟通桥梁，以国际象棋为例，提出了一个反例：

费希尔想要将死伯温克；

对于费希尔来说，将死伯温克唯一的一步棋是走王后；

所以，费希尔应该走王后。

然后，他将此抽象为一个普遍化的三段论推理形式：

你要达到 E；

<u>达到 E 的唯一方法是做 M；</u>

所以，你应该做 M。

通过分析上述推论，布莱克认为，"是"（事实前提）与"应该"（价值结论）之间虽然存在断裂，但这一断裂是可以跨越的。而跨越这一断裂的桥梁，不是别的什么，只能是"当事人从事相关活动或实践的意愿"。

（4）麦金太尔（A. C. MacIntyre，1929 –　　）也强烈质疑和反对事实与价值的二分法。他认为，人们的道德行为要参照其追求的社会目的——包括实践的内在利益、个人生活的完整性和负载传统价值的共同体的目的——来理解。据此，一个包含"是"的前提能够在一定场合中包含表明"应该"的结论。例如，通过将"应该"释义为关于"公共利益"的调查，就可以沟通"是"与"应该"、事实与价值。他甚至认为，休谟本人也相信，当且仅当一条道德规则指向每一个人的长远利益时，它就能够得到证明。也就是说，根据基本的伦理或价值前提"我们应该做任何有利于每一个人的长远利益的事"，从"遵守这一规则有利于每一个人的长远利益"就可以导出"我们应该遵守这一规则"的结论。

为什么可以进行这种转换呢？麦金太尔回答说："从'是'到'应该'的转换是……通过'想要'这一概念做出的。……典型的，亚里士多德的实践三段论的例子，有一个包括一些诸如'适合'或'请求'的词的前提。我们能够给出一长串概念，它们能够构成'是'和'应该'之间的这种桥梁概念：想要、需要、愿望、快乐、幸福、健康——这些仅仅是很少的一部分。我认为，这一情况强烈地表明，说道德概念与诸如此类的概念相互分离是难以理解的……"①

　　类似的努力还有许多。稍后，我们还将专节介绍塞尔著名的沟通方案，以及普特南关于问题的全面的思考。他们的努力，可谓新自然主义解决休谟问题的杰出代表。

　　显然，不少新自然主义者都在从根源上反思事实与价值的二分法，并挖空心思探寻事实与价值的关联，搭建沟通的桥梁。仅仅分析以上案例，我们可以得出结论，福特等人已经接受了事实与价值的必要区分，并从对一些特殊的概念进行分析出发，证明关于语言的截然二分是不成立的，从而找到了事实与价值相联系的一个关键点——既具有事实意义又具有价值意义的概念。这对于驳斥事实与价值的二分法，反驳"休谟法则"，显然是一个有启发意义的突破口。

2. 直觉主义与直觉方法

　　价值论直觉主义（intuitionism）是指不必经过逻辑推理或论证而直接理解价值概念、获得价值判断的一种哲学学说。它大约于19世纪下半叶到20世纪初正式形成于英国，其主要代表人物有西季威克、摩尔、普里查德、尤因、罗斯等人。当然，他们主要都是从伦理学角度展开其研究的。

　　直觉主义认为，价值是不同于事实的，诸如"善"、"应该"、"正当"之类最基本的价值词是不能通过感觉经验或者社会科学的经验主义方法加以认识的，这些价值词也不能以自然主义的词语、通过某种逻辑定义方法加以定义，如果一定要对之加以定义的话，就会犯摩尔所谓的"自然主义谬误"；以上述基本的价值词为谓词的那些基本的价值判断是不能通过经验的或逻辑的方法，从事实判断中推导出来的。但直觉主义并不认为价值是不可认知的，他们认为，通过人类

---

① 转引自 W. D. Hudson, *Modern Moral Philosophy*, Garden City, N. Y. Doubleday, 1970, p. 258。

自身的某种特殊能力与特殊思维方式——直觉，就能不证自明地察知、领悟价值与价值（伦理）原则。

不过，直觉主义是一种复杂并略显神秘的理论，在其阵营内部，他们的观点也十分芜杂，争论十分激烈，并非铁板一块。

英国著名伦理学家西季威克（H. Sidgwick，1838－1900）认为，伦理学方法既不是经验的，像功利主义那样；也不能是社会的，像进化论那样；更不能是神学的，像基督教那样；而唯一的方法就是直觉。他指出："我一直用'直觉的'这一术语指称这样一种伦理学观点：它把符合于某些由义务无条件地规定的规则或命令视作道德行为的实践上的终极目的。"① 这些义务法则或指令可以由直觉得知，然后用确定、清楚的语言陈述出来，从而使之不证自明地普遍有效，成为自明原则。具体地说，这些自明原则必须具备如下条件：用以陈述它们的概念必须明晰、准确；命题的自明性必须是经缜密反思确认了的；被视为自明的命题必须是不自相矛盾的；必须有专家们对其真理性的普遍同意。② 西季威克否证了功利主义、快乐主义等的论证方法，认为功利原则、快乐原则等必须通过直觉才能得到。"如果这后一命题（快乐主义原则——引者注）从私人幸福或普遍幸福方面得到合理的肯定，它必然或者是被直接地视为真实的，因而我们可以说它是一个道德直觉，或者最终地是从至少包含一个这种道德直觉的前提中推导出来的。所以……无论是私人幸福的快乐主义还是普遍幸福的快乐主义，都可以在某种意义上被合理地称为'直觉的'。"③ 总之，只有通过直觉方法而非经验方法等，才能把握价值（道德）原则。

---

① 亨利·西季威克：《伦理学方法》，廖申白译，中国社会科学出版社，1993，第118页。

② 亨利·西季威克：《伦理学方法》，廖申白译，中国社会科学出版社，1993，第354～357页。

③ 亨利·西季威克：《伦理学方法》，廖申白译，中国社会科学出版社，1993，第120页。

摩尔区分了"善"与善的事物，认为善本身是独立的、简单的、不可定义的和不可分析的，对于善本身，只能依靠那种具有"自明性"的直觉才能加以把握。而表达善本身的基本的价值原理"仅仅凭它本身是昭然若揭的或真实的，它不是除它本身以外的任何其他命题之推论"，即"不可能根据逻辑从任何其他命题演绎出来，必须直截了当地接受它或否定它"。①也即我们凭直觉就能不证自明地获得这些基本价值原理，并接受它为真的或假的。

普里查德就能（H. A. Prichard，1871 - 1947）认为，"义务"才是伦理学中最基本的概念。不能把"善"和"我应当做……"视为同一，我们可以承认某件事是善的，但我之所以做这件事，却是出于内心的一种义务感。这种义务感是独立存在的。特别是当两种道德原则互相冲突，而每一种道德原则都可以解释为善时，一个人必须知道他应当怎样做，此时，行为的根据即"义务"就在于我们日常的义务判断和"常识"道德。人们拥有义务感，或者说获得"应该"等基本道德原则，是通过直觉的理解力，即常识中不言自明的东西直接达到的。"这种理解力是直接的。所谓直接，精确地说，就是数学那种直接的理解力，如同'这个三角形由于有三条边而必有三个角'的直接理解力。两种理解力是直接的，是在这种意义上说的：两种对于主词本性的洞察使我们直接认识到主词具有谓词之本性，并且这只是表明——从认识对象方面来说——在这两种情形里，所直接理解的事实都是自明的。"②以往的各种伦理学说之所以长期陷入矛盾与困境之中，就是因为它们都未能意识到"义务"的自明性，而企图用某些伦理属性来规定或定义它，如功利主义等将之诉诸"行为结果的善性"，康德等人则将之诉诸某种引起善行的动机。

---

① 摩尔：《伦理学原理》，长河译，商务印书馆，1983，第152页。
② A. I. Melden, *Ethical Theories: A Book of Readings*, Prentice - Hall, Inc. Englewood Cliffs, New Jersey, 1967, p.531.

尤因（A. C. Ewing，1899 – ?）则认为，"应当"才是伦理学的最基本概念，必须由直觉去理解和把握它。但尤因指出，应正确看待直觉在价值论中的作用，既不能否定，也不能夸大。当某一种理由最后不能推论下去，否则可能陷入无限循环时，就要诉诸直觉。"如果我们必须具有有效的推断，无论我们怎样做，我们都不能够去掉直觉。"[①]"在伦理学中，你为了决定自己应当做什么，就必须对相互冲突的不同价值进行衡量……并且为了这样做，你必须依赖估价价值力量的这个观点或那个观点来进行估价，而价值力量自身却不能经由间接推理确证。再说，用论证的方法说明的事物不是所有的人都同意的。当人们探讨在既定情况下什么是正确行为这一伦理问题时，一些人注重这方面的考虑，另一些人注重另一方面的考虑。我们关于两个可能的论证中哪一个更强有力的决策，可以反过来受另一论证的影响；并且为了合理地分析情况，我们还必须注重对其它论证的价值，所以作为最后的手段还是要洞察它们的本性，可本性不能由无穷尽的（ad infinitum）论证来处理……"[②]并且，由于对"直觉"的非难与反对者众，尤因认为，如果使用"直接认知"（direct cognition）一词代替"直觉"，以标示那种鉴别事物正确与否的内省领悟力，则更为适当，也更为温和。

直觉主义产生以后，一度在价值论（伦理学）领域占据统治地位。的确，在关于一些基本的价值概念、价值判断可以依靠直觉去识别、把握、获得等观点上，特别是在基本的价值原理、价值原则的领悟与确立上，直觉主义的观点是极具启发意义的。就如同麦凯指出的："和'理性'比起来，'道德感'或'直觉'是对那支撑着我们

---

① 转引自 T. L. 彼彻姆《哲学的伦理学》，雷克勤等译，中国社会科学出版社，1990，第 525 页。

② 转引自 T. L. 彼彻姆《哲学的伦理学》，雷克勤等译，中国社会科学出版社，1990，第 526 页。

大部分基本道德判断的一个内在地更加合乎情理的描述"①。毕竟，直觉是人脑特有的一种精神官能、一种思维能力；毕竟，直觉是人类生活实践中解决问题的一种方式、一种途径。现代人类对于自身能力与认识方法论的反思，以及科学实践与生活现实都已一再表明，直觉（灵感）是存在的，其意义是不能忽视与低估的。

但直觉主义自产生以后，就一直为各种各样的批评所包围；它在西方风行了几十年后，便遭到了几乎彻底的否弃。究其原因，表面看来，一是因为其内部的严重分歧，如到底"善"还是"应该"、"正当"才是伦理学最基本的概念。二是因为 20 世纪 30 年代逻辑实证主义崛起并逐渐占据统治地位。按照逻辑实证主义的可检验性原则和意义标准，只有那些可以通过经验事实检验的事实判断和分析性的数学命题才是有意义的。而价值（道德）判断，特别是价值（道德）原理——直觉主义宣称只能通过直觉才能获得——并不陈述经验事实，而且它与通过数学直觉获得的数学公理也不一样，因为数学公理的真实性来自对有关概念、术语的定义，而直觉主义认为基本价值（道德）概念是不能加以定义的，这使得价值（道德）判断及价值（道德）直觉的合理性也失去了传统的与数学相较进行类比论证的基础。

但实际上，直觉主义的衰落还有更为深刻的原因。

首先，直觉主义认为基本的价值判断或价值原理只能依靠直觉获得，而绝对排斥经验与逻辑的作用，这不但与价值生活实践不符，而且在理论上也站不住脚。众所周知，价值论是实践性的，无论是对于好（善）、应该等的感觉、顿悟，还是基本的价值原则的提出与修正，通过社会生活为人们所接受和传承，以及在新的社会生活中更新和转型，都不可能不借助人们的社会历史经验，不可能不借助逻辑推理和

---

① 约翰·L. 麦凯：《伦理学：发明对与错》，丁三东译，上海译文出版社，2007，第 27 页。

论证的力量。"自明的"直觉确实有用，但不可能是绝对、唯一的。

其次，在关于直觉的本质与发生机制问题上，直觉主义的说法是含混、苍白甚至是神秘主义的。直觉主义者常常把直觉与"自明性"概念联系起来。如摩尔说："我把这样的诸命题称为'直觉'，我的意思仅仅是断言它们是不能证明的。"[①] 然而，"自明性"概念本身却是不自明的，如罗斯把"有教养的人的深思熟虑的确信"视为判断直觉的根据，而"有教养的人的深思熟虑的确信"本身却显得含混费解，难以把握。还有些直觉主义者往往把直觉神秘地说成人先天具有的一种本能，这种类似玄学的说法也是难以让人接受的。把解决问题的方式与方法推给天赋直觉，问题似乎解决了，但人们仍然不着边际，无从理解。这种解决方式在注重理性、注重分析、追求精确的西方引起了不少学者的反感，从而使直觉主义在西方一度有些声名狼藉。

再次，直觉具有局限性，即直觉本身并不是可靠的，并不能由人们重复性地加以实证检验。而且，这种局限性是其自身难以解决的。因为人是一种"文化动物"，都处在一定的历史背景和社会环境之中，不同的人的生活经历和"主体性"不同，对于概念理解、命题判断等的直觉，如果有的话，并不能保证完全相同、相一致。例如，费格尔（H. Feigl, 1903 - 1988）指出："在直觉上显得令人信服的东西很可能因人而异或者因文化不同而不同。"[②] 艾耶尔指出："对于一个人在直觉上是确定的东西，可能对另一个人是值得怀疑的，或者甚至是错误的。所以，除非可能提供一个标准，用这个标准可以来决定互相冲突的直觉哪一个是确定的，则检验一个命题的效准只诉之于直觉是没有价值的。但是，就道德判断而言，就不能给予这样的标准。一些道德学家认为，可以用说明他们'知道'他们自己的道德判断是正确的

---

① 摩尔：《伦理学原理》，长河译，商务印书馆，1983，第 3 页。
② 费格尔：《维也纳学派在美国》，载克拉夫特《维也纳学派》，李步楼、陈维杭译，商务印书馆，1998，第 197 页。

来解决这一问题。但是这样的断定，只具有纯粹心理学的兴趣，而没有丝毫倾向要证明任何道德判断的效准。因为，与他们的观点相反对的道德学家，同样可能很好地'知道'他们的伦理观点是正确的。并且，就主观确定性而言，究竟谁是正确的将无法选择。"① 赫尔也指出："假定两个人对于一个道德问题的意见不一致，并且两个人都声称（就像很可能发生的）直觉到了他们自己观点的正确性。由于两个人都能责难对方的直觉有缺陷，直觉本身又不能判定是哪一种缺陷，于是，就没有办法解决这个问题了。"②

最后，直觉是或然性的，它必须以经验和逻辑为补充，在人们的生活实践中加以判定。如果不与具体的历史的社会生活实践发生关系，不借助任何形式的事实根据的支持，我们如何判定一个基本的价值判断的真假呢？或许直觉主义者可以简单地回答：依靠"直觉"，"不证自明"。然而，我们如何保证所有人都具有相同的直觉能力？或者说，所有人在生活实践中都会产生相同的直觉？如果诉诸具有不同直觉能力的人（包括不同民族、宗教和其他社会共同体）的不同直觉，那么人类社会的一切歪理邪说，例如法西斯的道德谬论、霸权主义的伦理主张，以及宗教原教旨主义等，似乎都能够为一些人所坚持。若果真如此，直觉主义对于人类基本价值的追寻，对于解决世界上普遍存在的价值分歧与冲突，就将是无能为力的。正因为如此，直觉主义往往与主观主义、多元论、相对主义密切相联系。这也导致不少人认为，直觉主义放弃了对价值（道德）进行批判性的思考。

总之，对于直觉主义，我们认为，应该冷静地审视、客观地分析、全面地评价。一方面，尽管直觉的发生机制尚未弄清楚，直觉本

① 艾那尔：《语言、真理与逻辑》，尹大贻译，上海译文出版社，1981，第120~121页。
② R. M. Hare, *Ethics*, *Essays on the Moral Concepts*, Berkeley and Los Angeles, California: University of California Press, 1973, pp. 46–47.

身具有局限性（如不具有逻辑必然性），直觉也并不像直觉主义者所声称的那样，是唯一的孤立的解决问题的方式，但直觉在价值思维中，例如在价值评价、选择过程中，特别是在决策过程中，确实被人们经常地大量地运用着，因而它确实具有独特的地位和价值。对直觉予以合理、科学的界定，对生活实践中的价值直觉加以如实的考察，并在理论上进行创造性的总结与提炼，将有利于我们弄清价值思维的形式和结构，为求解休谟问题提供一条新的路径。另一方面，也必须明确，直觉主义理论、直觉方法绝不是唯一可取的理论或方法，需要深刻地检讨其局限、不足和失误，并在人们的价值生活实践中，与其他理论或方法结合起来运用，从而使人们的价值思维更丰富、更完善，也更符合价值生活的实际。

3. 科学人本主义的新思路

关于现代西方哲学的科学主义和人本主义的简单二分，尽管比较正确地映射了西方 19 世纪末和 20 世纪上半叶时的"分裂意识"，但用来概说当代西方思想界是不恰当的。实际上，当代西方已出现了将科学与人性（价值）重新融合起来的倾向和努力，典型的如科学人本主义的尝试。科学人本主义当然也是一种笼统的概括，其思想先驱有 G. 萨顿（George Sarton，1884 – l956）、波兰尼（Michael Polanyi，1891 – 1976）等，但真正杰出的代表人物，当推美国心理学家马斯洛（A. H. Maslow，1908 – 1970）。

马斯洛的科学人本主义建构是从对现代心理学的批判性反思开始的。马斯洛指出，现代心理学乃至整个科学都"已经走入了一条死胡同"，完全丧失了"热爱、创造性、价值、美、想象、道德和欢乐"，而似乎成了一种丧失了"人味"的、离开人而自行运转的客体。科学哲学崇尚"价值中立"、"道德中立"，奉行客观至上，在理论深层支撑着那种"非人的科学观"。马斯洛认为，科学本应是人性与认知的统一，真善美的统一，"科学是人类的创造，而不是自由的、非人类的、或者具有自身固有规律的纯粹的'物'。科学产生于人类的动机，它的目标是人类的目标。科学是由人类创造、更新以及发展的。它的规律、结构以及表达，不仅取决于它所发现的现实的性质，而且还取决于完成这些发现的人类本性的性质"①。这就是说，科学也是人学，而且只能是人学。另一方面，马斯洛认为，传统人本主义虽然提出的理论不少，却是不尽如人意的，是失败的，其根本原因在于，它对人的研究一直停留在纯粹形而上学玄想的水平上，人学始终未能获得实证科学的性质。马斯洛指出，其实，人性本身就是具有生物科学意义的，人所特有的天性如爱、尊重、安全等也类似生物本能，都是可以从实证科学的意义上加以确证的。"不论是二分分割还是这种分割在人的发展的更高水平上的解决（'正向统一'）都可以通过经验方法来研究和描述。"② 这样，通过在科学中发现人的因素，揭示科学的人学化、主体化，以及在人与价值的本质中找到实证的经验基础，马斯洛就将科学与人（价值）融合起来，并建立了一个科学人本主义的整体构架。以之为基础，马斯洛就在西方哲学中一直断裂的事实与价值之间架设起一座桥梁。

马斯洛深刻地指出，一般的人容易患有"是认识"而"应该盲"的疾病，即太现实化了，而看不到人的潜在本性方面的偏向。这些"应该盲""对未来可能、变化、发展、或潜能的盲目必然导致一种现状哲学，把'现在的是'（包括全部现有和可能有的）当作标准"③。而另一些人又是过分抽象强调理想化"应该"的"是盲"，他们总是把现实（"是"）看成与应该达到的人的本质格格不入的，他们常常依据人的某一先在本质规定人之"应该"的尺度，然后以之谴责人类的现实状态（"是"）；在他们眼里，一切过

---

① 马斯洛：《动机与人格》，许金声等译，华夏出版社，1987，第1页。

② A. H. 马斯洛：《马斯洛的回答》，载 A. H. 马斯洛主编《人类价值新论》，胡万福等译，河北人民出版社，1988，第278页。

③ 马斯洛：《人性能达的境界》，林方译，云南人民出版社，1987，第125页。

去的和现存的都是不合理的，人类从未达到"应该"的某种理想状态。

在马斯洛看来，"是"与"应该"的这种互相排斥的古老对立是虚假的对立，二者是完全可以贯通与统一的，即通过某种"同时看到是和应该"① 的"统一的意识"，② 来实现"是"与"应该"的融合与统一。具体地，这可以从如下几方面加以说明。

首先，从"是"过渡到"应该"的前提，是人们先真正"认识自己"，知道自己"是怎样"的。具体地说，要弄清自己的本性（人性）是怎样的，弄清自己的目的、利益、需要、愿望、能力等，弄清人自身健康的、驱人向善的力量和使人后退、病态的和软弱的力量。马斯洛指出："关于一个人应该成为什么的说明几乎和关于一个人究竟是什么的说明完全相同。"③"一个人要弄清他应该做什么，最好的办法是先找出他是谁，他是什么样的人，因为达到伦理的和价值的决定、达到聪明选择、达到应该的途径是经过'是'，经过事实、真理、现实而发现的，是经过特定的人的本性而发现的。他越了解他的本性，他的深蕴愿望，他的气质，他的体质，他寻求和渴望什么，以及什么能真正使他满足，他的价值选择也变得越不费力，越自动，越成为一种副现象。"④ 马斯洛特别强调人的本性的作用："人在其自身本性中存在着一种驱力，这种驱力推动他趋向越来越完满的存在，趋向于人性越来越充分的实现，这是一种自然的、科学的驱力，恰好像种子'被驱动着'成长为大树，虎崽'被驱动着'成为猛虎，获得虎性，马驹'被驱动着'成为骏马。"⑤ 而且，人性及其作

---

① 马斯洛：《人性能达的境界》，林方译，云南人民出版社，1987，第 118 页。
② 马斯洛：《人性能达的境界》，林方译，云南人民出版社，1987，第 116 页。
③ 马斯洛：《人性能达的境界》，林方译，云南人民出版社，1987，第 113 页。
④ 马斯洛：《人性能达的境界》，林方译，云南人民出版社，1987，第 112 页。
⑤ A. H. 马斯洛：《心理学的事实和价值理论》，载 A. H. 马斯洛主编《人类价值新论》，胡万福等译，河北人民出版社，1988，第 32 页。

用是一个人与生俱来的"天性"，是一种"物种属性"，而不是被教化、被塑造的结果。

其次，要对事实有深刻的理解与认识，从而"倾听"事实的声音。这是因为，"**应该性**是深刻认识的事实性的一个**内在固有**的方面"①。"事实是有权威的，有要求的品格。它们需要我们；它们可以说'否'或'是'。它们引导我们，向我们提出建议，表明下一步该做什么并引导我们沿着某一方向而不是另一方向前进。建筑家谈论地基的重要。画家会说那块油画布'要求'多用些黄颜色。……"② 也就是说，事实会以其现实状况和客观必然性，对人的行为"给出"建议、"提出"要求。当然，"事实是不会高声说话的，理解事实是困难的"③，这就对人的素质和能力提出了要求。

再次，"事实创造应该！"④ 一个事物被认识或理解得越清楚、确定、真实时，它就会在自身内部提出它自己的需求，它自己的需要品格，它自己的适应性，从而就会具有更多的"应该"性质，它要求某些行动而不要求其他行动，从而变为行动的更佳向导。例如，一名医生在病情诊断时如果不能确诊，他就会犹豫不决，对患者宽容、敏感而下不了决心。然而，一旦他反复观察、研究、核实而确诊后，他就知道该做什么了。他会不顾任何反对意见，果断地采取行动。可见，"肯定的知识意味着肯定的伦理决断"⑤。"真理命令必须的行动，'是'命令'应该'。"⑥ 当然，不能简单地把现在的"是"当作标准，就如同亚里士多德考察奴隶时，发现奴隶确实在性格上具有奴

① 马斯洛：《人性能达的境界》，林方译，云南人民出版社，1987，第 124 页。
② 马斯洛：《人性能达的境界》，林方译，云南人民出版社，1987，第 120 页。
③ 马斯洛：《人性能达的境界》，林方译，云南人民出版社，1987，第 126 页。
④ 马斯洛：《人性能达的境界》，林方译，云南人民出版社，1987，第 122 页。
⑤ 马斯洛：《人性能达的境界》，林方译，云南人民出版社，1987，第 122 页。
⑥ 马斯洛：《人性能达的境界》，林方译，云南人民出版社，1987，第 123 页。

性，因此断定"奴隶是本性如此，他们应该成为奴隶"①；而应当看到事实之为事实的根由，看到事实的发展历程和内在本性，看到"是"的未来可能、变化、发展和潜能。

而且，马斯洛认为，"是"与"应该"的统一往往是以"高峰体验"②的方式揭示的。"在高峰体验中，**'是什么样'**与**'应当怎么样'**已合而为一，没有任何差异和矛盾。感知到的**是什么**，同时就**应该**是什么。"③在这种神秘的转瞬即逝的高峰体验中，人们往往是进入了一种痴迷的领悟状态，物我皆忘，达到主体和客体的高度融合，达到"真、美、完整、二歧超越、生机勃勃、独一无二、完善、必然、正义、秩序、简单、丰富、不费力、娱乐、自足"④等的高度融合。在这一过程中，人的主体性不会有任何丧失，而似乎只有它的无限展开，主体从而深刻地认识到自己的本性，认识到什么是"应该"的。

总之，应该性是由事实性创造的，应该性是事实性认识的一个内在固有的方面。"某物变得越'是'，它也变得越'应该'。"⑤也就是说，事实之"是"与价值之"应该"本来就是融合在一起的，对它们的人为割裂，只能曲解世界的本来面目，并使人性受到扭曲。而马斯洛的理论通过对人性规定和生存现实的整合，既肯定了人之"应该"的超越取向，又肯定了人之现实存在作为达到应该的基础环节的意义，从而使科学人本主义成为一种现实的超越科学与人性、"是"

---

① 马斯洛：《人性能达的境界》，林方译，云南人民出版社，1987，第125页。
② 马斯洛的"高峰体验"是"对人的最佳时刻的概括，是对生活最愉快时、对入迷、狂喜、幸福、最大快乐体验的概括"（马斯洛：《人性能达的境界》，林方译，云南人民出版社，1987，第106页。）。他认为，"高峰体验"的含义广泛，包括神秘体验、宇宙体验、海洋体验、审美体验、创作体验、爱情体验、父母情感体验、性体验、顿悟体验，等等（参见马斯洛等著《人的潜能和价值》，林方主编，华夏出版社，1987，第371页。）。
③ 马斯洛：《谈谈高峰体验》，载马斯洛等著《人的潜能和价值》，林方主编，华夏出版社，1987，第374页。
④ 马斯洛：《人性能达的境界》，林方译，云南人民出版社，1987，第106页。
⑤ 马斯洛：《人性能达的境界》，林方译，云南人民出版社，1987，第106页。

与"应该"二歧鸿沟的理论。

从以上简略的分析可见，马斯洛显然与自然主义者不同，他在解决事实与价值的关系问题时，不是把价值定义等同或还原为某种事实，而是从人与人性出发，通过揭示科学或事实的人学意义，以及人性或价值的实证基础，凭借高峰体验或自我实现等，来实现事实与价值的有机统一。尽管马斯洛不可能从实践唯物主义的角度，历史地、社会地去理解人与人性，也不懂得人的生活实践的本原性意义，从而不可能真正理解和解决事实与价值的分裂问题，但是，他高扬人性的人学思路，他整合科学主义与人本主义的努力，却给人们以深刻的启迪。从休谟到情感主义者、规定主义者已一再证明了，单纯从客体或客体性事实是不可能过渡到价值判断的，而从实际活动着的人出发，从人的本性与规定性出发，却可能提供一种新的视角、新的思路。

4. 塞尔的技术性尝试

在当代西方价值思想史上，如果说马斯洛在指出如何从"是"导出"应该"的理论基础方面是最具启发意义的话，那么，塞尔（J. R. Searle，1932 –　）所做的技术性尝试则是最具影响也极富创造性的。麦凯曾经指出，尽管相关的论证很多，但塞尔的方案"是整个一类论证的代表"①。

1964 年，新自然主义者塞尔在《哲学评论》第 73 期上发表了《如何从"是"导出"应该"》②一文。在此文中，塞尔联系一个后来变得著名的反例，通过诉诸"惯例性事实"，比较精致地做了从"是"导出"应该"的尝试。

塞尔的工作是从提出一个反例开始的。当然，塞尔并不认为一个反例就能驳倒一个哲学观点，但他认为，如果能给一个有影响的反例

---

① 约翰·L. 麦凯：《伦理学：发明对与错》，丁三东译，上海译文出版社，2007，第 65 页。

② J. R. Searle, "How to Derive 'Ought' from 'is'", *Philosophical Review*, No. 73, 1964.

以适当的说明或解释，并进而依据此反例提出一种理论（一种理论将生成无数反例），那么，这至少是对原有理论及其适用范围作出了某种限制。塞尔正是这样做的。他从一些纯粹事实性或描述性的判断出发，表明它们是如何与价值判断相关联的。

塞尔的例子由以下五个判断构成：

（1）琼斯说："史密斯，我允诺付给你5元钱。"

（2）琼斯允诺付给史密斯5元钱。

（3）琼斯将自己置于付给史密斯5元钱这一义务之下。

（4）琼斯有义务付给史密斯5元钱。

（5）琼斯应该付给史密斯5元钱。

塞尔仔细地证明了，以上每一判断与其后继判断之间的关系并不是一种偶然关系；从前一判断推出后一判断可能要涉及一些其他判断，但不必涉及任何价值判断、伦理判断等。例如，从（1）导出（2）是比较明显的，在一切正常情况下均成立；而从（2）到（5），所根据的主要是"允诺"、"义务"、"应该"之间在定义（内涵）上的联系，如根据"允诺"的定义，任何允诺都将人置于履行这一诺言的义务之下，所以从（2）也就能导出（3）；在其他情况相同，即没有推卸义务的理由时，由（3）导出（4）、由（4）导出（5）就是顺理成章的。可见，这一推导过程中的每一步，有时即便要涉及一些其他判断，但都没有依据价值判断。

于是，这里的关键在于，"允诺"、"义务"、"应该"的定义之间，为什么会具有内在联系呢？这种联系是否涉及其他的价值原则呢？例如，当一个人"允诺"了什么后，他就应该遵守他的诺言，这是否就是一个道德原则呢？塞尔则认为，无论"一个人应该遵守他的诺言"是不是一个道德原则，但它是从两个重言式推导出来的，即从"所有允诺都是义务"和"一个人应该履行他的义务"推导出来的，可见，问题仍然在"允诺"、"义务"与"应该"是否具有内在联系上。

塞尔指出，传统的"是"与"应该"、"描述性"与"评价性"（规范性）的二分图景中的一些断言，诸如评价性判断不过是说话者情感、态度、命令等的表达，是主观的、无真假可言的；描述性判断则是对客观存在的描述，是客观的、有真假意义的等，都是不能成立的。这一二分图景存在许多错误，其中之一便在于，它不能解释如约定、允诺、责任、义务等概念表达的不同类型的描述性事实。例如，"琼斯结婚了"、"史密斯有5元钱"这类判断与"琼斯身高1.8米"、"史密斯的汽车最高时速80公里"之类判断尽管都是客观事实，但它们是有区别的，因为包含"结婚"、"5元钱"之类术语的判断预设了一定的惯例。例如，一个人有5元钱，便预设了关于"钱"的惯例，"钱"依赖特定社会的货币制度，撇开这一惯例，剩下的不过是一张有颜色、图案的纸而已。塞尔把这类事实称为"惯例性事实"，以与那些非惯例的或者说原始的事实相对照。经验主义的二分图景显然不能解释这两类事实之间的区别。

为了说明"惯例"一词，塞尔区分了两类规则或协定：有一些规则是对先前存在的行为加以约束的，如饭桌上的礼仪规则就是这样，因为饮食行为在这些规则出现之前就独立存在；另一些规则则不仅规范约束行为，而且创造或规定行为的新形式，如下棋的规则与棋的存在就是密不可分的。前一类规则可称为调节性规则，后一类规则则可称为构成性或要素性规则。所谓惯例，即是指由构成性规则组成的系统，而惯例性事实即是指含有这些惯例的事实。

塞尔发现，有些构成性规则系统涉及义务、承诺、权力、责任等的多种形式，它们亦可构成惯例性事实。在这些系统中，我们就可由"是"导出"应该"。在前面的反例中，正是通过援引义务、允诺的惯例形式，才由"是"导出了"应该"。这一推导过程从琼斯说了一句话这一原始事实开始，然后援引关于"允诺"、"义务"的惯例而构成惯例性事实，从而得出琼斯应该付给史密斯5元钱的结论。整个推导过程是建立在对"作出一个允诺就要承担一定义务"这一构成性规则的诉求之上的，正是这一规则赋予了"允诺"以意义；当一个人"允诺"了什么之后，如果没有其他特殊情况，他就应该去做它。当然，这样一来，有人会说"允诺"是一个评价性术语，但它确实也可以是纯粹描述性的，因而塞尔认为，描述性与评价性之间的区分必须重新加以考察，有些术语可能既不是纯描述性的，也不是纯评价性的，传统的截然区分并不能成立。

从塞尔以上煞费苦心、充满机智的解决方案中，我们确实可以受到许多启发。首先，塞尔关于描述性与评价性截然二分的传统观念的责难是极有意义的。特别是他对涉及允诺、义务、责任、权力等所谓惯例性事实的研究，或者如有些人所说的，对"蕴含价值的事实"的研究，将这种二分对立观念打开了一个缺口。其次，塞尔通过诉诸惯例性事实所做的由"是"导出"应该"的尝试是西方价值思想史上比较精致、比较有说服力的一个尝试。自休谟问题提出以来，塞尔之前或之后都不断有人试图解决这一问题（当然多数人的回答是否定性的），但多是一些原则性的、定性式的或结论式的方案与论证；在这种情况下，塞尔具体的例示性分析思路就更显得独到与可贵，也使之在20世纪西方分析哲学占主导地位的情况下，更能为人理解与接受。而且历史也证明，对那些理性主义者、分析哲学家、"科学"哲学家提出的问题和所做的研究，完全用形而上的、思辨的或神学的方式去理解、去阐释、去批判、去解答，这常常可能是混乱的、无效的或无法沟通的。毕竟，这是两种迥然不同的哲学旨趣、哲学风格、哲学思维方式。

但同时，我们也应该看到，塞尔的工作是局部的、不彻底的。尽管他希望通过反例举一反三，然后升华为一种普遍性理论，但他的视野与工作方式决定了其局限性。首先，塞尔看到了描述性与评价性的区分的缺陷，看到了惯例性事实的价值内涵，但是，他并没有更进一步找到解决问题的最终根据：事实与价值都是与人相关、基于人的实践主体性的一种客观存在，在人的实践基础上，它们具有统一性；并不存在所谓纯粹的事实（哪怕是"原始事实"）与价值、事实判断与价值判断。事实与价值、事实判断与价值判断均是相互关联的。其次，塞尔大体上是按照分析哲学的思路来解决问题的，其论证也比较清晰、明确，因而极为引人注目，评论如潮。但问题是，对于重大哲学问题的解决，仅仅或主要凭借逻辑与语言分析方法常常是不够的；诚然，分析哲学有助于发现与明确哲学问题，但是，它的功能主要在于"看病"、诊断，而不在于"开药方"。而哲学上的一些涉及形而上或本体论的重大问题，分析方法显然无力去根本解决它（当然，分析哲学也不把解决这类问题视为自己的任务）；恰恰"是—应该"问题或"事实—价值"问题就是这样一个全局性、根本性问题，因而塞尔的成果也就只能是局部的、不彻底的。甚至，塞尔的这种局部性的工作，其论证的理由也显得不够充分，例如，对规则、惯例的来源、根据、哲学基础等都缺乏合理性说明。也就是说，其中关键的一环尚成疑问，并未真正令人信服。分析思维的局限由此也可见一斑。

5. 普特南论事实与价值二分法的崩溃

2002 年，美国逻辑学家、科学哲学家普特南出版了在系列演讲稿基础上编辑的《事实与价值二分法的崩溃》一书，全面、系统地阐述了长期批判事实与价值二分法的总结性成果。该书在《理性、真理与历史》等的基础上，对事实与价值二分法的历史进行了全面的审视和反思，对这一核心问题进行了条分缕析的剖析和解构，并运用当代西方著名经济学家阿玛蒂亚·森的经济伦理学理论，证明了事实与价值之间的紧密关联。

在该书导论中，普特南开门见山地说："'价值判断是主观的'，这个观念是一种逐渐被许多人像常识一样加以接受的哲学教条。在慎思明辨的思想家手中，这种观念能够而且已经以不同的方式得到了发展。有一种我将要考察的观点认为，'事实陈述'是能够'客观为真的'，而且同样能够被'客观地保证'，而根据这些思想家的观点，价值判断不可能成为客观真理和得到客观保证。在事实和价值二分法的最极端的倡导者看来，价值判断完全在理性的领域之外。本书试图表明，这些观点一开始就依赖于站不住脚的论证和言过其实的二分法。"① 针对这些站不住脚的论证和被过分强调的二分法，普特南将逻辑与语言分析方法和实践伦理学方法结合起来，系统地论证了这种二分法的"崩溃"。

（1）一种区分不等于一种二分法

应该看到，事实与价值的二分法虽然根深蒂固，影响深远，但不是哲学中唯一的"二分法"。与之相关并同样为人熟知的，至少还有另一种"区分"——分析判断与综合判断的"二分法"。这两种"二分法"都是以古典经验主义或其现代形式——逻辑实证主义为基础的。它们"已经败坏了我们关于伦理推理和有关世界的描述的思考，特别是妨碍了我们看清评价与描述是怎样缠绕在一起并且相互依赖的"②。

在这两种"二分法"中，普特南认为，事实与价值的"二分法"从一开始就依赖于分析判断与综合判断的"二分法"。也正因为此，普特南首先对分析判断和综合判断的区分进行了深入剖析。

在西方早期分析哲学家看来，所谓"分析的"是指没有任何经验内容的"同义反复"，或者"仅仅凭着它们自身的意义而为真"，即所谓"定义性"真理。例如，"所有单身汉都是未婚男人"就是一个分析真理。"综合的"是康德用来指称非分析真理的术语。康德认为，

---

① 希拉里·普特南：《事实与价值二分法的崩溃》，应奇译，东方出版社，2006，第1页。

② 希拉里·普特南：《事实与价值二分法的崩溃》，应奇译，东方出版社，2006，第3页。

综合真理陈述"事实"。康德还令人惊讶地主张，数学真理既是综合的，又是先天的。

20 世纪的逻辑实证主义者声称，数学实际上是一个我们的语言惯例的问题，而不是一个事实问题。他们试图修改、拓展康德的"分析"概念，以便包括全部数学。艾耶尔给出了这样的定义："当一个命题的效准仅依据于它所包括的那些符号的定义，我们称之为分析命题，当一个命题的效准决定于经验事实，我们就称之为综合命题。"①据此，普特南发现："对于实证主义者来说，事实与价值的区分与分析和综合的区分都把'事实'与某种其他的东西相对照：第一种区分把'事实'与'价值'相对照，第二种区分把'事实'与'重言式'（或'分析真理'）相对照。"②

逻辑实证主义将所有假言判断分为三组，即可以用经验证实或证伪的综合判断、基于逻辑规则为真或为假的分析判断，以及没有认识意义、没有真假可言的形而上学判断、伦理判断和美学判断。普特南认为，这种区分过于简单、过于极端，因为它错误地认为三种判断之间的区分"无所不在"，即绝对适用于一切领域的有意义的判断，而且认为它"至关重要"，即如果人们接受了这种区分，那么一切哲学问题都会迎刃而解，剩下的只是技术问题，即逻辑分析问题。

逻辑实证主义者不仅追随康德关于"分析的"或"综合的"都适用于数学原理的观点，而且坚信，它们可以适用于理论物理学中的每一个陈述。这样一来，无论是考虑从整体上建立物理学理论，还是具体地做物理实验，物理学家都要追问"能量守恒定律"之类是"分析的还是综合的"——他们的问题不仅是一个有意义的问题，而且是一个必

---

① 艾耶尔：《语言、真理与逻辑》，尹大贻译，上海译文出版社，1981，第 85 页。
② 希拉里·普特南：《事实与价值二分法的崩溃》，应奇译，东方出版社，2006，第 9 页。

须回答的问题，因为这涉及物理学是否完全"合乎理性"的问题。

普特南则不赞同逻辑实证主义对康德立场、观点的"拓展"。在他看来，一旦康德所说的综合的先天的真理无法找到，那么就需要考虑将数学原理不等同于分析真理和纯描述性真理的可能性，而这恰恰体现了一般的哲学区分与哲学二元论之间的区别：一般的哲学区分具有一定的适用范围，它们并不能适用于一切对象。在普特南看来，"一种区分不等于一种二分法"，将分析与综合的区分、事实与价值的区分混同于它们之间的"二分法"，这样的做法是过分的，而且也不能成立。

众所周知，蒯因（W. V. O. Quine，1908－　）在《经验论的两个教条》等中已经强有力地批判了分析判断和综合判断截然二分的教条。在蒯因看来，分析判断和综合判断的区分迄今并没有得到清楚的刻画和阐明；如果在其间划界，那么就是主张意义的还原论和证实说，而这却是"经验论者的一个非经验的教条，一个形而上学的教条"。众所周知，蒯因提出了整体主义知识观，批判和清算了上述区分和教条，分析与综合的二分法已经崩溃了。① 普特南相信，事实与价值的二分法也会以一种类似的方式崩溃。

（2）事实与价值的相互缠绕

普特南认为，极端情感主义者根据其"可证实原则"和"意义标准"，将事实与价值对立起来、截然二分的观点和做法是值得商榷的。对此可以从不同的角度进行质疑。

首先，"无论从历史上还是从概念上看，那些论证起源于一种贫困的经验主义（后来是同样贫困的逻辑实证主义）的事实观"②。逻

---

① 参见威拉德·蒯因《经验论的两个教条》，载威拉德·蒯因《从逻辑的观点看》，江天骥等译，上海译文出版社，1987，第 19 ~ 43 页。

② 希拉里·普特南：《事实与价值二分法的崩溃》，应奇译，东方出版社，2006，第 59 页。

辑实证主义关于"事实"概念的狭隘认识，是其事实与价值二分法的哲学论证的基础。

逻辑实证主义的"事实"观念非常接近休谟。休谟的"事实"概念指向的只是能够对之形成可以感知的"印象"的东西。然而，随着科学探索的进步——如原子结构探索中发现了电子、质子、中子、基本粒子等，相对论、量子力学等提出"弯曲的时空"，等等——"事实"就是可感"印象"的观念受到了强烈冲击，再也站不住脚了。但是，逻辑实证主义最初并未理会科学的新成就，而是顽固地坚持可证实原则和意义标准，认为只有通过直接经验证实的东西才是"事实"。如果一种陈述是"认知上有意义的"，就必须能够用"科学语言"加以表达，而"科学语言"的事实部分必须是观察术语，或者可以还原为观察术语。逻辑实证主义的这种"事实"概念过于狭隘了。如此一来，"形而上学"、"规范伦理学"等就都是"没有意义"的，都只能是"胡说"了，甚至连细菌、电子、引力场、力等也不可能得到合理的解释。"说到底，原始的逻辑实证主义的观点认为'事实'就是可由单纯的观察或者甚至是感官经验的一种单纯的报告证明的某种东西。如果这就是事实的概念，伦理判断最终证明不是'事实的'（判断）就没有什么好奇怪的了！"[1] 后来卡尔纳普等人修正了事实概念，认为具有"事实内容"的是作为整体的科学陈述体系，其中既包括观察术语，也包括不可观察但通过各种科学理论的假设引入的理论术语。显然，这一非原则性的"修正"有所进步，但是，仍然是一种狭隘的科学主义的事实观，没有真正解决问题。

逻辑实证主义狭隘的事实概念与其语言观是密切相关的。卡尔纳普等逻辑实证主义者认为，日常语言中存在观察术语和理论术语、描

---

① 希拉里·普特南：《事实与价值二分法的崩溃》，应奇译，东方出版社，2006，第24页。

述语言和规范语言之间"尖锐而明确的"区分。这种截然二分的语言观却经不住考验。20 世纪 60 年代以来，随着观察渗透理论等学说的提出，观察的客观性、观察相对于理论的独立性等受到了质疑，已经证明是站不住脚的。同样，描述语言和规范语言的二分法也不可靠。例如，"……是冷酷的"之类表述就既给出了一种评价，也作出了一种描述。"逻辑实证主义的事实与价值二分法是根据对于什么是'事实'的狭隘的科学图像得到辩护的，就正如那种区分的休谟式的祖先是根据关于'观念'和'印象'的狭隘的经验主义心理学得到辩护的。认识到我们的描述语言中有关于'事实'领域的（**无论**古典经验主义的**还是**逻辑实证主义的）图像的如此多的反例，这应当动摇任何人的如下信心：存在着与被认为在谈论所有'价值判断'的性质时诉诸的'价值'概念形成整齐划一的和绝对的对比的**事实**概念。"①

普特南进一步论证说："'冷酷'这种谓词的例子也告诉我们，问题并不止在于经验主义的（和后来的逻辑实证主义的）'事实'概念一开始就实在太过狭隘。更深刻的问题在于，休谟以后的经验主义者——而且不只是经验主义者，还包括哲学界内外的许多其他人——没有认识到事实的描述和评价能够而且必定被**缠结**在一起的方式。"②

实际上，事实与价值是相互缠绕的。即使是在科学活动中也渗透着价值和规范，如"融贯性"、"似然性"、"合理性"、"简单性"，以及假设之美，都涉及一定的价值和规范。普特南指出："关于融贯性、简单性以及诸如此类的判断是被物理学所预设的。但是融贯性、简单性以及类似的东西依然是价值。"③ 在认识事实与价值的关系时，我们

---

① 希拉里·普特南：《事实与价值二分法的崩溃》，应奇译，东方出版社，2006，第 27 页。

② 希拉里·普特南：《事实与价值二分法的崩溃》，应奇译，东方出版社，2006，第 28 页。

③ 希拉里·普特南：《事实与价值二分法的崩溃》，应奇译，东方出版社，2006，第 179 页。

要注意，"科学探究是以我们认真地对待包括所有种类的价值主张在内的本身并非科学的主张为前提的……无论是在科学的还是非科学的探究中，我们都应当放弃客观性的概念"①。事实知识观预设价值知识；同时，"认识的价值也是价值"，虽然认识的价值和伦理的价值之间存在显而易见的差异，就像不同伦理判断之间也存在区别一样。

认识的价值涉及如何正确地描述世界的问题，但是，如何描述世界的问题并不完全等同于客观性问题。把"正确地描述世界"等同于"客观性"，显然是把"客观性"视为与对象相符合。然而，不仅诸如"杀人是错误的"之类的规范性真理可以反驳这一观点，而且数学和逻辑真理也可以提供"没有对象的客观性"的类似例子。因此，"客观性"并不等同于"描述"。认识的价值和伦理价值之间的区别是相对的，"残酷"之类的词有时可以作为规范性术语使用，有时又可以作为描述性术语使用。观察术语和理论术语、描述语言和规范语言的二分法并不能成立，事实和价值往往不可避免地纠缠在一起。

（3）"混杂"的伦理概念

普特南指出："我们关于其中没有一种东西能够**既是**事实**又是**有价值负荷的语言图像是完全不恰当的，我们的大量描述性词汇是而且必定是'缠结的'。"② 在普特南看来，最能表明事实与价值并非截然二分，而是相互缠绕的，当属"混杂"的伦理概念。或者说，"混杂的伦理概念是存在着绝对的事实与价值二分法这种观念的反例"③。

---

① 希拉里·普特南：《事实与价值二分法的崩溃》，应奇译，东方出版社，2006，第180页。
② 希拉里·普特南：《事实与价值二分法的崩溃》，应奇译，东方出版社，2006，第75页。
③ 希拉里·普特南：《事实与价值二分法的崩溃》，应奇译，东方出版社，2006，第44页。

所谓"混杂"的伦理概念，就是既能规范性地使用又能描述性地使用的概念。在普特南看来，"冷酷"就是这样的概念。如果有人问我我的孩子的老师是一个什么样的人，而我回答说"他非常冷酷"，那么，我就既对他作为一位老师提出了批评（事实陈述），也对他作为一个人提出了批评（伦理评价）。因此，"冷酷"这个词完全无视事实与价值的二分法，并欣然接受有时用作规范的目的，有时用作描述性术语。

虽然过去曾有人提出过"混杂"的伦理概念，但是，它并未被二分法的辩护者们所认同。二分法的辩护者们对之作出的反应主要有以下三种。

第一种反应包含在休谟的反问"我们所谓罪恶的事实内容存在于何处？"以及休谟对于人们能够指出任何这样的"事实内容"的否定中。这种反应的实质是将所有混杂的伦理概念放逐到与"情感的"或"非认知的"概念同样易被疏忽的地方，将所有"混杂的"伦理概念如同"空洞的"伦理概念那样加以排除。与混杂的伦理概念迥然相异的是，"空洞的"伦理概念只能作为规范性术语，而不能作为描述性术语，并且，它们更多地表达人们对某种事物以及行为的赞成抑或否定的情感与态度。在普特南看来，抛弃混杂的伦理概念显然是错误的，因为这类概念的数量是如此巨大，以至于非认知主义者即使有心追随休谟，也是勉为其难。即使是休谟本人，也不愿意把"慷慨"、"高尚"、"熟练"、"强壮"、"笨拙"、"虚弱"归类为没有"事实"与之相符合的概念之列。

第二种是非认知主义者赫尔对"粗鲁"这一概念、麦凯对"冷酷"这一概念所作的反应。他们认为，混杂的伦理概念是普通的事实性概念，根本不是伦理的或规范性的概念。赫尔认为，即使"粗鲁"通常是一个负面评价的形容词，也有可能存在一种行为满足所谓"粗鲁"的描述性条件，而又无须对之作出负面评价。普特南则认为，

"粗鲁"这样的混杂伦理概念不是单纯的事实性概念，同时也是伦理的或规范性的概念，因为我们完全可以这样辩护："当然，我并不否认粗鲁有某种错误。我只是说粗鲁有时候是对的，因为被粗鲁对待的这个人已经做了某种应被粗鲁对待的事。"① 正因为"粗鲁"具有某种评价效力，因而值得作出"粗鲁有时候是对的"这种评论。麦凯在《伦理学：发明对与错》一书中提出了令其名噪一时的"错误理论"，认为像"冷酷"、"残忍"只不过是描述"自然事实"的词，这样的词没有价值属性，价值属性之类观念本身完全是可疑的和错误的。② 普特南则认为，如"勇敢"、"节制"、"正义"这类"肯定的"描述词一样，"冷酷"这样"否定的"描述词的典型特征是，要有区别地使用它们，一个人就必须能够在想象中认同一种评价的观点。这就是认为"勇敢"只意味着"不怕冒牺牲生命和损伤身体的危险"的人，不可能真正理解苏格拉底区分单纯的鲁莽、蛮干和真正的勇敢的理由。"当麦凯把某人是冷酷的这样的事实仅仅当作一个（形而上学上没有疑问的）'自然事实'时，他所否定的正是'冷酷'的即使'描述的'用法对于评价的这种依赖性。"③

第三种是赫尔对"冷酷"这一概念所作的反应。赫尔声称，混杂的伦理概念可分解成纯粹"描述的"成分和"态度的"成分，前者表达事实内容，后者表达一种态度。很显然，赫尔的主张中依然存在事实判断与价值判断不可逾越的逻辑鸿沟。赫尔认为，冷酷的描述成分是"导致严重的伤害"，而评价成分的几乎全部含义就是"错误的行为"。普特南则不接受"两种成分"的观点，甚至不认同"可分离

---

① 希拉里·普特南：《事实与价值二分法的崩溃》，应奇译，东方出版社，2006，第46页。

② 参见约翰·L.麦凯《伦理学：发明对与错》，丁三东译，上海译文出版社，2007，第41~42页。

③ 希拉里·普特南：《事实与价值二分法的崩溃》，应奇译，东方出版社，2006，第49页。

性"的观念。他认为，"把混杂的伦理概念分离为'描述含义的成分'和'规范含义的成分'的非认知主义者的企图是建立在以下的这种不可能性的基础上的：我们不可能在不使用——比如说——'冷酷'这个词或一个同义词的情况下指出'冷酷'的'描述含义'"。① 基于此，普特南认为，"冷酷"的外延肯定不可能只是"导致严重的伤害"，"导致严重的伤害"本身也不可能摆脱评价的效力。"伤害"并不只意味着"痛苦"，"严重"也不只意味着"许多"。这表明，混杂的伦理概念是一个整体性存在，它具有蒯因的语义整体论的意味，根本不可能分解为纯粹描述的部分和评价的部分。事实上，描述语词可以用来赞许或责备，而评价和规范语词也可以用来描述和说明。

（4）事实与价值二分法崩溃的意义

如果我们总体性地审视普特南驳斥事实与价值二分法的思想，那么不难发现，他已经超越了逻辑实证主义的语言分析哲学，是一位将事实科学与价值哲学，包括元伦理学方法与实践伦理学内容熟练结合起来的现代哲学家。

早在 1981 年，普特南在《理性、真理与历史》一书中就已经比较系统地提出和论证过"价值事实"的存在。普特南指出，价值与事实是不可分的，一方面，价值就是事实的价值，每一个价值都负载着一定的事实；另一方面，事实也是有价值的事实，每一个事实都有价值负载。"每一事实都含有价值，而我们的每一价值又都含有某些事实。""一个没有价值的存在也就无所谓事实。"② 据此，普特南明确要求超越"声名狼藉的事实与价值的二分法"。

自写作《理性、真理与历史》一书以来，普特南一直都在质疑和

① 希拉里·普特南：《事实与价值二分法的崩溃》，应奇译，东方出版社，2006，第 47 页。
② 希拉里·普特南：《理性、真理与历史》，童世骏、李光程译，上海译文出版社，1997，第 212 页。

反驳传统的科学观、事实观、语言观、逻辑观和价值观。他引人注目地区分了"非科学的"和"反科学的"两个概念，认为"非科学的"并不等于"反科学的"，从而为"非科学的"理论和观点争取了"生存空间"。他认为"真理"和"合理性"之间存在密切关联，合理的可接受性可以作为真理的标准。他主张合理性并不限于实验科学，实验科学中的合理性和道德领域中的合理性并不存在根本差别；合理性概念本质上只是我们关于人类繁荣的看法，是我们关于善的观念的一个部分。他一直沿着价值术语在概念上不可或缺但又不能还原成纯粹的描述术语这一思路进行论证，对于一切在事实与价值之间，在科学与伦理学、法学、政治哲学等价值学说之间，人为设置一条二歧对立的二分鸿沟的观念和做法进行了驳斥和批判。

2002 年，在《事实与价值二分法的崩溃》一书中，普特南进一步丰富和发展了他的思想。通过一系列的历史梳理、语言分析和逻辑论证，包括发现"混杂的伦理概念"，指出"价值事实"的存在，以及与其他学者之间的相互辩论，普特南既表明了事实与价值渗透、缠结之现象的大量存在，也表明了逻辑实证主义者关于事实与价值二分法的论证是拙劣的，是完全站不住脚的。在他和他的许多同道的批评和攻击中，特别是在他们对事实与价值相互缠绕、密不可分的论证中，事实与价值之间绝对的二分法的确被动摇了，甚至在相当程度上已经崩溃了。

更具基础性意义的是，普特南还发现，在现实生活实践中，根本就不存在单纯的事实或单纯的价值，任何割裂事实与价值的二分法都是无法成立的。这为如何基于人们具体的历史的生活实践在逻辑上沟通事实与价值指明了方向。至于那种与事实和价值的二分法相关的观点——认为科学是纯粹客观的，科学是价值无涉的，而伦理学是纯粹主观的，例如只是情感、态度的表达等，从而在科学和伦理学之间掘一道不可逾越的鸿沟的做法，自然也是无法成立的。

最后应该特别指出的是，普特南对事实与价值二分法的批判，是继蒯因批判逻辑经验主义的两个教条之后的又一重要批判。因为事实与价值的二分法是经验主义的"最后一个教条"，而且影响无处不在。普特南在蒯因消解分析命题和综合命题的二分法的基础上，扬弃了更具基础性意义的事实与价值之间的二分法，这宣告了非认知主义的"破产"和新自然主义（描述主义）的强势回归，在很大程度上代表了当代西方伦理学、价值论的主流立场。这一立场和观点明显有助于正本清源，深化对于道德或价值语言的认识，深化对于事实与价值关系问题的理解，更有利于事实与价值关系问题的最终解决。同时，对于全部哲学和科学的拨乱反正，对于哲学和科学研究中将真理原则和价值原则结合起来，对于科技和人文的互动、互渗和统一，都具有基础性意义。

6. 简要的评论

在西方价值思想史上，关于如何看待事实与价值的二分法，是否可以从事实判断导出价值或道德判断，以及如何沟通事实与价值，立足不同视角和哲学观，运用不同理论和方法所作的探索还有很多。并且，随着二分对立的矛盾的凸显，更多睿智的头脑开始关注和思考这些问题，我们可以期待，别出心裁的思想将会源源不断地涌现出来。

综观本章的梳理和论述可知，坚持"休谟法则"的哲学家们已严谨地给出了对休谟问题的否定回答。这些哲学家的论证方式有两个显著的特点：一是严格地按照形式逻辑的推导格式与规则来进行，要求结论的必然性和对于所有人无例外的普遍性；二是保证推理、论证过程对于主体的"中立性"，即主体或推理者自身及其规定性，如主体的目的、利益、需要、情感、意志等，都必须不进入推理过程作为推理因素而起作用，甚至具体的主体及其规定性与这种推理越"无涉"越好，从而保证推理或论证的"客观性"。从这种对休谟问题的否定回答的推理、论证过程中，我们可以获得如下启示，即单纯从客体是什么是推不出主体应该怎么办的。

而正面求解休谟问题的一些哲学家的尝试，也以其成功或失败向人们昭示，仅仅局限于理论的思辨和狭义的逻辑范围，仅仅从客体的或者直观的形式出发，而不是从主体（实际活动着的人）出发，从主体具体的历史的生活实践出发，根本不可能真正理解和解决休谟问题。

显然，问题的解决需要新的视角、新的哲学观，需要新的方法、新的思维方式。

第三章

视角与思维方式的转变

"实践的唯物主义"旗帜鲜明地将"实践"作为全部哲学的首要的基本观点。作为现时代"时代精神的精华",作为一种"新世界观",这种哲学为解决一切重大哲学问题提供了理论基础、视角和方法。马克思在《关于费尔巴哈的提纲》中指出:"从前的一切唯物主义(包括费尔巴哈的唯物主义)的主要缺点是:对对象、现实、感性,只是从**客体**的或者直观的形式去理解,而不是把它们当做**感性的人的活动**,当做**实践**去理解,不是从主体方面去理解。因此,和唯物主义相反,唯心主义却把**能动的**方面抽象地发展了,当然,唯心主义是不知道现实的、感性的活动本身的。费尔巴哈想要研究跟思想客体确实不同的感性客体,但是他没有把人的活动本身理解为**对象性的**活动。"① 在这段著名的话中,马克思明确指出了,不能只是从客体的形式去理解事物、现实、事实等,而要从主体(人)、实践方面去理解,去认识与改变世界。这实际上为我们解决一切哲学问题,特别是事实与价值的关系这一休谟问题,指出了一条全新的思路。

---

① 《马克思恩格斯选集》第 1 卷,人民出版社,2012,第 133 页。

一　科学的实践观及其意义

马克思指出，以往的"哲学家们只是用不同的方式**解释**世界，问题在于**改变**世界"①。这一论述确实是深刻而极富启迪意义的。哲学，特别是价值论，并不仅是一种抽象的思辨和纯理论意义的劳作，而首先是对于人的生活实践的一种反映与创造。离开了人的生活实践，哲学理论再精致、再彻底，也不过是一种没有多少现实意义的"工艺品"；不面向人的生活实践的纯粹思辨与纯粹理论，也不可能有益于人们"改变世界"，而只能走向一种远离生活的深奥与"玄妙"。实际上，对待这些理论本身，对待这些理论所提出的问题，我们的态度也很鲜明：用生活实践的观点进行审视、评价和批判，并决定对于理论的取舍和应用态度。这正如马克思所指出的，"全部社会生活在本质上是**实践的**。凡是把理论引向神秘主义的神秘东西，都能在人的实践中以及对这种实践的理解中得到合理的解决"②。

当然，说哲学是一门关于人的生活实践的学问，这与对"实践"的理解是密切相关的。

在历史上，不同的哲学家对实践的理解和解释往往不同，有时甚至差异甚殊。唯心主义哲学家夸大了实践活动中的精神方面，把实践归结为一种精神活动。如王阳明主张"知行合一"、"一念发动处便是行"，这就把"行"归结于"知"，把物质性的实践消融于主观的精神，因而是主观唯心主义的实践观；费希特（J. G. Fichte，1762 – 1814）把实践等同于人的主观任意的冲动，看作"自我"产生"非我"的行动，这是一种唯我论的实践观；黑格尔认为，实践是主观观

---

① 《马克思恩格斯选集》第 1 卷，人民出版社，2012，第 136 页。
② 《马克思恩格斯选集》第 1 卷，人民出版社，2012，第 135 ~ 136 页。

念达到客观真理的整个认识过程的一个环节，这有其合理之处，但由于他把实践主观地设定为"绝对精神"自我运动的一个环节，这仍然使他的实践成为一种客观唯心论的精神活动。旧唯物主义对实践的理解也是狭隘、片面的。例如，费尔巴哈（L. A. Feuerbach，1804－1872）认为，实践只是个人的生活实践，是一种类似生物适应环境的活动。总之，在马克思主义哲学产生以前的一切旧哲学中，并没有建立起系统而科学的实践观，并未能真正揭示出实践的内在本质。

马克思主义哲学既批判了唯心主义把实践归结为精神活动的错误，也克服了旧唯物主义把实践等同于动物式本能活动的缺陷，认为必须从人和世界、主体和客体、主观和客观的对立统一关系中把握实践。实践是人类所特有的对象性的感性活动，是人区别于一般动物的一种本质性活动。在实践活动中，主体能动地改造客体，同时主体自身也得到改造。也就是说，实践活动是主体和客体之间能动而现实的双向对象化过程。这可以从如下几个方面加以说明。

首先，实践是人类特有的一种区别于动物本能活动的社会活动。活动是一个指涉范围广泛的概念，它包括人的活动、动物的活动以及自然界的各种物质活动。实践作为一种活动，它总是同人相联系的。作为人所特有的存在和活动方式，实践包含了人所特有的各种特征，如有意识、有目的、有计划的自主性，能动的创造性，与人的社会关系相联系的社会历史性，等等。

其次，通过实践活动，人和世界的关系发生了逆转：原来的自然物是一个自在的存在，现在变成了"属人的"或"为人的"存在；原来人是从属于自然的一部分，现在自然成为属人世界的一部分；原来自然是自身变化的主体，现在变成了人的活动的客体；……实践逆转了"人物关系"，使人上升到起主动、主导作用的主体地位。

再次，实践是主体改造客体，同时主体自身也得到改造的社会活动。从主体对客体的改造看，实践可能改变了客体的外部状态、结构或性质、信息状态、客体之间的关系，等等。但主体对客体的每一次实践改造，都使主体获得了关于客体的知识，实现了对客体的"占有"，而改造客体的成果（包括经验和知识）、对新的客体改造的需要，都使主体的素质与能力得以提高，因此，实践的过程也是主体自身改造的过程，是主体得到锻炼、得以提升的一个过程。当主体通过实践活动，改造客体进而产生出一个不断满足他的需要的世界时，也就同时改变并因此而"生产"出他自身。随着社会历史的发展，人类的实践活动越来越深入和拓展，主体和客体就越来越发展到一个新的水平。

旧哲学的缺陷除了不能正确地理解和把握实践外，还在于从根本上忽视人和人的实践。在《关于费尔巴哈的提纲》中，马克思明确地把实践作为新旧哲学的根本区别。他指出，一切旧哲学的失误之处，就在于他们"不知道现实的、感性的活动本身"、"没有把人的活动本身理解为**对象性的**活动"、"不了解'革命的'、'实践批判的'活动的意义"①。而与以往的一切旧哲学根本不同，马克思创立了科学的实践观，把实践的观点看作马克思主义哲学的首要的、基本的观点：在肯定"外部自然界的优先地位"的同时，马克思进一步提出，人的现实的、感性的实践活动是整个现存感性世界的非常深刻的基础；"社会生活在本质上是**实践的**"②，历史不过是追求着自己目的的人的活动而已；人的思维的最本质和最切近的基础，正是人所引起的自然界的变化；而人的思维是否具有客观的真理性，这并不是一个理论的问题，而是一个实践的问题，人们只有在实践中才能证明自己思维的真理性。而且，马克思特别强调，他的全部理论都以"改变世界"的实践为目的，强调理论必须付诸实践、指导实践，变为群众的行动，化

---

① 《马克思恩格斯选集》第 1 卷，人民出版社，2012，第 133 页。
② 《马克思恩格斯选集》第 1 卷，人民出版社，2012，第 135 页。

作改造世界的物质力量。这样，就系统地论证了实践在马克思主义哲学中的基础性地位。

对我们的讨论同样重要的是，马克思还把人类的实践方式改造成为人们自觉的思维方式，作为人们"说明世界"、"解释世界"的特有方式。按照这种思维方式，任何真正的哲学问题——包括事实与价值的关系这一休谟问题——都能够通过人们的实践以及深入地把握这种实践而加以解决，并且，也只有通过实践、深入把握实践，才有可能加以解决。自休谟在《人性论》中提出休谟问题之后，不少西方学者都极为重视这一问题，并进行了长期不懈的探索，但是，由于他们并不理解实践及其在哲学中的意义，或者根本就忽视生活实践，而是局限于思维或逻辑的范围内理解问题、思考问题、解决问题，其结果，或者是不顾实际情况的"反对"，"简单地"在事实与价值之间掘一道二分鸿沟，给休谟问题一个彻底否定的回答；或者是躲在象牙塔里，囿于自己营造的"精神时空"冥思苦想，无论如何都找不到解决问题的钥匙。甚至，在当代社会实践已突出地表明二分对立不能成立的情况下——如现代科学作为人类追求幸福生活与文明发展的一种方式，正在发生一场深刻的革命，其中事实因素与价值因素已无法分解或还原（这在核物理、分子生物学、遗传学、现代医学等研究中特别突出）；科学家的工作成果也越来越多地用来作为制定政策法规、具体进行评判的依据；现代决策论的研究也表明，无论运用什么方法，建立什么样的数学模型，都无法与价值评价和选择相分离；等等——有些"理论呆子"仍然无视现实，顽强地撑开二分对立这把破裂的大伞，这实在是令人极为遗憾的。

二　视角的转换

研究视角对于问题的理解和解决具有制约作用，甚至是决定性意义。在《关于费尔巴哈的提纲》中，马克思鲜明地指出，哲学作为世界观、人生观，应该"从主体方面去理解"①；在《德意志意识形态》中，马克思更是公开宣称："我们的出发点是从事实际活动的人"②，"它的前提是人，但不是处在某种虚幻的离群索居和固定不变状态中的人，而是处在现实的、可以通过经验观察到的、在一定条件下进行的发展过程中的人"③，从而旗帜鲜明地把"实际活动着的人"（即主体）作为实践唯物主义的出发点，把哲学的视角从旧唯物主义的"物"转换到"人"，从"客体"转换到"主体"方面来。

当然，把人作为自己哲学的出发点，这并不是马克思的独创。在哲学史上，不少思想家或哲学流派都是从人出发，提出自己的观点，建构自己的哲学理论的。我们甚至可以说，人只能从人出发来理解、解释和变革世界，只不过有时采取了隐蔽、变相、扭曲乃至颠倒的方式。因此，这里的关键在于如何科学地理解"人"，即从"什么样的人"出发，如何从人出发。

1. 科学地理解与把握人

实践唯物主义与其他哲学的不同之处在于它是以科学的实践观为基础，立足人自身的活动理解"人"，把握人的本质与规定性，确立"人"的哲学地位，④ 从而实现哲学视角、观点和思维方式的转变。

实践唯物主义相信科学业已证明了的东西，认为人来自自然，是在生物进化的基础上形成为人的。但是，人却不是自然"现成的作品"，而是人自己活动、创造的产物。人自身的活动，就是人之为人的根据。人的本质与规定性就寓于他创造自己、维护自己的生存、生

---

① 《马克思恩格斯选集》第1卷，人民出版社，2012，第133页。
② 《马克思恩格斯选集》第1卷，人民出版社，2012，第152页。
③ 《马克思恩格斯选集》第1卷，人民出版社，2012，第153页。
④ 马克思指出："关于人的科学本身是人自己的实践活动的产物。"（《马克思恩格斯全集》第3卷，人民出版社，2002，第359页。）

活的存在方式、活动方式之中。这正如马克思、恩格斯所说:"个人怎样表现自己的生命,他们自己就是怎样。因此,他们是什么样的,这同他们的生产是一致的——既和他们生产**什么**一致,又和他们**怎样**生产一致。"① 只有立足人自身的活动理解和把握人,我们才能理解现实的人的本质与规定性。

"全部人类历史的第一个前提无疑是有生命的个人的存在。"② 人作为有肉体、有生命的存在,既是自然界长期进化的产物,其本身也是一种"自然存在物",其生存、生活都离不开自然界提供的物质生活资料。但是,马克思与费尔巴哈不同。他不像费尔巴哈把人仅仅看作生物的、生理的人,不是把人的本质仅仅归结为一定的自然属性,而是在肯定人的自然属性的前提下,把人看作自身活动着的、进行历史创造的社会主体。这正如马克思指出的,人作为真正的主体,"不是以纯粹自然的,自然形成的形式出现在生产过程中,而是作为支配一切自然力的那种活动出现在生产过程中"③。

现实的人不仅是自然存在物,同时也是有意识、有理性、能思维的存在物,是有精神能力、精神活动的存在物。这是人区别于一般动物乃至世间万物的显著特征。帕斯卡尔(Blaise Pascal,1623 – 1662)说,人是大自然里"最脆弱的一根芦苇",不过却是"一根会思维的芦苇"。"会思维"这一特征弥足珍贵,即使大自然将人彻底粉碎了,人也强于宇宙万物,因为人有意识、会思维,清楚宇宙万物的优势和劣势,明白自己是生还是死,明白自己有什么、要什么、要往哪里去,而宇宙万物却混沌而"一无所知"。不过,珍视人的意识和思维的马克思又与唯心主义者不同。马克思并不"得'意'忘形",像黑格尔那样,把人归结、等同于意识或自我意识。"**人的本质,人**,在黑格尔看来是和**自我**

① 《马克思恩格斯选集》第 1 卷,人民出版社,2012,第 147 页。
② 《马克思恩格斯选集》第 1 卷,人民出版社,2012,第 146 页。
③ 《马克思恩格斯全集》第 46 卷下,人民出版社,1980,第 113 页。

意识等同的"，"在黑格尔看来……人的本质本身仅仅被看作抽象的、能思维的本质，即自我意识"①。相反，马克思把意识看作人的社会实践活动的产物，看作对客观存在的反映。"意识在任何时候都只能是被意识到了的存在，而人们的存在就是他们的现实生活过程"②，"意识一开始就是社会的产物，而且只要人们存在着，它就仍然是这种产物"③。而且，与唯心主义"从意识出发，把意识看作是有生命的个人"不同，马克思是从"现实的、有生命的个人本身出发，把意识仅仅看做是**他们的**意识"④。也正因为人是有意识的存在物，人才有可能成为实际活动着的、实践创造着的主体，才能发挥其自觉能动性，进行自由自觉的对象性的实践创造活动，从而现实地"改变世界"。这正如马克思所说的，人"是有意识的存在物，也就是说，他自己的生活对他是对象。仅仅由于这一点，他的活动才是自由的活动"⑤。

人不仅有意识，是"有意识的存在物"，而且是"有意识的类存在物"。任何人都"不是抽象的蛰居于世界之外的存在物"⑥，甚至不是孤立地单独地和自然界发生关系的，人"是自为地存在着的存在物，因而是**类存在物**"⑦。人的类意识是把自己作为类存在，并使类成为人自己的对象的关键：在人与人发生关系时，个人通过他人意识到自己，意识到他人与自己属于同一个类；意识到自己是这个类（即人类）的一分子，意识到自己与他人的相互依存性；意识到自己是与一般动物不同的类存在物，即属于历史发展着的"人类"。马克思指出："通过实践创造**对象世界**，**改造**无机界，人证明自己是有意识的类存

---

① 《马克思恩格斯全集》第 42 卷，人民出版社，1979，第 165、175 页。
② 《马克思恩格斯选集》第 1 卷，人民出版社，2012，第 152 页。
③ 《马克思恩格斯选集》第 1 卷，人民出版社，2012，第 161 页。
④ 《马克思恩格斯选集》第 1 卷，人民出版社，2012，第 152~153 页。
⑤ 《马克思恩格斯全集》第 42 卷，人民出版社，1979，第 96 页。
⑥ 《马克思恩格斯选集》第 1 卷，人民出版社，2012，第 1 页。
⑦ 马克思：《1844 年经济学哲学手稿》，人民出版社，2014，第 104 页。

在物，就是说是这样一种存在物，它把类看做自己的本质，或者说把自身看做类存在物。"① 也正是由于人能自觉地意识到自己的类的本质，是以类的方式存在、从事自由自觉的实践创造活动的存在物，人才是"类存在物"。

但人的类存在（即人类）却不是自然地联系起来的抽象共同性，"人的本质是人的真正的社会联系"②，"人的本质不是单个人所固有的抽象物，在其现实性上，它是一切社会关系的总和"③。任何个人都不是孤立地直面自然界的，而总是生活在一定的文化传统、社会形式、社会关系之中。即使是丹尼尔·笛福（Daniel Defoe，1660－1731）晚年的小说《鲁滨逊漂流记》中塑造的人物——喜欢冒险、遭遇海难、漂流到孤岛上求生的鲁滨逊——也与社会存在千丝万缕的联系。鲁滨逊出生于一个体面的商人家庭，学习、掌握了一定的语言、知识和生活技能；他用沉船的桅杆做了一个木筏，将一些工具、武器、种子、粮食、衣服和生活用品搬上了岛；在岛上，他搭了一个帐篷安居，种植大麦和水稻，驯养野山羊，努力地过一种近似社会的生活；他发现一群野人来到岛上，准备杀死并吃掉俘虏，而设法救出了其中一个（"星期五"），作为自己的仆人和朋友；他建造独木舟，一心想回归社会，并且历尽艰辛，胜利地"回归"了故乡英国。可见，鲁滨逊算不上生物学意义上的"野人"，在相当程度上，他是一个具有良好素养和社会品质的"社会的人"，只不过遭遇大劫，经历了 28 年脱离社会的孤岛生涯。像费尔巴哈之类的哲学家不了解人的本质是社会的、历史的产物，不懂得社会实践的意义，而只是把人看作生物学意义上的实体，把人与人的关系视为生物学上类与类或个体与个体的关系，因而不可能真正看到人的社会本质。马克思洞悉了费尔巴哈

---

① 马克思：《1844 年经济学哲学手稿》，人民出版社，2014，第 53 页。
② 《马克思恩格斯全集》第 42 卷，人民出版社，1979，第 24 页。
③ 《马克思恩格斯选集》第 1 卷，人民出版社，2012，第 135 页。

等旧唯物主义者的局限，他联系人所处的社会物质生产方式、现实社会关系分析人、把握人，把握整个人类社会及其历史发展过程，并把"人类社会或社会化了的人类"作为实践唯物主义的立足点。

当然，"人作为自然的、肉体的、感性的、对象性的存在物，同动植物一样，是**受动的**、受制约的和受限制的存在物"[①]。动物仅仅是自然界的一部分，它不会把外部世界作为自己活动的对象，而仅仅是本能地适应大自然。而人之为人，是在对象性的实践活动中确立和发展起来的。人作为对象性存在物，是与外部世界相互依存、相互设定的，只有外部世界作为人的对象而现实存在，人才能进行自己的活动，表现自己的本质力量，满足自己的利益和需要，人也才成为实际生活着的现实主体；而外部世界之所以是人的对象，则是以作为外部世界对象的人的存在，以及人的对象性活动为条件的。人作为实际活动着的对象性的存在物，既是"能动的存在物"，同时也受着外部对象对其的客观制约和影响，因而也是"一个**受动的**存在物"[②]。人作为对象性存在物是现实的、具体的，正是在人的现实的具体的对象性活动和关系中，人才现实地确立了人与外部世界的关系，确立了人与外部世界的统一性。

人是现实活动着、创造着的存在物。人是通过自己的劳动实践活动，自己创造出自己来的：人自身的活动，就是人之为人的根据。恩格斯指出："人是唯一能够由于劳动而摆脱纯粹的动物状态的动物——他的正常状态是和他的意识相适应的而且是要由他自己创造出来的。"[③] 当然，人在通过自己的活动创造自身的同时，也改造了外部世界，使它变成"为人的存在"，即属人世界。并且，实践是人所特有的存在方式，人通过这种活动不断改造周围外部世界的同时，又不

---

① 马克思：《1844 年经济学哲学手稿》，人民出版社，2014，第 103 页。
② 马克思：《1844 年经济学哲学手稿》，人民出版社，2014，第 104 页。
③ 《马克思恩格斯全集》第 20 卷，人民出版社，1971，第 535~536 页。

断地丰富着自己的内部世界，不断地发展着自己的本质特征，使人之为人永远处于一种创造、提升状态中。今天人类进化的程度，令一般动物永远只能仰望人类前进的背影了！

总之，实践唯物主义是从"实际活动着的人"出发，从人的实践活动去理解和把握人的。以往的哲学由于不懂得人的实践活动的意义，不懂得人自身就是人之为人的根据，也就不可能从人与人自身的活动去理解人、解释人，也就难免求之于外，而试图从自然的或超自然的原因中寻求人的本质和规定性，如把人理解为生物学意义上的"自然人"，理解为上帝、神或"自我意识"等的"化身"，其结果就难免曲解了人、失落了人、遗忘了人。从这样的"人"出发，也就难免以扭曲、颠倒的方式把握人与世界、主体与客体关系的全面图景，换来的也必将是一个令人物化、异化的丑恶世界。

2. 从实际活动着的人（即主体）出发

实践唯物主义正是从上述意义上的人或主体，以及人的实践活动出发，在一种全新的视角中来理解与把握人与世界、主体与客体的全面关系、相互作用及其矛盾运动的。

实践是人所特有的存在方式。在实践中，人以物的方式去活动，换来的则是物以人的方式的存在，"按人的方式同人发生关系"①。与一般动物单纯顺应环境的本能活动不同，人的实践是依自己的目的和意志改变自然并使之顺应和满足人的本性和需要的活动。通过这种活动，自在之物转化为"为我之物"，自然界变成了人的一部分，即"人的**无机的身体**"②。也正是通过这种目的性活动，人逐渐把自己从动物界中提升出来，既创造了人的对象世界，也创造了人自己；既把对象世界变成人的活动客体，同时又改造人自身，使人成为自身活动

---

① 马克思：《1844 年经济学哲学手稿》，人民出版社，2014，第 82 页。
② 马克思：《1844 年经济学哲学手稿》，人民出版社，2014，第 52 页。

的主体，从而在具体的历史的实践活动中，自主地建立了人与世界、主体与客体的全面关系。

在人与世界、主体与客体的全面关系中，作为主体的人是其中起主导作用的因素。主体是人，即有理性、会思维的人，有目的、有计划地从事实践—认识活动的人。而这里的世界，则是与人息息相关、"属人"的感性世界，是包括人自身在内、人们生活于其中的现实世界。这里的客体，则是主体活动所指向的并反过来制约主体活动的对象。主体活动的对象指向是以人的对象意识为前提的，动物由于没有自我意识和对象意识，因而不可能把自己和对象区别开来，从而在动物世界里是无所谓主体与客体的。人的对象意识与对象指向是与人的本质力量相关的，只有和人的本质力量相适应的事物（包括物质的东西、精神的东西和人自身），才能成为对象性客体（人相应地成为主体）。马克思指出："只有当物以合乎人的本性的方式跟人发生关系时，我才能在实践上以合乎人的本性的态度对待物。""对象**如何**对他说来成为**他的**对象，这取决于**对象的性质**以及与之相适应的**本质力量**的性质……因为我的对象只能是我的一种本质力量的确证"①，人的本质力量不能达到或还未达到的那些外在世界，并不是对象性客体。音乐、景色和矿物的美，对于没有音乐感的人，对于忧心忡忡的穷人，对于一心求利、兴趣单一、没有审美情趣的贩卖矿物的商人，都相应的不是客体（人相应的不是主体）。② 可见，只有在人的活动中，与人的本质力量相适应的、人的活动所指向的对象，才能与人构成现实的主客体关系。这种现实的主客体关系的具体内容十分丰富与复杂，其中最基本的是实践关系，以及以实践活动为基础和前提的认识关系。其中，认识关系又包括认知关系和评价关系等。认知关系是主体

---

① 《马克思恩格斯全集》第 42 卷，人民出版社，1979，第 125～126 页。
② 《马克思恩格斯全集》第 42 卷，人民出版社，1979，第 126 页。

对客体的能动反映，而评价关系是主体对客体与主体之间的价值关系，即客体是否合乎主体目的、满足主体需要的关系的反映。无论是认知关系还是评价关系，都是以主客体之间的实践关系为基础的，并通过人的实践活动实现的；而且，认知或评价的结果是否与所反映的对象相符合，归根结底也只有通过人的实践才能加以检验。可见，人是现实的主客体关系的建立者，是在其中起主导作用的因素。

而且，主客体之间的相互作用及其矛盾运动也是通过人的活动来实现的。在人的活动中，客体对主体的作用表现为客体对主体（人）的活动的制约和对主体需要的满足，从而不断提高主体的素质、能力等，不断丰富主体的本质力量，使人的主体性不断得以丰富和增强；而主体对客体的作用则表现为主体不断冲破既有客体的限定，把越来越多的自在之物纳入自己对象性活动的领域，并以自觉的活动改造客体，创造出外部世界原来没有的人工客体，从而不断扩大属人世界的范围。主体和客体相互作用的结果是主体客体化和客体主体化，而主体客体化与客体主体化双向运动的结果是作为主体的人同对象世界的关系更为密切，主客体之间通过动态的相互作用而实现内在的统一，并不断发展到新的水平。

而在主体和客体的相互作用乃至主客体的统一过程中，主体和客体的地位不是对等的，作为主体的人是其中主要的、能动的一方。这与其他事物之间的相互作用是不同的：在一般物质之间，作用者与被作用者是平等的，不存在主导与服从的关系；动物虽在一定意义上可说是活动的发动者，并把一定的对象作为自己活动的接受者，但动物的活动是受本能支配的，仍是一种自发的活动，不能能动地改造对象；而在主客体相互作用中，出现了领导者与服从者、创造者与被创造者、能动者与受动者等新的关系，而且这种相互作用还必须通过人所特有的工具作为中介，在一定社会历史条件下，通过作为主体的人的现实活动才能实现。可见，实际活动着的人还是推动现实的主客体关系运动、发展和统一的主导因素。

从这种具体的、历史的、实际活动着的人或主体，以及其所生活的感性世界出发，我们就能获得对人与世界、主体与客体关系的全新把握，获得对于事实、价值以及事实与价值关系的全新理解，获得求解一切哲学之谜的钥匙。恩格斯曾经赞同过这样的观点："人只须要了解自己本身，使自己成为衡量一切生活关系的尺度，按照自己的本质去估价这些关系，真正依照人的方式，根据自己本性的需要，来安排世界，这样的话，他就会猜中现代的谜了。不应当到虚幻的彼岸，到时间空间以外，到似乎置身于世界的深处或与世界对立的什么'神'那里去找真理，而应当到近在咫尺的人的胸膛里去找真理。"①

从实际活动着的人（即主体）出发，我们并不怀疑那种"抽象的"、"孤立的"、"与人分离的自然界"的存在，并不否认外部自然界的先在性，但是，那种"被抽象地理解的、自为的、被确定为与人分隔开来的**自然界**，对人说来也是**无**"②，即它与人并没有建立任何现实关系，并没有表现出什么现实意义。而通过人的活动，被人的本质力量对象化了的"感性世界"、属人世界才是对人有现实意义的：它既是人的生存、生活的现实环境，又是人进一步"变革世界"的前提与基础。人所要认识与把握的世界，也并不是那种与人分离的自在世界，而是与人相关的感性世界、属人世界。换句话说，人们所谓的"事实"，也就只是指这一客观的属人世界，那种与人分离、毫不相干的自在之物，并不能成为人们所谓的事实。同时，人也是一切价值之源。没有人与人类的存在，世界不过是一团按照一定的规律运行的自然之物，既无所谓意义，也无所谓价值。也许有人会争辩说，阳光之于植物的价值不是一目了然么？其实，没有人和人的现实存在，没有

---

① 《马克思恩格斯全集》第 1 卷，人民出版社，1972，第 651 页。
② 马克思：《1844 年经济学哲学手稿》，人民出版社，2014，第 114 页。

阳光、植物与人之间的关系（例如阳光、植物与人的生命活动的意义），又哪里谈得上阳光之于植物的意义或价值呢？可见，即便说阳光对于植物有价值，实际上不过是说，阳光有助于植物的生长，而植物的生长对于一定的人来说有价值。而且，价值是以主体（人）为尺度的，它因主体（人）不同而不同，因主体（人）的变化而变化，就如同面包对于饱汉和饿汉的价值不同一样。可见，从主体（人）出发，以主体（人）尺度为尺度，既可以找到事实的根据，也可以找到价值的根据。由于主体（人）的存在与活动并不是分离的，主客体之间的关系及其相互作用也通过主体（人）的主导作用而呈现统一性，因此，从主体（人）及其活动出发，就一定可以找到事实与价值相联系、相统一的根据。

三　思维方式的根本变革

所谓思维方式，就是一定时代人们的理性认识方式，是人的各种思维要素及其结合按一定的方法和程序表现出来的相对稳定的思维样式，是认识的发动、运行和转换的内在机制和过程。思维方式主要是由如下要素有机构成的复杂的动态系统：积淀和内化在主体头脑中的关于客体、主体以及联结主客体的中介系统（如工具、语言等）的知识、经验等；主体关于自身存在和自由与全面发展之目的、利益、需要、情感、意志乃至信念、信仰、理想等的意识；关于思维形式、方法、程序和规则的意识（包括逻辑的和非逻辑的形式和方法等）；以及主体在日常生活中表现出来的实践意识、行为习性和精神品格；等等。主体的思维方式不是一成不变的。作为特定时代社会实践方式在人脑中的内化与积淀，思维方式总是在继承和变革过去的思维习惯，总结和提炼现时代实践方式的特点，并在以上各种因素综合作用下形成，并随着社会实践的发展而不断更新。

作为主体把握对象、提出问题、理解问题和解决问题的基本方式，思维方式对休谟问题的把握与回答具有非常重要的意义。我们下面将论证传统思维方式如何将休谟问题的解决导入了死胡同，同时也试图表明，只有彻底变革思维方式，才有可能真正理解和解决休谟问题。

1. 旧唯物主义思维方式的历史性局限

在《关于费尔巴哈的提纲》中，马克思指出，从前的一切唯物主义的缺点是，对"对象、现实、感性""只是从**客体**的**或者直观**的形式去理解"，而不是"当做**感性的人的活动**，当做**实践**去理解，不是从主体方面去理解"。① 这实际上同时指出了，旧唯物主义的思维方式是一种客体的、直观的思维方式。

当然，任何思维方式都是特定时代社会历史实践的积淀，客体的直观的思维方式也不例外。只不过，它在一定程度上脱离了人们的真实的实践基础，仅仅从局部、以片面的方式来反映时代的社会历史实践罢了。

大致说来，这种旧唯物主义的客体的直观的思维方式包括如下一些基本内容，具有如下一些基本特征。

首先，这种思维方式是一种实体思维。对于任何思考对象，这种思维方式都试图找出那个存在的、具有某种性质的实体。例如，科学史上寻找燃烧的实体"燃素"，存在的实体"以太"，就是这类思维的典型例证。这种思维方式具有一定的朴素性或直观性，与人类历史上那种寻求世界的始基或本原、寻找各种存在状态背后的终极性实在的本体思维方式，以及那种追本溯源的还原论思维，既一脉相承，又相互补充。它们或者是寻求世界的"精神"本原，或者是寻求世界的"物质"本原，都把纷繁复杂的现实世界简化、归结成了某种"实体"。它们都不是从实践和以实践为基础的人的对象性关系中去思考，

———————————

① 《马克思恩格斯选集》第 1 卷，人民出版社，2012，第 133 页。

而是把这种关系自觉或不自觉地分解、分化开来，然后再以其中的一极为基点，试图建立某种绝对、一元的实体理论。其导致的结果，一是机械的庸俗的唯物论，把某一物质实体作为思考对象的根源或本质，如把某一对象的价值视为有价值的该"事物"本身；二是唯心地设定某个作为万物本质和根源的实体，如"上帝"、"理念"、"绝对精神"，等等，从而在人与自然、心与物、物质与精神、存在与思维、主体与客体、主观与客观、事实与价值等关系上，使之陷于一种分离、孤立、对立的状态，从而既无法真正理解它们，也无法实现其具体的历史的统一。

其次，这种思维方式是一种客体性思维。客体性思维是与主体性思维相对应的，但它们并不是两种迥然不同的思维方式，而是指迄今人类思维方式在不同发展阶段上所表现出来的不同重点或倾向性。所谓客体性思维，简单地说，就是指仅仅从客体方面思考和把握问题。应该说，客体性思维曾在人类历史上发挥过积极作用，帮助人们探索世界，获得了不少认识成果；但是，由于这种思维忽视或者回避作为主体的人在思维过程中的地位和作用，不是从主体或主客体的全面关系中把握思维对象，求解问题；有人甚至将它发展为一种唯客体主义的"客体中心论"，根本排斥人的主体性和主体的地位与作用，因此，这种思维常常表现出严重的局限性，即马克思所指责的，对"对象、现实、感性"仅仅"从**客体**的**或者直观**的形式去理解"，而"不是从主体方面去理解"。[①]

再次，这种思维方式是一种直观形式的思维。所谓直观形式的思维，实际上是指形而上学思维，即用孤立、静止、片面的观点，而不是用普遍联系、动态发展的观点进行思考，不是从人与世界、主体与客体的全面关系及其相互作用的矛盾运动中去思考。在思维方法上，

---

① 参见《马克思恩格斯选集》第 1 卷，人民出版社，2012，第 133 页。

这种思维仅仅是以形式逻辑为工具的（当然，形式逻辑与形而上学的直观形式的思维并无本质联系），而并不懂得辩证法——特别是"合理形态的辩证法"——的意义，并不懂得实践方式作为人类思维方式的根源的意义，从而将逻辑理解得比较狭隘，常常把人们的思维导向简单、片面和极端。

在事实与价值的关系问题上，客体的直观的思维方式既不能正确地解释事实，也不能正确地解释价值，而且还造成了事实与价值的截然二分，以及对于事实与价值关系问题的不合理解决。

例如，仅仅从客体的直观的思维方式出发，不可能正确地理解和解释事实。现代科学与科技哲学的成果表明，将作为主体的人仅仅看作"中立的观察者"，忽视主体与主体性因素的作用，如此这般地观察和把握客体，往往难以获得关于客体的科学解释，特别是难以解释微观和宇观（如以光速运动的物体）世界的一些现象。"观察渗透理论"、量子的测不准效应、相对论原理、互补原理等的提出，以及整体主义、历史主义科学观，都在一定程度上诠释了这一点。

仅仅从客体的直观的思维方式出发，更不可能正确地解释以主体尺度为尺度、依主体不同而不同的价值现象。价值具有不同于事实的鲜明特性，例如个体性、多维性和动态性。自然主义者试图依照科学的方式把握价值，他们把价值视为某种独立存在的实体，或者客体的某种属性、功能。"这种思考方式，要么不能说明'同一客体对于不同的主体有不同的价值'这一普遍的事实，要么求助于一种不够自觉和不够严肃的概念游戏：事物表现出什么价值，就给它定义成一种什么'性'。鞋可穿就是它有'可穿性'，书可读就是它有'可读性'……"① 这种观点在实践中也是有害的。例如，科学诚然具有认识、功利、伦理、审美、军事等功能（或属性），可科学对近代中国、"文化大革命"

———————

① 李德顺：《实践的唯物主义与价值问题》，《南京社会科学》1996 年第 1 期。

时的中国和当代中国的价值是一样的么？对目前发达国家和发展中国家所呈现或实现的价值是一样的么？答案是不言自明的。此外，由于自然主义者把价值视为某种实体，或者实体的某种属性，因而价值就被认为可以简单地直接地还原或翻译为事实，事实判断导出价值判断就完全可以按照事实推理的规则与程序进行，这种以否认事实与价值的本质区别为前提的解决休谟问题的方式，无疑是一种过于简单化的做法，而且也是不适当的。

实证主义者则从其"唯客体主义"认知模式出发，断言只有反映客体的客观存在的概念、判断才有意义，而价值不过是主体情绪、情感、态度等的表达，是完全主观的、没有意义的，从而否定了事实与价值的内在关联。可以看出，实证主义者是从一种狭隘的客体性思维出发的，一方面断言只有关于外部存在的客体的认识才有意义，才是科学的；另一方面，则断言涉及主体或主客体关系的对象的认识都是没有意义的，是"伪科学"。然而，实证主义自身的发展也证明了，其以"可证实性原则"和意义标准为基础的"唯客体主义"思路是十分狭隘的。不但客观事实的存在本身，而且关于客观事实的认识与真理性检验，都不是与主体（人）或主体性无关的，不是与人的社会的历史的实践活动无关的；至于价值，它诚然具有主体性，是"因人而异"的，却不能认为它是纯粹主观性的，不能认为它与事实是截然二分对立的。关于这一点，我们以后还将进一步加以分析。

总之，客体的直观的思维方式既不能正确地解释事实或价值本身，又不能在实践或以实践为基础的人与世界、主体与客体的相互作用及其矛盾运动的基础上，正确地理解、解决事实与价值的关系问题。因此，我们必须立足人们的生活实践，对曾经熟悉的思维方式进行深刻反省，实现思维方式的转换与变革。

2. 实践的主体性思维方式的确立

在《关于费尔巴哈的提纲》中，马克思明确指出，要把现实、对象当作"实践"，从"主体方面"去理解，从而克服旧唯物主义的"主要缺点"，为新哲学提供理论基础。这就是摒弃传统的客体的或直观的思维方式，确立新的思维方式，即实践的主体性思维方式。当然，作为对传统的客体的或直观的思维方式之扬弃，新的思维方式已包含了传统思维方式中那些有价值的思想成果，只不过是以经过新思维方式改造过的、消融了其片面性和局限性的方式而包含传统思维方式的。

从实践出发的观点和从主体（人）出发的观点，以及实践思维方式和主体性思维方式是一致的。这是因为：第一，任何实践都是作为主体的人的实践。实践是人所特有的存在方式，是人区别于物的生存本性的活动。动物只有本能活动，在动物界和单纯物的世界是不存在实践活动的。而通过能动的实践活动，人既改造了外部世界，也改造了人自身，使世界与人自身都得到发展。实践的发展与人的发展是相同一的。"历史不过是追求着自己目的的人的活动而已。"① 第二，只有以实践为基础，才能全面地把握人的本性、本质，把握人与世界的关系（或主客体关系），解开"人是什么"这一千古之谜，才能确立人的哲学地位。实践思维方式和主体性思维方式作为实践唯物主义的思维方式，是马克思"新世界观"的重要贡献之一。

从根源上说，实践的主体性思维方式不过是人的生存方式、行为方式或活动方式的反映。作为现时代的思维方式，它不过是现代社会实践（包括科学认知与变革世界的活动）中体现着的"实践逻辑"或"行动的推理"在人们头脑中的全面的、立体的、动态的概括和反映。

具体说来，这种新的思维方式具有如下一些内容与显著特征。

首先，这种新的思维方式是一种"关系思维"。这不是一般地把对象放在某种自然甚至社会的联系中，也不只是简单地思考对象之间的某种关系。这种思维方式之所以是"关系思维"，首先是因为实践

---

① 《马克思恩格斯全集》第2卷，人民出版社，1957，第118页。

是作为一种关系——人的对象性关系的运动——而存在的。依照马克思的理解，实践是人自觉地变革世界、创造价值的目的性活动。在这种活动中，作为主体的人不断地以物的方式去和对象发生关系，打破了原有的自然世界的秩序与状态，使原来只有单一性质（即仅具自然关系）的世界，变成了具有双重关系（即属人关系）的世界，使存在出现了自然与属人、主体与客体、主观和客观、现实与理想等矛盾和对立。作为一种哲学思维方式，"关系思维"要求主体（人）对任何思维对象的思考，都置于这种社会性、历史性的实践关系中进行，置于人与世界、主体与客体的全面关系中进行，从而把握思维对象的实质和发展变化。

其次，这种新的思维方式是一种"主体性思维"。所谓主体性思维，"不是把主体和客体的作用平列地对等地看待，更不是传统的'客体中心论'，而是要着重于'从主体方面看'"[①]，即对"事物、现实、感性"等，要"从主体方面去理解"[②]、分析和解决问题。而所谓"从主体方面去理解"，即要立足主体和主体的实践活动，从主体与客体的全面关系中，从主体的存在、结构、地位、特性和作用中，把握现实的客体，把握现实的主客体关系。——当然，这里的主体并不是唯心主义者所理解的上帝、鬼神、"绝对理念"、"绝对精神"、自我意识或观念的"化身"，而是以人的生命存在为基础的、处于实践—认识活动中的、具体的历史的人或社会共同体。

再次，这种新的思维方式是一种"辩证的思维"。这种辩证的思维不仅以形式逻辑为基础，而且更以"合理形态的辩证法"——实践的辩证法——为基础。它不是把对象从实践所规定的全面而丰富的主客体关系中，从事物的普遍联系中抽取出来、孤立起来进行思考，而

---

① 李德顺：《实践的唯物主义与价值问题》，《南京社会科学》1996 年第 1 期。
② 《马克思恩格斯选集》第 1 卷，人民出版社，2012，第 133 页。

是要在主客体的全面关系中，在事物的普遍联系中，综合性、创造性地把握它们，并在实践中实现它们、变革它们。它不是从某种既成的形式去对对象进行静态的分析描画，而是要在人与世界、主体与客体的相互作用的矛盾运动、动态发展过程中来思考，使思考成为活生生的、现实的、立体的、开放的"感性的活动"之内在组成部分。当然，有时，那种孤立、静态的分析与刻画也是必要的，但是，它仅仅是作为这种实践把握的一个环节、一个方面而内在地包含其中。

如果我们将以上几个方面综合起来，那么，这种新的实践的主体性思维方式可以概述如下：它首先要求在由人的实践活动所创造的人与世界、主体与客体的全面关系中去反映、把握对象；但在这一反映与把握过程中，人与世界、主体与客体的地位不是并列的，而是要着重"从主体方面看"；但对于"从主体方面看"，不能作任意主观化、随意性的理解和解释，而是要从主客体之间的全面联系、动态发展中，从主客体关系的矛盾运动中，具体地、历史地、辩证地反映和把握对象。

用这种实践的主体性的新思维方式进行思考，关于事实与价值的关系问题就不再是不可解决或无从下手的难题。无论是事实还是价值，都是以人的具体实践为基础的，都是人的实践活动的基本要素。列宁指出，"必须把人的全部实践——作为真理的标准，也作为事物同人所需要它的那一点的联系的实际确立者——包括到事物的完整的'定义'中去"①。这就是说，"实践不仅是以客体事物为对象，而且实践的性质、过程和结果也构成事物现实本质的一个方面；实践不仅是检验一切认识之真理性的标准，而且是事物对于人有无和有何种价值的确立者；因此不仅为了改变事物，即使为了全面辩证地了解事物，也不能脱离实

---

① 《列宁选集》第4卷，人民出版社，1995，第419页。

践，包括需要'从主体方面去理解'"①。根据这种新思维方式，我们当然相信在人之前或之外的自然界的存在，但人与世界关系之中的"世界"，却并非抽象设想的这种自在之物的整体，而是打上了人的实践烙印的、作为人的生存条件和生活环境的对象世界，即属人世界；对于这样的属人世界，也不能只从客体的直观的方面去理解，而必须从实践、从主体（人）方面去理解。无论是事实还是价值，都是人类实践和以实践为基础的人的对象性关系中的普遍而基本的内容。作为人与世界、主体与客体相互关系的特定现象，它们都只在人的对象性关系及其运动过程中才发生与存在：事实不过是反映"客体（对象）的尺度"的属人世界的客观现实状况，价值则是以"主体（人）的内在尺度"为根据的"世界对于人的意义"、"客体对于主体的意义"。

特别地，实践作为人所特有的具体的历史的感性活动，是联系、沟通事实与价值的桥梁。任何实践活动都既要遵循世界的本性和规律，即遵循客体的"外在尺度"，又要遵循主体自己的目的和需要，即遵循主体的"内在尺度"；在具体的历史的实践活动中，既包含事实因素的作用，也包含价值因素的作用；而实践活动的结果，既是基于现实条件、事实状况的创造，对事实认识的检验与肯定，也是对主体的价值目的、需要的实现，对价值评价、价值判断的判定。从客体的或直观形式的思维方式来看"二分对立"的事实与价值，在人的实践活动中却自然而然地联系着，任何一个方面都不可或缺；甚至，从事实的认知过渡到对之的价值评价，在人们的实践活动中也普遍地经常地进行着；联系主体（即"实际活动着的人"），通过具体的历史的社会实践活动，或者说通过某种"实践的推理"，完全可以从事实判断过渡到价值判断。

---

①　李德顺：《实践的唯物主义与价值问题》，《南京社会科学》1996 年第 1 期。

第四章

事实与价值的哲学涵义

解决事实与价值的关系问题的基础，是对事实和价值概念有一个科学、合理的理解。而无论是对于事实的理解，还是对于价值的认识，恰恰都是混乱而充满歧义的。按照实践唯物主义所提供的视角和思维方式，从主体（人）和主体的实践活动出发，我们或许能够获得关于事实与价值的新的定义。

一　事实与客体

在一些看似平常、简单的领域，往往隐藏着复杂且不寻常的哲学问题。"事实"就是这样一个领域。无论是在理论上，还是在现实中，事实都是一个出现频率极高的概念。可究其实，关于事实的理解与界定却充满了歧义，即便是同一个人或在同一篇文献中，也常常在非常不同的意义上使用事实一词。为了准确地把握事实的哲学内涵，弄清事实与价值的关系，我们有必要对事实以及相关哲学范畴作一些概略的探讨。

1. 几种流行的事实定义

"事实"概念充满歧义的根由，是人们常常不加界定、不加分析地使用这个词。由于"事实"太"平常"了，人们每时每刻都在与之打交道，因而人人都以为自己知道什么是"事实"，而各持己见、僵持不下的后果是不断地制造恼人的混乱和无谓的争论。

众所周知，基本概念的清晰是哲学思考的前提。而明确一个概念，有两种互相联系、相辅相成的基本思路，一是划定一个概念的适用范围，明确它指什么或不指什么，即从外延上界定它；二是明确其内涵，即以定义方式揭示其本质属性或特有属性。由于概念的内涵是其适用范围内诸多对象的抽象与概括，反过来概念的内涵又是划定这一概念适用范围的标准，因而实际上这两种思路常常是统一的，或者说，应该是统一的。

从科学研究和人们日常生活中对"事实"一词的使用来看，对其外延的划定是相当模糊的，有时它与幻想、想象相对；有时它与推测、预言相对；有时它与理解、解释相对；有时它与法则、规律相对；有时它与观念、理论相对；有时它与评价、判断相对；有时它与情感、态度相对；有时它与价值、规范相对；……一般地看，事实的涵义依赖于我们所讨论的问题，依赖于我们关于事实一词的用法与语境。

从哲学的角度看，关于"事实"至少有如下三种常见却迥然不同的定义。

（1）事实就是外在于人的事物、事件及其过程

这一定义具有哲学存在论意味。根据这一定义，包括在人之前或之外的具有先在性的自然界，打上了人类意志烙印的人化自然、人工自然等，一切具有客观实在性的存在本身，都是事实。例如，罗素就曾经指出："事实的意义就是某件存在的事物，不管有没有人认为它存在还是不存在。"①

---

① 罗素：《人类的知识》，张金言译，商务印书馆，1983，第177页。

姑且认为我们可以忽略如下一点：把客观事物或事件本身称作事实，只不过是术语或名称的简单变换而已，根据理论建构的逻辑简单性原则，这并无助于对客观事物或事件的理解及对事实涵义的把握，这样单纯术语或名称的变换可以认为是不必要的。即便是这一定义本身，也有着难以克服的局限性。它只强调了"事实"先于人或外在于人的客观实在性，甚至可以说是与人无关的存在，却未能就"属人的"事物是否构成事实加以明确的表态。这样对"事实"的界定诚然符合唯物主义的客观性原则，却未能就客观性与主客体的关系作进一步的分析，因此，常常被加以唯客体主义式的理解和使用。在这里，事实被混同于一种纯粹的"自在之物"。

况且，事实和事物、事件等是不同层次的范畴。后者是科学的对象，是科学所力图理解和把握的；而前者是哲学的对象，它虽然以后者为依据，但在涵义上并不等同。维特根斯坦指出，"世界是事实的总和，而不是物（das Ding）的总和"①，这在哲学上是极为深刻的，值得我们用心品味。

（2）事实是主体对客观事物、事件及其过程的反映与把握，有时进一步指主体对客观事物、事件及其过程的正确反映或把握，即真理

这一定义明显地带有认知论印记。它表明"事实"不仅与主体（人）相关，而且是主体（人）的实践与认识活动的结果。从任何客观事物、事件等只有进入人的现实活动、进入人的视野才有意义来说，这一定义具有一定的合理性。而且，如此定义的"事实"有着比较广泛的使用场域。由于"事实"本身是不会说话的，人们交流、引用、辩论等活动中所谓的"事实"，实际上都是主体的感知活动的产

---

① 维特根斯坦：《逻辑哲学论》，郭英译，商务印书馆，1962，第22页。这里的"世界"指"人的世界"。

物。例如，人们常常这样说："事实是这样的：……"；"……是不容否认的事实"；"你偏离了……这一事实真相"；"你歪曲了如下事实：……"；等等。不过，用"……"表达的事实，明显的是经过主体意识或思维的加工，而以语言的形式表达出来，具有认知或断定方式的事实判断。实质上，它是对"事实"的一种主观反映，是一种有真假的认知。

这一定义存在的严重缺陷，在于它混淆了事实与对事实的认知。事实是存在论意义的范畴，具有客观实在性，是不以人的意识为转移的，即关于某一对象的事实是唯一的。由于受主体、客体以及认识工具等多方面因素的制约，人们对事实的认知却可能出现分歧，对事实真相的把握往往有一个历史过程。因此，在现实生活中，人们对事实的认知完全有可能偏离事实真相，甚至可能出现人言人殊的"事实"，即仁者见仁、智者见智的事实判断。

（3）事实是不依赖于主体主观意识的客观存在状态

事实的根本特性是它的客观存在性，即它不依赖于主体和主体的观念、意向、意志等。这是事实区别于非事实的本质特征。抓住这一本质特征，而不做人为随意的附加，那么针对人们在实践和认识中的主客体关系状况，可以对事实的形态进一步加以分析。这就是：事实既包括了客体性事实，即一切对象的客观存在及其现实状况；也包括了立足人自身、"因人而异"的主体性事实，即"通过主体本身的存在和变化而表现出来的事实"[1]，"是因主体不同而不同的客观事实"[2]。值得注意的是，由于自然科学（如欧氏几何、经典力学）的范式作用，由于科学主义思潮根深蒂固的影响，后者往往是人们不太习惯也不情愿认可的"事实"。美国经济学家威斯考夫（W.

---

① 李德顺：《价值论》，中国人民大学出版社，1987，第269页。
② 李德顺：《价值论》，中国人民大学出版社，1987，第270页。

A. Weisskopf）指出："作为自然科学家的自然主义者们不习惯于面对人的存在的全部'事实'。他们习惯于处理那些不带有意识、自知和推理的现象。因此，他们在某种程度上倾向于否认这些方面的人的存在。"①

从理论上说，这一定义是关于事实的完整、合理的理解与界定。因为，它坚持把事物、现实、事实等"当作人的感性活动、当作实践去理解"，"从主体方面去理解"，坚持"人的本质是人的社会存在"，把实践唯物主义的视角、观点和思维方式贯彻到底。这一定义坚持了事实的客观存在特性，把一切并非客观存在的、观念的、精神性的、主观性的对象都排除在事实之外，与一切唯心主义划清了界限；同时，它也排除了把人本身归结为主观、精神、意识、"非现实存在"的历史唯心主义。它不但肯定一切客体本身的存在是事实，而且肯定人、社会、主体本身的存在与客观状况也是事实，肯定主体和客体之间关系的存在也是事实，从而与旧唯物主义划清了界限。

通过对上述几种事实定义的分析，我们对事实的理解已经清晰了一些。但是，这个问题依然复杂，仍有一些相关问题尚待解决。

2. 事实与一些相关概念辨析

在科学研究与人们的日常活动中，存在不少与事实关系密切又常相混淆的概念，如存在、客体、科学事实、真理等。如果不厘清事实与这些概念之间的关系，就很难真正明确事实的哲学涵义。

（1）事实与存在

哲学意义上的存在有广义与狭义之分。广义的存在是一个最宽泛的哲学范畴，包括了物质、精神领域的一切，包括了唯物主义与唯心主义视域中一切"存在"的对象。在这一定义下，不但物质性、物理

---

① 威斯考夫对于马斯洛等人观点的评论，载 A. H. 马斯洛主编《人类价值新论》，胡万福等译，河北人民出版社，1988，第246页。

性的东西是存在，精神性、心理性的东西是存在，而且物质与精神之间的关系也在存在的范围之内。

狭义的存在是指具有客观实在性的存在，如在"思维与存在"的关系问题中，与思维相对立的存在。按照这种理解，那些不具有客观实在性的观念、幻想、臆测、愿望、鬼神、上帝等，就都被排除在存在的范围之外。当然，这是唯物主义者的理解。唯心主义对"客观存在"又赋予了不同的本质规定，如基督教神学家认为，上帝是唯一真实的存在；贝克莱则认为，存在就是被感知；等等。

事实之为事实，首先必须是存在的。不存在的东西，当然不能称作事实。而且，从实践唯物主义的立场看，事实只能是狭义的存在，即具有客观实在性的存在。也就是说，那些精神性的、观念性的、心理性的东西，如鬼神、理论、设想、推测、感觉、情绪、情感、态度、意志，等等，虽然存在，却都不是事实。这是事实与存在问题上坚持唯物主义的必然结果。

可见，所有事实虽然均属存在，但是，存在并不一定都是事实。

（2）事实与客体

客体是和主体相对应的一个哲学范畴，是主体活动所指向的并反过来制约主体活动的对象。从客体自身的性质来看，客体既可能是物质的东西，也可能是精神的东西，如夸克、基本粒子、原子核、原子、分子、细胞、宏观物体、天体等自然客体，家庭、宗族、企业、生产力、生产关系、阶级、民族、国家等社会客体，以及观念、知识、臆断、鬼神、情感、愿望等精神客体。人自身既可以是主体，亦可以是客体。当人以他人或自己的任何物质或精神现象为对象时，他人和自己都可以成为客体。

一般来说，客体都应当是事实，即客观存在的东西。但由于一切精神性、观念性、主观性的东西，如鬼神、幻想、幻觉、观念、虚构的人物、愿望、情感等都可以成为主体活动的对象，成为客体，所以对之就应该加以分析：这些对象的内容本身并不具有客观实在性，因而并不是事实；但人在心理上、精神上是否产生了这种现象（如幻觉、梦呓等），作为把握的对象，则一定成为事实。

（3）科学事实

科学事实是目前通行的"事实"概念实际所指称的事实，即以一定科学的方式（观察、试验、分析、论证等）所把握和认定的客体存在。科学活动的主体是人，或者人所构成的社会共同体；而科学活动的客体即科学研究的对象，如果说"科学无禁区"的话，则可以是世界上的一切物质性和精神性的东西。通过科学活动所获得的关于客体（对象）性事实的描述与把握，就是科学事实；这一事实应该是尽可能地中立于主体的，特别是不受主体的主观因素干扰的，因而关于主体的事实一般不是科学事实。

从哲学意义上说，把握科学事实的过程，是在实践基础上的认识过程。但认识实际上有广义与狭义之分。广义的认识是指思维对存在的反映与把握，它不仅反映客体的情况，还反映主体的情况，以及主客体之间的各种关系和相互作用的情况。狭义的认识则仅仅指主体对客体的能动反映，即主体获得关于客体的知识的过程和结果，因而狭义的认识不过是认知，狭义的认识论则不过是知识论（认知论）。科学事实作为对客体性事实的描述与把握，显然是通过狭义的认识（即认知）途径而获得的。

作为对事实的认知，科学事实具有如下显著特征。首先是实证性或可检验性。通过一定的科学研究方法与程序，任一科学事实都应该是可检验、可实证的；当然，这种检验不应局限于既有的技术水平与条件。其次是主体渗透性。认知作为主体对客体的能动反映和建构，是主体与客体相互作用、相互统一的过程。一系列主体性因素，如主体的目的、利益、需要，主体的文化背景、知识结构、思维方式乃至心理因素等，无不对科学事实的获得产生影响。科技哲学的一系列新成果（包括汉森的"观察渗透理论"观点，包括相对论、量子力学等现代科学成果所蕴含的哲学意义）揭示，人们所获得的观察事实如何，与主体所掌握的背景理论、观察参考系的选择，以及主体测量工具、手段和方式的运用等密切相关，这表明科学事实是以客观性为目标但渗透着主体性的一个过程，是客观性与主体性的统一。再次是主体公共性。科学事实是对客体性事实的反映与把握，如果这种反映与把握是正确的，那么科学事实对于所有人来说，都是普遍的无例外的"真"的。也就是说，在科学事实面前人人是平等的，不论作为主体的人与社会共同体之间有无共同性，科学事实就是科学事实，它具有对于所有主体的公共性、共享性，而绝不会因主体不同而不同、因主体变化而变化。

最后还应指出的是，人们常常使用的"事实"概念，多是指这种对于事实的认知，如科学事实、事实判断。客观事实就存在于那里，它并不自我表白什么，人们也不可能在需要某一事实的时候，随时都把"事实"拿来摆在面前，因而在现实生活中，人们所谓的事实常常不过是对事实的认知。事实是客观存在的，具有唯一性，而关于事实的认知，如科学事实、事实判断却可能符合也可能偏离事实，即不一定是唯一的，而是有真假的。

（4）事实和真理

真理和事实并不是同一层次、同一类型的哲学范畴。事实是指客观存在的、不依赖于主体的主观意识的存在状态，是具有存在论意味的概念；而真理作为主体对主客体关系整体性内容的把握与接近，却是一个实践论和认识论范畴。

虽然真理和事实分属不同类型的哲学范畴，但通过人们的实践—认识活动，它们却具有密切的联系。通过人们的实践—认识活动，人与世界的全面关系在理论上抽象为主客体关系。与人或主体无关的，即在人们的实践—认识活动之外的客观存在，并不是事实；而只有进入人们的现实实践—认识活动，与人或主体发生关系的客观存在，才是事实。但这一事实并不就是真理。只有通过人们的实践—认识活动，这一事实为主体所正确地把握时，它才表现为真理。当然，这一把握可能是一个没有止境的、无限接近或逼近的过程，即所谓从相对真理逼近"绝对真理"的过程。可见，事实是真理的"原型"，真理是实践—认识意义上对事实的"摹写"、"复写"和"接近"。

这里还应该指出的是，当价值事实作为与客体性事实相对立的主体性事实（即客观存在的主客体之间的价值关系），真理作为主体对主客体关系中客观存在的全部事实内容的把握与接近时，真理与价值并不是相对立的哲学范畴。因为价值在这里也是具有存在论意味的概念，是客观存在的一部分；而真理却是实践—认识活动的产物；对于客观价值现象的认识与把握，即价值评价，也有是否正确、是否一致的问题，即真理问题。可见，真理与价值是不同层次、不同类型的哲学范畴。

至于有人把真理与价值区分、对立起来，是由于对真理也作了存在论—实践论意义上的处理，如把真理视为主客体关系中，"主要代表和体现着主客体关系中的客体性成分、客体对主体的作用、客体在主体中的映现"[①]；把真理和价值看作反映主客体之间全面关系的两个侧面，各自主要代表着以客体为尺度或以主体为尺度的一个方面的基本内容。在上述意义上，应该说这种区分是成立的。但是，这里仍有两点值得注意与商榷之处：一是真理属于认识论范畴，从存在论—实践论意义上处理它，意味着要给真理一个全新的界定，从本质上拓展真理的内涵，才能使真理成为与标示主客体之间客观价值关系的、具有本体论意味的"价值"相对应的一个范畴；二是这种处理把真理与价值对应起来，必须予以特别的说明才不至于引起

---

① 李德顺：《价值论》，中国人民大学出版社，1987，第110页。

误解，因为价值评价作为一定主体对主客体之间客观价值关系的反映，也有是否正确、是否恰当的问题，也有真理和谬误的问题。也正因如此，笔者认为，不宜将真理与价值并列或对立起来，以之取代事实与价值的关系。

3. 关于事实的科学界定

从前面的分析中，我们可以获得如下一些进展。

首先，事实不是精神性的、观念性的或主观性的东西，而是客观存在的事物、事件及其过程的现实状况。然而，绝不是任何客观存在的东西都可以称作事实。根据实践唯物主义的理解，事实是与人或主体及其活动相关的。我们承认外部自然界对于人的先在性，也承认在人之外的客观世界的存在，但当其处于人类实践—认识活动之外时，就不是作为人类的对象而存在的，不是我们所谓的事实。

从人的具体的历史的主客体关系来说，人的主体性因素会对哪些对象能成为主体所选择、把握和认定的事实产生影响。世界是无限的，存在无穷无尽的客观事物、事件及其过程，而每一事物、事件及其过程又有着多方面的规定性，因而哪些对象能进入人的视野，与人构成现实的主客体关系，这是与人及其活动密切相关的。一般来说，只有与相应主体的本质力量相适应、进入主体实践—认识活动的才是对象，其客观的现实状况才是事实。

其次，事实本身与对事实的认知是有实质区别的。事实是客观的、唯一的，而对事实的认知、把握由于受多方面因素的限制，则可能偏离事实真相。在认知"客观事实"时，不仅可能出现误差和错误（如观察过程中的错觉），还可能存在人为的遮蔽和伪装，以及别有用心的捏造和篡改。因而面对同样的对象，不同主体所把握的"事实"常常并不一致。例如，在法庭上，不同的人——原告、被告及其律师，检察官、法官和陪审员，原告和被告亲属、媒体记者及社会公众等——即使不带偏见，对同一案件所认定的"事实"常常也可能出现极大的反差，以至于在审案、断案的过程中，"事实"的认定成为最困难、争议最激烈的事情。当然，真正的、客观的"事实"——实为对事实的正确反映——只有一个，那便是真理。可是，真理很狡黠，不肯轻易示人。这也是真理的巨大价值之根源，也是人们苦苦追求真理之动机所在。

再次，本书中所谓的事实一般是在狭义上使用的，只是指客体性事实，而不包括主体性事实，例如价值事实。这一点并非出于某种合理性考虑，而仅仅是本书的主题所要求的。当然，广义的事实——既包括狭义的客体性事实，又包括主体性事实，如价值事实——对于事实与价值之关系的讨论，特别是对于如何沟通事实与价值，建立联结它们的桥梁，具有重要的指导意义。但无论如何，当我们讨论一事物与另一事物的关系，特别是其分离性、对立性和统一性时，总须以它们之间的必要区分为基础和前提。只有这样，才有可能弄清它们联系的基础、条件以及方式等。鉴于此，本书的事实就不能是包含价值事实在内的广义事实概念，而仅仅指不包含价值事实在内的狭义事实。

根据以上考察，我们就可尝试给出本书所谓的事实概念的定义：

所谓事实，就是人的实践和认识活动对象自身的客观存在状态。

依照这一定义，一切不具有客观实在性的东西，如观念、幻想、鬼神等均不是事实；未进入人的活动、未与人的实践—认识活动发生对象性关系的可能的客观存在，也不是这里所说的事实。在休谟问题视域中所要讨论的事实概念，不包括在一定主客体关系中，主体和客体之间的现实的、客观的价值关系事实。关于事实的正确的认知与把握，即真理，仅仅属于在认识论意义上与价值相对应的概念。而在更全面的哲学意义上，我们取狭义的"事实"概念来与"价值"相对，并进而讨论它们之间的相互关系。

二　价值与主体

一门科学最困难的问题，常常是那些最基本的概念的界定。在价值领域同样如此。"什么是价值"，向来众说纷纭、聚讼不断，可谓价值论领域分歧最大、争议最多、影响最广的问题。迄今为止，仍然没有出现一个成熟稳定、在学术界获得普遍认同的"价值"定义。

"价值"原本是一个经济学范畴，最早在非经济学意义上使用该词的可能是康德，而最早作为严格的哲学范畴使用该词的，则可推德国"目的论唯心主义"哲学家洛采（R. H. Lotze，1817–1881）。自洛采始，关于价值的哲学意义上的理解与界定很多，这里我们并不一一列举，而只从分析相关的定义方法，批判一些典型的价值定义出发，明确我们自己的观点。

1. 价值是不可定义的吗？

关于价值（价值概念出现之前，主要是以伦理学方式讨论的善之类概念）的定义问题，学术界影响最为深远且我们不能回避的是摩尔所谓价值（善）不可定义的观点。

作为伦理学家，对"什么是善"这一根本性问题，摩尔如此写道："如果我被问到'什么是善的？'，我的回答是：善的就是善的；并就此了事。或者，如果我被问到'怎样给'善的'下定义？'，我的回答是，不能给它下定义；并且这就是我必须说的一切。"[①] 在摩尔看来，"什么是善"之类的命题都在指称一个唯一的性质（即善性），当我们称某物为善的时候，就是在将这种性质归属于它。然而，我们不能用辞典中的任何其他词语来定义"善"，而只能说"善"指称善性，善性则是单纯的、终极的、非自然的、不可直观感觉的、不可试

---

① 摩尔：《伦理学原理》，长河译，商务印书馆，1983，第12页。

验的也不可分析的性质。

摩尔认为，定义就是对一个语词所代表的事物的分析。只有当对象是由某些单纯部分组成的复合物，即对象整体能够分解为某些单纯的部分时，对它下定义才是可能的。"我所探求的那种定义，即描写一个词所表达的客体或概念的真实本性，而不仅仅是告诉我们该词是用来表示什么意义的定义，惟有在讨论的客体或概念是某种复合的东西的情况下才是可能的。"①

人们可以给"马"下定义，因为一匹马具有许多不同的性质和特质，这一切都能够列举出来，如马有一个头、一个心、一个肝、四条腿，等等。但"善"这类概念与"马"之类概念不一样，因为马是由各部分组成的、可加分析的复合概念，而"善"就像颜色"黄"一样，是一个单纯的概念，而不是由若干部分组成的，不可再加以分析。就像绝不能向一个事先不知道它的人阐明什么是黄一样，也不能向他阐明什么是善。

摩尔反复坚称，"善"之类的概念是不能加以定义的。"'定义'的最重要的意义是这样的一个意义，在这个意义上，一个定义要陈述那些必定构成某一整体的各部分。然而，在这个意义上，'善的'是没有定义的，因为它是单纯的，并没有若干部分。它是那些本身不能下定义的无数思想对象之一，因为这些对象是最后的术语，无论什么能下定义的，都必须参照它们来下定义。"② 如果一定要给"善"下定义，就会犯"自然主义谬误"，即将有善性的事物等同于善性质自身。就像快乐主义将快乐等同于善、幸福主义将幸福等同于善、进化论伦理学将进化等同于善、功利主义将功利等同于善一样，他们都犯了"自然主义谬误"。毕竟，"什么是善"与"什么是善的"是有区

---

① 摩尔：《伦理学原理》，长河译，商务印书馆，1983，第13页。
② 摩尔：《伦理学原理》，长河译，商务印书馆，1983，第15~16页。

别的。"什么是善的"即善的外延，这是可以回答的，尽管不同学派不同人可能给出不同答案，如"快乐是善"、"功利是善"、"理念是善"，等等。而"什么是善"即善的内涵，尽管与"什么是善的"关系密切，但不能等同，就像说"柏拉图、奥古斯丁、休谟、康德、马克思、爱因斯坦、哈贝马斯是人……"还不是对人的定义一样。甚至外延上详尽无遗的列举，也不能代替对概念内涵的界定。

应该说，摩尔在价值（善）定义上的见解是独到而深刻的，以往的定义确实存在"自然主义谬误"。混淆"什么是善"与"什么是善的"的后果，是学派林立、众说纷纭，但各说各的，争吵并无结果。因为把善混同于具有善性质的事物，而找到的具有善性质的事物又各不相同，因而必然难以互相理解与沟通。由此看来，摩尔的观点是切中流弊、振聋发聩的。这也正是西方学术界如此重视摩尔及其观点，以及后来元伦理学轰轰烈烈发展起来的原因。

尽管我们承认摩尔关于价值（善）不可定义中"自然主义谬误"的意义与重要性，但是，我们并不接受、认同摩尔关于价值（善）不可定义的观点。

定义是揭示概念内涵——概念所反映的对象的本质属性——的逻辑方法。从可知论的观点来看，世界上只有尚未认识之物，没有不可认识之物，价值（善）的本质绝不是某种神秘而不可认识的东西。如果承认我们有可能把握价值（善）的本质，并把价值与非价值区分开来，那么，我们就能用定义的方式将之巩固下来。当然，摩尔也是一位可知论者，他并不认为价值（善）不可以被认识，但他认为只能通过直觉的方式去把握。我们姑且不论价值（善）是否只能通过直觉加以把握，即便如此，可以合理诘问摩尔的是：为何通过直觉方式把握的事物本性就不能以定义的方式巩固下来呢？说直觉本身"只可意会，不可言传"还多少有些道理，因为直觉显得神秘，其发生机制迄今尚未弄清楚；而说已凭直觉觉察到的对象及其本质也无法言传，则明显缺乏根据。

摩尔认为，价值（善）是一个没有若干组成部分的、不可分析的、单纯的概念，是一种不能加以定义的特质。而且他认为，像善这样的特质还有很多，善不过是无数类似的不能下定义的思想对象之一。这些特质都是从一些具体的具有这种特质的东西中抽象出来的，它们诚然与具体的具有这些特质的东西不同，不容混淆，如不能把善混同于"善的东西"，但是，摩尔不应忽视的是，普遍就寓于特殊之中，一般就存在于个别之中，特殊与普遍、个别与一般具有内在的联系。通过对个别或特殊的东西中所呈现出来的共性、一般性的考察，我们是可以把握住这种共性、一般特质的本质的。

至于采取哪种定义方式，这倒是一个问题，需要我们进一步探索。有人认为，价值（善）显然不能用最常见、最典型的"属加种差"方法下定义，因为价值（善）是价值哲学（伦理学）中最高的范畴，它是外延最大的概念，再没有包含它的属概念了。这一观点是可以商榷的。因为价值哲学或伦理学只是哲学的一个分支学科，价值作为一种客观现象，在哲学中是属于存在或事实（广义）的关系范畴的，亦即它并非哲学中最高的范畴。既然如此，那么它就仍可用"属加种差"方法加以定义。摩尔认为，价值（善）不能用列举法下定义，因为将价值（善）等同于有价值（善性）的东西，将犯"自然主义谬误"。这一观点实际上也不尽然。我们知道，外延定义也是一种有效的定义方法，因为外延与内涵之间存在本质联系，对外延的明确是有助于对内涵的把握的，特别是当事物的内涵由于某种原因还难以准确把握的时候。尽管价值外延上的列举还不是关于价值的内涵定义，但详尽列举出价值的全部或大部分外延，如好坏、利害、善恶、美丑、得失、荣辱、幸福、平等、公正、正当、应该，等等，还是有助于人们对价值形成比较清晰的理解，至少比摩尔的"善就是善"、"价值就是价值"之类同语反复离价值（善）的本质更近，更像一个定义。

此外，摩尔把价值（善）先定为类似于"黄"一样的、没有组成部分的、不可分析的单纯的特质，这实际上是把价值（善）视为一个属性范畴了。我们稍后的分析将会表明，这种"属性说"前提实际上也是大有问题的。

2. 几种流行的价值定义

如果价值是可以定义的，那么，价值的本质特征到底是怎样的呢？

在明确我们的理解之前，不妨先考察一下迄今中外学者的思索。当然，限于篇幅，逐一考察不是这里所能承担的，我们只能以概略分类的形式，对一些有代表性的定义予以分析。

（1）价值就是有价值的事物本身，或者说价值就是价值客体中的某种东西

这种观点通常被称为"实体说"。唯物主义的"实体说"认为，价值就是某种客观存在的实体，是与人无关的存在。以美为例。蔡仪指出："客观现实事物的美，就在于客观现实事物本身，绝不是外加的。如自然界的红霞和雄狮，它们作为客观存在，这些人看它们与那些人看它们与无人看它们，都是一样的。"① 客观唯心主义的"实体说"则把在人之外的某个精神实体视为价值，如柏拉图之"理念世界"，洛采以善为最高形式的"绝对目的"，基督教之"上帝"，等等。

很明显，这种观点正是前面摩尔所批判过的，把价值等同或定义为某种自然的或非自然的"具有价值的事物"，犯了"自然主义谬误"。

此外，按照这一观点，价值就是有价值的事物本身，与人或主体无关。然而，在人之前、在人之外的存在，只是一种抽象、孤立、自

---

① 蔡仪:《新美学》，群益出版社，1950，第218页。

在的存在，对人来说没有现实意义，是无所谓价值的，或者说，根本就没有一定的主体（人）存在，也就没有相对于主体（人）而言的价值。况且，这种观点也无法解释为什么同一事物对不同主体或不同时间、条件、状态下的同一主体会具有不同的价值。例如，相对论对于一位科盲与一位理论物理学家具有的价值明显就不一样，包括这位理论物理学家年幼尚属于科盲之时，以及长大深谙相对论的精髓后，相对论对他的价值也不相同。

（2）价值就是客体固有的某些属性或功能

这一定义通常被称为"属性说"或"功能说"，其影响之大，应用面之广，可能超过了所有其他的价值定义。例如，砖头的价值体现在可以用作建筑材料、武器、压东西的重物，用作道具、秤砣、雕刻材料等；房屋的价值在于可居住、可避风、可挡雨、可防寒、可观赏、可躲藏等性质。只要人们的思维具有开放性、创造性，任一事物的功能或属性都是无穷尽的，可以无限列举。

但是，这种定义存在与"实体说"一样的问题。它同样无法说明在人之先、在人之外的存在怎么谈得上价值，它也同样无法解释为什么同一客体对不同主体或不同时间、条件、状态下的同一主体会具有不同的价值。

这一定义正确地看到了价值与客体及其属性或功能相关，没有客体及其属性与功能，就没有价值。但是，它却忽视了：客体的属性与功能只有和一定主体相联系，实现或呈现出来才是现实的价值、真正的价值，否则，至多只能说对某一主体具有潜在的、可能的价值。明确这一点具有极其重要的现实意义。以科学的价值为例。科学诚然具有认知、功利、臻善、达美以及其他社会功能，然而，在漫长的人类历史上，科学却并未对所有国家、民族、企业、个人等产生同样的价值。有的民族倚仗科技先进耀武扬威、恃强凌弱，有的民族却在别人的"坚船利炮"攻击下痛苦呻吟；有的企业因为科技创新而赚得盆满钵满，有的企业却技不如人，沦为"血汗工厂"；有的人视科学研究为生命，为科技进步默默奉献一生，有的人却厌恶科学、害怕科学，不择手段阻挠科学发展，迫害科学家；……甚至，有时人们费尽心力掌握了一定的科技成果，却长期将其锁在保险箱、档案柜里，根本没有应用于生活实践，你能说这些科技成果充分实现了价值么？可见，任何价值都是与主体（人）及其活动密切相关的，只有在人们具体的历史的生活实践中实现了的价值，才是现实的价值。

（3）价值是人类的一种精神或心理现象，是与人的兴趣、欲望、情绪、情感、态度、意向或规定等相关的东西

这一定义通常被称为"观念说"，主要为西方一些哲学家以不同方式持有。应该说，这一定义看到了价值与主体的关系或价值的主体性特征，认识到没有主体便没有价值，人们对事物的价值评价同人们自己的精神与心理状态以及思想观念等密切相关，这是有其合理性的。特别是这种观点以极端的方式冲击着某些唯客体化思维方式的影响，这是其进步意义之所在。

然而，这一定义的缺陷与失误也是明显的。

首先，这一定义完全从主体的精神与心理状态来界定价值，从而否定了价值的客观性。由于否定了价值现象的客观存在，因而关于价值的评价也失去了客观的标准。例如，逻辑实证主义就完全否认价值现象的客观存在，认为价值评价不过是人的情绪、情感、态度等的表达，价值概念是"伪概念"，价值判断是"伪判断"，是没有意义的，从而将价值完全逐出了科学的范围。

其次，价值"观念说"把价值的产生、存在与主体的兴趣、欲望、情绪、情感、态度等价值意识形式混为一谈，实际上混淆了客观的价值现象与对之的反映或评价。这类似于把客观存在的事实混同于对于事实的认知。就像认知的对象与认知的结果是有区别的一样，评价的对象与评价的结果也不容混淆。这一点是如此明显，甚至不需要

更多论证。

再次，不同的学者给出这类定义时，找到的主体观念形态——如兴趣、欲望、情绪、情感、态度等——往往形形色色、多种多样，而且无法协商出一个共同的标准判定谁对谁错、谁有理谁偏执。这难免导致"公说公有理，婆说婆有理，天下无公理"之类价值多元主义。

（4）价值是客体满足主体需要的关系

这一定义常常被称为"关系说"。这一定义认为，价值不是人和对象、主体和客体任何一方的实体和属性，而是人和对象、主体和客体之间的一种特定关系，即客体和主体需要之间的关系。显然，这一定义克服了前面几种定义的缺陷，而提出了一种主客体统一论的价值关系说。应该说，这一定义比较接近价值的本质，同时也能基本说明客观价值现象。

说价值是一种关系，有人大感不解：主体不是价值，客体也不是价值，为何它们之间的关系反而会是价值?① 其实，这一点并不难理解。首先，尽管主体不是价值，客体也不是价值，但价值并不是与主体和客体无关的，而是存在于主客体相互作用的过程中。其次，价值是属人的范畴，并且诚如马克思所说，只有人才能创造属人的关系；价值只不过是人所创造并拥有的各种关系中以人的目的和需要等为尺度的一种特殊关系，因此，这种关系是因主体不同而不同的关系，即在这种关系中，主客体的地位不是对等的，主体是其中起支配、决定作用的一方。再次，关系是客观世界存在的一种普遍现象。世界是普遍联系的，任一事物、事件及其过程都与他物处于一定关系之中。有时，关系的特质两个或多个关系者项均具有（当然意义不完全一样），如张三比李四高，"身高"这种性质是张三和李四均具有的；苹果 A 比苹果 B 红一些，"红"这种性质也是 A、B 均具有的。也有的情况

---

① 参见韩东屏《论价值定困境及其出路》，《江汉论坛》1994 年第 7 期。

下，关系的特质是不为关系者项所具有的，如小王和小刘是夫妻，小王不是夫妻，小刘也称不上夫妻。价值关系就类似于后面这种情况。尽管主体不是价值，客体也不是价值，而主客体之间却可能存在"价值"这种关系。最后，也许有人还要追问：为什么关系会是价值？为什么价值会是关系？对前一问题，我们只需反问：为什么关系（主客体之间的特定关系）不能是价值？这就够了。现象学价值论学者马克思·舍勒（Max Scheler，1874－1928）与哈特曼（Nicolai Hartmann，1882－1950）甚至断言，关系或"关系项"本身就是价值。这一观点显然走得太远了，但把关系摒弃于价值考虑之外，无论如何是缺乏理由的。至于后一问题，即为什么价值会是关系，这个问题甚至用不着回答。价值从来就以"关系"方式存在。这就像问"鸡为什么会是两条腿"，在哲学上又有多大的意义呢？如果要为这类假哲学问题操劳，哲学是难有进展并不堪重负的。

虽然肯定了上述定义把价值视作关系的合理性，但仍然应该指出，它对这种关系的理解和界定并非毫无问题。这一定义中使用了一个关键性范畴——"需要"，而"需要"是一个模糊有歧义的概念，在学术界争议颇大，是一个尚待进一步深入研究、加以解释的范畴。特别地，在不少人心目中，"需要"是一个过分主观化的概念，有人正是在这一点上，夸大需要的非理性特征与主观性特征，从而否认需要的客观性。因此，用需要去界定价值时，如何阐明需要的内涵，特别是需要的客观性，是必要却非常棘手的工作。此外，单纯用需要是否可以科学地界定价值，迄今看来尚需进一步论证。例如，以主体的需要界定价值，难以体现价值"属人的"、"为人的"合目的性意义，难以体现价值所可能内蕴的存在论意味。因此，关于这一定义，一方面必须进一步加以明确，完善论证，另一方面又必须加以丰富和发展。

（5）价值是人

出于对价值问题中人的方面的突出关注，在近年来的价值论研究中，有人干脆以人来定义价值："所谓价值不过就是人作为人所追求的那个目的物，而这个目的物也就是人的自身本质。""人本身也就是价值本身，人的存在就是价值存在，人的价值就在于把自己创造为真正的人。"① 还有人更是直截了当地说："价值是人。"②

应该说，在把握价值的实质方面，"价值是人"这一定义并不乏深刻的洞见，虽然这只是一种"片面的深刻"。例如，它正确地指出了，理解价值的本质的重点和难点在人而不在物，更准确地说，在主体而不在客体；价值是一个属人的范畴，只有相对于一定的人，才谈得到所谓价值问题；价值表现的是人的本质而非物的本质，一切物只有以人自身为根据和尺度，才有所谓价值可言；等等。这些观点都是既正确又深刻的。

但是，作为刻画普遍的、客观的价值现象的内在本质的定义，"价值是人"或"价值是人作为人所追求的自身本质"之类说法，姑且不论其含混、笼统，尚待进一步加以明确，即便就其实质而论，也有颇多可质疑之处。

首先，这一定义把价值完全归结为人或人的本性、本质，否定了物、对象在价值中的应有地位和意义。诚然，价值是属人的，没有人便无所谓价值，但是，没有对象（包括物或人自身）也同样无所谓价值。作为价值主体的人与作为价值客体的对象是构成价值关系不可缺少、不可分割的两极。

其次，价值诚然是以主体尺度为尺度、因主体不同而不同的，但价值对象作为客体也对价值具有制约作用。很显然，并不是一切对象对人来说都具有同样的价值。例如，一块石头和一个苹果对同一个人的价值，总不会在任何情况下都完全相同。仅仅从人及其本性、本质

---

① 高清海：《价值与人》，《长白学刊》1995 年第 6 期。
② 韩东屏：《论价值定义困境及其出路》，《江汉论坛》1994 年第 7 期。

出发，根本不可能解释清楚石头和苹果之类对象的价值差异。

再次，有人进一步把人视为本原的、自决自明的"好"，视为价值之源，其他的一切都不过"分有"或表现着人的价值，这与那种"实体说"之一的"上帝说"具有异曲同工之妙：无论是人还是上帝，都是本原的、自决自明的"好"；而且，这种"好"是已经预设、用不着证明的；其他一切价值都不过是"次生价值"，即由本原的、自决自明的"好"——人或上帝——派生出来的，并且要由后者来决定和肯定；本原的价值是一，即人或上帝，次生价值则是多，有冲突，有选择；等等。当他们宣称这里的"人"是"一般意义上的人或以类为主体的人"时，如何与必须"先信仰"才能成立的"上帝说"相区别？即便能够予以区别，如何说明具体的历史的人的现实活动中之普遍存在的价值现象？

以上这一切都是尚待进一步研究的问题。也正因为如此，"价值是人"就至少是还需论证的一种定义，或者进一步说，是一种尚没有完成、仅仅昭示了探索方向的定义。

3. 价值及其相关概念

通过对一些典型的价值定义的分析，价值概念已经逐渐清晰起来。但是，一些关键概念以及价值与某些概念的关系仍需进一步澄清。为此，下面的分析是必要的工作。

（1）价值与主体

只要不死守着价值的"实体说"和"属性说"不放，就不难发现价值与主体之间的密切关系。如前所述，价值不是主体，也不是客体，而是生活实践中主体和客体之间的特定关系。这里之所以用"特定"一词，是因为这种关系尚不明确，需要我们进一步加以探讨。

首先，这种特定关系是以主体的劳动实践活动为基础的。劳动创造了人。没有劳动实践活动，就没有人与人类的产生。而人也只有在现实的劳动实践活动中，才能把世界当作对象，从而形成一定的主客体关系。而价值正是这种以劳动实践活动为基础的主客体关系中的一个普通的基本的方面。

其次，实践基础上的主客体关系的内容至少包括两种典型形式：一是在一定主客体关系中，客体对于主体的现实状况如何；二是在一定主客体关系中，客体是否适合主体的目的与需要。前者通过知识论意义的认知揭示出来，后者通过评价来反映，认知与评价——广义认识论的两种方式——一起，构成了对主客体关系或者说人与世界关系的掌握。所谓主客体之间的特定关系，指的就是后者。

再次，这种特定主客体关系的特别之处，还在于它是以主体尺度为尺度的，是因主体不同而不同的。同一个客体对于不同主体，或者不同时间、条件、状态下的同一主体，这一关系的内容可能是不一样的。关于这一点，我们已经多次指出过了。

最后，这种特定关系也是客观的，具有"主体的客观性"①。一切客体，无论是物质性的，如自然风景、建筑物、食品、服装、交通工具、电子产品等，还是精神性的，如宗教信仰、思想观念、科学理论、思维方式、情绪情感等，与相应主体构成特定价值关系，这一关系便是客观存在的，可以通过具体的评价来反映。具体的评价正确与否，可以通过一定的方式加以验证。尽管这种验证目前来看难度还很大，但无论如何，只有符合特定价值关系的那种评价才是唯一正确的、恰当的，这一评价的正确结论就是真理。

（2）价值与需要

当人们用需要具体地界定价值时，需要本身是尚须进一步明确的范畴。

不少人对需要的理解是狭隘的，有时甚至是片面的、畸形的。例如，有的人简单地把需要等同于欲望、"想要"等。其实，需要与欲

---

① 李德顺：《价值论》，中国人民大学出版社，1987，第 269~270 页。

望或"想要"并不相等。比如说，有的人忙忙碌碌、辛辛苦苦奋斗了一辈子，到临终去"见上帝"的时候，却发现自己终身追求的并不是自己需要的，可见其一生之中，主要的欲望、"想要"与真正的需要是相脱节的，甚至完全背离了真正的需要。至于将他人的需要与自己的需要相混淆，或者将自己的需要泯灭于集团的需要之中，历史与现实中都大量存在。

需要是一个内涵丰富、具有多方面规定性的范畴，包含着极为广泛、不同层次的内容。从外延方面看，需要的划分是极为宽泛的，大致有如下一些基本的分类：物质需要和精神需要；生存需要、享受需要与发展需要；短期需要和长期需要；等等。从内涵方面看，需要就是"人的本性"，是人作为人之目的与生活目的的展开；"需要产生于主体自身的结构、规定性和主体同周围世界的不可分割的联系"，"有什么样的主体结构，就产生什么样的需要；主体自身的每一规定、人同周围世界普遍联系的每一环节，都产生一定的需要"[①]。

首先，主体的需要本质上是一种社会性需要，是在社会活动中产生并得到提升的。人的本质是一切社会关系的总和。人的需要与动物的本能存在本质的区别，动物的本能"需要"是纯粹个体性的、生理性的，而人的即便是生理性的需要也具有社会性的内容，具有某种文化特征，诸如饮食文化、酒文化、茶文化、服饰文化、性文化就典型地说明了这一点。而人的其他一些较高级的需要，如认知的需要、爱的需要、尊重的需要、自我实现的需要、自由与全面发展的需要等，则是一般动物所不具有的，却更典型地体现了需要的社会性。需要的社会性既决定了不同主体需要的差异性，如民族性、地域性、阶级性、群体性、个体性等，又决定了不同主体需要的共同性、共通性、普遍性与连续性。关于后者，可以从一些全球关注的热点、焦点问

[①]　李德顺：《价值论》，中国人民大学出版社，1987，第 85 ~ 86 页。

题，如环境问题、能源问题、人口问题、和平问题、发展问题等体现出来。

其次，需要除了具有主体性特征外，还具有客观性。主体需要的产生与需要满足的程度与状况并不是随心所欲的，而是受社会实践与社会历史条件制约的。表面上看，人的需要就是"想要"，似乎无边无际，天马行空，没有限度。其实不然。人的需要本质上是社会性的需要，归根结底是由社会实践的发展程度、物质生产基础和特定社会历史条件决定的。

再次，需要是动态发展的，其产生、发展与消亡都遵循一定的客观规律。需要是多方面的、有层级的。根据马斯洛的研究，人的需要一般有由低到高的五个层级，即生理需要、安全与保障的需要、爱与归属的需要、尊重的需要以及自我实现的需要。一般来说，低级的需要具有优先性，在人的生活和意识中占据着优势地位；而当低级的需要得到基本的满足时，就可能产生高一层次的需要，并从而支配人的意识。马斯洛指出："当一种需要得到相当良好的满足时，另一优势（更高）的需要就会出现，转而支配意识生活，并成为行为组织的中心，因为已满足的需要不再是积极的推动力了。"① 这也正如马克思所发现的，一个忧心忡忡的穷人可能对最美丽的景色都没有感觉。因为忧心忡忡的穷人的最基本的生存与生理需要都尚未解决，往往就不会产生审美等较高层次的需要。而一定的需要得到满足之后，它往往就不再作为需要而存在，② 即需要"消亡"了。这时往往又会随之产生更高层次的需要，正如古人所谓"衣食足则知荣辱，仓廪实则知礼仪"。可见，需要自身包含着不断发展与超越自己的动态本性。而且，

---

① 马斯洛：《人的动机理论》，陈炳权、高文浩译，载林方主编、马斯洛等著《人的潜能和价值》，华夏出版社，1987，第 176 页。

② 一定的需要如果得到长期而稳定的满足，人们往往就会对它的重要性估计不足，甚至可能完全忽视它的存在。例如，在生态环境良好的条件下，没有多少人想到洁净的空气很重要、很"值钱"；只有有朝一日不再拥有，才会蓦然"发现"它不菲的价值。

各种需要之间也往往是相互依存、相互作用的，这一般也有其内在的规律。

正因为需要作为人的本性和人的本质力量的表现，具有社会性、客观性和动态发展的规律性，因此，当人们用需要来界定价值时，就不能以此为由说价值是主观的，相反，由需要的社会性、客观性、规律性，还可以论证价值的客观存在性。

（3）价值与目的

当我们用"客体是否满足主体需要的关系"来界定价值的时候，有一个问题总会萦绕心头、挥之不去：价值是一种具有存在论意味的客观存在，是一个属人的、与人的生存和发展内在相关的范畴，是一个具有理想性、超越性和形上意味的范畴，而"需要"这样一个带有浓厚心理学色彩的概念，无论如何"正确地"加以理解，"合理地"重新界定，似乎都难以说明价值的全部内涵。

价值既包括目的价值（内在价值），也包括手段价值。目的价值主要与人自身、人的本性相关，与人的理想性、超越性和"自我实现"相联系。马斯洛指出："对人或人的本性作全面的定义必须包括内在价值在内，也就是说，要把内在价值作为人的本性的一部分。"[1]而"需要"无论在哪一个层面上，似乎主要与手段价值相关，对主体需要的满足，总令人觉得带有一种工具性、手段性意味。即便是对人的生存价值、精神价值的某种满足，都主要是从手段的角度来说的。尽管目的与手段的区分是相对的，但需要本身并不等于目的。一些人经常在做一些看似与"需要"不搭界的事儿。

具体地说，价值这一具有存在论意味的概念是与人自身密切相关的，是与"人是目的"以及人的生活目的密不可分的。

---

[1] 马斯洛：《超越性动机论——价值生命的生物基础》，徐经采译，载林方主编、马斯洛等著《人的潜能和价值》，华夏出版社，1987，第218页。

首先，人是目的。人的生命存在对于人与人类来说，本身就是一种价值。人的生命本身并无贵贱之分，也没有价值大小之别。无论是胚胎状态的婴儿，还是残疾人乃至植物人，都必须视为对人类有意义的生命存在。任何人都应该把人当作目的，而不是仅仅当作手段来看待。一个人甚至把自己仅仅当作手段也是不应该的。换句话说，任何人都必须以人为本，把包括自己在内的一切人当作"人"，维护人的人格和尊严，不断提升人的幸福指数，促进人的自由全面发展。当然，在一个社会中，人与人之间是相互依存的，人作为目的与作为手段常常不可分割地联系在一起。特别是，在生产力发展水平有限、存在社会分工的情况下，总有一些时候，一个人要把他人当作手段。例如，医生请病人试用新药或新的治疗方案，经理要求秘书代拟文件、打印材料，公民呼叫警察调解纠纷、维护治安，等等。但问题的关键在于，人与人是生而平等的，应该互相尊重，任何人都不能只把他人当作手段。例如，医生不能像法西斯军医一样，强迫病人做不人道的试验；他请病人试用新药，应该是符合病人的意愿、为了病人的，是尊重病人的自由、人格与尊严的，是病人知情且同意的。况且，在这样的医患关系中，病人实际上也有所图，即同时也把医生当作疗疾的手段。就是说，这时医生与病人互为手段，通过互为手段而实现自己的目的。因此，在最根本的意义上，人就是人的目的，而价值，正是"人是目的"这一命题的逻辑展开。

其次，价值必须反映人的生活的目的。高尚、幸福的生活是人矢志追求的目的。或许除了某些特殊情况，如种族灭绝、人类毁灭，人们常常会把生活的目的看得比生命存在更重要。"为……而牺牲"是为了捍卫生活的理想，至于自杀，往往是因为对生活目的极度绝望。生活的目的制约着需要，而不是需要的产物，或者需要的具体化、现实化。严格地说，需要的具体化是目标，而不是目的。目的与目标之间存在着实质区别：目标总是具体的，条件具备的话，总是可以实现的，而且一个目标实现了，又总会有新的目标产生，甚至有些目标是可以放弃的，实现不了也没有什么关系；而生活的目的则是全部生活的意义，是生活的灵魂和支柱，是永远为人所追求的东西，因而是比具体的目标高一层次的概念。可见，当我们用需要去界定价值时，常常也说明不了人的生活目的这个层面的丰富内涵。

总之，当我们界定价值时，必须包括需要难以涵盖、与人之为人的目的和人的生活目的相关的内涵。只有这样，才有助于人们全面、深入地理解价值概念，冲淡"需要"带给人们的功利色彩，令价值的理想性、超越性和形上意味凸显出来。

（4）价值与能力

"能力"——包括更抽象的素质——是人之为人的基本属性，是与人的生存、发展状况息息相关的一个范畴。素质、能力的涵盖面极为广泛，包括许多方面和层次，而且，在每一方面、层次上都存在明显的程度区分。此外，可以将潜能视为人的一种尚未发掘、有待开发的能力。

在理解价值概念时，也许是由于我们过去仅仅关心"大写的人"和"抽象的人"，因而比较能体现人的主体性的"能力"范畴尽管非常重要，却常常被有意无意地忽视了，或者，只是抽象地考察了"大写的人"和"抽象的人"的能力，即所谓人类的能力。对于理解价值概念来说，这明显是一个思想或观念上的障碍。实际上，人的需要与其素质、能力息息相关。人的需要意识的觉醒、自我需要与客体性质之间关系的建立，以及其对主体需要的满足，在很大程度上都是由其素质和能力决定的。可是，在探讨价值时，人们常常无视具体主体的素质和能力，抽象地、泛泛地谈论人或物的价值，从而使价值事实上沦为抽象的"无主体的价值"。

一般而言，一个人如果缺乏一定的素质和能力，常常就不可能产生相应的需要。例如，缺乏审美能力的人就不会产生欣赏交响乐、欣赏大自然（旅游）之美的需要；不懂得足球、网球的游戏规则的人，往往不会对足球、网球运动感兴趣。马克思曾经这样指出："**对象如何**对他来说成为他的对象，这取决于**对象的性质**以及与之相适应的**本质力量**的性质"，"从主体方面来看：只有音乐才激起人的音乐感；对于没有音乐感的耳朵来说，最美的音乐也**毫无意义**，**不是**对象，因为我的对象只能是我的一种本质力量的确证，就是说，它只能像我的本质力量作为一种主体能力自为地存在着那样才对我而存在，因为任何一个对象对我的意义（它只是对那个与它相适应的感觉来说才有意义）恰好都以**我的**感觉所及的程度为限"①。人的本质力量不能达到或还未达到的那些外在世界并不是对象性客体。音乐对于不通音律、没有音乐感的人，优美的景色对于饥肠辘辘、忧心忡忡的穷人，矿物的美对于一心求利、兴趣单一、没有审美情趣的贩卖矿物的商人，都不是客体（人相应的不是主体）。可见，只有在人的具体的历史的活动中，与人的本质力量相适应的、人的活动所指向的对象，才能与人构成现实的主客体关系。离开了人的本质力量，离开了人的素质和能力，我们就既不可能说明对象，也不可能说明价值。

同时，素质和能力是沟通主体的需要以及需要对象的必要条件。没有相应的素质和能力，需要与需要的满足之间就不可能建立必要的桥梁；只有具备一定的主体素质和能力，主体的需要才能在生活实践中真正得到满足。例如，一个人希望变得高雅、"有文化"，渴望欣赏相对论、量子力学之美，但如果自己的物理学、数学知识等极为有限，那么就很难如愿以偿了。而且，一定的素质和能力还可能"催生"、"推动"相应需要的发展。"需要是同满足需要的手段一同发展的，并且是依靠这些手段发展的。"② 在生活中我们不难发现，会唱戏

---

① 马克思：《1844 年经济学哲学手稿》，人民出版社，2014，第 83 ~ 84 页。
② 《马克思恩格斯全集》第 44 卷，人民出版社，2001，第 585 ~ 586 页。

的人更有可能成为戏迷，会下棋的人更有可能成为棋迷，会踢球的人更有可能成为球迷，等等。因为具有这样的素质和能力，可以让人在相应的活动中懂其甘苦，知其妙处，获得享受，受到启迪，甚至长期沉醉其中，乐此不疲。当然，人的素质和能力并不是先天具有的，尽管人的天赋可能有所差别，但人的素质和能力主要是后天在生活实践中逐步发展起来的，也是受一定时代的客观历史条件制约的。"实践出真知，斗争长才干"，这句话尽管有些"左"倾时代的色彩，但仍然有其合理之处。如果通过后天的刻苦学习和实践，一个人的潜能得以充分发掘，物理学、数学水平提高到相应程度，那么，诸如相对论、量子力学之美就可能成为他的对象，具体地"呈现"在他的面前，令其欣赏陶醉。

（5）价值与评价

价值问题与人们对于价值的评价是分不开的。有时，人们甚至对之不加区分，或者用对于价值的评价指称价值。

所谓评价，就是一定价值关系的主体对这一价值关系的能动反映。这一定义包含着如下几层意思。

首先，价值评价是广义认识的一种形式，是人们把握对象的一种方式。同是作为反映对象的认识，评价与认知不同：认知是主体对客体的能动反映，认识对象是客体，在认知过程中，认知主体要尽可能排除主观因素的干扰，以获得关于客体的正确结论；评价则是价值关系的主体对自身与客体之间的价值关系的能动反映，认识对象不是客体自身或客体之间的关系，甚至也不是客体的功能，而是客体与自身的价值关系。也正因为如此，评价是一种以主体尺度为尺度，因主体不同而不同、变化而变化的认识活动，不断发展着的主体以及一系列主体性因素，如态度、偏好、情感、意志，特别是目的、利益、需要和能力等，对评价结果起着影响与制约作用。

其次，评价作为对价值关系的反映，意味着是价值决定评价而不是评价决定价值。一定对象、客体是否对主体（人）具有价值，具有什么样的价值，这要看对象是否真正符合主体目的、满足主体需要，以及主体是否具有相应能力使这种"符合"、"满足"关系现实地呈现出来。主客体之间的这种价值关系是一种客观的存在，它并不以评价者的愿望、意志和具体的评价为转移。因为评价者的意志、愿望可能是不现实的、纯主观的、随意的；具体的评价也可能失当、不合理，就像现实生活中常常有人混淆是非、"不知好歹"、认贼作父、恩将仇报等一样。相反，具体的评价是否恰当、是否科学、是否合理，也只有和主客体之间具体的价值关系相对照才能加以判定。

再次，价值评价不是对特定价值关系的机械反映和简单认定，而是价值主体对价值关系的能动的、创造性的反映。一定对象、客体是否对主体具有价值，只有依据主体需要与能力，通过主体评价才能加以把握；而人的需要与能力都具有永不满足现状的超越性，因而人的评价也包含着对特定价值关系可能后果的预见与推断，包含着对未来理想价值关系的创造性设想、意向与方案，这使得现实的、具体的价值关系的内蕴大大地得以丰富与拓展，并为人们的价值创造活动提供了动力与方向。从这一点来看，评价甚至内在地构成了价值之一部分、一环节，从而与价值不可分割、不可剥离。

4. 关于价值的科学界定

根据以上的考察、分析，我们获得了关于价值的如下一些重要结论。

（1）价值既不是客体的存在与属性，也不是主体及其欲望、兴趣、情绪、情感、态度等，甚至也不是人自身或其本质、本性本身。李凯尔特指出："价值决不是现实，既不是物理的现实，也不是心理的现实。"① 价值是作为主体的人在实践—认识活动中所建立的特定的

---

① H. 李凯尔特：《文化科学与自然科学》，涂纪亮译，商务印书馆，1986，第78页。

主客体关系。这种特定的关系是一种"存在",准确地说,是一种由人的活动不断"创造着"的存在。

(2) 价值这种特定的主客体关系是以主体尺度为尺度,因主体不同而不同、变化而变化的,具有鲜明的主体性。这是价值与事实最关键的区别之所在。

(3) 价值这种特定的主客体关系又是客观的,具有"主体的客观性"。价值与主体对之的评价并不能完全等同。价值是主体评价的对象,评价则是对价值关系的能动反映,而且,这种反映也有恰当与否、正确与否的问题。仅仅就此而言,价值可以说是被评价所"发现"的。

(4) 具体地说,价值这种特定的主客体关系的内容,可以依客体与主体的目的、需要等的特定关系加以把握,进行界定。

综上所述,可以获得我们关于价值的定义:

所谓价值,就是在人们的实践—认识活动中建立的以主体尺度为尺度的一种主客体关系,是客体的存在、性质及其运动是否与主体的本性、目的和需要等相接近、相适合、相一致的关系。[①]

就价值现象存在而言,它具有属人性、主体性,是不断被主体"创造"着的,处于历史的生成过程之中;就价值可以为主体的评价掌握而言,它是被主体"发现"的,当然,这种"发现"必须跟上时代和主体生活实践的步伐,与时俱进地更新评价结论。

三　价值事实及其意义

通过前面对事实与价值的哲学涵义的考察与辨析,我们明确了对事实与价值的理解,特别是事实与价值的区别。概括起来,这有如下

---

① 参见李德顺《价值论》,中国人民大学出版社,1987,第 101 ~ 108 页。

几个方面：事实是人的实践—认识活动对象自身的客观存在状态，体现着主客体关系中客体的尺度，而价值作为客体的存在、性质和运动与主体的本性、目的、需要与能力等是否适合、是否一致的关系，体现着主客体关系中主体的尺度；事实是知识论所要研究的对象，把握事实的方式是认知，而价值则是价值论所要研究的对象，把握价值的方式则是评价；等等。

然而，如果我们继续贯彻实践唯物主义的观点，不仅从客体，而且从主体和实践方面去分析、考察，那么我们就会发现，事实和价值之间存在内在的关联。

先就事实而论。事实之为事实，意味着它不是与人无关的纯粹的自在之物，而是与人和人的活动相关的存在。在人们的生活实践中，当一定事实与人建立某种关系时，它实际上就相应地对人潜在地意味着某种价值，我们常常将之称为这一事实的"功能"。任一事实的功能都可能是多方面的，甚至是无穷无尽的。例如，在开放性思维者的眼里，钢笔具有用作书写工具、装饰品、礼物、武器、道具、玩具等无数种功能。当然，对特定的人来说，这里的功能既可能是对之有利的，也可能是对之有害的，还可能是利大于害、害大于利或利害大致相抵的。在人们的视野和活动范围内，不存在不具备一定功能的事实。就如同当今环保主义者常说的，即使是垃圾，也绝非全然无用的"废物"，而不过是"放错了地方的资源"。不过，事实的功能并不直接就是价值。价值是属人的范畴，具有主体性，只有在生活实践中，与特定主体相联系，满足主体的特定需要，特定事实的功能才成为现实的价值。这也就是说，特定事实的功能是否对某一主体具有价值，或实现什么样的价值，这是依这一主体的结构、本性、需要和能力，由主体在生活实践中的选择来实现的。且不说香味对严重的鼻炎患者、优美的旋律对聋子谈不上价值，就是美丽的景色对忧心忡忡的穷人来说，也不大可能纳入其主体性的选择框架，构成现实的价值关系。

　　事实与价值的内在关联，更典型地从"价值事实"① 概念中体现出来。

　　所谓价值事实，就是"主客体之间价值关系运动所形成的一种客观的、不依赖于评价者主观意识的存在状态。它既是客体对主体的**价值现实**，又是客观的**事实**，所以叫'价值事实'"②。价值事实与前述狭义的事实（即客体性事实）的区别之处，就在于它是一种主体性事实，是"通过主体本身的存在和变化而表现出来的"、"因主体不同而不同的客观事实"③。对于客体性事实来说，不论主体是谁，或具有什么样的规定性，事实就是事实，不会因主体不同而改变；而对于价值事实来说，如果主体不同，或者主体的规定性、需要、能力等发生了变化，那么价值事实也会随之而变化。而且，如果说客体性事实表征的是外部世界的现实状况、"实然状态"，那么，价值事实由于反映包含创造性、超越性为特征的主体尺度，因而价值事实含有一定超现实、理想化意味，表征着世界的"应然状态"，并且，具体的价值事实的这种超现实的理想、应然意味是因具体主体之主体尺度（如需要与能力）的不同而不同、变化而变化的。

　　但价值事实归根到底也是事实，是一种客观存在，具有"主体的客观性"。只要我们用实践唯物主义的观点与思维方式理解与把握它，不把价值仅仅视为主体的情感、态度、欲望、兴趣等主观精神现象，不否认人、社会等作为主体的客观存在性，不否认主体的需要、能力等是受客观历史条件制约与影响的，有着不依赖人的主观意志的客观性和必然性，从而按照主客体之间这种关系本身的客观实在性去理解

---

　　① "价值事实"之"事实"是取其广义的，即一切进入人的实践—认识活动的、具有客观实在性的东西。关于"价值事实"的详尽探讨，可参阅李德顺《价值论》，中国人民大学出版社，1987，第 259 ~ 276 页。

　　② 李德顺：《价值论》，中国人民大学出版社，1987，第 262 页。

　　③ 李德顺：《价值论》，中国人民大学出版社，1987，第 269 ~ 270 页。

它，那么，价值事实的客观性，价值事实之为事实，就是可以为人们所把握、所理解的。当然，目前来看，这种把握与理解的困难很大，异议颇多。因为长期以来，不少人习惯于按照某种非实践唯物主义的方式进行思考，习惯于把主体等同于主观，而把主观又等同于精神性、观念性，特别是主观随意性，于是，一涉及主体，特别是反映主体尺度的价值，便将它逐出了客观性的阵营，有人甚至给它强行贴上唯心主义的标签。对价值如此这般的理解，也是中国价值论研究命运多舛，迟迟不能走上正轨并常常在一些假问题上纠缠不清的原因之一。

价值作为一种特定的主客体关系也是事实表明，它作为评价所要反映的对象，评价也有主观是否符合客观事实的问题。评价的恰当与否、正确与否，也可以与这种客观的价值事实相对照而加以检验、鉴别，尽管在目前，这种检验与鉴别在理论上、方法上、技术上都比较薄弱，从而面临的困难和挑战颇多。但无论如何，那种认为评价不过是主体的主观情绪、情感、态度的宣泄和表达，评价结果根本没有办法加以检验，价值概念是"伪概念"，价值判断是"妄判断"，没有什么好争论的观点，是无视价值事实之客观性的，根本就不能成立。

认识到价值事实是一种特殊的事实，这对正确把握一般意义上的事实与价值的内在关系，从而为后面弄清认知与评价的关系，具有非常重要的意义。

首先，在讨论事实与价值的关系时，只有当这里的事实（狭义）与价值属于同一个类，即是同一个属概念之下的种概念时，才可以比较并讨论其关系。就是说，只有同一层次的类才是可以比较的，找不到类属、风马牛不相及的事物之间无法现实地讨论、恰当地比较。广义的事实正是这样一个既包含狭义的事实又包含价值事实的类属概念。但有人对此大感不解，认为讨论事实与价值的关系问题时，说价值也是事实，这是毫无意义的，就如同讨论人与动物的关系时，有人提出人也是动物一样，于争论毫无益处。其实不然。一方面，这里的"事实"、"动物"是在不同层次意义上使用的，"事实与价值"中的"事实"、"人与动物"中的"动物"是狭义的，而"价值也是事实"、"人也是动物"中则取广义，这不能混淆。另一方面，讨论"人与动物"的关系时，断定"人也是动物"（但不能仅仅停留在这一点上），这实际上是指在广义"动物"这一属概念下，讨论种概念"人"与"人之外的其他动物"之区别。毕竟，只有在同一个属概念下，种概念之间的关系才是可比较、可讨论的；并且，也只有这样的讨论，才能真正把握其实质。讨论"事实与价值"的关系时，断言"价值也是一种特殊事实"，其意义也与此类同；当然，也不能仅仅停留在"价值也是事实"这一层次上，还需要在这一前提下继续深入开掘。

其次，事实与价值各自构成实践—认识活动中的主客体之间全面关系的两个基本侧面的客观内容。事实是指主客体关系中体现"客体的尺度"、"物的尺度"，作为人的实践和认识活动对象的客观存在状态，它突出的是主体趋向客体、逼近客体。而价值是指一定主客体关系中客体的存在、属性和运动与主体的目的、尺度、需要等是否一致、是否适合、是否接近等关系，它既不是单纯指客体及其状况，也不是单纯指主体及其状况，不是指其中任何一方的本然状态，而是以主体尺度为尺度，因主体不同而不同、变化而变化的一种客观关系。它体现着客体向主体"展开"、"生成"的特征，代表着客体主体化过程的性质和程度。

再次，事实与价值是主体实践活动的基础构成要素。事实以"有什么"、"是什么"等方式提供着实践的基础和可能性，价值以"应该如何"等方式，提供着实践的必要性、动力和激情；事实以"合规律性"、以铁的必然性规范着实践的运行轨道，而价值以"合目的性"、以人的高度自觉来规范、约束人的实践，使之向着提升、发展人的方向拓展。在具体的历史的社会实践中，事实与价值依照人的本性与能力而结合在一起，相互补充，相互作用，作为基本的实践要素而推动实践的发展。

最后，事实和价值作为认识对象，决定了认知和评价也是互相依存、互相渗透的。无论是事实还是价值，都可以是认知的对象。但评价的对象，却既不单纯是客体的事实，也不单纯是主体本身的事实，而是客体的事实（如客体的存在、性质与运动）与主体的事实（如主体的目的、利益、需要、能力等）在实践活动中所结成的一种以主体为中心的动态的、客观的关系事实。可见，评价是以对客体和主体事实的认知为前提的。当然，评价也对认知具有导引、制约作用。它们之间的相互作用、相互运动的关系，我们将在下一章进行详细讨论。

第五章

事实认知与价值评价的内在关联

依事实与价值的关系问题的字面含义和历史沿革，它实际上包含着两个层次：一是实际存在的事实现象与价值现象之关系，二是事实认知与价值评价之关系。历史上的休谟问题主要指第二个层次，特别是价值判断与价值科学何以可能的问题。不过，很明显，第二个层次的问题是以第一个层次的问题为基础的，其解决也受制于第一个问题的解决。

一　存在纯粹的"事实"语言或 "价值"语言吗？

在一定意义上，可以说人是使用语言或符号的动物。拥有并能够使用复杂、系统的语言、符号，是人与一般动物的显著区别之一。

迄今为止，人类的思维和思想都必须借助语言或符号来运作与表达——这也是可以对哲学进行语言或逻辑分析的一个重要原因。关于事实与价值、认知与评价的二分图景有一个前提或预设，即存在一个可靠的、够用的描述事实的语言符号系统或概念体系。在这一系统中，任何符号、任何语词或语句、任何概念或判断都应是纯粹"事实"的或纯粹描述性的。当然，什么样的语言或符号才能进入这一系统，二分对立论者尚未找到适当的标准与方法，或许当前而论，M. 马克斯和 W. 希利克斯提出的"有控制的观察"① 这一标准更有影响一些。但无论如何，这一系统至少应该是"价值中立"的，而不能与价值、评价因素相关或者相缠绕。也就是说，这一区分是以事实语言与价值语言、语言的描述性用法与评价性（规定性）用法的分化为前提或预设的。

历史地看，语言符号的这种分化确曾起过积极作用。科学中使用精确、单纯、简化、通用的语言符号，导致科学成为可实验操作的、可重复的、可准确交流与传播的、可广泛应用的一种活动；通过这种语言符号系统，可以有效地集中全人类的智慧与劳动，从而推动科学的快速发展、普及与应用。这也是目前人类热衷于建构更为精确、完整、通用的人工语言的原因之一。而与科学相对的另一些"人文"领域，如宗教（包括神话）、哲学、心理学、文学、艺术、社会交往等领域，使用那些模糊、多义、含混、意味深长的语言符号，或运用隐喻、比拟、借代等语言表达方法，又可较为充分地记录与表达更具个性特点，与人们的独特经历、体验与情思相关的内容。

但是，在人类的现实生活实践中，在人类的历史与未来发展趋势中，这种分化是否必须推到极端，在它们之间划一道截然分明的鸿沟呢？或者说，人类社会中是否存在和将出现一个纯粹的描述性的、"价值中立"的事实语言符号系统或概念体系和另一个纯粹的评价性、规定性的价值语言符号系统或概念体系呢？

我们认为，答案是否定的。

语言哲学、符号学的研究表明，事实必须依赖具体的、社会的、

---

① M. 马克斯、W. 希利克斯：《心理学的体系与理论》，纽约，1973，英文版。

历史的语言或符号系统来表达。这正如维特根斯坦所说：**"我的语言的界限**意味着我的世界的界限。"① 而语言并不是私人的、只有思考与说话者本人才知道的无法用来交流的符号，而是一种共同遵守公共规则的活动，即维特根斯坦所谓"语言游戏"活动。当然，遵守规则是一种公共的历史性的实践活动，而且语言规则也不是一成不变的教条，而是随着人类的生活实践的变化而变化的。但无论如何，并不存在为某个孤独的心灵所私人拥有的纯粹语言。

按照结构主义语言学，所有的关于世界的陈述都是在一个符号系统中用语言表达的，因而这些事实陈述只有依据其所构成的符号系统才能被理解；人们用同样的这套符号系统表达价值，即价值陈述并不拥有另一套语言符号系统，它同样是用理解与表达事实的语言符号系统来理解与表达的。

按照与结构主义相对立的解构主义语言学，在我们的语言中隐藏着某种"神话"，即语言必须利用图像，并且图像在理解中的作用比我们愿意承认的要大得多。因此，认为我们能以某种纯粹的方式把握世界完全是一种错觉，因为我们的语言和语词总是不能与图像相分离；也不必用一种特殊的方式对待价值词，因为在一个创造性的游戏中，某种语言中的所有词都涉及图像，而图像既具有事实意蕴，也具有价值负荷。

除此之外，当我们叙述一个事实或事件时，对事实或事件的理解、解释还与叙述的方式、方法及运用的情节、材料等相关。不同的故事可能通过不同的语言游戏、符号系统或重要图像进行叙述；这一叙述与其说是在客体性事实与主体性价值之间进行选择，还不如说是在叙述的不同策略、方式之间进行选择。

总之，纯粹描述事实的"价值中立"的语言符号系统或概念体系

---

① 维特根斯坦：《逻辑哲学论》，郭英译，商务印书馆，1962，第79页。

是不存在的。描述事实、评价价值都是由同一人类语言符号系统或概念体系来承担的。在人类语言中，并不存在一套事实语言和另一套价值语言。

但二分对立论者又会指出，即便如此，语言的意义在于其用法，对于语言，是可以严格区分其描述性用法与评价性（或规定性）用法的。然而，正如很多思想家已经指出的，这一区分仍然值得质疑，它不具有普遍性。

麦金太尔、P. 图麦蒂等人从自然法理论的角度提出了所谓"功能性概念"，即具有功能的事物的概念。P. 图麦蒂指出："对一种功能性事物的概念的任何恰当的定义都必须部分地依据那个事物的功能或目的而被建构起来。这就意味着，一个具有 X 型功能的事物的概念，不能脱离一个好 X 的概念而独立地被界定。"[①] 也就是说，一个功能性概念是不能不包含某种价值因素的。例如，"钢琴"等乐器、"眼睛"等生物器官的定义是不能脱离其功能建立起来的，并且不能脱离"完好的钢琴"、"健全的眼睛"而被界定，甚至"钢琴"、"眼睛"等原初的、核心的含义就是由"好钢琴"、"好眼睛"来赋予的。特别是一些社会角色概念，如"母亲"、"船长"、"警察"等，更同样地意味着义务、责任、权力等价值因素。这样的概念类型还有很多很多，诸如"营养品"、"药品"、"食品"、"房屋"、"衣服"、"汽车"、"办公桌"，等等。当涉及这些含义丰富的概念时，语言用法的"事实与价值"、"描述性与评价性"的鸿沟经常被逾越。

与功能性事实概念多少有些联系的是塞尔提出的"惯例性事实"。例如，"允诺"在人类的言语行为的形式中是一种惯例，它必须服从一定的规则。当一个人允诺另一个人什么时，根据惯例，他就必须承担一定的义务，履行允诺。可见，一个人允诺什么，这是一个可以实

---

① 培里等：《价值与评价》，刘继编选，中国人民大学出版社，1989，第205页。

证的事实，但却是一个惯例性事实，它与"义务"、"责任"、"应该"等相关。一般来看，像"允诺"这样的惯例性事实还有很多，如"X与Y刚签了一份合同"，"X与Y结婚了"，等等。表达这些惯例性事实的语言，显然具有规定性意义或价值内蕴。

第二章曾经介绍过普特南提出的"混杂"的伦理概念——既能规范性地使用又能描述性地使用的概念，也是驳斥二分法的有力例证。普特南指出："我们关于其中没有一种东西能够**既是**事实**又是**有价值负荷的语言图像是完全不恰当的，我们的大量描述性词汇是而且必定是'缠结的'。"[1] 普特南举例说，"冷酷"就是这样一个概念。"'冷酷'这个词完全无视所谓事实与价值的二分法，并欣然接受有时候用作规范的目的，有时候用作描述性术语。"[2] 前者如"那位老师非常冷酷"，后者如"某政权的冷酷激起了大量反抗"。

特别地，任何语词或语句、任何概念或判断都不能孤立地存在和自动地起作用，而只能作为一定语言系统的元素而存在，显然不存在一个纯粹评价性、规定性而不涉及描述性事实的系统，即便存在，由于脱离了人们生活的世界与人们的生活，也没有意义。那么，是否可以建构一个描述性的事实系统呢？二分对立论者会回答说，可以，例如科学理论系统。而库恩（T. S. Kuhn，1922 – 1996）的"范式"理论等却揭示出，任何科学理论系统作为范式，都与一定科学共同体的价值规范、价值取向以及说明问题的方式等相关。而且，这种所谓的纯粹描述性的事实系统根本不能脱离一定价值因素而建构起来。我们稍后的分析也将表明这一点。

总之，根本不存在绝对、纯粹、独立的描述"事实"或评价"价

---

① 希拉里·普特南：《事实与价值二分法的崩溃》，应奇译，东方出版社，2006，第75页。

② 希拉里·普特南：《事实与价值二分法的崩溃》，应奇译，东方出版社，2006，第43页。

值"的语言符号系统，也不存在关于语言用法的描述性与评价性（规定性）的绝对区分。表达"事实"的语言和表达"价值"的语言的区分只具有相对的意义。当然，这里我们也绝不能走向另一个极端，认为表达事实和价值的语言形式没有什么实质区别，否认表达事实或价值的语言的特殊性。毕竟，表达事实的语言的功能主要在于描述或解释，而表达价值的语言的功能则侧重于评价或规范。明确这一点，既十分必要，也非常重要。

二　事实认知的价值渗透

关于事实的认知，最主要、最典型的是通过"科学"① 来加以把握的。传统的观念认为，事实认知或科学活动是价值中立、道德中立的，这种认识的结果即科学事实或事实判断，也是与价值无涉的。这种观念是正确的吗？如果是不正确的，那么应该如何批判它，以建立事实认知与价值评价之间的联系呢？

1. 从科学的"价值中立说"谈起

科学的"价值中立说"是一种流传甚广、影响甚大的观念。它是以主体与客体、事实与价值、"实然"与"应然"的二元划分为基础的。它指出，科学本质上是一种超越于价值的事业，是一种实事求是、理性地处理感性材料的活动。在进行科学观察、试验、概括、推理、评价与验证的过程中，必须暂时撇开主体的立场、目的、利益、需要、兴趣、情绪、情感等主观偏好，唯一以如实反映对象的客观本质和规律为目的。因此，科学活动本身，它所取得的任何一项具体成果，本身不是价值，而且也不涉及或意味着"好"、"坏"之类价值，而是价值上"中立"或"无涉"的。这种"中立性"正是科学的

---

① 指狭义的科学，包括自然科学和技术科学。

"客观性"与优点之所在，也是科学工作者理智诚实的表现。

应该说，科学的"价值中立说"比较彻底地解决了科学与价值、认知与评价的区分问题。甚至，不少人在其区分问题上，实际上走得太远了。例如，在休谟、康德以来的理性分析传统中，他们认为，科学是关于事实的，价值是关于目的的；科学是追求真理，价值是追求功利；科学是理性的，价值是非理性的；科学是可进行逻辑分析的，价值则无法进行逻辑分析；科学是可以用经验材料加以检验的，价值则无法用经验材料加以检验；等等。暂且不论这种区分的过分之处，无论怎样，对科学与价值、认知与评价加以必要的区分，对具体科学活动是必须的、有益的。科学在于实事求是地反映对象的客观本质和规律，只有面向客观事实，立足于客观事实，而不是立足于个人的立场，不是立足于个人的私利、地位、名誉、偏好等，才有可能真正达到这一目标。在科学研究中，弄虚作假、马虎轻率、主观臆测、专横固执、迷信权威、压制创新、急功近利、好大喜功等都是要不得的。在具体科学活动中，不清除一些价值因素的"污染"，不排除一些主观因素的干扰，就不可能获得客观真实性，获得普遍性的真理。

但是，一些科学的"价值中立说"者认为，科学或事实认知是与价值全然不相干的领域，它只受其内在的发展规律制约；科学家正因为是科学家，所以不能提供价值判断，他只需独立自主地进行探索，而无须考虑或承担社会责任，等等，这些说法却是难以成立、让社会公众接受的。理论的发展和社会历史经验也证明了这种观点的不切实际以及潜在的危害性。

科学毕竟不是抽象、孤立、与人间祸福以及人类生存、自由与全面发展全然不相干的神仙游戏，而是人类社会的一项至关重要、不可或缺的神圣事业。科学既是一种人为的活动，也是一种为人的活动。为科学而科学、为知识而知识，从来就只是一种幻想或幻觉。人们对单纯的"事实"、知识几乎毫无兴趣，甚至对与其生存、生活几乎不相关的"真理"也并不关注，或视而不见。人们观察、搜集事实，是为了更好地理解和认识这个世界；人们加工、处理事实，试图找到其所面临的问题的答案；人们尝试依据科学改造和变革世界，使其更适于自己生存与发展。科学作为人类活动的一种基本方式，深深地植根于人类的根本利益和社会需要之中。我们甚至可以这样说，脱离社会需要，仅仅为着满足科学家的兴趣或少数人的好奇心的科学研究，并不是理想的科学研究；客观的、不带任何价值判断的科学家，并不是理想的科学家。"热爱真理"、"献身真理"并不是科学和科学家与生俱来的天性，而是在长期的科学探索实践中形成的、扎根于人类价值信仰和价值追求的社会品质。

而且，历史与现实也充分说明了，科学确实可以满足人们的价值要求，实现人们的价值目的。一方面，科学是人类认识世界与改造世界的最强有力的手段或工具，这在人类的几乎一切活动领域体现出来。王充关于"人有知学则有力"、培根（Francis Bacon，1561 – 1626）关于"知识就是力量"、马克思关于"科学技术是生产力"、邓小平关于"科学技术是第一生产力"的著名论断，就充分说明了科学的手段或工具价值。另一方面，科学作为人与人类本身的一种特有的生存发展方式，其存在与发展本身就是人与人类生存和发展程度的一个标志。也就是说，科学的发展与人、人类的发展是相联系的，是内在一致的。这也是科学的目的价值。人类之所以需要科学、从事科学、发展科学，正是因为科学具有上述价值的缘故。当然，在现实社会中，科学的价值是与主体密切相关的，是依主体和主体尺度（目的、需要、能力等）不同而不同的。科学的主体是现实的人或社会共同体，科学的现实价值依不同人、不同社会共同体掌握与发展科学的水平和潜力、实现价值的条件和能力等的不同而不同、变化而变化。

总之，必要的、局部和暂时的"中立"，是科学更好地发展并更有力地为人服务的特殊价值。但是，科学的"价值中立说"尽管突出了人类具体科学探索与认识活动以客观性为目标，实事求是反映"事实"本来面目的愿望与要求，却忽略了科学的属人特性，忽略了科学的社会基础，割裂了科学认知活动与价值创造实践作为人的实践方式的统一性。因此，"价值中立说"尽管有其具体的现实意义，但在割裂科学与价值的内在关联、否认科学的价值意蕴上，却是难以成立的。

2. 事实认知活动中价值因素的影响

事实的认知过程并不像人们日常想象或者某些"价值中立"论者所宣称的，是一个自然而然的、完全"超脱"于价值的过程，而是一个渗透着主体的价值意识等主体性因素的影响的过程。这可以从如下几方面予以简要说明。

首先，如前所述，人们对于"单纯"的与人无关的"事实"几乎毫无兴趣。在世界上，从宇观、宏观、介观到微观，从自然界到人类社会，从人的生理到心理，从过去到现在（到未来），存在的"事实"杂乱繁多，无穷无尽，任何人都不可能逐一进行关注。实际上，任何人（包括社会共同体）的时间和能力都是有限的，只可能关注那些与自己有关、自己感兴趣的"事实"。人们之所以认知一定的事实，这是有原因的，服从于人们的价值目的，服从于人们的利益和需要。这正如培里指出的："事实的存在是因为并仅仅因为它们满足了某种意愿或目的的内在需要。"[①] 例如，科学——通过试验、观察与推理——确实能够得到一个真实的、客观的事实判断的无穷系列，而对这些真实的、尽可能完备的"事实"的了解，本身就具有合乎人的目的、为人所需要的性质和意义。所以，从根本上说，科学并不是为着科学本身的，并不是所谓"价值中立"的，科学是一种属人的、社会性的价值活动，服从于人的价值目的，服从于人的价值生活实践。

---

① 冯平主编《现代西方价值哲学经典·经验主义路向》（下册），北京师范大学出版社，2009，第416页。

其次，人们对客观事实的观察、把握与主体的价值实践、价值意识等密切相关。客观存在的事物——无论从广度上还是从深度上说——都是无限的，但是，只有通过价值实践进入主体的视野，并与主体的本质力量相对应的事物，才能成为对象性客体。例如，深埋地下的矿物虽然可能价值连城，但在无人知晓它时，并不是人的现实的对象，而只有被探测、被发掘、被利用时才成为客体。客观存在的客体之现实状况的规定性也是无限的，但这些规定性能否为主体所认知和把握，也与主体和主体的价值意识（如目的、利益、需要、欲望、兴趣、情绪、情感、意志乃至理想、信仰、信念等）密切相关。例如，事实一般是通过观察方式把握的，但观察并不是人们"收集"事实的感官本能活动，不仅仅是单纯视觉意义上的"看"。观察或"看"是主体的一种有目的、有计划、能动性的活动，其中既"渗透着理论"，又避免不了主体及主体性因素的影响，有时甚至难以避免地会产生误差和错觉。众所周知，在很多情况下，我们会对面前的现象"视而不见"、"听而不闻"；在很多情况下，对同一事物，我们也只"看见"那些感兴趣的、有利害关系的方面；对不同的对象，对同一对象不同方面的规定性，我们先观察什么，后观察什么，往往与人们的目的、需要等息息相关；还有的情况下，人们面对观察对象时的各种情感状态，如恐惧、痴迷、爱好、偏见、固执等，都可能会影响到观察活动，如"风声鹤唳，草木皆兵"、"杯弓蛇影"、"一朝被蛇咬，十年怕井绳"；等等。总之，"看"与"看见"并不是一回事。大多数人都有这样的经验，人们在同样的条件下"看"同样的对象，有时"看见"的"事实"却不尽相同，可能大相径庭，甚至可能截然相反！因此，一定的观察活动是具体的、活生生的主体在特定条件下对具体客体的把握，它并不类似于照相机镜头的机械成像过程（甚至照相机镜头也有其特质或"主体性"），而是一个渗透着各种主体性因素（包括价值因素）的能动的创造过程！

　　再次，对通过观察等手段获得的事实材料的加工整理过程，离不开主体的价值评价。认知活动的主体是具体的、现实的人，无论是对事实材料的筛选、认定，还是对其的分析、综合、推理、概括等，还是对认知活动结论的合理性之考察，都与主体的评价相关。这种评价一般包括两个方面。一是"事实评价"，即将事实材料或事实判断等与客观实际情况相对照，考察其可证实性、一致性、真理性等。而正如瓦托夫斯基等人所指出的，诸如可证实性、一致性、真理性等科学规范，正是人类的根本利益在实践活动中的反映，是深刻的人类职责的高度凝练。① 二是"价值评价"，即根据主体的各种价值标准、多方面的价值观念，如美学意义上的简单性原则、和谐性原则，伦理学中的人道主义原则，经济学上的实效性原则等，自觉不自觉地对事实材料进行评价、选择与加工处理。尽管这种评价是一种辅助性的评价（起决定作用的是"事实评价"），但也常常取得意想不到的成功。罗伯特·奥格罗和乔治·斯坦丘在《科学的新故事》中写道："美甚至还向'事实'挑战。""要是某个极其优美的理论碰巧与一组事实不符，那它一定会找到适用于它的别的领域。"② 例如，物理学家理查德·费曼和墨里·盖尔－曼（Murrag Gell－Mann）提出具有"最简单的可能性"的弱相互作用理论时，大胆违背了九项实验结果，然而，错误的居然不是弱相互作用理论，却是被认为具有"客观性"的实验结果。这是至高无上的"美"的胜利！

　　最后，主体的价值信念、价值意识、价值取向等，还能通过主体的能动活动，构造出"理想蓝图"、"宏伟规划"之类，转化为一种物质的或精神的力量。在旷日持久、艰难曲折的认知探索活动中，它

---

　　① 　参见 M. W. 瓦托夫斯基《科学思想的概念基础——科学哲学导论》，范岱年译，求实出版社，1982，第 579~585 页。

　　② 　罗伯特·奥格罗、乔治·斯坦丘：《科学的新故事》，王晓华译，科学普及出版社，1991，第 108、109 页。

通过信仰、信念、理想、情绪、情感、意志等的力量，在探索者身上发挥着积极的或消极的作用。例如，为宏伟理想或目标等所激化起来的积极情绪、情感，会使人精神振奋、充满自信或韧劲，成为认知活动中克服困难、持之以恒的动力。马克思指出："激情、热情是人强烈追求自己的对象的本质力量。"[①] 列宁也说："没有'人的感情'，就从来没有也不可能有人对于真理的**追求**。"[②] 而一个信仰缺失、没有理想、情绪消极、意志薄弱的人，则更易于向遇到的困难低头，特别是在观察比较复杂的对象，从纷乱无序中发现规律，需要持之以恒全身心投入时，则更容易懈怠、走神，更容易气馁、放弃，从而错过把握客观事实的机会。在科学史与社会生活中，这样的实例可谓司空见惯，屡见不鲜。

3. 事实判断的价值负荷

由于事实认知活动是服从于人的价值目的，特别是改造世界之需要的，由于事实认知过程中渗透着主体的价值或评价因素的影响，更由于事实认知活动与价值创造活动在人的现实实践活动中是统一的，因此，人们通过认知活动所获得的一切事实成果，如事实判断、真理等，都内蕴着一定的价值意义，承载着一定的价值要求。

事实判断、真理等作为对客观世界的正确、能动的反映，与一切似是而非的谬说、颠倒黑白的谎言、语无伦次的呓语、虚无缥缈的幻觉乃至仅仅是猜测性的假说等具有本质区别。事实就是事实，谁也不能抹杀；真理就是真理，谁也无权更改。事实和真理是唯一的、客观的，是不以人们的主观意志为转移的，它们表征着世界的真实面目和发展的必然趋势，具有一种非同寻常的"权威"和"权力"。

如果"没有调查就没有发言权"、"事实胜于雄辩"、"没有正确

---

① 马克思：《1844 年经济学哲学手稿》，人民出版社，2014，第 104 页。
② 《列宁全集》第 25 卷，人民出版社，1988，第 117 页。

的理论，就不会有正确的行动"之类成立的话，那么，事实、真理便确实如马斯洛所说，是"有权威的"，具有"要求的品格"。① 而且，事实、真理的"权威"或"要求的品格"具有强制性，是谁也不能随意动摇和剥夺的。它不允许人们随意轻视它，也不允许人们故意忽视它，假装看不见它。历史一再证明，只有遵循事实、真理的"要求"，即按事物的本性和规律办事，才可能取得成功；否则，即便偶有成功，也必将或终将受到惩罚。一部人类坎坷、多难的发展史已经不厌其烦地昭示了这一点。

诚然，对客观世界的了解，即把握事实、发现真理本身，并没有直接告诉我们应该怎么做，但是，当人们为了实现自己的目的而采取一定的行动时，事实、真理却是人们行动的指南。如果人们要通过一定的行动实现自己的特定目的和意图，却对所要"变革"的对象及环境、条件，对自己的能力、拥有的工具等一无所知或知之甚少，那么，行动必然是盲目、鲁莽、随意的，也是很难取得成功的。例如，某地连降暴雨，洪水凶猛来袭，人们自然要组织起来进行抗洪斗争，可是，当事人却对当时当地的降雨状况及趋势，洪水本身的规律，河道、湖泊以及泄洪区的泄洪、储水能力，可以动用的工具设备状况，抗洪人数及组织状况、能力等知之不多或知之不准，那么，在这种情况下采取鲁莽的行动将会是十分危险的，即使不惜代价、"不怕牺牲"也不一定能够成功。古代治水鲧之"堵"败而禹之"导"成的经验就说明了这一点。

更具体地说，事实和真理的"权威"或"要求的品格"可以从如下一些方面体现出来：有些事实判断直接或间接地涉及安全、健

---

① 马斯洛说："事实是有权威的，有要求的品格。它们需要我们；它们可以说'否'或'是'。它们引导我们，向我们提出建议，表明下一步该做什么并引导我们沿着某一方向而不是另一方向前进。"（马斯洛：《人性能达的境界》，林方译，云南人民出版社，1987，第120页。）

康、疾病、有害、有毒、风险等概念，这些事实判断便往往具有一定的"暗示"、"要求"甚至"命令"作用。例如，猛兽突然来袭，危及了人的生命安全，那么就应该立即逃命，或者想方设法奋起抗击；病人患了阑尾炎，阑尾即将穿孔，威胁着人的生命，那么立即手术就几乎是命令。有些事实判断涉及一些角色概念，如母亲、法官、公务员、教师、警察、军人，等等，这些事实判断往往要求其履行相应的角色义务。例如，外族野蛮入侵，国土成片沦丧，百姓饱受欺凌，军人便应挺身而出，保家卫国；犯罪嫌疑人正在谋财害命，十万火急，证据确凿，警察便应立即制止犯罪，将其捉拿归案，法官也应依程序公正判决。还有些事实判断涉及风俗、习惯、约定、协议、常规等，那么常常便应按惯例或"规矩"行事。例如，张三借了李四 100 元钱，那么按照欠债还钱之惯例，张三在借期期满时便应该还钱，不能找理由赖账，等等。新柏拉图学派的代表人物普罗提诺（Plotinus，205 – 270，又译柏罗丁）认为，知识应该能够"决定"相应的行为。如果所掌握的知识不足以"决定"相应的行为，那么，这样的知识就是"僵死的"，缺乏应用的力量。也许有人会反驳说，事实、真理的上述"权威"或"要求的品格"或说价值意蕴，是从隐含的某些前提——例如维护人的生存和发展之类价值原理——推导出来的。但实际上，我们早就回答了这种反驳，即我们并不承认科学或事实（真理）是"价值中立"的，相反，它们在根本意义上是"人为"的和"为人"的，一直服从和服务于人类的根本目的、利益和需要，即一直受着一定的价值原理的规范和引导。

因此，一般而言，当一个人对事实认知、把握得越清楚确切，他就越知道应该怎样做，越是目光坚定，充满信心，即使遭遇困难、挫折甚至危险也义无反顾，反之，则可能找不到前进的方向，犹豫彷徨、无所适从、迷惘失落。可见，对事实、真理的认知、把握状况，实质上是表征人的能力，以及自由与全面发展程度的一个尺度。也正是在这种意义上，与其说自然和社会存在的客观规律是以外在、强制的力量为自己开辟道路的，不如说它在人类历史上是作为被主体认识到的必然性，作为被"把握了的需要"，作为主体认同的规范，而为自己自觉地开辟道路的。人类历史也一再证明了这一点。客观规律愈是内化为主体的规范、主体的本质力量，人们改造世界的社会实践也就愈明确而有力，实践本身就愈能得到进一步的发展。马克思指出："人应该在实践中证明自己思维的真理性，即自己思维的现实性和力量，自己思维的此岸性。"[①] 一个主体（人）得到自由全面发展的时代，必然是一个外部世界能为主体充分掌握、驾驭的时代；而人的最不自由、发展最为缓慢的时代，历史也已经证明了，是人类对外部世界最为蒙昧无知、茫然失措、消极适应的时代。

三 价值评价中的事实认定

正如事实认知活动并不是"价值中立"的，而是渗透着价值因素的一样，价值评价也不是与事实认知决然无关的所谓"非认知意义"的活动。

1. 评价的认知意义与非认知意义

关于价值评价的实质，历史上有所谓认知主义与非认知主义之争。历史悠久的认知主义认为，价值是一种客观的存在，即某种实际存在的实体或属性，它是可以经验地或直觉地加以认知的，这种认知的结果即价值判断，也是可以经验地或直觉地加以证实的，即是有真假、有意义的。而主要兴起于 20 世纪的非认知主义则否认价值现象的客观存在，否认价值判断是对于客观价值现象的认知，认为价值语言、价值判断不过是主体主观的情绪、情感、态度、命令、要求等的

---

① 《马克思恩格斯选集》第 1 卷，人民出版社，2012，第 134 页。

表达，不具有认知性质，它们都既不能通过经验的方法，也不能通过直觉的方法，甚至任何理性的方法加以认知与证实，从而是无所谓真假、没有意义的。当然，无论是认知主义内部还是非认知主义内部，都存在尖锐的观点分歧，都可以分为许多不同的流派，如认知主义主要有自然主义、直觉主义等，非认知主义主要有情感主义、规定主义等。

在关于什么是价值、价值是否客观存在的问题上，我们前面的分析已经表明，认知主义和非认知主义都不能成立。诚然，价值并不如非认知主义所主张的，是完全主观的，但也并非如认知主义所认为的，是某种实际存在的实体或属性，而是客体及其属性等与主体目的、需要之间的一种关系——以主体尺度为尺度的客观关系。

那么，这种客观存在的价值关系到底能否为人所认识、所反映呢？

非认知主义的回答是否定的。这与他们认为价值不过是主观的情绪、情感、态度、命令等的表达，并坚持理性主义的经验证实原则和意义标准有关。非认知主义从其经验证实原则及相关意义标准出发，根本否认价值现象的客观存在。在他们看来，价值这种东西根本不可能获得可检验、可证实的经验材料，价值评价完全是主观的，是因人而异的，不同评价之间也没有什么好争论的；所谓价值判断不过是主体情绪、情感、态度、规定等的表达，是无所谓真假的，是没有意义的"伪判断"、"伪知识"。总之，价值不能为人们理性地加以认识，所谓"价值知识"是不可能存在的。

显然，非认知主义注意到了评价的"主观性"特征，注意到了评价与认知、价值判断与事实判断之间的实质性区别：人们根本不可能像认识摩擦生热一样客观地"情感中立"地评定价值，价值评价必然地与人的情绪、情感、态度相联系，或者与人的行为规范、行为选择相关联。因此，在非认知主义者看来，任何价值评价都是"主观的"，即是受评价主体的情绪、情感、态度等制约的，只具有"情感意义"、"态度意义"、"规定意义"等"非认知意义"。

　　然而，价值作为客体与主体的目的、需要之间的关系，不仅具有主体性（包括主观性），而且具有客观性；人的认识也并不局限于狭隘的经验观察和理性推理，而具有能动性、创造性、社会历史性，从而人的认识常常超越感官经验的局限，超越理性推理的"有效"范围。可见，非认知主义的认知标准是狭隘而片面的。即便是在事实认知领域，经验证实标准也被当代科学哲学的发展成果和科学实践活动所驳斥，因而逻辑实证主义者被迫一再让步与后退（由证实到证伪到确证到……）。因此，尽管价值判断不能诉诸或还原为客观的经验事实，但并不能由此断言价值现象不可认识。

　　认知主义认为，实际存在的价值现象是可以为人所认识的，但它把对价值现象的认识与事实认知同样地看待了。虽然认知主义者也承认价值现象与主体的情绪、情感、态度及行为选择等紧密相关，却把价值视为某种实际存在的实体或其属性，认为对之加以认知时，必须保持"情感中立"的立场，即必须排除主体的情绪、情感、态度、欲望、要求等因素的影响，以获得客观的价值判断；他们认为，价值判断都是描述性的客观知识，甚至那些以"应该"为联结词的规范性判断也是描述性的——它们描述的是人类社会中存在的某些行为规范。由于价值判断不过是对价值现象的客观描述，那么，它当然是可以验证的，是有真假意义的。由此，认知主义者常常把价值评价和事实认知等同起来、混淆起来。

　　认知主义的荒谬之处是显而易见的。它根本不能解释同一对象为什么其价值因人而异、因主体不同而不同这种普遍现象。而且，价值评价尽管可以视为一种描述，即对客观价值现象的描述，但它绝不仅仅是描述，而是同时表达了主体的情绪、情感、态度、要求、规范与命令，因而它同时是一种评价或规范，具有非认知意义、非描述意义。

　　总之，无论是认知主义，还是非认知主义，都只是片面地执其一端。我们认为，价值是一种客观存在的现象，世界上存在由它所构成的"主体性事实"或"价值事实"；对于这种客观的价值现象，是完全可以在人们的头脑中加以认识、反映的。当然，这种认识、反映与事实认知相较存在重要区别：事实认知反映的是客体的本性与规律，它是客体取向的，是以客体尺度为尺度的，追求的是不以人的意志为转移的客观的唯一的"真理"；而价值评价反映的则是因主体不同而不同的主客体之间的价值关系，它是以主体尺度为尺度的，其结果不一定是唯一的，而可能因主体不同而不同、因主体变化而变化，即具有多样性、相对性和动态性。从实践唯物主义的观点看，价值评价作为人们的一种具体的历史的观念活动，既具有认知意义，也具有非认知意义，是认知意义与非认知意义的有机统一。

2.事实认知对价值评价的影响

人们对对象的具体的现实的评价，从来就与对它的认知交织在一起，密不可分。它们的分离或对之的分别探讨，只是在抽象的思维和纯粹的逻辑观念中才有可能。也正因为如此，事实认知就必然对价值评价活动及结果产生影响，具有一定的制约作用。

首先，就价值评价的对象而论，没有对客体和主体的相当程度的认知，就不可能有相应的价值评价。显然，一个人不能对其完全一无所知的对象进行评价。例如，公元前后的中国人不可能对遥远的非洲文明品头论足，现代人也不可能具体地评价或许存在的外星文明。同时，一个对自己一无所知的人，即缺乏自我意识的混沌的人，他甚至不是主体，当然更不可能现实地评价事物（对象）。只有当一个人多少具备了对自我与对象的认知，即具有了自我意识与对象意识之后，他才能成为具有自主意识的主体，并把其活动的对象视为客体。只有在现实的主客体关系中，主体才能对客体是否合乎自己的目的、是否满足自己的需要等进行评价。由于主体（人）的实践活动不断深入、拓展，主体与客体相互作用特别是主体客体化和客体主体化的程度不断增强，因此，一方面，人自身不断得到发展和完善，另一方面，人的对象范围也不断扩大，越来越广泛、越来越多的对象进入了主体价值评价的范围。而众所周知，人的实践、主客体的相互作用，都离不开关于对象与人自身、关于客体与主体的事实认知。

其次，主体对客体的评价是否深入、全面、科学、合理，也与对客体或主体自身的认知是否深入、全面、科学、合理密切相关。有时，事物的本质和规律是深藏不露的，人们常常为表面现象所迷惑，或囿于一时的经验，从而作出轻率、片面的评价。比较典型的，在社会主义革命以及建设初期，某些领导人看到保家卫国、经济建设等都需要人，而忽视人口过多也是经济、社会发展的制约因素，因而轻率地作出了"人多力量大"的评价结论，制定了不够完善的人口政策，造成人口急剧膨胀，从而极大地拖累、迟滞了中国的现代化进程。有时，事物或人被有意无意地伪装着，人们一时难窥其"真实面目"，因而常常评价失当。这正如白居易诗所言："周公恐惧流言日，王莽谦恭未篡时。向使当初身便死，一生真伪复谁知？"有时，对象常常处于运动、变化、发展过程之中，假若对象的实质变了，而主体却不知或者不愿调整评价结论，则其评价将是过时、守旧且僵化的。例如，说中国古代科技在世界上领先是恰当的，而说近代中国科技仍然独步天下，"西方有的中国早就有了"，则明显是一种夜郎自大、自欺欺人的论调，等等。

以上是从关于客体的认知角度来说的。主体的自我认知同样影响到评价的科学性、合理性。例如，一个人对其根本利益、优势需要是否了解以及了解的程度，极大地制约着评价的自觉性与合理性。在历史上，并不缺乏那种认贼作父、认敌为友、助纣为虐、追悔莫及的事例，在生活中，也并不少见冰释前嫌、化敌为友、化干戈为玉帛、幡然悔悟之类情形。再如，人们对自身能力的了解程度也影响着对对象的评价，自视过高者轻视对手，忽视困难，自视过低者又高估对手，产生恐惧、畏难和退缩心理，等等。在这些情况下，主体（人）都很难对客体作出恰当、合理的评价。当然，无论是对客体的认知还是对主体自身的把握都是困难的，特别是"认识自己"更是一个公认的哲学难题。因为在自我认识时，认识主体同时也是被认知的对象，这种主客体自我相关的情况，有可能造成主客体"同构"或互相缠绕，出现类似悖论的死结与难解之谜。也正因为如此，主体的评价（特别是自我评价）常常会出现明显的混乱，出现失衡、片面、偏执等复杂情形。

再次，在事实认知过程中形成的一系列科学方法、思维方式等可以移植到评价活动中来。事实认知活动（特别是通常所谓的科学活动）的成果不仅仅是知识，还有科学精神、科学方法等，甚至科学领域中的某些典型的"主导"学科，还可能导致某种占统治地位、具有普遍意义的思维方式的形成。在历史上，数学中的欧氏几何，物理学中的牛顿力学，都曾推动一系列科学方法的流行，如公理化方法、力学式的分析方法和求因果方法，等等，影响或导致了机械的或形而上学思维方式的形成与盛极一时。例如，斯宾诺莎的伦理学就是用几何学方法构造的一个公理化体系。近代以来，分析性、实证性科学的成功，导致了分析方法、实证方法等在人文学科领域的广泛应用，产生了诸如分析伦理学、分析美学等新兴理论。现代系统科学的影响更是使得系统方法、控制论方法、信息论方法等深入到包括价值评价在内的一切领域，系统思维方式更几乎等同于现代思维方式。

科学方法、思维方式等对价值评价的影响是多方面、多层次的。有时，主体所掌握的科学方法、思维方式能把对象"设定"、"创造"为具有价值意义的客体。如游览风景区时，我们常常有这样的经历：一块（或一堆）平常的石头，一般人并不以为意，可有心人别出心裁地一"看"，却发现了惊人的"美"：那是"日月争辉"，那是"天女散花"，那是"天狗望月"，那是"狮虎争雄"，那是"小儿牧羊"，那是"仙人对弈"……有时，不同思维方式导致主体面对同样的客体信息进行不同的评价整合，如以分析性思维方式为特征的西方人，很难理解中国文化中著名的阴阳八卦的意蕴，也很难领会中国山水画中"空白"的意义，因为他们不具备、不熟悉中国传统的对立统一之综合性思维方式；有时，主体的思维习惯、思维定势常常导致其评价片面、偏执、单一，如被蛇咬过心有余悸的人，恐怕是很难准确地评价朦胧月色中的井绳、管道、枯木之类物件的；等等。不过，移植自然科学或一般认知科学中的方法等到价值评价领域时，应该充分考虑价值和价值评价的特点，避免简单移植，生搬硬套。近代机械的或力学的思维方式、方法简单移植到伦理学等学科中之并不成功，就是明鉴。

最后，在事实认知活动中形成的一系列科学规范、科学精神品质，对价值评价活动具有借鉴甚至指导意义。科学作为人类解决人与自然之间的矛盾，求得生存与自由、全面发展的强有力的实践手段，在人类社会生活中具有重要的地位，对人类具有极其重要的价值。在人们的心目中，科学是一种高尚的事业，是一种最富意义的活动。对不少人来说，科学就是合理性的典范，是价值活动的典型。一种思想、观念、意识、认识、评价等是否"科学"，常常是其是否具有存在价值的标准。因此，在科学的这种光辉下，科学规范、科学精神等要素，几乎对一切人类活动（包括评价活动）都具有现实的借鉴与指导意义。实事求是，这既是重要的科学规范，又是科学精神的核心组成部分；它同时也是价值评价的规范与精神品质：价值既然是一种客观的存在，评价只有如实地反映它才是合理的、"科学"的。再如，价值评价也如科学认知一样，应具有怀疑与批判精神，而不能迷信盲从、人云亦云。毕竟，有些价值规范对他人是有效的工具，对你却可能是无情的枷锁，不加分析地认同、顺从，有可能会使你失去生活的部分或全部意义。又如，价值评价作为人们生活实践的一个环节，也应该如同科学活动一样，推崇自由，崇尚创造，勇于超越，以创造性的态度追求一种最富价值意义的生活。

总之，价值评价与关于事实的认知一样，都是在人们的实践基础上，人们对对象的能动的反映或"认识"。而且，同是作为人对世界的反映或认识，价值评价与事实认知之间具有内在的联系。在人与世界打交道的活动中，正如并不存在纯粹表达事实的语言系统或概念体系一样，也不存在纯粹表达价值的语言系统或概念体系；正如关于事实认知的科学在根本意义上并非"价值中立"的，关于价值评价的理论与实践也不能脱离事实或事实认知活动；而且，人类现实的、历史的、具体的社会实践活动一再证明，事实认知与价值评价并非截然对立的，而是相互关联、相互作用的，它们之间具有内在的一致性或统一性。

四　事实认知与价值评价的双向互动

事实认知与价值评价的主体都是具体的历史的"实际活动着的人"。无论是事实认知对于价值评价的影响，还是价值评价对于事实认知的渗透，都只有通过具体的人及其现实活动才能实现。没有人，离开了人，根本就无所谓事实与价值、认知与评价，更谈不上认知与评价的双向影响与作用了。作为主体的人，往往依据其本性、目的、需要和能力，在现实的活动中对认知与评价加以调节、控制与整合，使其通过一种自然而然的社会历史过程而获得统一，而不是如二分对立论者一样，人为地在思维与逻辑中割裂它们。其实，那些二分对立论者根本说明不了，一个具体的历史的活生生的人（或社会共同体），一个"社会化的"人（或社会共同体），如何能够使自己成为一个分裂的人——一个事实的认知者和一个价值的评价者；他作为一个社会化的人，一种"文化动物"，如何能够"赤身裸体"奔向那事实的

"真"；或者说，他作为一个由知识与科学武装起来的人，如何能够"忘却一切"，而仅仅听从自己的"情绪"、"情感"、"欲望"等的驱使。

特别是，这种在观念或思维世界里听起来头头是道的二分对立学说，一回到具体的历史的生活实践领域，就不再那么"理由充足"了。具体的历史的人的实践，既是主体进行事实认知的基础，也是主体的价值评价的前提，而且也是认知与评价之合理性、真理性的判定标准。进一步地，事实认知与价值评价之间的双向作用，乃至它们的具体的统一，都只有在人们具体的历史的实践活动中才能实现。

具体地，事实认知与价值评价的双向互动，可以从如下几方面加以总结。

首先，事实认知与价值评价互为前提与基础。没有对客体和主体的相当认知，就不可能产生对主客体之间价值关系的评价；而认知又是服从于实践中产生的人的目的与社会需要的，特别是改造世界的需要的，因此，认知与评价作为实践基础上主客体相互作用的两个侧面、两种方式，是不能彼此分离的。

其次，事实认知与价值评价相互影响、相互促进。这可以从两个角度加以说明。其一，价值评价以事实认知为基础。人们对客体与主体的认知愈深愈广，那么就愈有可能建立更丰富复杂的价值关系，从而评价的对象域也就越深越广；人们对客体与主体自身的把握愈全面、准确、深刻、合理，那么，人们的价值评价也就愈恰当、愈合理。其二，人的认知活动是适应社会实践的需要而产生的。恩格斯精辟地指出："社会一旦有技术上的需要，这种需要就会比十所大学更能把科学推向前进。"[1]　而人的评价对这种需要把握得是否准确、合理、及时，会直接对认知活动产生一定的推动或抑制作用。甚至当代

---

[1]　《马克思恩格斯选集》第4卷，人民出版社，2012，第648页。

科学的发展以及对科学的价值的反思，导致了价值评价成为事实认知或科学探索之必要组成部分。例如，在关于遗传学的研究（诸如基因复制与重组、生殖技术等），以及关于核理论的研究中，伦理道德评价就已不再是可有可无的、外在于科学研究的，否则，听凭科学循着"价值中立"、"道德中立"的道路"自主"发展，其后果也许人类根本无法承受。

再次，作为事实认知和价值评价结果的事实判断和价值判断，可以相互转化。当然，这种转化必须通过人和人的实践活动才可能实现。关于这一点（这也是本书的主题），我们将在后面进行比较详细的研究、讨论。

最后，在具体的历史的"变革世界"的实践活动中，事实认知与价值评价可以也应该是统一的。人们的实践活动并不是随意的、盲目的，它受一定的价值目的（即实践目的）的导引；而实践要达到目的、获得成功，一方面必须正确把握对象（客体）的本质与发展规律，以及实践者（主体）自身的真实状况与能力，做到"知己自彼"；另一方面，又必须依据自己的根本目的、利益和需要，制订和选择正确的行动方案，并以即时的价值评价为基础，实现全过程的优化决策与优化管理。可见，无论是事实认知还是价值评价，都可以看作现实的实践活动之内在环节、内在方面。它们在人们的实践活动过程中互相补充、互相促进、相辅相成，贯穿于整个实践活动过程。就此而言，人们的具体的历史的实践活动过程，也就是事实认知与价值评价的具体的历史的统一过程。

第六章

事实判断与价值判断

事实判断和价值判断是主体认识、反映客观事实与价值现象所作的断定。如何建立事实判断与价值判断之间的联系，架设沟通事实判断与价值判断的桥梁，正是休谟问题所直接要求回答的。因此，我们有必要对事实判断与价值判断作一些讨论。

由于在逻辑学、哲学乃至自然科学中，关于事实判断的含义、性质、结构、分类以及意义等都进行过极为详尽的研究，并有比较成熟的研究成果，所以，这里不多着墨讨论事实判断，而主要对照事实判断来考察价值判断及其结构、分类与意义，以期弄清它们之间的区别与联系，为讨论事实判断如何过渡到价值判断作准备。当然，限于篇幅，这一讨论也只能是概略的、有针对性的。

一 关于"是"与"应该"

语言分析哲学既不一般地讨论价值现象，也并不怎么关心价值生活实践，而主要是对特定情景中的语言用法进行分析。应该说，这种分析还是极有意义的，至少，它可以澄清我们语言表达与理解中的诸多模糊不清、混乱与误解。在哲学传统中，"是—应该"问题恰恰就是一个含义模糊、理解混乱的问题。因此，在这里，我们有必要对"是"与"应该"进行一番逻辑与哲学分析。

1. 关于"是"的逻辑哲学分析

"是"的用法是多种多样的。无论在汉语还是在印欧语系中，它既可用作名词（being），如"明辨是非"；又可用作动词（be），如"是古非今"；还可用作其他词，如"是可忍，孰不可忍"（代词）；等等。我们这里所要分析的"是"，用作动词，在句子中连接主词和谓词，构成"S 是 P"形式的命题，即"主—系—表"结构中的"是"。由于"是"的多义性、含混性，这种分析对我们明确"是—应该"问题是基本而重要的。

在印欧语系中，系词"是"可以与主词一起构成句子，如"God is"（上帝存在），或"I think therefore I am"（我思故我在）。在这里，"是"（be）表示"存在"之意。在汉语中，"是"一般不单独作谓语与主词构成句子，但同样也可以表达"存在"之意，如"山那边是一条河"，"这儿到处都是梧桐树"，等等。

"是"更多的时候是用作系词，连接主词和谓词，构成"S 是 P"形式的命题。这里大致有两种情况，一种是"是"表示主词和谓词的外延关系，如"北京是中华人民共和国的首都"（同一关系），"人是动物"（属种关系），等等。一种是从内涵角度表示主词和谓词的关系，如"大辟是中国隋朝前对死刑的统称"，"商品是用来交换的劳动产品"，"宗教是人民的鸦片"，等等。

当然，"是"还有许多其他用法，有时表示主词和谓词的相似关系，如"教师是辛勤的园丁"；有时候其意义要根据语境加以语用分析，如有人在大师的杰作前感叹"大师就是大师"，这一句子貌似同语反复，其实含义极为丰富；而根据个别一般理论，系词"是"表示

"个别就是一般"，这里包含有辩证法的意义。①

　　以上关于"是"的用法之分析，表达的都是事实判断。然而，是否"是"只能表达事实判断呢？

　　回答是否定的。实际上，在关于"是"的各种理论和用法中，除了"存在"之意一般只适合用来表达事实判断之外，其他几乎所有用法都既可表达事实判断，又可表达价值判断，即表达主体对一定价值关系的评价。例如，在"S 是 P"这种形式的判断中，"诚实与宽容是美德"，"崇高也是一种美"，这里的"是"表示主词与谓词的外延关系；"战争是一种集体和有组织地互相使用暴力的行为"，"吸毒是采取一定方式，反复大量地使用一些具有依赖性潜力的物质的有害行为"，这里的"是"表示主词与谓词的内涵关系；等等。

　　特别是，我们在表达对某一价值关系的评价时，大多采用"S 是 P"这种结构的语句，只是有时出于语言表达的习惯，或者为了表达的简洁，常常省略了语句中的"是"，或者用相近的表达代替之。例如，"桂林山水甲天下"、"生活就像一首歌"、"人生如梦"、"那个人简直禽兽不如"、"美国实在太霸道了"、"当今的国际秩序简直一团糟"，等等。这一点也与"是"在事实判断中可以省略或替代一样，没有什么本质区别。

　　甚至我们表达一定的道德、法律、政治规范时，有时也会用到"是"。例如，"在法庭上，作伪证是不允许的"，"这个公园里是禁止捕鸟的"，"救命是不应该先索救命钱的"，等等。这种表达虽然可能有替代方式，但仍然比较常见，并且符合语法或语言表达的习惯。

　　由上述分析可见，"是"判断所表达的并不一定都是事实判断，"是—应该"问题的含混与歧义，由此也可见一斑。

---

　　① 关于"是"的更详尽分析，可参见陈波《"是"的逻辑哲学分析》，《中国社会科学》1993 年第 1 期。

不过，还应该指出的是，尽管"是"既可表达事实判断，又可表达价值判断，但这并不是说事实判断和价值判断没有实质区别，而仅仅说明，其区别不在于是否由"是"来表达。

2. 关于"应该"的哲学分析

在价值生活实践中，"应该"是一个常见的概念，也是一个最富价值意蕴的概念。当然，"应该"也是一个布满陷阱、令人疑窦丛生的概念，必须进行细致的逻辑与语言分析。

（1）"应该"的价值意义

"应该"是一个多义词，具有丰富的语义内涵、多种不同的用法。归纳起来，典型的有如下两种。

①"应该"有时指事物发展的一种客观必然性或必然趋势。例如，"摩擦应该生热嘛"，"一切生命都应该有一个从生到死的过程"。有时，"应该"是对现实情况的一种陈述，如"现在应该是晚上十一点了"，（面对中国地图）"天津应该在北京的东面"。

此类表达仅仅涉及事实世界的情况，明显地与人的价值评价和行为规范无关，因而它们并不具有价值意义，并不表达价值判断。

②"应该"指关于人的行为等的规范、约束和命令。例如，（足球比赛中）"守门员在禁区外禁止（不应该）用手触球"、"应该赡养父母"、"所有公民都应该依法纳税"，等等。在这种情况下，对"应该"之意及其否定的语言表达显然有多种方式，如"应该"、"不应该"、"禁止"、"允许"、"不允许"，等等。当然，它们在语义上存在一些区别。①

此类表达则是关于人的行为规范的。然而，是否具有此种形式的语言表达式都具有价值意义、都表达价值判断呢？

在这里，我们不妨对②的上述例句进行分析。（A）"守门员在禁

---

① 其区别可参见规范逻辑的相关内容。

区外禁止用手触球"和（B）"应该赡养父母"，是否具有相同的性质呢？回答显然是否定的，至少是需要分析的。在（A）足球比赛中，守门员出了禁区，便只能与其他球员一样用手之外的部位踢球，这是足球运动的规则所要求的，规则便是这一行为的充足理由，而且不存在反例或特例。而（B）"应该赡养父母"则有些不一样，尽管不赡养父母是不道德的，但是，如果一个人在特殊情况下，例如在即将成为亡国奴时，抛却年迈的父母而走上保卫祖国的前线，这却是一种可能的价值选择。又如"应该救死扶伤"，若一位垂垂老者和一位儿童同时受了重伤，而救护力量实在有限，只能抢救其中一个，那么先救"更有未来"的儿童往往被认为是应该的。可见，这里"应该"规范并不是行为的充足理由，它有时还涉及主体的价值比较和选择，或者说是以价值评价为基础的。于是，②中的例句之间便出现了差别：（B）与人的价值评价密切相关，我们甚至可以这样表述它："你应该如此行为，因为如此行为是好的。"如果现实生活中如此行为之"好"出现了冲突（如赡养父母与保家卫国），则这一规范是可以依特定评价而加以变通的。（A）则只是说"你应该如此行为，因为这是规则所要求的"，这里涉及的仅仅是技术性规则，而与好或坏之类价值评价并没有直接关系。当然，规则本身也有是否合理和完善的问题，以及对于比赛的利弊问题，并常常根据比赛的需要进行调整。但是，这已经是另一个层次的问题了。

综上所述，表达价值意义的"应该"至少需满足以下两点要求：①它是关于人的行为的；②与人的价值评价直接相关。当然，在具体语境中，依"应该"的不同具体用法，它与这两点要求的联系也并不一样。例如，当"应该"的主词（如代词）不同时，其具体内涵并不一样："我应该"——表示决定，"你应该"——表示规劝、命令，"他应该"——表示评价；当"应该"的时态不同时，现在时的"我应该"表示决定，过去时的"我本来应该"则表示评价，等等。在上述"应该"的每一种具体含义上，其满足上述两点要求的情况均有差别，如表示规劝、命令的"你应该"是建立在评价基础上的规范或规范的具体应用，而"他应该"则是直接的或者根据规范作出的价值评价。

（2）应该与规范

价值意义上的"应该"，其主要与典型的功能是表达规范，是对人的行为的约束、责成或命令。实质上，这种规范是某种"想象中的价值"或"理想中的价值"的表达。在规范中，"应该是什么"与"是什么"紧密交织在一起，"是什么"说明规范是以一定的现实环境、条件等为前提的，而"应该是什么"则表达了主体的根本目的、利益、需要与愿望等。具体地，这可以从如下两方面加以说明。

一方面，客体、现实的状况以可能或不可能之类的条件方式，制约甚至决定着主体认为应该还是不应该以及相应的程度和界限。客体及环境所提供的各种可能性或不可能性，是主体的现实活动的客观必然性前提，也是确立什么样的规范，包括规范变革、变迁、发展的现实前提。例如，在汽车尚未问世时，就不可能制定"不应该（禁止）超速行驶"、"禁止酒后驾车"之类规范；对于单身汉们，"不应该轻率离婚"，在互联网尚未诞生时，"禁止通过网络发送垃圾邮件"，等等，都没有实际意义。"应该"方式表达的规范必须是现实的、具体的，脱离了时代的背景和生活的土壤，一定的规范便会显得滑稽可笑，甚至令人莫名其妙。

另一方面，主体的根本目的、利益、需要和理想、信仰、愿望等，是主体"应该"或"不应该"的内在根由。一般说来，与主体的目的、利益、需要、愿望等相一致的，才被主体视为"应该"的；而与主体的目的、利益、需要、愿望等相冲突、相排斥的，则往往被主体视为"不应该"的。当然，这本身也与主体的素质、能力以及主体意识等要素相关，因为对主体的目的、利益、需要等的意识与把握并非显而易见的事，甚至有时意识到了，也难以接受或履行相应的规范。例如，有的人明知吸毒有损健康，破坏家庭，并导致大量经济和社会问题，但仍然长期沉溺其中，难以自拔，甚至自我放纵，乐此不疲。也正因为如此，规范才需要树立"权威"，并立足自我，不断地自我反思、批判、调整与重构。

总的来说，规范是在一定环境、条件下，围绕一定对象，对人们的根本目的、利益、需要、愿望等的反映。它是在人们的具体的历史的生活实践中形成的，旨在约束、调节人的行为，维护一定的社会秩序。它不是固定、僵死的，而明显地指向未来，超越了现实而着眼于"理想"，体现着人们提升自己、建设美好社会的理想追求。

（3）"应该"与"能够"

人们的价值追求和理想是与其能力密切相关的。康德在《实践理性批判》中提出了一条"公设"："人们**能够**做某事，如果某事已经被要求，**应当**做此事。"① 这就是说，凡是应该做的都是能够做的，即"应该 A 蕴涵（或推出）能够 A"。这一命题被称作"康德原理"。——顺便提一下，有人把这一原理理解为"应该＝能够"，这是不符合康德的原意的，因为康德并未主张"如果我们能行某事，那么我们就该行某事"。如果按此规范行事，明显是极为荒谬的。

那么，"康德原理"是否成立呢？实际上，在哲学界乃至逻辑学界都有不同的意见。

我们以为，关于这一命题的理解，最根本的取决于如何理解"能够"一词。"能够"显然可以有多种意义。①逻辑的可能性。这一概念涉及可能世界理论，即在一个可能世界——一个不自相矛盾的世界，现实世界只不过是实现了的可能世界——中，一切可能做的。显然，对"能够"的这种理解是非常宽泛的。例如，一个与现实世界唯

---

① 康德：《实践理性批判》，韩水法译，商务印书馆，1999，第 31 页。

一不同之处只在于"没有私有财产"的可能世界，其中"个人所得应该全部上缴集体"就是能够做到的，而这样的逻辑可能性，在我们生活的现实世界并不适用，并无可能。②个人的可能性。这是指，凡是一个人应该做的，都是其力所能及的。这种理解虽然在不少场合是适合的，但是太狭隘了。在很多时候，一个人应该做他没有能力做的事。例如，一个人借了一笔巨款，借期已到，可现在他一贫如洗，但根据双方订立的契约，他仍然应该还钱；一位职员乘公共汽车上班途中堵车了，且没有什么其他办法可想，但根据劳动纪律，他仍然应该按时上班；等等。③经验和技术的可能性。这是指根据人类过去积累的经验（如符合自然规律与社会规律），充分考虑到技术的发达程度，具有可行性的行为。从以上"能够"的三种用法而论，在现实生活中，我们似乎主要是在③（即经验和技术的可能性）的意义上使用"能够"一词的，当然，有时也会考虑②（即个人的可能性）。因为，毕竟价值思考与行为都是实践的，在很多场合都不能脱离个人的或具体的可能性。

因此，在上述"能够"的意义上，"应该"规范实际上就既是针对个人的，或者某一具体的社会共同体的，又可能在某些方面高于具体的个人（或社会共同体）的能力。一个合理的"应该"规范，它既不脱离具体的环境和主体的实际，又具有一定的超越性，对主体提出了更高的要求，表征着主体的目的、理想和愿望，从而使"应该"的不断实现为"能够"的；同时，在新的"能够"基础上提出更远大的"应该"，从而促使人与社会不断地得以提升，获得更加自由全面的发展。

（4）"应该"与"好"

"好"的最主要功能是表示评价，但有时也具有规范性意义，特别是当人的行为只有做与不做两种选择时，这种规范意义就更为明显。例如，"奢侈腐化是不好的"、"坚贞不屈是好的"，就具有要求人们勤俭节约（不奢侈腐化）、不叛变投敌的规劝、约束意义。"好"所蕴含的这种规范意义，正是"好"（评价）成为"应该"（规范）的基础的理由。

"应该"的最主要功能是表示规范，但也常用来表示评价。例如，"你在教室里吸烟，太不应该了"，"你早就应该把钱还给他了"，"即使是警察，也应该遵守交通规则"，等等，都是表示评价。当然，这种评价大多是根据一定的规范性原则，来对自己和他人的具体行为进行评价。例如，上述吸烟的例子就是根据"禁止在公共场合吸烟"等价值原则，批评"你"在教室里吸烟的违规行为。

在这里，我们主要讨论表示评价的"好"与表示规范的"应该"之间的关系。

一般而论，"应该"的都被认为是"好"的或有正价值的。当然，在历史与现实中，不少"应该"，如封建社会的"臣民应该效忠皇帝"、"妇女应该遵守三从四德"，等等，在民主社会的公民们看来，显然称不上"好"。这类"应该"都是对人的自由、权利的干涉，是对人一定意义上的压迫，是完全不合理的要求。它们对于相应主体，并非真正的"应该"。

或许有人还会列举"公务员应该廉洁自律"、"公民应该依法纳税"之类规范。"公务员廉洁自律"与"公民依法纳税"虽然是"应该"的，但都是一些基本的义务，算不上"好"。这一看法虽有一定道理，却是过于挑剔、不切实际的意见。一方面，在一个公务员并不普遍廉洁，公民存在大量的偷税漏税行为的社会中，廉洁对于公务员、依法纳税对于公民，还是称得上"好"的行为；另一方面，如果公务员不廉洁，公民不依法纳税，却是无可争议的"坏"。由于在"廉洁"与"不廉洁"、"依法纳税"与"不依法纳税"之间并不存在中间状态，相对于这个"坏"，"好"的判定还是成立的。

如果说"应该"的都应是"好"的，那么，"好"的或有价值的，却并不一定是"应该"的。例如，"非义务劳动不取报酬"是"好"的，但并不是"应该"的；"未成年人见义勇为、舍己救人"是高尚的，但考虑到未成年人面临的风险，似更不宜用"应该"方式加以提倡。"应该"是对人的行为的一种普遍性规范，它只适用于那些基本的"好"，而不适用于那些高于或脱离现实、超出大多数人能力的"好"。

与"好"与"应该"相对的"坏"与"不应该"之间亦不等值。尽管"坏"的往往都是"不应该"的，是应当禁止的，但"不应该"的则不一定就是"坏"的。例如，"从你的身体状况考虑，你不应该每天工作 15 小时"，"你的经济状况也不宽裕，不应该收养那么多孤儿"，这类"不应该"都算不上"坏"。甚至，有时还可能出现这种情况，即必须在两个恶行中择一，那么，"择其恶小而为之"即为"应该"，而不是"不应该"。

更具体地，道德之"善"与道德之"应该"，道德之"恶"与道德之"不应该"之间，亦不等值。例如，在道德上"恶"的东西，如果放到全部社会历史中进行分析，也具有一定的"应该性"。正如同马克思、恩格斯分析过的，"人的恶劣的情欲——贪欲和权势欲成了历史发展的杠杆",[①] 它们在原始社会向奴隶制的转变以及奴隶制文明的创造中发挥过历史性作用；而人与人之间"赤裸裸的利害关系"和"冷酷无情的'现金交易'"，以及"公开的、无耻的、直接的、露骨的剥削"，也导致资本主义创造了空前发达的生产力。[②] 可见，从社会历史的角度看，"恶"并不一定就是价值意义上的"不应该"。恩格斯引用的黑格尔的一段话值得我们玩味："有人以为，当他说人本性是善的这句话时，是说出了一种很伟大的思想；但是他忘记了，

---

① 《马克思恩格斯选集》第 4 卷，人民出版社，2012，第 244 页。
② 参见《马克思恩格斯选集》第 1 卷，人民出版社，2012，第 403 页。

当人们说人本性是恶的这句话时，是说出了一种更伟大得多的思想。"① 既然"恶"在历史上具有促进社会进步的作用，那么，又怎能简单地等同于"不应该"呢？就像马克思所赞同的歌德的名句："既然痛苦是快乐的源泉，那又何必因痛苦而伤心？"

由上可见，"好"、"坏"与"应该"、"不应该"是既互相联系但又并不等值的范畴，对它们的关系需要作具体的、全面的分析。任何武断的、笼统的、教条式的、情绪化的说法都没有意义。而具体地、全面地看，"好"与"应该"的区别可以归纳如下。

首先，"应该"总是与人的行为有关，而"好"则不一定。"好"适用的范围更为宽泛，几乎人类的一切物质、精神的领域，一切静的和动的存在，都可以用"好"或"坏"进行评价。而"应该"却总是关乎人的行为、人的活动的，是对人的自由的一种限制或约束。例如，一朵花在我看来是美的，但不能说"这朵花应该是美的"；一张桌子坚固、结实、耐用、美观，也不能说"它应该是一张好桌子"。而诚实这种品行是好的，说"某人应该诚实"则是恰当的。

其次，"应该"含有"能够"之意，而"好"则不具有这一意义。相对于"好"，"应该"的总是基本一些。只有那些基本的、必要的"好"才用"应该"去规范、去要求。甚至，有些"好"是人们不能靠意志力获得的，至少不能直接地、现时地靠意志力获得。例如，"中国每年不发生任何自然灾害就好了"，"制造没有任何污染的汽车是好的"，这一切都很好，却是迄今为止所不能之事。

再次，"应该"包含命令，而"好"则无此意义。诚然，人们应该做"好"事而不做"坏"事，但是，一个人既没有义务做他自己认为"好"的所有事情，更没有义务做他人或社会认为"好"的所有事情。一个人说"X 是好的"，仅仅表达其对之的评价，而没有承

---

① 《马克思恩格斯选集》第 4 卷，人民出版社，2012，第 244 页。

诺更没有规定自己去做 X。在"好"与做好的事情之间，还需要其他的条件和理由。而说"你应该做 X"，则表达了一种规定、一种责成，含有命令的意味。正是在这一意义上，赫尔认为，以"应该"为基本概念表达的伦理判断都是规定或命令判断。

此外，"好"是有程度区分的，而"应该"则一般没有程度之分，而只存在不同"应该"规范之间的比较、选择。当然，这种比较、选择也只能诉诸主体的评价才能解决。

总之，"好"与"应该"是密切相关却并不完全等值的哲学范畴。"好"是"应该"的基础。只有那些与人的行为相关、对主体来说基本而必要的"好"，才需要用"应该"去规范、约束、命令和责成。当然，如此一来，"应该"也强化了"好"，令"好"不断成为现实、得以提升（变得更好）。于是，"好"与"应该"便进入了一个良性、正向的循环。

二 价值判断的分类与意义

主体对主客体之间价值关系的反映和评价具有多种层次与水平，如本能的生理反应式评价、心理水平的评价、理论和观念水平的评价，以及实践或活动水平的评价。[1] 价值判断是理论和观念水平的评价的一种主要表现形式，是主体根据一定评价标准，对一定客体与自身之间客观的价值关系的认定。

那么，在现实价值活动中，我们怎么把握价值判断呢？下面将对此进行分析。

1. 价值词与价值判断

一般说来，价值词是价值判断必要的也是关键的组成部分。要弄

---

① 参见李德顺《价值论》，中国人民大学出版社，1987，第 246～248 页。

清价值判断，必须先弄清价值词。

什么是价值词呢？概要地说，就是表达或指称客体对主体的价值关系的词或术语。价值词典型地通过自然语言中的形容词或副词，如好与坏、善与恶、美与丑、得与失、荣与辱、利与害等，以及表达规范的词，如应该、不应该、禁止、允许、不允许、应当、正当等表示。这类形容词或副词一般还有程度区别，如较好、好、很好（非常好）、好极了，等等，这种程度的区别体现了主体评价态度的具体差别。

上述这类典型的价值词在价值表达或价值判断中所占比例甚大。但是，如果认为只有这类词才是价值词，则是一个误解。在具体的语言表达中，价值词的外延是相当宽泛的。赫尔认为，在我们的语言中，几乎每一个词都可用作价值词。若考虑到每一个词的语义都具有开放性，每一个词都可有多种用法，这一观点无疑是中肯的。

从自然语言的角度考虑，语词与价值词的关系是极为复杂且多层次的。

首先，语词与价值词并不是一一对应的。在一些人看来，有些语词是恒常地作为价值词来使用的，如上面提到的"好"、"应该"等，但实际上，它们并不"恒常"，如"好是坏的反义词"，其中"好"、"坏"就都不是在价值意义上使用的。有些语词尽管大部分时候是在非价值意义上使用的，但在具体的语境与用法中，也可能表达价值意义。维特根斯坦在《哲学研究》中指出，"一个字词的意义是它在语言中的用法"①，这一论断对价值词的分析也是适用的。例如，在"'1＋1＝2'是对的"这一陈述中，"对"是一个非价值词；而在"他不出卖朋友是对的"中，"对"则是一个价值词，表示首肯、赞赏和鼓励。再如，一般说来，"张三到过南极"这一陈述是一个非价

---

① 维特根斯坦：《哲学研究》，汤潮、范光棣译，三联书店，1992，第31页。

值判断，但是，假若李四对冰雪覆盖、风光旖旎的南极心向往之，充满羡慕甚至嫉妒地说："张三到过**南极**！"这时加重了语气的"南极"实际上就是一个价值词。甚至自然语言中的某些虚词，如感叹词等，也可以作为价值词来使用。例如，"呸！"、"哼！"、"啊！"、"哇！"就常常被人用来表达厌恶、鄙弃、不屑、叹息、惊诧、赞美等价值评价。

其次，同一个表达价值意义的词，在不同语境中可能表达不同的价值意义。赫尔曾经正确地指出，价值词有道德的用法，也有非道德的用法，只有用于道德语境时，它才具有道德意义。确实，在日常语言表达或交际中，同一个词的意蕴可能很丰富，存在多种多样的解读可能性。例如，在"这是一本好书"、"助人为乐好"等语句中，"好"的价值意义就很不一样。

再次，不同的语词可能表达基本相同的价值意义。例如，面对一处风景，人们感叹说"太美了"、"太棒了"、"太妙了"、"真神了"、"真不愧人间胜境"、"真是大自然的杰作"，等等，就可能表达的是大致相同的含义。自然语言的丰富性，以及表达的多样性，为这一点提供了极大的可能性。

总之，一个语词是否为价值词，关键看主体在什么语境中如何使用它。这尽管给我们识别价值词或价值判断带来了困难，却是一个基本事实，是我们进行分析时唯一可能的出发点。

关于价值词还应该指出的是，价值词或价值概念并不像艾耶尔等情感主义者所宣称的那样，只是一些没有指称对象的"妄概念"、"伪概念"。艾耶尔说："并非真实存在的实体是由迷信引起的……即对于每一个在句子中能够成为语法上的主语的字或短语而言，在某些地方必须有真实的相应的实体。"[①] 而艾耶尔等人认为，价值概念的对象并

---

① 艾耶尔：《语言、真理与逻辑》，尹大贻译，上海译文出版社，1981，第43页。

不是经验的、可观察的实体及其性质，价值术语不能翻译为经验术语，而只不过是情绪、情感或态度等的记号或标志，因而，不过是"妄概念"、"伪概念"，不能充当判断的谓词。

我们以为，情感主义者的观点是站不住脚的。首先，价值词或价值概念并不是没有任何实质性的指称或"标示"。当然，它指称或"标示"的并不是某个实体及其性质，而是主客体之间客观存在的价值关系。其次，价值词或价值概念指称或"标示"的东西并非没有意义，只不过这里的意义不是那种狭义的经验证实意义。"你偷钱是不正当的"除了陈述"你偷钱"这一事实外，"不正当的"并非如艾耶尔所说，"对那个句子的实际意义没有增加任何东西"[1]，而至少还表达了诸如"你偷钱"不符合相应主体（如他人或社会）的利益与需要，造成了对他人或社会的损害之类事实。再次，价值词或价值概念的作用与地位不能简单地用事实性概念代替，价值现象也是客观的，而且，价值现象的存在是一种特殊事实（主体性事实），对这一领域的指称与表达并不能完全诉诸事实性概念，而必须通过相应的价值词来表达。在现实生活中，价值词和价值语言很发达、很丰富，历史也很悠久，人们根本无法离开价值词表达思想、指导行为，在交流中人们也未觉得存在什么不可克服的障碍。可见，情感主义者关于价值词是"妄概念"、"伪概念"之类的观点，既在理论上不能成立，又是无视现实的。

至此，我们对价值词有了一个大致的了解。但是，价值词与价值陈述（判断）的关系到底如何呢？为了弄清这一问题，我们先来看如下例子：

①吸烟易导致肺癌。

②吸烟是不良习惯。

---

① 艾耶尔：《语言、真理与逻辑》，尹大贻译，上海译文出版社，1981，第122页。

在①中，"易导致肺癌"只是对"吸烟"后果的一种事实性描述，在对"肺癌"不做价值判断的情况下，这一陈述中没有价值词，因而①不是价值判断。②的结构与①相似，但在②中，"不良习惯"却是主体对"吸烟"的价值评价，因而"不良习惯"是价值词，②因此是一个价值判断。至此，我们可以说，只有包含价值词的判断才是价值判断。当然，如前所述，一个语词（或短语）是否为一个价值词，要视其语境和具体用法而定，因而生活实践中价值判断的判定比理论上要复杂得多、困难得多。

那么，是否所有包含价值词的判断都是价值判断呢？我们再来看下面的例子。

③X 以为吸烟是不良习惯。

这一陈述的谓项是"吸烟是不良习惯"。尽管"不良习惯"是价值词，但它是谓述"吸烟"而不是谓述 X 的，因而这一陈述实际上是一个描述 X 的事实状况的事实判断。这一判断与②的区别主要在价值词是否直接谓述主词上。换句话说，只有当价值词是直接谓述主词，即直接表达主体对主客体之间的价值关系的评价时，一个判断才是价值判断。

综上所述，价值判断也就是满足以下两个条件的判断：其一，含有至少一个价值词；其二，价值词直接谓述主词，即直接表达主体对主客体之间的价值关系的评价。

2. 评价与规范

评价、规范是两种基本的价值活动，也是相互关联的两种价值意识。若要弄清楚价值判断，必须弄清楚评价与规范之间的关系。

（1）问题的缘起

评价与规范的关系问题是一个既基本又古老的价值问题。说其基本，是因为评价与规范是价值认识的两种重要方式；说其古老，是因为在价值论的典型应用科学——伦理学——中，这一问题通过"善"

与"应该"的关系的长期争论，贯穿了整个伦理学史。依据对"善"与"应该"的不同侧重，伦理学的研究实际上一直存在两种不同的考察问题的方式："伦理学时而被看作对真正的道德法则或行为的合理准则的一种研究，时而又被看作对人类合理行为的终极目的——即人的善或'真正的善'——的本质及获得此种终极目的的方法的一种研究。"① 这两种不同的研究方式导致了伦理学史上悠久而影响深远的目的论与义务论之争，其高潮当推 20 世纪那场持续了半个世纪的激烈交锋。由于 20 世纪分析哲学盛行，这场争论便主要集中在"善"、"正当"、"应该"等基本概念的分析，以及它们在伦理学中的地位上。也就是说，集中在如下一个问题之上：到底"善"是不可分析、不可定义的最基本范畴，而其他一切范畴（如"应该"等）都可以以之为根据加以定义和推导，还是"应该"是不可分析、不可定义的最基本范畴，而其他一切范畴（如"善"等）须以之为根据加以定义和推导。

众所周知，这场争论并无结果，也没有真正解决问题。理由显而易见，语言或逻辑分析方法尽管有助于理解与澄清问题，但并不是彻底解决问题的方式，就如同有人批判分析哲学"只看病，不开药方"一样。但是，它给人的启迪却是深刻的。其一，要解决问题，必先弄清问题的实质之所在。在这一点上，这场争论把目的论和义务论之争的问题具体化为"善"与"应该"等基本概念之间的关系，是有意义的，它令问题更具可操作性。其二，伦理或价值之类问题实际上是实践问题，它们的解决不能简单诉诸语言或概念分析，甚至也不是囿于理论范围可以解决的，而必须从人们的现实生活出发，寻求解决的具体方法或途径。

---

① 亨利·西季威克：《伦理学方法》，廖申白译，中国社会科学出版社，1993，第 26 页。

因此，下面我们将立足历史文化传统与现实生活实践，从"实际活动着的人"及其生活实践出发，扼要地考察评价与规范的关系问题。

（2）评价是规范的基础

俗话说，"没有规矩不成方圆"。对一个文明社会来说，一定的规范是必要的限制，对维护人的最终目的和根本利益具有重要意义。一些心理学家、教育学家相信，只要通过恰当的教育，人就能成为遵守规范的人，即具有良好品质的人——如果规范是"好"的规范的话。而由这样的人构成的社会，就是一个文明社会。

但是，对一个真正具有怀疑精神的健全主体来说，规范是需要理由的，是需要论证的。在面临一定的问题情境时，我们时时刻刻都可以反思："是否应该……"即是否我们认可或接受"应该如此"；或者面对现有的规范，我们也总是可以追问："为什么应该……"这实际上等值于是否或者为什么"如此行为是好的"。也就是说，任何规范都是需要评价的，需要通过评价予以合理性论证，从而问题也就变成了：规范为什么要以评价为基础？

规范的表面现象，是被规范的对象（人）失去一定的自由。而自由是价值的基础与前提，如果一个人没有自由，那么他就无法对自己的选择和行为负责。相对于不自由状态，自由甚至本身就是一种价值。那么，在一定社会中，人们为什么愿意交出一定的自由，接受一定的具有约束力的规范呢？

这主要是因为，人是一种"类存在物"、社会存在物，"**人的本质是人的真正的社会联系**"①，"是一切社会关系的总和"②。爱因斯坦指出："对于个人来说，'社会'这个抽象概念意味着他对同时代人以及

---

① 《马克思恩格斯全集》第 42 卷，人民出版社，1979，第 24 页。
② 《马克思恩格斯选集》第 1 卷，人民出版社，2012，第 135。

以前所有各代人的直接关系和间接关系的总和。……通过过去和现在亿万人的劳动和成就，他的生活才有可能，而这亿万人全都隐藏在'社会'这两个小小字眼的背后。"① 这即是说，任何人都是"社会的人"，没有人"在社会之外"。如果离开了他人与社会，一个人既不可能"产生"，也不可能维持生存、求得发展，并创造价值。而且，一个人的利益和需要虽然具有其自身的特点，但也具有明显的时代性和社会性，无论是利益与需要本身，还是利益的维护、需要的满足，都与他人及其活动紧密相连。例如，历史与现实一再证明，快乐的人常常周围欢声笑语，不快乐的人则容易传染坏情绪，容易造成周围环境沉闷、恼人；幸福的人更倾向于给他人带来幸福，不幸的人常常更倾向于不满、仇视他人甚至害人；爱好自由的人更懂得尊重他人的自由，随意干预他人自由的人，自己往往也在枷锁之中……而人生活在一定的社会中，难免目的不相一致、利益相互冲突、需要撞车、兴趣相异、态度相左……即难免陷入无休止的竞争、冲突与斗争之中。这在社会利益的分配上突出地体现出来。一个有限发展的社会，其利益总量是一定的，绝对不可能满足所有人的所有需要。于是，就需要一定的社会规范以进行有效的分配，从而维持社会正常的价值秩序。否则，陷入无法无天、无休无止的争夺，甚至陷入互相残杀、零和战争，结果将是谁都不可能得到，或者谁都可能蒙受损失，这显然是对所有人都不利的事情。而如此建立的规范为大家接受之后，人们就可以依规范行事，从而获得相对的自由，集中精力做事情，创造富有价值的生活。

如果说规范是必要的，那么，是否任何规范对于每个人来说都是必要的呢？回答显然是否定的。历史与现实中大量的规范，有不少显然是有问题的，有些问题甚至很严重。很多体现少数人的利益与需

---

① 《爱因斯坦文集》第三卷，许良英等编译，商务印书馆，2010，第314页。

要，凭强权、欺骗、利诱等确立、维持的规范，完全可能是对多数人的一种变相迫害，对多数人的自由的无理剥夺。这一点是如此显明，甚至无须举例。

那么，人们需要什么样的规范呢？

简单地说，人们需要符合其根本目的、根本利益的规范。就是说，一个人失去一定的自由，是为了在现实中获得最大自由；丧失一定的利益，是为了保障其根本利益。如果一定的规范不符合人的根本目的和利益，对主体不是根本性的"好"，那么，这些规范便可能：①是不合理的。在历史与现实中，这种不合理、剥夺人、迫害人的规范并不少见。例如，在那种少数人统治、剥削多数人的社会中，在外族野蛮入侵的环境中，特别是在法西斯专制统治下，很多规范对于多数人来说，都是对合法权益的疯狂损害和侵蚀，对基本自由的无理限制和剥夺，以及压抑人性、贬损人格和尊严的精神枷锁。中国人应该永远铭记西方列强殖民中国时，1885 年上海租界工部局制定的《公园规则》中的歧视性规定："脚踏车及犬不准入内"、"除西人佣仆外，华人不准入内"。②多余的、荒谬的或不可思议的。这类规范有些"奇怪"，遵循它没有好处，但违反它也未必坏。这在那种冗长、繁复的礼仪场合表现得最为突出，这些礼仪有时会演变成一定的"规矩"或"习惯"。这类规范发展到极限，就可能演变为一种变态的自虐或他虐行为，或者为别有用心的人利用，演变为不合理的限制性规范。

而什么样的规范才是符合人的根本目的、利益和需要的规范呢？这一问题在现实中的解决，是人们通过价值评价完成的。就是说，"应该"的都应是"好"的，而"坏"的则是"不应该"的，即应"禁止"的；当一定的"好"与"好"、"坏"与"坏"出现冲突或不相协调时，则选择较大的"好"、较小的"坏"。

当然，主体的现实评价在实践中可能极为复杂、曲折，甚至常常出现评价失当的情况。这主要是因为：首先，有些规范的主体或者是主体意识不健全的人，或者是盲目的，或者是麻木的，甚至是丧失了价值性存在的人（如"彻底奴性化的人"）。这些人从规范的确立到对规范的遵守都不表现出自己的主体性，而只是无条件地遵从"他人的主体性"。其次，主体对自己的根本目的、利益与需要的清醒意识并不是容易的事，这也正是"认识你自己"成为哲学难题之根由。再次，现实的评价大多依据具体的评价标准，而这一评价标准大多是以规范方式存在的；在这里，作为评价标准的规范也需要进行评价，而评价又需要依据规范形式的评价标准……如此循环下去，最后诉诸主体的根本目的、利益和需要。可是，这一循环过程显然是复杂的，由上述诸因素导致的失当的评价，则可能导致主体确立、认同或遵守不合理的规范。

总之，从规范的确立到对规范的选择与遵守，都是以主体评价为基础的。尽管评价可能失当，但这也不是任何人、任何集团乃至社会代替他人评价、强制他人选择或顺从某些规范的理由。只有通过主体的自主的科学评价，符合主体的根本目的、利益与需要的规范，才可能并应该为人自觉选择并予以遵守；历史与现实中那些非人的、不合理的、多余的规范，也才会随着人们主体意识的觉醒，特别是追求自由幸福的生活和正义的社会秩序的实践，而为人们砸碎、抛弃；而那些真正以人为本的、公正的、必要的规范，也才会逐步确立起来。

（3）规范是一种社会评价标准

基于主体评价的规范一旦确立，一旦为社会所接受，一旦为人所认同，将会变成一股强大的力量，对人本身加以改造，使规范内化、外化或异化为人性、习惯的一部分。特别是，在以灌输式教育方式为主的社会中，一个人从呱呱坠地起，就被逐步训练成为一定规范的"样本"；如若是不具备怀疑精神的人，是很难清楚地评价规范、认识社会、自主重建社会评价的；若是不具备批判精神的人，即便生活实践中偶尔产生了独特的自主评价，这微弱的星星之火也会迅即被社会大潮所淹灭。有人会说，至少，人在审美过程中物我皆忘，倾情投入，可以直面生活的真谛，可是，在现实生活中，又有多少人不是根据审美的一系列规范，而是用整个生命直接领悟世界的呢？

当然，不是也不能说一切规范都是坏的，都妨碍自己，扼杀自由。毕竟不存在一个无限制、绝对自由的社会。黑格尔指出，巨匠不过是在限制中发挥自己的才能。那些对一切规范都无条件认同、接受并遵守的人，是丧失了价值性存在的人；而那些把一切规范都视为对自己不利的迫害的人，也同样是偏执的妄想狂，在生活实践中恐怕也寸步难行。因而，问题的关键不在于有没有规范，而在于确立、认同什么样的规范，即要通过人们自主、自觉的评价，确立符合人之为人之目的、符合人的根本利益与需要的必要规范。

然而，不论什么样的规范一旦确立，一旦为社会广泛接受，在人们的价值活动中，就反过来一方面约束人的行为，另一方面又成为相对独立的评价标准。也就是说，在具体的价值活动中，人们常常利用一些"应该"判断指导行为，并评价一切。例如，根据"任何人都应该孝敬父母"，从而争做孝子，鄙弃各种不孝言行，鞭挞那些不肖子孙；根据"任何人都应该忠于国家"，从而心系祖国，坚决维护国家利益，怒斥叛徒和内奸。由于作为评价标准的这类价值规范总是具有历史延续性，因此，在当代中国社会中，有人常常用儒家伦理规范（如"君子怀仁，小人怀土"，应该视"金钱如粪土"、"重义而轻利"等）点评和批判现实，从而发出阵阵"今不如昔"、"一代不如一代"、"人心不古"的感慨。

此外，还应该指出的是，"应该"之类规范是评价标准，但并不是所有充当评价标准的判断都具有"应该"之类形式，都表现为一个规范。人类刚刚涉足的许多新领域，根本来不及确立相应的价值规范，但人们也在进行价值评价，就是明证。

（4）问题之症结所在

根据上面的讨论，评价是规范的基础，而规范又是评价标准，于是，这里便出现了一个问题，即人们既依据"好"来确定"应该"，又根据"应该"来确立"好"，出现了"好"与"应该"互为依据的循环。西方一些思想家正是抓住其中的一个环节，或者一个方面，或者认为"好（善）"是最基本的概念，可以用"好（善）"定义"应该"；或者认为"应该"是最基本的概念，可以用"应该"来定义"好（善）"。由于"好（善）"与"应该"之间的互证在逻辑上是无限循环的，他们不得不设立某个最终的、不可定义的、不可分析的、仅凭直觉才能把握的"好（善）"或"应该"。也正是由于他们只执其一端，诉诸某个不同的终极概念，因此，他们的争论当然也就永无结束之日了。

那么，如何解开这一"死结"呢？

首先，"好"与"应该"、评价与规范之类价值问题是一个实践性的问题。离开了生活实践，人们将永远找不到解决问题的钥匙。"X是好的"，"A应该做X"，这都只有在价值生活实践中才能得出，也只有在生活实践中才有意义。生活实践既是"好"与"应该"、评价与规范的来源，更是检验"好"与"应该"、评价与规范的最终标准。在生活实践中，无论是规范的确立与遵守，还是评价标准的选择与具体评价的作出，尽管都会出现这样那样的问题，但人们总能找到现实的解决办法；而这一现实的解决办法是否恰当、是否合理、是否可行，人们自然会在生活实践中加以判决、加以检验、加以修正与发展。

其次，在生活实践中，主体的评价是具体的、现实的活动。评价并不是一个简单地无主体地运作规范于对象的过程。评价具有强烈的主体性特征，一系列主体性因素，特别是主体的利益、需要与能力在其中起着决定性作用。在评价过程中，无论是"X是好的"，还是

"X 是应该的"之类评价标准，都必须接受主体的根本目的、利益与需要（即价值标准）的审查；换句话说，价值标准制约、决定着评价标准，评价标准只不过是价值标准的反映而已。特别是，在历史与现实中，面临同样的问题情境，我们往往可以有多个评价标准以供选择，甚至有时会出现二难或多难困境（如外敌入侵时在家侍奉父母还是上前线抗敌），这时只有依据主体的价值标准才可作出选择、决断。总之，无论是"好"还是"应该"，无论是评价还是规范，都有一个即时的、可行的判决因素，即主体的根本目的、利益和需要这一价值标准。

再次，主体及其价值生活实践是解决问题的关键。由于主体的价值标准的存在，也由于主体的能动而现实的作用，在价值生活实践中，主体总是会"割断""好"与"应该"、评价与规范谁先谁后、谁决定谁的循环链条，适时地作出决断。一般而论，就如同我们前已指出的，在问题的同一具体层面，"好"是"应该"的基础，评价是规范的基础，应该根据"好"来确定"应该"，根据评价来确立规范，否则便可能导致种种不合理乃至荒谬的结果。当然，由于主体的根本目的、利益与需要都不是永恒不变的，而可能处于不间断的运动、变化之中，加上主体的具体认识与评价过程又受各种因素的限制，充满了各种各样的困难，因而生活实践中的这一过程表现得极为复杂、曲折。

而西方一些思想家走不出这一逻辑循环，从而各执一端的失误之处，就在于他们看不到价值活动中主体的作用，并脱离生活实践而试图在封闭的理论思辨与逻辑推导中解决问题。其思想观念与求解问题的方法上的错误，我们还将在下一章予以专门分析、批判。

3. 价值判断的分类及结构

科学的分类是根据分类标准来进行的。依照不同的标准，人们往往可以进行不同的分类。关于价值判断，学术界大致有两种流行的分类方法：一是根据价值科学的分支学科，把价值判断划分为道德判断、审美判断、功利判断，等等；二是根据价值判断是否带有明确的规范、命令性质，从而把价值判断划分为评价判断与规范判断。当然，关于后者，历史上特别是一些西方学者是有不同意见的。例如，赫尔等人就认为，所有价值判断都具有规范性、命令性，因而一切价值判断都是规范判断、命令判断。不过，赫尔等人的观点很难站得住脚，本章最后一节对此将加以分析。

由于流行的第一种分类方法之结果，其讨论属于价值科学之分支科学的范围，因此我们略而不论。在这里，我们专就价值判断的第二种分类方法之结果（即评价判断与规范判断）展开讨论。

（1）评价判断

所谓评价判断，就是主体关于一定客体有无价值、有什么价值、有多大价值的判断。一般说来，评价性的价值判断存在两种不同的类型，这正如拉蒙特（W. D. Lamont）所指出的："只要留意我们的价值判断，我们就会发现，它们中有些是'单纯的、绝对的'（认定某物是好或不坏），另一些则是'比较的、相对的'（认定事物'好的程度'）。"① 据此，我们可以把评价判断区分为一般评价判断和优先（更好、更坏）评价判断。

一般评价判断根据其自身是否包含有其他判断，可以分为简单评价判断和复合评价判断。简单评价判断即不包含有其他判断的、直接评价一定价值关系的判断。例如：

《孙子兵法》真是一本好书！

发展经济有利于改善人民生活。

---

① W. D. 拉蒙特：《价值判断》，马俊峰等译，中国人民大学出版社，1992，第3页。

这类评价判断的谓项一般是一个价值词或包含价值词的短语，如上例中的"好书"与"有利于改善人民生活"，它们都是直接谓述主词的。

简单评价判断通过"并且"、"或者"、"要么……要么……"、"如果……那么……"、"只有……才……"、"当且仅当"等逻辑联结词，可以与事实判断或其他评价判断相结合，构成复合评价判断。例如，联言型评价评断："本地不仅交通便利，而且风景优美"；选言型评价判断："他要么是一位乐善好施者，要么是一位非常高明的骗子"；假言型评价判断："如果他是一个诚实的人，那么他就不可能招来如此之多的唾骂"；等等。

优先评价判断是主体关于不同客体对自身的价值之权衡、比较（或选择）的评价判断。例如，"苹果比梨子好吃得多"；"他画的东北虎可比你画的传神多了"；"最毒妇人心"；等等。优先评价判断也可以与事实判断或其他优先评价判断一起，构成复合优先评价判断，如"甲地比乙地交通便利、气候宜人，而且投资的政策环境也更好"；"论打仗，张三不如李四勇敢，李四不如王五勇敢"；"如果小张比小刘的外语水平高一些，那么小张将更胜任此职"；等等。

（2）规范判断

所谓规范判断，就是对人的行为给予某种规定、约束或命令的价值判断。其显著标志是含有"应该"、"不应该"、"允许"、"不允许"、"禁止"、"应当"、"有义务"等规范词，并且，这些规范词是直接谓述主体行为的。例如：

应该节约能源。

禁止私藏枪械。

规范判断的逻辑结构一般包括两个部分。一是逻辑常项，如上例中的"应该"、"禁止"等规范词。二是逻辑变项，即具体的关于行为的规定、命令的语词或语句，如上例中的"节约能源"、"私藏枪械"等。

与评价判断一样，规范判断也可以分为简单规范判断与复合规范判断。简单规范判断即仅由一个肯定或否定形式的规定或命令句构成的判断。例如：

应该尊师重教。

禁止随地吐痰！

简单规范判断可以与非规范判断或其他规范判断结合，构成复合规范判断。如联言型规范判断："法官既应该尊重法律，又应该尊重事实"；选言型规范判断："对上述行为，或者应该处以罚款，或者应该予以行政处分"；假言型规范判断："如果他是一名教师，那么就应该行为示范，为人师表"，"只有在可能影响他人的公共场所，才禁止高声喧哗"；等等。

由于"应该"之类规范没有程度上的区分，因而规范判断没有优先型判断。也许有人会辩称，"与其禁止玩麻将，不如全面禁止赌博"，"体罚学生比责骂学生更应该禁止"等，不就是优先规范判断吗？其实不然。对上述类型的判断只需稍加分析，我们就会发现，它们不过是对不同规范的评价、比较和选择，实际上属于评价判断。

4. 价值判断的性质与意义

运用逻辑与语言分析方法探讨价值判断的性质与意义问题，是自20世纪以来价值论研究的焦点。

在西方，受哲学的语言学转向的影响，价值论领域以分析哲学运动为基础的元理论研究，在 20 世纪（特别是上半叶）备受关注，并取得了一系列成果。关于价值判断的性质与意义问题，西方哲学界主要有认知主义和非认知主义的对立。这种对立主要表现在：认知主义肯定价值判断是关于客观价值现象的认识，是具有认知意义并可判定其真假的；非认知主义则否认价值判断是关于客观价值现象的反映，认为价值判断不过是主体的情绪、情感、态度、规定、命令等的表达，并不具有认知意义，是既不真也不假的"伪判断"。但具体而论，这两种观点诸流派之间的意见也不统一。例如，认知主义中的自然主义认为，价值的性质是一种自然属性，即可以经验地加以观察的属性；价值概念可以用事实概念或经验术语下定义，价值判断可以翻译为事实判断，或由事实判断推导而来，其真假可以依据经验观察事实加以检验。而认知主义中的直觉主义认为，价值是一种非自然的、非经验的客观性质，是不能通过经验方法观察到的，是不可分析、不可定义的；基本的价值概念或价值判断都只有通过主体的"自明的"直觉才能得来，而不可能从事实判断中引申或推导出来。非认知主义中的情感主义认为，价值词或价值判断主要是主体情绪、情感、态度等的表达，并不具有认知意义，价值判断是既不真也不假的"妄命题"或"伪命题"，是没有意义的。规定主义克服了情感主义过分情感化的偏向，而认为价值判断的主要功能在于"规定"或"命令"，即提出建议和指导行为，但是，它仍然认为价值判断是没有真假和认识意义的。

具体、全面地评述上述观点不是本节的目的。在这里，我们只针对上述观点，概要地说明我们的看法。

首先，价值判断并不像情感主义者所主张的，仅仅是主体内心的情绪、情感、态度的表达与宣泄，而是人们对客观价值现象——一定的主客体之间的价值关系——的反映，它表达的是人们关于价值的意识、观念和思想等。情感主义者等认为价值判断不过是主体情绪、情感、态度等的表达，是没有意义的伪命题，是与其哲学观和意义标准，即诉诸经验事实的可检验性原则相联系的。诚然，任何主体的价值评价都具有"主观性"，即必然与主体的情绪、情感、态度等相关，强调价值判断的情绪倾向和指令性质有其合理性，但若以此为依据，特别是依据某种严苛的经验证实标准而绝对否认价值与价值判断的客观性，这是难以成立的。理论的发展与现实生活都证明了，情感主义者的意义标准太狭隘了。

价值既不像自然主义者所认为的，是一种自然性质，或客体的性质，也不如情感主义者、规定主义者所宣称的，只是主体情绪、情感、态度、规定、命令等的表达，而是一种客观存在的、现实的主客体关系，并且，这种关系是以主体尺度为尺度、因主体不同而不同的。因而对价值的认识与评价既具有认知意义，又具有非认知意义，即与人们的情绪、情感、态度、行为选择以及社会规范密切相关。看不到价值评价的非认知意义，看不到价值评价的主体性，也就不可能真正理解与把握价值判断的内涵。但归根结底，价值判断并不是某种与事实认识本质相异的认识结果，它仍然是一种反映——当然不是对客体的反映，而是对以主体为尺度的主客体之间的价值关系的反映。

其次，与上述观点相联系，价值判断作为主体对主客体之间的客观价值现象的反映，有可能是正确的，也有可能是扭曲、错误的，即是有真假的。至于判定真假的标准和方法，则是与现实的、具体的价值关系（或者说价值事实）相对照。

前面我们曾经指出，价值词或价值概念并不像情感主义者所认为的，是所谓"妄概念"、"假概念"、"伪概念"，而是有所指称的、表达相应主体性事实的、有实质意义的概念。同样的，价值判断也并不像情感主义者所认为的，只是没有意义、没有真假的"妄判断"、"伪判断"，而是指称与表达特定价值关系、有真假意义的判断。诚然，一个人说"牡蛎好吃"，另一个人说"牡蛎不好吃"，这确实没有什么好争论的，也不能根据他们中某个人的评价而否定另一个人的评价，但是，也不能因此就认为判定他们的评价全无根据，"公说公有理，婆说婆有理，天下无公理"。在这里，判定的根据实际上是存在的，即客体（如牡蛎）是否满足具体主体的需要，是否符合一定主体的口味，等等。从这一根据出发，他们的说法便是有真假的，并且是能够判定的。可见，否定价值判断具有真假意义的根源，在于相关论者没有看到，价值是一种以主体尺度为尺度的客观事实，因而对价值判断的判定，只能依据客体对主体的特定价值关系进行。而肯定价值判断有真假，则情感主义者的如下观点——"由于价值判断无所谓真假，因而它们既不能作为推理的前提，也不能作为推理的结论，所以不能由事实判断导出价值判断"——便是不能成立的。

再次，在价值判断的来源问题上，我们既反对自然主义者认为可以仅仅通过自然的、经验的方法来获得的观点，也反对直觉主义者认为必须也只能诉诸"自明的"直觉的观点。前者把价值看作一种自然属性，否定了价值的主体性特征，从而认为价值可以像自然科学一样通过自然的、经验的方法加以认知。自然主义者的前提是难以成立的。后者正确地肯定了把握价值判断的直觉方法，但是，它排斥其他的理性方法和途径，又难免有非理性主义、神秘主义之嫌。至于情感主义者、规定主义者等非认知主义者，他们完全割裂了事实判断与价值判断的关系，断言价值判断不过是"伪判断"，不可能通过理性和逻辑加以认知，如前所述，这既是无视事实的，也是不能接受的。

我们认为，价值作为一种"主体性事实"，是完全能够认识的，价值判断即主体观念地反映客观的价值现象的结果，并且，价值判断是有真假的，可以通过实践进行检验。在事实判断与价值判断之间并不存在不可逾越的二分鸿沟，它们既存在明显的区别，也存在内在的联系；联系具体的主体（人），立足其具体的历史的生活实践，完全可能搭建沟通事实判断与价值判断的桥梁。

三　事实判断与价值判断之区别

关于事实判断与价值判断的区别，有一种非常流行的观点，即认为事实判断是描述性判断，而价值判断是规范性判断。其标志是：事实判断是以"是"为联结词的判断，而价值判断则是以"应该"（包括其否定形式"禁止"、"不应该"等）为联结词的判断。这一观念自休谟、康德以来，已经为人们广泛接受了。例如，卡尔纳普（R. Carnap，1891－1970）指出："一个价值判断实在说来不过是在迷误的文法形式中的一项命令而已。"[①] 莱欣巴哈（H. Reichenbach，1891－1953）认为："伦理学的语言表达式都不是陈述，它们都是指令。"[②] 赫尔虽然认为价值判断含有描述意义，但认为价值判断总体上仍是规范（命令）判断，并由此创立了普遍规定主义伦理学说。也正是基于上述认识，一些西方哲学家把休谟的"是—应当"问题，进而把"事实—价值"问题，等同于描述判断与规范判断的关系问题。

实际上，这种观念是难以成立的。诚然，事实判断可以是以"是"为联结词表达的描述性判断，但问题是，价值判断是否都是规范判断呢？

如前所述，价值判断有评价判断与规范判断之分。评价判断可以用以"是"为联结词的判断加以表达，它可以是对客观的价值现象——一定主客体之间的价值关系——的描述，因而评价判断可以是一定意义上的描述性判断，甚至有些评价判断完全没有规定、指令、命令性质。例如，"那块石头真漂亮"，就完全没有规范之意。规范一般是与人的行为相关的，可以说，不涉及人的行为的评价判断一般都

---

① 卡尔纳普：《哲学与逻辑句法》，傅季重译，上海人民出版社，1962，第 10 页。
② 莱欣巴哈：《科学哲学的兴起》，伯尼译，商务印书馆，1983，第 216 页。

没有规范意义；即便是涉及人的行为的价值判断，也只有当它对主体行为加以约束或命令时，才是规范判断。例如，"不说谎是一种优良品质"，虽然带有规范意味，但还是应属于描述性的评价判断。

当然，评价判断作为描述性判断，与事实判断是不一样的。因为它描述的既不是客体，也不是主体的现实状况，而是主体与客体之间的特定关系——不是事实关系，而是价值关系。这一区别可以用下图表示：

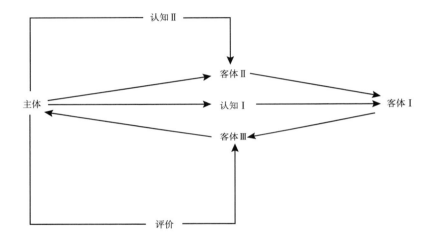

其中，客体Ⅱ代表主体与客体Ⅰ之间的事实关系，客体Ⅲ代表主体与客体Ⅰ之间的价值关系。

认知Ⅰ表示主体对客体Ⅰ的现实状况的认识，其结果为事实判断之中的性质判断和部分关系判断，例如：

那朵玫瑰花是粉红色的。

中国位于太平洋的西边。

认知Ⅱ表示主体对主体与客体Ⅰ之间的事实（狭义）关系（客体Ⅱ）的认识，其结果为事实判断中之部分关系判断。例如：

我比他大 2 岁。

张三是我的同学。

评价表示主体对主体与客体Ⅰ之间的价值关系（客体Ⅲ）之认识，其结果为价值判断。例如：

那真是一个好地方。

他很诚实。

从以上分析可以看出，主体对客体Ⅰ和客体Ⅲ的描述的区别是明显的。即便是主体对客体Ⅱ与客体Ⅲ的描述，也存在实质性区别：客体Ⅱ与客体Ⅲ虽然都与主体相关，但客体Ⅱ只与主体中那些纯粹的客观性因素相关，而客体Ⅲ主要与主体中的那些主体性因素，如目的、利益、需要乃至兴趣、情绪、情感、态度、欲望、动机、理想、信念、信仰等相关；前者所构成的是一种客体性事实，而后者构成的则是"主体性事实"。

此外，还需要指出的是，并非带有"应该"之类语词的判断都是价值判断。这一点前面已经分析过了。况且，如果非要把"是"与"应该"或事实与价值的关系问题等同于描述性判断和规范性判断之间的关系问题的话，那么，正如有人指出的，"从'是'不能（或能）推导出'应该'"这一论断本身是描述性的还是规范性的呢？在理论上，这恐怕并不容易回答。

综上所述，我们认为，把事实判断与价值判断的区别等同于描述性判断与规范性判断之间的区别，既不恰当，也不能成立。

那么，事实判断与价值判断的区分到底体现在哪里呢？

实际上，关于这一问题，本章前面已经作了不少讨论。在这里，我们仅对之作一概略性的总结，以为后面讨论事实判断与价值判断的联系与沟通作准备。

首先，事实判断是人对世界、主体对客体的认知与把握，其实质在于把握客体的本性和规律，因此，事实判断是以客体为取向的，表现的是作为主体的人"趋近"客体。获得事实判断的或许是某个人或某些人，但如果事实判断是正确的，那么它就是"事实真理"，是不以人的意志为转移的，具有适合于所有人的普遍性。例如，"地球只是太阳系的一颗行星"这一判断，尽管发现者是某些天文学者，却是人人都必须承认的客观真理；尽管某些人、某些宗教团体出于错误的信仰、偏见甚至无知等，可能一时拒绝认同，但是，事实终究是事实，它终将证明自己的客观真理性。

而价值判断是某一主体关于主客体之间的客观价值关系的评价，它因主体不同而不同，是以主体为取向或尺度的。价值判断必然与具体的主体（人）相联系，体现相应主体的主体性。例如，"男女应该平等"的主体就只能是那些男女平权主义者，而不可能是一切人，特别是那些封建遗老遗少，以及"大男子主义者"和"大女子主义者"。当然，在不少时候，价值判断的主体并不出现在价值判断中，但不出现的合理解释，只能说是在一定的语境中省略了，通过逻辑分析是可以找出来的。

其次，事实判断的目的是要达到对事物、事件及其过程的客观化的认识，无论是认识过程，还是认识结果，都应该尽可能地摒弃主体自己的情绪、情感、态度、规范等主观性因素的影响，而尽可能地做到"情感中立"或"价值中立"。而价值判断作为主体对特定价值关系的评价，其主要特征是其主体性（包括主观性）。我们甚至可以这样说，与主体的情绪、情感、态度、规范以及利益、需要等无关或中立的判断，并不能称为价值判断。

再次，尽管事实判断不等于描述性判断，价值判断不等于规范性判断，但事实判断的主要功能在于描述，它所关心的是世界的本来面目；而价值判断大多具有规范、命令意味，它关心的是人应该怎么做，什么样的生活才是最有意义、最值得过的生活。因此，价值判断关注的重心是世界的理想状态、应然状态，是世界超越现实的方面，是变革现实的行动与实践。如果说事实判断有时与人的生活实践还存在一定"距离"的话，那么价值判断大多是直接指导人们的生活实践的。杜威指出："从这些价值判断的题材对人生影响的深度与广度比较而言，其他判断的题材就是相对地狭小而专门的了。"① 这话明显不无道理。

最后，尽管事实判断与价值判断都有真假，但判定其真假的依据却不一样。事实判断是对客体的现实状况的反映，其真假在于是否与客体实际情况相符合；价值判断是对一定价值关系的反映，其真假必须根据一定主客体之间的价值关系来加以判定。更具体地说，价值判断的真假必须根据客体的现实状况如何，主体的结构、利益、需要、能力等如何，以及它们之间构成的真实的价值关系如何来加以判定。例如，对"你说谎是不道德的"这一价值判断，其真假必须根据如下因素加以判定：首先，"你说谎"这一现象是否确实存在；其次，如果你说了谎，有没有什么特殊的理由（如欺骗敌人、纯粹开玩笑、隐瞒患绝症病人的病情等），该理由是否符合反映相应主体的根本利益、需要的道德原则和道德要求；再次，"说谎"与相应主体及其认同的道德原则是否相一致。事实判断的"真"要求达到对相应主体的"中立"，特别是消除来自主体的主观性；至于价值判断的"真"，则明确地因主体不同而不同、因主体变化而变化，是一种与主体直接相关的"真"。

在这里，注意到价值判断的"真"具有鲜明而强烈的主体性，是非常重要的。在由事实判断导出价值判断的过程中，作为前提的事实

---

① 　约翰·杜威：《人的问题》，傅统先、邱椿译，上海人民出版社，1965，第 212 页。

判断是客观的、不以人的意志为转移的，但作为结论的价值判断却可能因推导的主体不同而不同。有人对此大惑不解。其实，这是因为这种推理具有主体性特征，作为推理结论的价值判断也具有主体性，具有与主体相关的"真"的缘故。也就是说，任何推理都是具体主体进行的推理，不同主体依据其自身的规定性，特别是自身独特的目的、利益与需要等，从一些事实前提当然就可以推导出带有主体性的结论。

第七章

价值原理及其意义

价值原理是一种特殊的、重要的价值判断，它反映着主体的根本目的、最基本利益和需要，是人们所追寻的生活与实践意义的起点之所在。价值原理的提炼与确立，无论是对于一个社会构建其价值观念体系，还是对于人们具体的历史的价值生活实践，都具有至关重要的意义。

一　价值原理及其特点

一个价值语句、价值判断之所以被称之为"价值原理"，是因为在一系列价值语句、价值判断之间，存在一定的层级结构。因此，这里我们先从价值的层级结构谈起。

1. 价值的层级结构与价值原理

人们所建立、认同的价值判断往往不是孤立的，而处在一个由多方面因素构成的有机系统之中，这个有机系统就是所谓价值观念体系。价值观念体系是在一定主体（如个体、群体、企业、阶层、阶级、民族、国家、宗教等）的长期的历史实践中形成的，又在不断的现实冲击中予以充实、完善和更新，从而构成的一个独特的、有机的动态系统。

在一定的价值观念体系中，那些比较稳定的、基础的价值判断，即我们所谓的基本的、非派生的价值判断，或者说，反映一定价值观念体系前提、根据、本位的价值判断，就是所谓价值原理。例如，在封建主义价值观念体系中，本位价值是"权"，"权是最高的价值，一切为了权"便是其价值原理；在资本主义价值观念体系中，本位价值是"钱"，"钱是最高的价值，一切为了钱"便是其价值原理。当然，依循这一句式概括社会主义（共产主义）的本位价值，目前尚未取得实质性进展。或者说，不同的人对社会主义的本位价值的概括不同，分歧过大，不易弥合，因而社会主义价值观念体系的价值原理也尚待确立。

价值原理作为基本的、非派生的价值判断，是以价值判断的等级结构或者说层级结构为前提的。虽然有人坚称不同的价值无法比较，但这一前提仍然明显是成立的，否则便无所谓价值选择、价值优先、价值取舍以及价值毁灭之类说法。马克斯·舍勒（Max Scheler，1874–1928）指出：价值的等级结构是价值存在的基本样式，它构成了价值领域内的一种先验的本质秩序。他这样写道："一个对于**整个价值王国**来说特殊的秩序就在于：价值在相互的关系中具有一个'**级序**'，根据这个级序，一个价值要比另一个价值'更高'或者说'更低'。"[1] 而衡量价值等级高低的基本标准有如下五个方面。第一，持久性。较高等级的价值往往比较低等级的价值更具持久性。"最低的价值同时也就是本质上'**最仓促的**'价值，而最高的价值同时就是'**永恒**'的价值。"[2] 但价值的持久性并不是指价值所实存或其载体的

---

① 马克斯·舍勒：《伦理学中的形式主义与质料的价值伦理学》（上册），倪梁康译，生活·读书·新知三联书店，2004，第104页。
② 马克斯·舍勒：《伦理学中的形式主义与质料的价值伦理学》（上册），倪梁康译，生活·读书·新知三联书店，2004，第112页。

实存之时间长短，而是指它能够存在的性质或精神性存在。第二，不可分性和不可见性。价值愈高，便愈不可分、愈不可见，即愈少可感之经验特性，如基督徒心目中之上帝。第三，相对独立性。较高的价值不必依赖于较低的价值，但较低的价值必依赖于较高的价值，即价值的等级愈低，依赖性愈大。第四，满足的深度。价值体验愈深刻，价值就愈高。第五，对主体机体的依赖程度。这种依赖程度愈高，价值愈低，反之则愈高。如快乐和享受就比较依赖于人的感官，而道德之善恶则较少依赖于人的机体。在舍勒看来，根据这五条标准，就足以建立起严格的价值等级秩序。他自己就据此建立了一个"感觉价值—生命价值—精神价值—神圣的与非神圣的价值"这样一个价值王国。

当然，舍勒如此划分价值的等级系列的做法也遭到了一些人的批评。例如，尼古拉·哈特曼（Nicolai Hartmann，1882－1950）就认为，价值等级秩序并不像舍勒认为的那样，是以"高"为标志的唯一向度的，而是多向度的；有些价值属于与另一些价值完全不同的类型，不可能说它们谁高谁低，例如，道德价值与审美价值相比，究竟谁高谁低，是根本无从判断的。应该说，哈特曼的批评是有道理的，确实，不同价值有时是不能简单地进行比较的，因而也难有简单生硬的高低之分。而且，价值等级系列的划分也难有统一的标准，完全可能存在依不同标准划分的许多不同的等级系列。哈特曼就认为，舍勒的价值表所列的价值系列过于简单，他在不满之余，构造了一个更为庞大而详尽的价值等级体系。甚至在现实生活中，同一主体也常常遇到这种无法区分价值高低以进行价值选择的困难。——另外，需要特别注意的是，如果非要把所有的价值都排列进某一个价值等级体系，并划定其秩序，排定其座次，常常会是极为有害的。首先，这可能使人的丰富的多样化的价值生活单调化，使人的价值评价与选择变得贫乏、单向与狭隘。例如，变成经济活动之价格计量，从而使价值活动完全沦为一种纯功利性的追求；变成政治活动之"革命性"比较，从而把价值活动搞成诸如中国"文化大革命"时期的"左"的竞赛；等等。这样做的结果，难免导致价值论变得庸俗、单调，或者沦为别有用心者的工具，失去其应有的哲学精神和"人学"意味。其次，强行将各种不同的价值纳入同一等级体系，可能演变为对人的自由和合法权益的一种玩弄与干涉，对人的自由、多维、全面发展的一种抑制，在生活实践中甚至演变为对人的一种迫害。在中国或世界的历史与现实中，一切都算"政治账"、"道德账"、"宗教账"或"经济账"等造成的种种负效应，触目惊心，有目共睹。

价值判断之所以具有等级结构或层级结构，是因为两方面的原因。一是因为主体的需要、利益等因素具有层次性。也就是说，人的多维需要、多方面的利益并不完全是并列的、同等重要的，而是有主有次、有轻有重、有基本与非基本之分的。当然，这种区分常常是极其复杂的，也并无统一的、不变的标准，并且，主体的需要因主体所处环境、条件等因素的变化，经常处于变动之中。如就人的需要来说，"每一种基本需要的满足都会引发'更高'的需要，支配下一个意识阶段"[1]。一般而论，生存需要是最基本的，但一旦生存需要得以满足，人的其他需要，如爱的需要、互相尊重的需要、自由与全面发展的需要等，又会凸显出来成为优势需要，或者说，人的最低限度的物质需要是基本的，在物质需要大体得到满足的情况下，精神需要又会凸显出来，上升为主要需要。从这个角度来说，作为基本的、非派生的价值判断的价值原理也就是反映人之为人的本性和根本目的、反映主体的最根本利益和需要的价值判断。二是因为在具体的价值关系中，客体的外延具有层次性或层属性。客观事物外延上的类属关系是

① A. H. 马斯洛：《心理学的事实和价值理论》，载 A. H. 马斯洛主编《人类价值新论》，胡万福等译，河北人民出版社，1988，第 24 页。

一种普遍性的事实，如生物学分类上的纲、目、科，逻辑学分类上的属与种，等等。具体地说，交通工具、汽车、轿车等就是具有属种关系的概念，外延上就存在明显的层次性。如果某人认为交通工具的广泛使用使人变懒了，身体变"虚"了，增加了社会不平等，消耗了太多的能源，并破坏了人与自然之间的和谐关系（如尾气排放污染大气环境），从而厌恶一切代替足力的交通工具，那么，他也肯定厌恶汽车，厌恶轿车（特别是大排量小轿车）。一般地，关于属概念的价值判断，在层次上必然高于这一属概念之下的种概念的价值判断。

如果说价值的等级系列是十分丰富、复杂的话，那么，对于任何一个价值等级系列来说，其中总有一个或一些价值判断是基本的、非派生的。判定一个或一些价值判断是基本的、非派生的，并不取决于对之如何加以解释，或者它能够得到某种解释，而在于它在这一价值系列中的地位和作用，特别是它解决某种现实问题的能力或有效性。扼要地说，这大致有两项技术指标：①一个价值判断是对所有个体有效，还是只对某些个体有效；②一个价值判断是在所有可能的相关情况下有效，还是只在特定情况下有效。就是说，只有那些在所有可能的相关情况下，对所有个体都普遍有效的价值判断，才能被称为价值原理。

在这里，需要加以说明的是，指标①中的个体是相对于一定主体来说的，如主体为民族时，这一价值原理便是该民族价值体系的价值原理；主体为阶级时，这一价值原理便是该阶级价值体系的价值原理；主体为国家时，这一价值原理便是该国价值体系的价值原理……只有当主体为全社会或全人类时，价值原理才是真正的无限制的对所有个体都普遍有效的。而当主体为独立自主的个人时，则指标①是多余的。价值原理的主体是不容混淆的，也是不容随意扩张的。如果价值原理的适用范围被自愿或强制扩张的话，那就有可能成为对某些人的迫害、压迫，或者，对某些人的合法权益与自由的剥夺。例如，如果某一团体硬性规定，所有成员都不能笃信宗教，若该团体依凭其政治、经济或军事势力，将这一规定扩展到团体外的成员，就明显是对他人的宗教信仰自由的一种无理限制。

不针对一定主体的价值原理是没有的。也许有人会说，如果价值原理都与一定主体相关，那不是不可能有关于价值原理的超主体、无立场的哲学批判了吗？如果这样，我们如何保证价值原理的科学性、合理性呢？实际上，这一问题可以这样回答：确实不可以有超主体、无立场的哲学批判；有人所谓的无立场，往往是以所有人或人类为暗含主体的；也正因为主体是所有人或者人类，因而人们在讨论时才可以略而不论，并冠以所谓的"无立场"。至于价值原理的科学性、合理性之类，也是相对于人或人类而言的；没有人，或与人无关，并没有所谓科学性、合理性可言。不过，我们仍然不否定，甚至还要肯定以所有人或人类为主体的所谓"无立场"的哲学批判，并且坚持以所有人或人类为主体的价值原理优先于其他主体的价值原理。因为在社会生活中，只有以之为标准，才能对其他价值原理进行反思和批判，也才能讨论一切价值判断的科学性、合理性。可见，正如前所述，主体（人）是我们讨论价值问题的出发点和标准，从主体（人）出发是我们讨论价值问题的恰当方式。

但是，说价值原理是基本的、非派生的价值判断，这并不是说，随意的或任意构造的价值观念体系之基本的、非派生的价值判断，都称得上指导人们现实生活实践的合理的价值原理。一般来说，价值原理是在主体的社会历史实践中形成的、关于某一价值领域的、经过实践检验的正确的价值判断。当然，这种价值判断具有鲜明的主体性，具有对构成主体的所有成员无例外的普遍性和约束力。由于社会实践和社会历史条件的变化，特别是其引起的主体因素的变化，如根本利益的调整，优势需要的变化，主体把握其利益、需要等的能力的增强，等等，一定价值原理也将随之而发生变化。这在社会转型、变革时期表现得最为典型，也最为充分。总之，价值原理是历史的，并不存在绝对的、一成不变的、世代通用的价值原理；在人们的生活实践中，价值原理也呈现因主体不同而不同、因主体变化而变化的态势。

2. 价值原理的特点

没有比较，便无所谓特点。价值原理的特点主要可从它与事实原理的比较中凸显出来。事实原理即关于某一领域、某一方面事实的基本的、非派生的判断，如各自然科学理论系统中的公理。在这里，我们特别要注意的是所谓科学原理的说法，用事实原理代替科学原理往往暗含着一个前提，即否认"价值科学"的可能性，把价值判断排除在"科学"之外。如前所述，这一前提是经不住论证、难以成立的。

由于价值原理也是价值判断，事实原理也是事实判断，只不过具有基本、非派生的性质罢了，因此，价值原理相较事实原理的特点，基本上就是价值判断与事实判断的区别之所在。不过，在这里，我们仍有必要强调如下两个方面。

一方面，价值原理与事实原理所反映、所指称的对象不同，因而具有不同的特点。事实原理刻画的是事物的本来面目，特别是事物的本质与规律，它以客观性为目标和成立的条件。而价值原理刻画的是主客体之间的价值关系，这种关系是以主体尺度为尺度的，体现着主体的目的、利益和需要，具有鲜明的主体性。如果主体不同，其所认同和接受的价值原理也可能不一样。当主体的目的、利益、需要处于对立状态时，其所认可、接受的价值原理就常常相冲突，有时，这种冲突还是无法调和的。甚至同一主体所处的地位、条件变了，也可能会抛弃原有的价值原理，而接受、认同其他的价值原理。这从历史与现实中一些人从一个阵营投入另一个阵营时的"思想转变"、"灵魂深处的革命"典型地体现出来。一般说来，关于社会共同体的价值原理相较个体的价值原理更具强制力和约束力，同时也更具现实感；而个体的价值原理则更为纯粹，同时也更具自觉性与理想意味。这是因为，社会共同体的价值原理必然涉及其成员个体利益与需要等的协调与分配，受一定社会的政治、经济因素的制约更为直接，为了达到社会共同体的特定目标，其价值原理的实施通常需要采取多种形式，包括采取强制手段，必要时甚至不惜诉诸暴力。

特别地，事实原理具有唯一性、排他性，而价值原理则具有面向主体的多元性或多维性。尽管在认识过程中，关于某一事实对象，人们可能会提出多种不同的假说，如关于岩石成因的水成说和火成说，关于光的本质的波动说与粒子说，等等，但是，与事实相符合、最终验证为正确的结论只有一个。当然，这个结论可能是原来各个不同假说的综合，如光的本质即为"光既是粒子又是波"。而价值原理则不同。对于价值生活实践的某一领域、某一对象，不同主体或不同条件、状态下的同一主体，依据独特的历史文化传统和现实因素，根据其根本目的、利益和需要，根据其素质、能力等的变化，可能会持有不同甚至相对立的价值原理。在当今世界上，自由、民主、人权、人道主义、生活方式等方面的丰富呈现与激烈冲突，就彰显了这一点。

另一方面，事实原理与价值原理的普遍有效性，其含义不同。无论是事实原理还是价值原理，都必须具有普遍有效性。但是，事实原理的普遍有效性在于它相对于主体的独立性，即不以任何主体的意志为转移，"真理面前人人平等"；其普遍有效性来源于对个别经验事实的归纳与概括，因为个别与特殊中包含着一般与普遍，归纳与概括的过程即力图把握个别与特殊中的这种一般性与普遍性的过程；其普遍有效性的确认则来自一整套证实与证伪的科学方法与程序，证伪只需一个无法逃避的反例即可，而证实则可能是一个永不充分的历史过程。

价值原理则不同，其普遍有效性是相对于特定价值主体而言的，只有适用于全人类的价值原理才对所有主体都有效，而仅仅适用于特定价值主体（如阶层、阶级、民族、国家等社会共同体）的价值原理，一般也只在相应的范围内才起作用，甚至正是这各不相同的价值原理，才形成了各阶层、阶级、民族、国家等的特色，从而使之拥有独特的价值观。价值原理的普遍性也不是如事实原理一样，来自对个别与特殊的价值判断的归纳与概括，而是来自价值主体在历史的、现实的实践活动中，面对客观环境、客体状况，面对主体利益、需要的整体认同。需要注意的是，这一整体认同是可能有悖于某些个体的利益和需要，有悖于某些个体的价值意识与观念的。价值原理的普遍有效性的确立也不诉诸个体的价值评价与规范意识，而在于是否真实地反映了人类或社会共同体的利益、需要等具体状况；价值原理一旦形成并为社会共同体认同与接受，就具有一定的强制力，对人们的评价予以指导，对人们的行为予以规范。价值原理并不惧怕反例或者一些人的反对，甚至这些反例与反对正是价值原理存在的理由。以规范性价值原理为例。假设"禁止赌博"是一个规范原理，如果在一个根本没有人参与赌博，即没有人可能违背这一规范的社会中，设立这样一条强制性规范，那该是多么滑稽、多么荒谬啊！可见，正是由于有可能出现反例和反对意见（行为），才需要一定的价值原理予以指导和规范，以维护社会共同体的共同利益和共同需要，也保护社会共同体内每一个体的合法、正当利益，确立和维护必要的合理的社会秩序。

二 价值原理的分类

分类必有一定的标准。根据不同标准，便有不同分类。可据以对价值原理进行分类的标准很多，包括"质"的标准和"量"的标准，因而价值原理的分类方式也有很多。在这里，我们只讨论两种比较典型的分类方式。

1. 评价性原理与规范性原理

根据作为价值原理的价值判断是评价性判断还是规范性判断，可将价值原理分为评价性价值原理与规范性价值原理。

评价性价值原理是反映主体的根本目的、利益和需要，以"……是好（善）的"或"……是坏（恶）的"形式表达的评价性价值判断。例如，在奉行"钱本位"的资本主义价值观念体系中，"能赚最多的钱的行为是好的"就是一个评价性价值原理。规范性价值原理则是反映基于主体的根本目的、利益和需要的基本要求、愿望，以"应该……"或"禁止……"方式表达的规范性价值判断。如在奉行"权本位"、讲究等级秩序的封建主义价值观念体系中，"下级应该绝对服从上级"、"禁止以下犯上"就是规范性价值原理。

在西方价值思想史上，评价性原理与规范性原理之分就是目的论原理与义务论原理之分。我们前面曾经讨论过伦理学之最基本概念是"善"还是"应该"等争论，这一争论反映在价值原理上，实际上也就是目的论原理与义务论原理之争。我们以为，这种争论只有在现实生活层面、在生活实践中才能理解并加以解决。在任一具体的生活实践层面，如前所述，价值之"应该"都是以"好"为基础的，规范性判断都是以评价性判断为基础的，因而评价性判断比规范性判断更为基本，规范性判断可以说是评价性判断派生出来的。可见，在同一生活实践的层次上，价值原理都只能是目的论原理（评价性原理），而不能是义务论原理（规范性原理）。——当然，绝不是所有评价性价值判断都是价值原理，而只有那些表达"人是目的"，表达主体的根本目的、利益、需要的评价性价值判断，才能充当价值原理。——如果不是这样，就可能使价值活动成为非人的或者不把人当人的活动，因为从不是建立在"好"基础上的"应该"出发，从不是建立在评价基础上的规范出发，这类"应该"或规范就可能是非人的、与人为敌的，或者直接就是异化人、迫害人的。

当然，我们也应该看到，在现实生活中，规范价值判断在相对意义上也时常被作为价值原理或价值原则来使用，引导人们的思想和行为。之所以这样，主要是因为评价性原理只有体现为或具体化为规范，才能最直接、最有力地指导和干预生活，约束和规范人们的行为。因此，我们也并不反对、并不拒绝这样做，只是我们应该时刻警惕，不能为"应该"而"应该"，不能为规范而规范，要始终将规范、义务置于人的目的之下，置于主体对其根本利益、需要的评价之下。在这里，特别值得注意的是，有些规范——如长期封建专制统治下的忠君规范和等级秩序意识等——由于社会历史原因，是那样的悠久，那样的"深入人心"，以至于人们常常将其视为理所当然、毋庸置疑的行动前提，当作"祖传"的、约定俗成的行为习俗，从而加以接受、认同和遵循。越是对于这样的规范，就越需要人们基于真实的利益、需要进行批判性评价，否则，就会像亚里士多德一样，得出"奴隶具有奴性，所以应该奴役他们"之类结论。因此，只有经过严格的批判性评价，才能保证一定的价值原理是为了人、有利于人的，而不至于自觉或不自觉地被异化或非人化。

如果说价值原理归根结底都应该是评价性的，规范性原理只具有相对意义的话，那么，从价值原理的功能上看，则无论是评价性原理还是规范性原理，都主要在于规范，或者说都具有规范性，即具有约束主体价值思考、价值追求和价值选择、价值行为的性质。以"应该……"之类方式表达的规范性价值原理的规范性是不言自明的。即便是以"……是好（善）的"之类方式表达的评价性价值原理，在现实的价值活动中，也对相应主体的价值思考、价值行为具有明确的指导意义和要求成分。例如，在共产主义价值观念体系中，"一切有利于人的自由与全面发展的思想与行为是好的"，这一评价性价值原理就否决了一切不合理的社会制度和分工体系，否决了一切贬损人的自由与全面发展的观念和行为，为人们追求、选择自由思想和自主行为指明了方向。当然，由于评价性判断可以通过规范性判断加以反映和体现，因而评价性价值原理也大多可以通过规范性原理加以实现。

但是，不应把这一实现过程看得过于简单和直接，它实际上是一个历史过程。由于种种复杂的原因，规范并不总是适当地、即时地、真实地反映评价，或者，并不一定总是全面地、准确地、深刻地反映评价。历史与现实中并不缺乏这样的事例。例如，有些父母"望子成龙"，却在孩子的成长过程中，这也不准，那也不允，甚至限制孩子必要的活动自由，一厢情愿地期望孩子在"温室"里"茁壮成长"；有些领导希望调动职工的积极性，却懒得结合工作实际和职工特点想办法，而仅仅制定一些惩罚或奖励条款，简单地诉诸经济利益，或者仅仅诉诸政治觉悟方面的要求，等等。这类单一、消极的规范常常不仅达不到目的，有时还可能适得其反，产生事与愿违的负面效应。也正因为如此，即使是对于必要的规范，也不能缺少反思精神和批判意识，不能不多问几个"为什么"。

2. 个体价值原理与社会价值原理

价值原理具有鲜明的主体性特征。根据价值原理的主体之不同，可将价值原理分为个体价值原理与社会价值原理。

个体价值原理是反映个体的根本目的、利益和需要的价值判断。当然，限于各具体的个体主体的主客观条件，并不是任何人都能清楚地意识或把握其根本目的、利益和需要，否则，"认识自我"也不会成为亘古以来最麻烦的哲学难题。因此，并不是世界上任何人都真正拥有指导其人生的价值原理，而且，也不是人们所拥有的个体价值原理都合乎其根本目的、利益和需要。

在价值思想史上，一些人曾经公开宣称过形形色色的指导人生的价值原理。有人认为，人生的目的在于及时行乐，过一种快乐的生活；也有人认为，人生的目的在于获得足够的利益，尽量满足自己的欲望；等等。其实，这些"原理"并不"基本"，经不住审慎的推敲。例如，尽管快乐是人生所必需的，没有快乐的人生是乏味、悲惨的人生，然而，仅仅有快乐对于人生是不够的，且不说一个人在什么情况下都可以寻欢作乐，而且快乐本身是消费性的，快乐过后，未必会留下什么对人生有意义的东西。至于利益的获得与欲望的满足，这虽然对人有"基本"的一面，却很难说就是人生的目的。尽管一定的利益是人生的必要条件，但利益大多是工具性、手段性的，正如人们常说的，"金钱生不带来，死不带去"，"金钱买不来爱情与人间真情"，"金钱换不来青春、智慧和幸福"，等等；尽管人们总是希望攫取利益，满足欲望，但是，人们真正珍爱的却永远是那些具有永恒意义的东西，诸如爱情、友谊、智慧、成功、尊严、幸福之类。因此，获得利益与满足欲望都很难说是人生的目的，而只能说是实现人生目的的手段和条件。

那么，个体价值原理到底应该定位在哪里呢？具体的人及其人生千差万别，这种探讨无疑是十分困难的，而且，为人生的丰富性、多样性、创造性、超越性考虑，似乎也不宜为个体制定具体的强求一致的人生目的。尽管如此，我们认为，如下相关的两个方面应该是人生努力追求的。其一是幸福。就一个人而言，追求幸福是至高无上的，是永恒地有意义的；相比幸福，其他的一切都是从属性的（如快乐）、手段性的（如利益的获得、欲望的满足）。而且，幸福也是一个人立身社会、成为合理社会之一员的必要条件。试想一想，如果一个人对自己都不在乎，对自己的幸福都漠不关心，"破罐子破摔"，那么，谁又能指望他心存善念，关心他人的幸福，维护社会的公正，建设美好的世界呢？其二是自由与全面发展。人之所以为人，在于其自主性、创造性与超越性，如果没有信念、信仰和理想，没有有意识地对先前状况的超越，人根本成不了现在这个样子，也许还过着茹毛饮血的原始生活。对任何一个人来说，只有最大限度地发挥自己的潜能，过上一种富于创造性的生活，使自己的潜能得以发掘，获得自由而全面的发展，才拥有一个充实而有意义的人生。而且，正如马克思所说，每一个人的自由而全面的发展是一切人自由而全面发展的条件，因此，这也是建设一个美好社会的必要条件。

但是，无论是个人的幸福，还是自由与全面发展，都并非个人自己所能决定得了的。任何人都得生活在一定的社会中，人与人之间是相互依存、相互作用的。爱因斯坦指出，"个人对社会的依赖，显然是自然界的一个不能抹杀的事实"[①]。如果没有类与他人的存在，根本就不可能有某一个人的存在，任何人能不可能独自完成人类所经历的进化过程并生存下来。从价值角度看，人与人之间的依赖也是如此。如果没有前人的辛苦积累，没有他人的价值创造，每个人所能做的事情都极为有限，更别提什么"自由与全面发展"了；离开了他人和他人所做的一切，如父母的温暖与关怀，恋人的情爱与友谊，朋友的友情与帮助，他人的关注与理解，甚至与"敌人"的对峙与斗争，一个人必将成为一匹孤单寂寞的"独狼"，幸福甚至有可能都不会成为他的一种感觉。至于那些把财富、权力、名誉、地位等视为幸福的人，则更是一切都无法独立于他人。试想，如果没有他人，权力、名誉、地位从何而来？况且，权力等本身就是社会性的，离开了他人与社会，即便你声称自己就是至高无上的"国王"，又有什么实质性意义？财富也是如此。没有他人和社会，拥有花不完的钱，甚至拥有一座金山又能怎么样？一个人可是"消受"不起的，甚至根本就无处"消受"。进一步地，在一个相互依存的社会中，每一个人都有价值追求的动机与权利，尽管幸福有时是可以分享的，尽管自由与全面发展有时是共同的、协调的，但也难免在价值追求的过程中发生矛盾和冲突，毕竟这种价值追求与实现在世俗社会中常常必须建立在利益之类东西上，而利益之类常常是会引起争夺或需要分配的。因此，与个人的价值原理的实现，与个人的幸福和自由全面发展息息相关的一个重大问题，就是社会的结构和组织形式，即一个社会如何确立其基本的

① 《爱因斯坦文集》第3卷，许良英等编译，商务印书馆，2010，第314页。

价值原理，以最合理、最有效地保障每个人实现价值，创造最有价值的生活。

　　具体地说，社会价值原理的存在，一方面是因为人类整体或某一社会共同体存在相同或相似的基本利益、基本需要。这些共同的基本利益与需要决定了，人们对一定对象应该有共同的评价、选择与规范。为了防止有人出于种种原因，或智识不够，或极端自私，或由于病态，或故意捣乱，或敌视社会，等等，从而作出相异或相反的评价，选择违背社会共同利益和需要的行为，因此需要确立一些最基本的评价与规范原理，以对人们的思想和行为进行引导，加以必要的约束和整合，从而实现某一社会共同体甚至人类整体的最大价值。

　　另一方面，社会价值原理的存在，还在于一定社会中存在个体或小团体的特殊利益与需要。个体以及群体之间的这种差异造成人们对自我、对社会、对文化乃至对世界的不同看法，而这正是价值存在的最深刻根源；如果人类只有共同利益与需要，那么价值与价值评价将是唯一的、永恒的、普适的，价值也就与事实、真理没有什么区别了。同时，正因为有特殊的利益、需要等的存在，人们完全可能对世界形成狭隘自私的、自大自爱的、变态不正常的、盲目愚蠢的、疯狂敌视社会（或人类）的等各种各样危害社会整体利益与共同需要的价值评价与规范，因而为了维护社会，最终也是为了维护每一个体的根本利益与需要，需要确立一些最基本的评价与规范原理，以对人们的观念与行动加以引导、调整和规范。反过来说，如果不存在任何特殊的利益和需要的话，如果人们的观念和行为都是高度统一的，那么基本的价值原理也将成为不必要的摆设，就如同在一个没有任何人吸毒的社会中，一切"禁止吸毒"的规范都毫无意义一样。

　　也正因为如此，相较个体价值原理和其他社会价值判断，社会价值原理是最基本的"底线原则"。既然是最基本的"底线原则"，它的数量应该尽可能少，规范和约束的方式也应该审慎地体现"正义"。

而是否"正义"，不能由某个人或少数人说了算，关键要看相应的主体（至少是相关的大多数人）是否"普遍认同"。这当然是极其复杂的事情，无论是"何为正义"，还是"如何才能实现正义"，迄今众说纷纭，尚无定论，人们仍然"在黑暗中摸索"。

各社会共同体（如民族、阶级、国家等）的社会价值原理的具体内容，与其文化传统、根本利益、优势需要以及政治条件等是密切相关的。从迄今为止的人类历史看，各社会共同体的价值原理常常存在一致性，当然不用说，也存在大量的不协调、相矛盾甚至相对立之处。例如，对立阶级的价值原理往往就是尖锐对立、不可调和的。不论社会价值原理的具体内容如何，我们不应该忽视的是，它主要是以某种利益联系为纽带的。由于利益是可以争夺的，并且迄今看来，利益总是相对匮乏，如何合理地分配利益，减少不必要的矛盾和纠纷，使冲突控制在最小的范围之内，或者冲突不至于失控，就成为确立社会价值原理的出发点。于是，公平与正义就成为社会共同体制定合理的价值原理的首要要求。公平与正义在具体的操作上明显地极为复杂，它一般通过两种思路来实现自身：一是通过某种程序、方式和规则交换与分配利益；二是对违反这一程序、方式和规则的人及其行为予以惩罚与制裁。前者是基础性的，而后者是必要的辅助手段，没有后者就无法保证前者的顺利实施。当然，公平与正义只是社会共同体制定价值原理的行动纲领与内在目标。在历史与现实中，某些社会共同体所宣称的各种"公平"与"正义"都是需要评价的，因为我们不难发现，常常有人打着公平与正义的旗号，行不公平、不正义之类勾当，就如同在历史与现实中，不断有人鼓吹诸如"奴隶天生具有奴性，所以应该被奴役"之类鬼话。可见，以公平与正义相标榜是一回事，实现社会公平与正义却是一件艰巨而困难的事。

由于个人是属于社会的，而社会又是由个人来构成的，因此这里必然产生个体价值原理与社会价值原理的关系问题。在一个社会共同体内，存在个体或社会成员之间的利益冲突，这一点无须再赘述。此外，在社会共同体内还存在个体价值原理与社会价值原理，或者更一般的个体价值与社会价值的冲突。尽管个体的目的、根本利益、优势需要等常常是和社会一致的，因而其价值理想、价值追求常常是和社会一致的；尽管个人生活在社会中，是在社会价值意识的熏陶与教育之下成长起来的，社会价值标准与原则也在相当大程度上内化为个体的内在信念与主体意志；尽管个体对社会价值原理和价值标准的某种承诺或认同，是个体作为社会成员进入社会共同体的必要前提，但这一切并未否定它们之间可能存在分歧与对立。在很多情况下，个体所追求、向往的东西，并不能为社会所允许、所给予；而社会力求达到与实现的目标，也并不一定是个体感兴趣的、所希求的。在这些情况下，个体根据其价值原理力图摆脱社会的约束、限制，甚至希望说服社会，取得社会的允许与支持；而社会则一方面限制、约束个体，对违规者予以警告和制裁，另一方面又力图说服个体，把个体的力量纳入其所要求的轨道。个体与社会两种力量在存在分歧时不断交锋，便构成了现实社会中个体与社会之间的价值冲突，更严格地说，构成了个体与社会共同体之间的价值冲突。

如何解决个体价值原理与社会价值原理之间的冲突，更一般地，如何解决个体与社会之间的广泛价值冲突，是当今世界面临的一个普遍性问题。在一般情形下，社会价值原理应该优先于个体价值原理，即个体应当接受社会价值原理的指导、限制与约束，服从于社会整体利益。但是，在具体的价值生活实践中，这却不是简单的"个人应该服从社会"之类口号式原则所能轻易解决的。历史与现实已经一再表明，并非任何社会都是公正与正义的，并非任何价值原理都是合理的、充满人性的。因此，有时个体基于自身利益与需要对社会价值原则的抗争，如奴隶反对奴隶主奴役的抗争，臣民对于绝对服从封建帝王的统治秩序的反抗，工人反对资本家的残酷剥夺的斗争，反而代表着一种进步的社会趋势和价值追求。可见，在个体与社会之间，必须从根本利益与需要的分析着手，在生活实践中具体地进行磨合，追求社会公正和正义，促进个人与社会协调地自由与全面发展。而且，这一矛盾和冲突的解决将体现为一个永无止境的过程，因为矛盾、冲突是永远不会消失的，旧的矛盾、冲突解决了，又会有新的矛盾、冲突涌现出来。当然，也正是因为有诸如此类的矛盾、冲突存在，社会价值原理才有产生的土壤，才有存在的理由。

三　价值原理的意义

作为价值观念体系中基本的、非派生的价值判断，价值原理既是价值推理（即"派生"出其他价值判断的思维过程）的前提，也是价值生活实践中人们思想和行动的指南。

1. 价值原理与价值推理

由于价值判断之间存在一定的层级机构，因此，根据价值判断之间的层属关系等逻辑关系，从基本的、非派生的价值原理推导出非基本的、派生性的具体价值判断，无论在逻辑上还是在实践中，都不存在什么特别的困难。

在逻辑上，无论是对逻辑持比较宽泛的观点的学者，还是认为逻辑仅仅是演绎逻辑、必然性推理的学者，对从价值原理导出个别或特殊的价值判断的这种推导都予以首肯与认同。即便是逻辑实证主义者，只要不是坚持价值思考、价值判断毫无意义的极端情感主义者，对此也并无异议。甚至规定主义者赫尔早在 20 世纪六七十年代就曾指出，命令句——赫尔把价值判断看作命令句之一种——之间存在逻辑联系，以一个命令句作为前提，联系一个陈述句，可以推出一个命令句结论。这就是说，以一个价值判断作为前提，联系一个事实判断，是完全可以推导出另一个价值判断的。例如：

禁止在一切公共场所吸烟；

商场是公共场所；

所以，禁止在商场吸烟。

在这一推理过程中，只要前提正确，推理过程合乎逻辑，结论就必然是正确的。也就是说，这一逻辑推理过程是普遍有效的。

特别是，现代逻辑的一系列新进展，如评价逻辑、优先逻辑、道义逻辑、命令逻辑等的兴起，尤其是相应逻辑系统的建立与日臻完善，以及功能的逐步增强，更是为这种推理提供了理论上的可能。在本书最后一章中，我们将尽可能简明而全面地对这种推理加以逻辑上的刻画与探讨。

在生活实践中，人们更是无时无刻不在进行着这种推理。人们的任何有意义的活动与行为，都是一种价值活动、价值行为，这种价值活动、价值行为都是在一定价值原理、价值原则自觉不自觉的指导、规范下进行的。由于价值原理、价值原则常常是一般性或普遍性的，而价值活动、价值行为又是具体的、个别的或特殊的，因而在现实生活中，人们常常必须经过一个推理过程，以获得具体的有针对性的指导。典型的如在中国改革开放之初的经济建设中，股份制、私营经济、引进外资可不可以搞的问题，就必须联系社会主义价值原则加以思考、评价和决策。当然，由于人类思维的简约性、省略性等特点，很多时候这一推理过程在主体头脑中并不十分完整；也可能并不为主体清醒地意识，就如同有人做了一件什么好（坏）事，别人指出这是一种具有高尚（卑下）情操和觉悟的行为时，他可能会说："那个时候，我并没有想那么多、那么深。"但是，这并不能否认人们的生活实践总是受着某种价值原理导引与协调，只不过这种导引与协调有时是不自觉的、隐蔽的，有时体现为一种"下意识"行为。

由于价值原理具有相较一般价值判断更高的层级结构，即更直接、深刻地表达主体的根本目的、利益与需要，因而它比一般的价值判断具有更高的权威，一般价值判断必须根据某个价值推理过程来判定其合理性与合法性。例如，在一切以钱为中心的资本主义社会中，"钱具有最高的价值，一切应该为了钱"是其不容置疑的价值原理；如果某位资本家出于自身的某种考虑，把艰辛创业获得的万贯家财全部无偿捐给社会，而甘心做一名一无所有、仅靠微薄薪水生活的职员，便会被认为违背了资本主义的价值原则或基本精神，甚至受到整个资本所有者集团的非议和抨击。这在资本主义世界已有真实的先例。另一方面，价值原理是需要通过价值推理，受到具体的价值生活实践的检验的，它需要不断得到具体的价值生活实践的佐证和支持。如果某一价值原理总是不断地与具体的价值生活实践相违背、相冲突，受到人们的具体的价值评价、选择的嘲弄、反驳与证伪，那么，这一价值原理就应该予以变革、修正甚至退出历史舞台了。

总之，在价值原理的诸多功能的发挥过程中，在价值原理与具体的历史的价值生活实践的交互作用过程中，价值推理都是必要的、不可或缺的中介与途径。离开了各种价值推理，价值原理就可能被抽象地"搁置"起来，令人觉得抽象玄奥，甚至不可思议。

2. 价值原理与价值生活实践

价值是一个属人的范畴，价值论是关于人的生活实践的理论。离开了"实际活动着的人"及其生活实践，一切关于价值的理论探讨都没有意义，都不过是故弄玄虚，徒费心力。因此，从价值生活实践中提升出来的价值原理，必须回到价值生活实践中去，指导人们进行具体的评价、选择。况且，价值生活实践中也一直存在这样的需要。

在价值思想史上，有些理论体系在全面、深入地考察生活实践之前，或者只是对生活实践略一扫描，就匆忙地寻求某个唯一的、终极的价值原理；然后，通过这一偶然"顿悟"或人为设定的价值原理，大言不惭地诠释生活的真谛，趾高气扬地指导人们的行为。如幸福主义之"幸福"公理，快乐主义之"快乐"原则，功利主义之"利益的获得与欲望的满足"标准，宗教"全知全能全善"的"上帝"，等等。它们不是从人们的生活实践出发理解生活，发现生活的意义，而是试图从其发现与设定的原理、原则出发，"赋予"生活以意义。如此构造的价值论或价值观念体系无疑是简单而易操作的，也确实能够从其特有的思路与方法出发解释许多生活现象，但是，它们也只能解释价值生活实践的某些方面，有时甚至会忽视根本性的方面。例如，如前所述，对于人们的生活实践来说，无论是"快乐"还是"功利"都是必要的。人们的生活实践确实常常指向"快乐"与"功利"，甚至可以说离不开"快乐"与"功利"，然而，"快乐"与"功利"都是手段性的，绝不可能诠释人的生活意义的全部，特别是人生的那些根本性的方面。

　　人的生命存在是极其复杂、迄今也未弄清的未解之谜，至于人生的意义与真谛，却是比人的生命存在更为复杂的谜中之谜。特别是，生活实践是人的一种"本质性活动"，是一种自主性、创造性、超越性活动。人生和人的生活实践的本质呈现，既不表现为对某一既定原理、原则的注释，也不表现为对彼岸世界的某种力量的确证，而在于实实在在地过一种属于自己的、并不重复他人的、自己赋予自己意义的"人的生活"。这种"人的生活"是——并且随着文明社会的不断演进将越来越是——丰富的、多样的，同时也是特殊的、个性化的。当然，由于人是一种有意识的社会存在物，是一种"把类看做自己的本质"的"类存在物"①，这种丰富性、多样性、特殊性和个性之中也内蕴着普遍性或共性。正因为如此，每一个人都可能形成自己独特的价值原理（当然，并不是每个人都能够自觉地提炼并意识到它）；而作为一种社会存在物，它又要受到相应社会共同体的价值原理（包括相应的价值规范）的约束。不过，无论是个体价值原理还是社会价值原理，都只能立足自己

①　马克思：《1844年经济学哲学手稿》，人民出版社，2014，第53页。

的文化传统，从现实生活实践中提炼与总结，并随着创造性的生活实践的发展而发展，从而呈现为一个不断变迁、永无终点的过程。也正是在这一意义上，人们的生活实践是价值原理与价值原则的来源与依据，而不能单纯地说人是依照一定价值原理、原则展开生活的。

当然，作为个人或社会共同体所提炼、认同的价值观念体系中基本的、非派生的价值判断，价值原理一旦确立，又会全方位地反作用于人的生活实践，规范人的思想，约束人的行为，为价值生活实践提供指导与依据。例如，假设某人接受"一切维持人的生存发展的是好的"这一价值原理的话，那么，对他来说，当他饥饿时，可以充饥的食物（如蔬菜、肉类、水果等）当然都是有价值（好）的，当他感觉寒冷时，刺骨寒风是违背其需要的，因而是具有负价值（坏）的；"刺骨寒风"令人难受，那么就应该尽可能避免置身于寒风刺骨的恶劣环境中；在有毒的食物与无害的食物之间，他理所当然应该选择后者；等等。在人们的生活实践中，这都不会令人感到特别困难，不需要付出多大的意志努力，反而是平常而又普通、自然而又自然的事情。

具体的个人和社会共同体都没有也不可能重复人类曾经走过的漫长历程，而只能在既有的环境（包括文化价值观环境）和条件下生活与创造。任何人一生下来，就没有选择地生活在一定的文化传统之中，特别是一定的价值观念体系之中，不可避免地受着一定社会价值原理的指导、引导与规范；随着自己的成长，自主意识与独立意识日益增强，特别是特殊的利益、需要凸显出来，他便会逐渐接受或部分认同或抛弃既有的社会价值原理，从而产生个体价值原理与社会价值原理或协调或冲突或重建等关系，并以之引导、约束自己的价值生活，具体地面对与解决生活中的各种价值问题。

具体地，这一过程大致可能经过如下一些步骤。

首先，一定主体（个人或社会共同体）在生活实践中，不可避免地会遇到各种各样的价值问题。例如，对新事物的评价问题，不同行为之间的选择问题，如何调适不同人之间的价值矛盾问题，以及同一个人所面对的价值冲突问题，等等。如何思考和解决这些问题，是人们的价值生活实践中极其重要的内容。

其次，针对上述价值生活实践的问题，一定主体联系一定的价值原理作为前提，进行各种价值推理，寻找解决问题的可行性方案。例如，对目前社会上广泛流行的"给多少钱干多少活"，我们应该怎么看？怎么办？显然，根据主体认同、接受的不同价值原理，可以推导出不同的结论。

再次，一定主体根据具体的价值推理结论，作出自己的评价，选择最优方案，采取实际行动，把生活实践纳入一定的社会价值秩序中去，并依照这种结论，发现和创造生活的意义。

当然，这一过程并不一定是一次就能完成的，往往需要主体根据价值生活实践的反馈信息，依据自己的利益、需要等不断地进行调节，从而创造自己的富于价值意义的社会生活。

3. 一种方法论思考

由于价值判断之间存在一定的逻辑联系，根据价值推理从基本的、非派生的价值原理可以推导出非基本的、派生的价值判断，因此，关于价值判断的意义与合理性证明问题，乃至关于事实判断与价值判断的关系问题，就被某些哲学家转换成了如下一个"真正的问题"或"关键的问题"：那些基本的、非派生的价值判断从何而来？[①]在这些哲学家看来，只要首先找到并证明了那些基本的、非派生的价值原理，借助价值推理，我们就可以推导出一系列具体地指导生活实践的价值判断，为一定社会建构一个价值观念体系。实际上，这也就是说，通过价值原理，我们便可以在"是"与"应该"、事实判断与

---

① 参见弗兰克纳《价值与评价》，载《哲学百科全书》（第8卷），麦克米兰出版公司，1972，第232页。

价值判断的鸿沟上架设一座桥梁。

那么，应该如何寻找和确立价值原理呢？不同哲学流派的哲学家围绕这一问题，直接或间接地提出了形形色色的解决方案。在形而上学者或神学家看来，可以通过形而上学的论证或神的启示确立最基本的价值标准或价值判断，并以之为基础判定具体的价值判断是否有效、是否正确。按照自然主义者的观点，价值原理可以通过经验的证据（例如欲望或兴趣），或者通过价值判断所涉及的意义（如通过分析价值术语或对之加以定义）来确立。还有些哲学家指出，可以通过主体间的有效的惯例或约定——诸如"快乐的就是善的"之类人们普遍接受的信念——给具体价值判断提供理由，等等。

很明显，根据实践唯物主义的观点，以上方案都是站不住脚的。不能诉诸超验的形而上学论证或神学的、上帝的"启示"，这几乎是无须赘言的。诉诸欲望或兴趣等心理经验，由于欲望、兴趣等的主观性、相对性，面临的问题也很多。特别是，人们的价值判断常常违背某种欲望与兴趣，甚至在特定情况下，只有牺牲某些欲望与兴趣，才合乎人的根本目的、利益和需要。至于以惯例或约定来确定价值原理，人们显然可以追问：这些惯例与约定从何而来？其合理性如何证明？可以不懈追问就说明这些惯例与约定不能作为价值原理，因为它们明显也需要进一步证明。

对以上观点的驳难前面已有不少论述，相对而言也并不困难。这里需要特别注意的是如下一种似是而非的观点或方案：解决事实与价值关系问题的关键在于首先确立价值原理，而价值原理的起源与设定是通过人的社会历史活动、通过人的实践过程而加以确立的。

这种观点或方案把价值原理的起源与设定诉诸人的社会历史活动，诉诸实践，这显然是正确的。只是问题并不在此。问题的实质——以上所有方案的失误之处——在于，解决事实与价值关系问题的思路与方法，并不是首先确立某个基本的价值原理，然后再以之为指导演绎、展开人的具体的历史的社会生活和价值实践。这些方案的要害在于，它们把一切都**本末倒置**了。实际上，并非先有某种价值原理、价值原则，而是人们的生活实践产生、升华出了某种价值原理、价值原则；并非某种价值原理、价值原则决定人们的生活实践，而是人们的具体的历史的生活实践决定价值原理、价值原则。诚然，当价值原理、价值原则一经确立，它就具有一定的相对独立性，又会反作用于人们的生活实践，成为人们具体的历史的生活实践的指导与依据，但是，这并不改变它们之间的逻辑关系，并不改变双方的地位。

也许还有人说，可不可以说，是人们先"假定"了某种价值原理，以之作为信念和理想指导、展开生活实践，并根据生活实践来不断检验、修正、完善这种价值原理呢？我们认为，也不能。因为，信念与理想等观念性的东西并不是头脑中先天固有的，或者"神启"、"天启"获得的，而是人们的生活实践的总结与提炼，是对现实的人的本性与目的，人的生活实践的本质、规律与趋势的理解、把握所形成的概念，并且是随着生活实践的发展而发展的。因此，即便有诸如此类的"假定"，也并非所谓"先定"、"神定"或"天定"的，而是人们的生活实践的积淀与反映。就如同有人可能列举的评价标准的最原始、最一般的形式："凡是合乎主体的根本目的、利益与需要的，都是好的"，或者，"凡是不合乎主体的根本目的、利益与需要的，都是坏的"；① 相应地，那些对于主体而言基本的、必要的"好"或"坏"，还可用"应该"或"禁止"等方式加以规范，如"合乎主体的根本目的、利益和需要的，都是应该做的"，反之，都是应该禁止的。在某种意义上，上述形式的评价标准总可以看作最基本的价值原理吧？我们以为，即便是如此形式、人们目前已接受、认同的评价标准或价值原理，也不是人为设定或抽象假定的，而是人的社会实践的

---

① 当然，这里的"好"或"坏"只不过是所有肯定的或否定的价值词的统称。

产物，其具体内容是由不同主体的相应社会实践决定的，并且是随着其社会实践的发展而不断完善的。

一方面，人们之所以把合乎根本目的、利益与需要的视为"好"的或"应该"的，这是在社会实践中所表现出来的人的自然本性，特别是劳动创造人的过程中，"自然选择"与"适者生存"的法则所决定的。我们可以深入到达尔文的自然选择进化论和现代生物学的成果中寻求依据。达尔文（C. R. Darwin，1809 – 1882）在《物种起源》中揭示，趋利避害是一切生物的本能。由于"一切生物都有高速率增加其个体数量的倾向"[1]，产生的个体总是比可能生存下来的为多，因而在同种或不同种的生物个体之间就不可避免地出现生存竞争；而在激烈的生存竞争过程中，生物体的有利的个体差异和遗传变异使之得以保存，而任何轻微的有害变异都可能会使之严重地遭到毁灭。因此，"我把这种有利于生物个体的差异或变异的保存，以及有害变异的毁灭，称为'自然选择'或'适者生存'"[2]。现代生物学也揭示，人的趋利避害的合目的性产生于基因，基因具有完全利己的本性。例如，威尔逊（Edward O. Wilson，1929 –　）指出，基因"有一大天然特性：自私。如果它不自私，而是利他主义者，它把生存机会让与其他基因，自己就被消灭了。所以，生存下来的必定是自私的基因而不能是利他基因"[3]。理查德·道金斯（Richard Dawkins，1941 –　）也指出："成功基因的一个突出特性就是其无情的自私性。这种基因的自私性通常会导致个体行为的自私性。"[4] 可见，从人的行为的生物原动力来看，趋利避害、保存和发展自己是一个基本的生存与活动法

---

① 达尔文：《物种起源》（增订版），舒德干等译，北京大学出版社，2005，第46页。
② 达尔文：《物种起源》（增订版），舒德干等译，北京大学出版社，2005，第55页。
③ 威尔逊：《新的综合：社会生物学》，阳河清译，四川人民出版社，1985，第40页。
④ 理查德·道金斯：《自私的基因》，卢允中等译，中信出版社，2012，第3页。当然，道金斯同时也谈道："基因为了更有效地达到其自私的目的，在某些特殊情况下，也会滋长一种有限的利他主义。"

则。从人的这种自然本性出发，就必然把合乎自己的根本目的、利益和需要的视为"好"的，或者"应该"的，而把不合乎自己的根本目的、利益和需要的，视为"坏"的，或者应该"禁止"的。那些无视这一法则甚至违背这一法则的人或群体，在生存竞争中则难以避免地会遭到淘汰。

另一方面，人们之所以把合乎根本目的、利益和需要的视为"好"的或"应该"的，这更是由人们的社会实践以及在社会实践中形成与发展起来的社会本性决定的。劳动创造了人与人类社会。有了人就有了社会，而并非如达尔文主义者所主张的，在人出现之前，社会就已存在于动物之中了；也不像卢梭等人所设想的，在社会建立之前，曾存在一种有人类而无社会的"原始状态"，社会不过是人们订立契约的结果。实践唯物主义认为，任何人都是社会的人，人类社会与动物群虽有着某种自然本性上的一致，却存在本质上的区别：在动物群中，维系彼此之间关系的仅仅是自然本能；而在人类社会中，维系人与人之间关系的是为了生存和发展而在社会实践中发展起来的各种错综复杂的利益关系，以及对这种客观的利益关系的反映和意识。任何一个对自己的利益、需要等有正常反映和意识的个体或社会共同体，为了自己的生存与发展，都会把适合自己利益、满足自己需要的东西看作"好"的。因为，人的利益是其生存、发展的基本的、必要的条件；人的需要作为人的社会本性，体现着人之为人的本质规定性，需要之被满足与新的需要之产生过程，表现着人的生存与发展过程。在社会实践中，人们之所以出让、放弃某些利益，或者纯粹"利他"，总是为着更根本、更崇高的利益；人们之所以抑制或者扬弃某些需要，总是为着实现更多、更高层次的需要。在社会生活中，那些完全无视甚至违背自己的利益、需要的人或群体，在社会竞争中也难以避免被淘汰的命运。

当然，人是一种"社会的存在物"，任何人都与他人一样，处在一种相互联系、相互依存、相互作用的社会关系之中。没有他人的存在及其创造，任何人不仅做不成什么大事，甚至连维持自己的生存也成问题；由于人的利益与需要具有社会性，任何人的利益与需要及其满足也与他人及其活动紧密相连……正是由于这种社会联系和社会依存性，同时社会生存空间、生产资料、生活资料等又是有限的，远远不能满足所有人的所有需要与欲望，因此，人与人之间难免出现目的不一、利益冲突、需要撞车之类情形。在这类情形下，为了保护每一个人的合法权益，尽可能地满足其需要，就必须想方设法协调人与人之间的社会关系，对有限的利益进行合理而有效的分配。于是，一定的协调性、分配性的规范，诸如"凡是合乎（不合乎）主体的根本目的、利益和需要的，都是应该（禁止）的"等，就无论如何都是必要的、必须的原则。

可见，诸如"凡是合乎主体的根本目的、利益与需要的，都是好的（或应该的）"之类价值原则，并不是逻辑上在先的所谓"假定"，也不是什么人（包括神）的所谓"规定"，而不过是人们具体的历史的生活实践的反映与提炼。——否则，这些人或社会共同体根本不可能生存至今，并持续发展下去，而早已进入了只具有考古学意义的"历史"。毕竟，咀嚼悠远的历史，已经消失的氏族部落、霸权国家、文明形态比仍然"健在"的多得多。——当然，生活实践中的这种反映、提炼绝对没有止境，而体现为一个不断探索、曲折前进的历史过程。

总之，关于价值原理的起源与确立问题也好，关于事实与价值关系问题的解决也罢，对于一切人类思维所提出的问题，都只能立足于人们的具体的历史的社会实践，诉诸具体的历史的社会实践，才可能真正获得解决。否则，从观念的逻辑出发，排斥生活实践的逻辑，就必然走入逻辑上的死胡同，找不到解决问题的方向。一些哲学流派不是从人们的具体的历史的生活实践入手，而是从价值原理的起源与确立着手解决休谟问题，而这些尝试呕心沥血仍毫无进展，也从反面证明了这一点。

第八章
解决休谟问题的实践方式

作为主体的人是如何依其本性、需要与能力而沟通事实与价值，从事实判断导出价值判断的呢？笔者认为，对这一问题的探索绝不能像二分对立论者那样，仅仅在理论的思辨和抽象的逻辑中兜圈子。事实与价值的关系问题虽然是从理论和逻辑上提出来的，但它本质上是一个实践的问题，立足实践唯物主义，从主体（人）的具体的历史的生活实践入手，是我们真正理解和尝试解决这一问题的钥匙。这正如马克思所说的："**理论的**对立本身的解决，**只有**通过**实践**方式，只有借助于人的实践力量，才是可能的；因此，这种对立的解决绝对不只是认识的任务，而是**现实**生活的任务，而**哲学**未能解决这个任务，正是因为哲学把这**仅仅**看作理论的任务"[1]；"凡是把理论引向神秘主义的神秘东西，都能在人的实践中以及对这种实践的理解中得到合理的解决。"[2]

一　社会历史实践中普遍的事实

坚持休谟法则、否认从事实判断能够导出价值判断的哲学家们的

---

① 《马克思恩格斯全集》第 3 卷，人民出版社，2002，第 306 页。
② 《马克思恩格斯选集》第 1 卷，人民出版社，2012，第 135～136 页。

一个根本失误之处，就在于他们只是在抽象的理论范围内，仅仅运用现有的处理事实问题的逻辑工具，去求解一个本质上是实践范围内的问题。这导致他们忽视人的具体的历史的社会实践，无视历史与现实中一个普遍而又经常、自然而又自然的"事实"：在人们的具体的历史的生活实践中，并不存在"是与应该"、事实与价值的不可逾越的鸿沟；人们无时无刻不在进行价值评价，自然而然地、经常且大量地进行从"是"到"应该"、从事实判断到价值判断的推导。也就是说，沟通事实与价值，从事实判断中导出价值判断，在人们的具体的历史的生活实践中十分"普通"，并不存在什么不可逾越的二分鸿沟。或者更直白地说，这个问题在具体的历史的生活实践中并不存在，而仅仅存在于抽象的理论和思维之中。也许，黑格尔在《哲学史讲演录》中说得好："造成困难的永远是思维，因为思维把一个对象在实际里紧密联系着的诸环节彼此区分开来。"[1]

当然，这种沟通与推导并不意在否定事实与价值的区别，而仅仅旨在指出，在具体的历史的实践活动中，主体（人）总是根据其本性、需要与能力，依据实践—认识活动中所发现和把握的事实，进行价值评价，形成价值判断，并以之为范导开展丰富多彩的价值创造活动。

这种沟通和推导是具体的、历史的，贯穿人类社会的整个历史过程；这种沟通和推导也是普遍的、多样化的，在人类社会的每一种现实实践形式中都经常而自然地表现出来。

制造和使用工具是漫长的人猿相揖别的标志。"一当人开始**生产**自己的生活资料，即迈出由他们的肉体组织所决定的这一步的时候，人本身就开始把自己和动物区别开来。"[2] 人所制造的工具，哪怕是最简陋、最粗糙的工具，如打砸石器（石刀、石棍、石斧、石铲）之

---

① 黑格尔：《哲学史讲演录》，贺麟、王太庆译，商务印书馆，1959，第 290 页。
② 《马克思恩格斯选集》第 1 卷，人民出版社，2012，第 147 页。

类，也是根据石头的质地、硬度、形状、大小等事实特性，根据主体（人）生活实践中的具体需要，开动脑筋、摸索着制造出来的。或许最初的石器加工十分偶然，因为当时人的自主生产能力有限，经验并不丰富，也没有语言、文字，无法记录、交流和遗传这一过程，但很显然，这一过程已经包含了最低级的试验、观察、判断和推理活动，其结果是和主体的生活实践相联系的，是对于主体而言"有用"或有价值的。可以说，制造和使用生产工具的活动，直接表征着主体的需要和创造价值的能力。

满足生存与生活需要是类人猿与原始人的优势需要。在恶劣、严酷的生存环境中，可以推断，原始人的生活是异常艰难的，缺乏基本的保障。他们为了寻找食物来源，总是不断扩大活动范围，采集野果和植物，捕猎野生动物，并尝试着"吃"。并且，在这种生存与生活实践中，哪些对象具有"能使人们'满足需要'这一属性，就铭记在他们的头脑中了，人和野兽也就学会了'从理论上'把能满足他们需要的外界物同一切其它的外界物区别开来，……按照类别给以各个名称"[1]。显然，在这一"神农尝百草"式的摸索过程中，相应的动物、植物及果实就和人的需要建立起了价值关系，反映在人的头脑中，逐渐形成了相应的知识和明确的价值意识，并且，用赋予其不同"名称"的方式固定下来。

在生产力极其低下、生存竞争异常激烈的情况下，经历越来越丰富、越来越有"意识"的原始人，无论是面对任性的大自然、凶猛的野兽，还是面对自身不可抗拒的生老病死等，都充满着恐惧、无奈和无助。在无时无处不在的恐惧气氛中，出于对超人间力量的祈求，原始人按照某种自然模式或生存方式，不断"开发"出形形色色的图腾崇拜。例如，有些氏族希望如鹰一样矫健凌厉而崇拜鹰，有些部落渴

---

[1] 《马克思恩格斯全集》第 19 卷，人民出版社，1963，第 405 ~ 406 页。

望如虎一样勇猛威风而崇拜虎，等等。不少原始部落都有万物有灵的观念，他们一般都相信，自己与图腾之间存在某种肉体或心理上的联系，图腾有一种神秘的超自然力，能够保护自己，自己也可以获得它们的力量和技能。而图腾作为膜拜的对象，要求人们从内心深处敬畏图腾，遵循与之相适应的行为模式，或者履行相应的义务（如禁杀、禁捕、禁食图腾动植物，禁止轻慢、辱骂或亵渎图腾，以及应该定时祭祀图腾，等等）。与图腾崇拜相联系，逐渐形成了各种各样的原始宗教、巫术，建立了以超人间的神为中心的价值系统，特别是形成了一整套祭祀仪式和清规戒律。

　　人类自身的生产——即种的繁衍——是又一种重要的生产实践。维持种的生存和繁衍是人类类似于一般动物的"本能"。在原始的氏族部落，最初一般实行的大约是族内群婚。这是氏族的根本规则，是维系氏族的纽带。在长期的婚姻实践中，一些氏族部落逐渐发现，族内杂婚后代的死亡率较高，先天缺陷率也较高，或许是偶然的族外婚姻所生后代则体质较好，智商较高，表现出一定的个体优势。于是，为了避免先天不足，维持生存竞争优势，一些氏族部落根据上述事实，就逐渐得出了族外婚姻优于族内婚姻的结论，并逐步形成了关于性与婚姻方面的一些风俗习惯，例如，乱伦禁忌，N 代之内不得通婚的习俗，等等。后来，性与婚姻方面的禁忌不断拓展，成为人们的价值观（性观念、婚姻观、家庭观）的重要组成部分。

　　婚姻实践与劳动中的交往、分工等一起，促进了社会组织的发展。特别是劳动的分工，哪怕只是性别分工，或者自发的简单的分工，也会在人与人之间造成一些事实上的差别，如社会角色差别。不同的角色由于在社会生活中面临的事实情景不同（如初民面对的是狂野的大自然，农民面对的是固定的土地，牧人面对的则是"流动"的牧场），劳动方式不同，社会地位不同，肩负使命不同，所起作用不同，等等，于是，在长期实践中必然接受不同的角色规定性，并形成不同的角色意识。可以想象，由于角色和角色意识的差别，部落首领和普通成员对于食物分配等的评价，大约就不会完全一致。人们常说的"屁股决定脑袋"，话虽粗，但理不糙。发展到今天，分工和角色差别导致的人与人之间的差异日益明显，诸如"军人气概"、"艺术家气质"、"商人气息"、"官场陋习"等，就在一定程度上透露了相应职业的角色特质。依据这种角色规定性与角色意识，人们常常根据某人的言行所呈现的事实特征，作出自己的价值评价。例如，在"官本位"等级特权社会中，"那位穿粗布衣服、说话和气、骑自行车上下班的人，一点儿都不像一个高级干部"。

比较先进的生产工具的使用，社会分工的发展，直接提升了劳动生产率，促进了生产力的发展。由于上述因素的变化，原始部落中开始出现剩余产品，生产关系和社会组织形式也开始发生变化。部落首领等利用自己的社会角色和地位，可以比较方便地占有剩余产品，即变相占有他人的劳动。与劳动交往、社会分工特别是产品分配相联系，部落内部成员逐渐出现分化，由此产生了劳动阶级和剥削阶级的对立。部落战争中的俘虏，甚至整个战败的一方，自然成为被剥夺、被奴役的对象。在阶级分化的基础上，进而产生了一个阶级统治另一个阶级的工具——国家机器。以相应的教育、管理和统治实践为依托，形成了越来越复杂的国家制度、意识形态和价值观念体系，包括以"应该"为标识的一整套政治、法律、道德规范。

特别重要的是，人是有理性、有意识、会思想的存在物。由于语言、文字等的发明，由于印刷术和通信手段的进步，在社会实践中产生和发展起来的宗教信仰、生活常识、科学知识以及价值观念体系，通过社会组织的运作和人自身的社会化过程，以社会遗传的方式继承下来，并不断在新的生活实践中创新、提高。相应的，人自身的文化水平和思维能力也不断得以提高，人也越来越"成为人"。在这一过程中，事实与价值所涉及的范围不断拓展，程度不断深化，事实与价值相互作用、相互转化的方式日益丰富，机制日益健全。发展到现在，从事实过渡到价值，从事实判断导出价值判断，已经是生活实践中特别普遍、经常发生而并不难理解的事实了。

例如，在当今世界，无论是科学上的发现，还是技术上的发明，都会很快导致人们作出价值预测、价值评价和价值应用。$E = mc^2$ 这一质能关系式一经发现，人们立即意识到，这为寻找和利用新能源提供了可能性，也有人为战争犯人可能利用这一关系式研制新的具有巨大威力的武器而忧心忡忡，这些价值评价后来都变成了现实。利用信息科技特别是自动控制技术研制的机器人一问世，也引发了一番热烈的讨论：有人认为，机器人将可以代替人类做许多事情，特别是那些脏、累、危险、单调的事情，这是人类的福音；有人认为，机器人将替代人类从事大部分工作，这将导致越来越多的人失业，不免心怀愤怒与反感；有人认为，机器人能干而"听话"、实在而不说谎，没有人类的那些不良恶习，因而愿意与机器人而不是人类相处；还有人认为，智能机器人的发展将使其无论在体能还是智力上都超过人类，有朝一日机器人可能反过来统治、奴役人类，给人类带来无穷无尽的屈辱和灾难……无论经验或科学获得什么样的事实判断、事实原理，人们总是会依据其目的、利益、需要与能力，在生活实践中予以"好坏"之类评价，确定自己"应该怎么办"。

甚至在现代社会，这一根据新发现的事实——科学原理或技术原理（诸如电磁理论）——在生活实践中导出主体评价、决策的过程，即"主体应该怎么办"的过程，被"制度化"为了与各主体状况相关、依主体不同而不尽相同的"科学⇄技术⇄生产"双向互动的价值转换与应用模式。一旦科学或技术上发现了新的事实，提出了新的机理，形成了新的理论，人们立即就会对之进行价值评价，开展价值转换的预测分析和可行性研究；一旦认定其产生的效益（或后果）合乎主体的目的、利益和需要，往往立即就会进行产品开发，投入人财物组织生产，进入实际的应用阶段。在市场这只"看不见的手"和政府这只"看得见的手"的推动下，这一从事实的获得（科学技术上的突破）到价值评估、价值转换的过程，其周期呈现愈来愈短的趋势。例如，18世纪从照相机成像原理的研究到照相机试制成功，用了102年，蒸汽机则用了100年；19世纪的电动机从电磁理论的发现到试制成功，用了57年，电话机是56年，柴油机是19年；20世纪的原子弹用了6年，晶体管用了5年，激光器则仅用了1年……至于今天的信息科技、航空航天科技，从理论研究、技术开发到提供产品和服务，往往已经呈现为一个密切关联、不可分割的过程。

今天，只要不是以"是盲"、"事实盲"或"应该盲"、"价值盲"的眼光看问题，我们就不难发现，以把握事实、规律为目标的科学研究事业，与以创造价值为目标的价值实践活动，正呈现一种加速互动、统一的趋势。社会公众的文化水平和科技素养越来越高，越来越关心科技事业的发展，越来越关心科技成果的转化与合理应用，而广大的科学家群体也越来越走出神秘、冷寂的"象牙塔"，在科学化、民主化的社会决策中日益发挥独特的作用，甚至日益成为价值决策、管理方面的权威。科学，作为人类把握未知世界、创造幸福生活、争取自由与解放的一种实践—认识活动，正在社会各方的共同努力下，实现着越来越丰富、多样、巨大的价值。这从"知识就是力量"、科学是"历史上起推动作用的革命的力量"、"科学技术是第一生产力"等具有经典意义的阐述的变迁引人注目地彰显出来。而价值创造活动也不像过去那么盲目、任性，那么情绪化、主观化，而越来越强调尊重客观事实或规律，强调科学、科学家的引领和指导作用。在人们的生活实践中，事实因素与价值因素正日益紧密地缠结在一起，协同发挥其各自的作用。如果深入地分析"知识就是力量"、"科学技术是第一生产力"等命题，我们不难发现，它们既包含了一定的事实成分，同时也是明确的价值判断，本身就内在地蕴含着事实与价值两方面的因素，甚至包含着一定的从事实到价值的沟通和推导。

二 导出价值判断的实践方式

在人类具体的历史的生活实践中，沟通事实与价值是一种普遍而经常的现象。当然，从事实判断导出价值判断的方式是丰富多样、动态发展的。如果我们对之进行梳理，加以总结，或许可以归纳为依主体的自由自觉程度不同而层层递进的几种模式：直觉式的判断和推理，尝试式的实践探索，自觉而科学的实践推导。

1. 直觉式的判断与推理

价值直觉作为主体对客体的一种直接的当下的评价，或对主体责任与义务的直接领悟，是一种"跃迁式"的价值思维方式。一些突然光降、意义重大的直觉，人们也称灵感。价值直觉的思维元素不仅有概念、判断以及标识它们的符号，而且还可能伴随有图示、形象、声音、身体或动作语言，等等。

与主体自觉的、按部就班的、条分缕析的逻辑思维相比较，价值直觉一般具有如下特点。

首先，价值直觉并不表现为分析性的、按部就班的逻辑推理，而是面向对象时，主体从整体上作出的综合评判与选择。例如，置身于激烈的市场竞争中，经验丰富的商人一旦获得某种信息情报，并不经过也来不及进行周密的调查、分析和论证，往往就能凭直觉综合地把握市场形势与走向，从而迅速予以评价，作出自己的决定。

其次，价值直觉不是连续、渐进的推理过程，而是思维过程中的"突变"与"跃迁"：它似乎具有一种神奇的"穿透力"，能直接"钻入"对象的深层，发现对象的本质，领悟对象的意义。就如同青年男女神奇的"一见钟情"，情不自禁；也正如古人所谓"倏然心会"、

"豁然开悟"、"目击道存"……

再次，价值直觉不是主体自觉的意识活动的结果，它对对象的评价、判断是一个自然而然的过程，往往并不需要主体做各种自主、自觉的努力，而表现出一种"非自觉性"特征。

最后，价值直觉特别是灵感的出现，常常伴随有强烈的情感激发，就如同柏拉图所谓"失去理智的迷狂状态"。甚至，在不少时候，人们的价值评价就是以赤裸裸的情感方式表达的，如《红楼梦》中宝黛"一见钟情"时的心旌摇摇、惊喜陶醉；欣赏《老人与海》时直感生命搏击之心灵颤抖、顽强不屈；领悟康德所谓"头上的星空和内心的道德律"之敬畏、震颤；……

总之，价值直觉是一种直接、整体、综合地把握对象的思维方式，它突出地表现为思维过程的质变和飞跃。当价值直觉光临的时候，往往伴随有强烈的情感浸透力，同时，又表现为主体的一种深邃的透视力、洞察力。

在价值实践领域，在日常生活中，价值直觉都是人们面对现存世界，作出价值评价、进行价值推理的重要方式。

（1）直觉的评价与判断

这是指价值主体在具体的价值生活实践中，面对一定的事物、事件、现实等，从主体自身的需要出发自然而然地作出的一种直接、当下的反映与表达。由于这里现实的价值关系可能涉及很多方面，因而这种直觉评价也相应地可以区分为不同的类型，如道德直觉评价、审美直觉评价、功利直觉评价、军事直觉评价，等等。例如，在生活实践中，人们常常并不作周密的思考，一见到某件艺术珍品，或者刚刚踏进某个风景区，"太妙了!"或"太美了!"等评价便会脱口而出；身经百战、经验丰富的军事指挥者或经营管理人员面对头绪繁多、瞬息万变的战场或商场形势，随时都会有一个大略的形势判断；熟练工人或者有经验的营销人员对某产品是否合格、是否令人满意，随意一瞥便会迅速地予以"目测"、"毛估"；等等。

当然，这种直觉评价必须以对客体的现实状况的一定了解和对主体的利益、需要等的一定把握，即以关于客体的事实和主体的事实等为基础；必须以作为主体的人的本质力量对象化的展开的社会实践为基础。一个饥肠辘辘、忧心忡忡的穷人，往往不会对美丽的自然景色产生审美直觉，一位唯利是图、专心发财的商人，从"钱眼"里也只能直觉到矿物的商业价值，往往看不到矿物的美。

但是，这种直觉评价不是主体对客体的条分缕析、深思熟虑，也不是主体自身的患得患失、斤斤计较。在价值直觉产生的当儿，没有主体与客体的分离与对峙，主体直接地进入了客体，直面到客体的真实，领悟到对象的意义；也没有理智与逻辑的艰难推进，那种感性的、情感的强大透视力，瞬息击穿了对象的"外壳"，瞬间把握到了对象的真谛、生活的意义……在这里，那敏锐的感觉，那深邃的洞察力，如火、如电、如诗、如海、如上帝的目光……或许有人会说，这令人费解，这不可思议！但是，它就那样"自然而然"、毫不费力地发生了！

（2）直觉的推理、抉择

这是指在某种情景中，面对一定的价值现象，主体迅速地作出行为选择，确定行动方案。特别是在面对复杂的、不确定的、变化显著而微妙的甚至是冲突着的现实情况时，主体的这种直觉的推理、抉择的作用更为明显。例如，战场、商场形势往往瞬息万变，根本容不得人们犹豫与等待，而有时所获得的信息既不完整，更不充分，这时，有经验的指挥者、决策者常常对正确的决定有一种"直觉的预感"，从而快速地作出选择。有时，人们会置身于两难或多难价值冲突情形中，如山火突发时，是保卫自家的房屋，还是弃家不顾全力灭火；外寇入侵时，是在家孝敬老母，还是上前线尽忠报国……在这种困难的时候，任何选择都将意味着失去，任何理论都会显得苍白无力，理智的论证不仅冗长，而且还难有明确的结论，而凭直觉则往往可以作出快速、明智的抉择。有时，主体所面对的客观形势极为复杂，并有多种其后果难以预料的选择方案，如果按部就班地一一进行理智的筛选，这常常是不现实的，尤其是在当今"信息爆炸"的情况下，这时候就需要另辟蹊径。由于直觉是一种综合的整体的把握对象的思维方式，它往往能对后果作一个大致的估量与猜测，因而凭借之，往往可以迅速作出选择、决断，等等。

不过，我们应该注意的是，在生活实践中，价值直觉的这种推理与抉择，即"应该怎么办"，不是毫无根据的随意选择或心血来潮，它也是有根据的。这一根据就是客体的本性、规律和主体的目的、需要；前者以可能或不可能的条件形式决定着人们行为的界限，后者则深入主体的内心，决定着行为的必要性和动机，这两者结合起来，以评价的方式构成主体行为选择与决策的现实基础。况且，人们的直觉选择是否适当，决策是否正确，也只有回到生活实践中去，依上述根据加以判决，若有偏离，则需要进行修正、完善，或者重新选择、决策。

（3）价值直觉的创造、设定功能

人们的具体的历史的价值评价与抉择活动，并不是一种本能地、随机地应对环境的活动；人作为一种"社会的存在物"，一种"文化动物"，总是生活在一定社会的文化价值氛围之中，其评价与抉择活动都是受一定价值观念体系的指导与规范的。但是，这些价值观念体系却不是从来就有、永恒不变的，不同时代、不同社会共同体等都有其所确立、认同的价值观念体系。

在这些价值观念体系中，关键在于确立那些基本的、非派生的价值原理或价值原则。诚然，价值原理、价值原则不过是主体的社会历史实践的产物，但是，在具体地寻求与确立它的过程中，并没有通用的特别有效的逻辑程序与方法，仅仅通过缜密的逻辑推导常常会感觉力不从心，甚至无能为力。而由于价值直觉是人的思维直接洞察与把握价值本质、确立行为原则与方向的一种方法，它一般并不受现有的事实材料的限制，也不一定受既有价值观念、价值意识的束缚，而是主体直接"奔向"目标，把握生活的底蕴，领悟行动的意义。因此，主体的以社会历史实践为基础的，反映主体的根本目的、利益与需要的价值直觉，在发现、创造、提炼、设立价值原理、价值原则的过程中，具有非常重要的意义。在生活实践中，我们不难发现这样的情形，有人在经历了某一具有强烈刺激性的事件之后，幡然悔悟，突然对人生有了全新的明晰的理解；有人追名逐利辛劳一生，临死前突然大彻大悟，瞬间领悟了生命的真谛；统治一定社会共同体的"头脑"在经过一番风风雨雨、坎坎坷坷之后，终于认识了共同体的本质，明确了共同体的真正使命；……

在人类思想史上，很多思想家都注意到了直觉发现、设立基本的价值原理、价值原则的这种功能。马克思指出："每一种本质力量的独特性，恰恰就是这种本质力量的**独特的本质**，因而也是它的对象化的独特方式，是它的**对象性的、现实的**、活生生的**存在**的独特方式。"① 在人类无止境的社会实践中，人的各种本质力量以其各具特色的方式而起作用，人"不仅通过思维，而且以**全部**感觉在对象世界中肯定自己"②。爱因斯坦更是反复宣称，他"相信"直觉和灵感，相信简单性原则之类美学标准。他认为，"从经验材料到逻辑性演绎以之为基础的普遍原理，在这两者之间并没有一条逻辑的道路"，"只有通过那种以对经验的共鸣的理解为依据的直觉，才能得到这些定律"。③ 果戈理（Nikolai Vasilievich Gogol，1809 – 1852）在文学创作中屡屡受惠于艺术直觉，他在给斯密尔诺夫娜的信中指出："我决不是根据什么推论或结论（思考？）来认识你的灵魂，因为上帝把听取

① 马克思：《1844 年经济学哲学手稿》，人民出版社，2014，第 83 页。
② 马克思：《1844 年经济学哲学手稿》，人民出版社，2014，第 83 页。
③ 《爱因斯坦文集》第 1 卷，许良英等编译，商务印书馆，2010，第 718、172 页。

灵魂的美丽的感觉放在我的灵魂里了，我的许多快乐和喜悦的源泉。"① 直觉主义者更是把直觉视为把握价值（善）本身或行为的正当性（义务）的唯一有效的方式。例如，摩尔指出："这些命题全都是'综合的'，它们全都终归建立在某一命题之上，而这一命题不可能根据逻辑从任何其他命题演绎出来；必须直截了当地接受它或否定它。"② 普里查德则认为，人们做某种特殊道德行为的"义务"或"正当性"是不可推论的。义务或责任的客观性与自明性，如同数学上的 $7 \times 4 = 28$ 一样清晰明了，无须借助一定的认识与推导，它是通过人们的理智直觉所直接把握的。当然，绝对排斥经验的或理智的逻辑的方法，价值直觉主义的观点又走得太远了。

尽管通过价值直觉而领悟的直觉结论，往往只是一些比较凌乱、模糊、不完整的直感、猜想或线索，还需要运用逻辑思维进行加工整理，才能提炼、整合成恰当的价值判断，但综上所述，在价值生活实践中，价值直觉对于人们作出价值评价、判断、推理与抉择，发现与设定价值原理，均具有重要意义。

但是，这种价值直觉却不像某些人所声称的，是人的一种"天赋本能"，也不像某些极端理性主义者所说的，是一种特殊的逻辑技能。实际上，它是在人们的现实生活实践中发展起来的一种思维方式和能力，其来源是也只能是人们的价值评价与创造实践。

首先，只有在长期的价值实践中，才能积累评价对象、指导行为的相应知识。一位军事指挥员如果没有关于敌我双方力量的对比分析，没有关于天文、地理、武器、通信设备等的相应了解，没有一定的战略战术知识与经验，是绝不可能在瞬息万变的战场上，凭直觉判断战场形势并迅即作出判断、发出行动指令的；一个缺乏科学知识、

---

① 转引自陶伯华、朱亚燕《灵感学引论》，辽宁人民出版社，1987，第 140～141 页。
② 摩尔：《伦理学原理》，长河译，商务印书馆，1983，第 152 页。

完全没有科学素养的科盲，也是无法欣赏《欧氏几何》，产生像爱因斯坦那样的令人震颤的美感的。当然，这里应该注意的是，如果过分拘泥于知识、理论而不知变通，从而教条式、图解式、程式化地对待生活，机械地按部就班地进行价值评价，那将不仅无助于直觉能力的形成，无助于直觉（灵感）的产生，反而可能会令自己封闭、保守和僵化，从根本上阻碍直觉（灵感）的光临。

其次，只有在生活实践中，才能丰富对生活的体验，养成一系列把握价值对象、进行行为抉择的技巧、技能。理论或知识如果不进入实践层次，就永远只是一堆枯燥、僵死的东西；一个人如果不投身生活实践，就不可能积累直面生活、深入对象的体验。我们根本无法想象这样的情形：一个不懂得艺术欣赏、绝缘于艺术创作实践的人，会有敏锐的艺术直觉；一个从无商海浮沉经历的人，会在严酷的市场竞争中保持敏锐的市场洞察力；一位并不爱好围棋，并不熟谙围棋搏杀技巧的棋手，可能在弈棋时快速发现"手筋"；等等。丰富多样的生活实践经历是价值直觉产生的源泉。

再次，生活实践中所发展与掌握的思维技能，是价值直觉产生的前提。人们在日常生活与科学实践中，逐渐掌握了各种思维方法，形成了许多思维技巧，经常反复的运用使得人们对这些方法、技巧非常娴熟，甚至无须意识控制就能够自如地运用它们。特别值得指出的是，语言的学习和运用是形成思维技巧、提升思维能力的重要途径。乔姆斯基（Avram Noam Chomsky，1928 － ）关于语言的表层结构和深层结构的区分，以及生成语义学说认为，语言的深层结构是逻辑形式。根据这一思想，人们在接受与使用语言时，实际上也就不自觉地接受了一整套逻辑规则、思维方式；随着人们对语言的熟练掌握和自如运用，在生活实践中对这些逻辑规则、思维方式就能自如地遵循与使用。也正因为如此，从事后的分析来看，直觉有时表现为一个省略了中间推理步骤、直接获得结论的逻辑思维过程。

　　直觉——包括价值直觉——并不神秘，尽管目前而论，其发生机制尚待进一步探索，但可以肯定的是，它不过是人脑在长期社会历史实践基础上发展起来的一种机能，属于人类的一种意识活动。在逻辑思维并未产生的时候，处于猿进化为人过程中的那些先人，便以那种本能的直觉观照、体验着世界，创造着自己的生活。当他们打制、使用那些粗陋的石斧、石刀时，他们是无法理性地分析与总结其价值的，是一种本能的直觉引导着他们，如果你用系统的理论、缜密的逻辑分析他们的行为，完全可能会让他们觉得不知所云，甚至目瞪口呆。当然，这种本能的直觉也是一种实践、活动的能力，它源于受生存与生活需要驱使的那些本能的和日渐自觉的生活经历和生命体验，并且，随着人类生活实践的发展，其内容也会不断得以丰富和发展。

　　另外，脑科学与人工智能的现代成果也表明，直觉不过是人脑基于实践的一种机能。现代人工智能的研究表明，人类思维的本质特征在于，它有能力处理的不是由逻辑分析把推理或证明分析成的一个个组成部分，而是这些部分构成的一些整段整段的组合，即它有能力"跳过"推理或证明的一些个别环节，并直接得出结论。当然，这种"跳跃"不可能凭空产生，而是以生活实践在主体头脑中积淀的一系列主体背景因素为基础的，这些因素包括观念性、知识性的内容，包括逻辑方法、规则方面的内容，包括主体情感、态度方面的内容，等等。它们有的以显意识的方式存在，有的则以潜意识的方式存在。当遇到一定的问题情景时，大约是主体头脑中形成一个优势兴奋中心，潜意识受到激励，与显意识达到沟通，从而形成新的暂时神经联系。根据巴甫洛夫等人的研究，这种新的暂时神经联系往往可以在大脑优势兴奋中心的边缘抑制区以"突然拓通"的方式形成，因此，主体就可能没有意识到形成的完整过程，而直接领悟到了结论。

　　但我们也应指出的是，价值直觉以实践为基础，源于实践，但并不等于说，生活阅历丰富的人的直觉能力就一定强，或者会更频繁地产生敏锐的直觉。就审美直觉而论，见多识广的旅人未必懂得欣赏贝多芬的《英雄交响曲》与《月光奏鸣曲》，足迹踏遍世界的营销人员也不一定会为海明威的《老人与海》而震撼；就道德价值而论，面对危难情形，如火警骤起、歹徒逞凶、贼寇来犯，那些阅历丰富、"成熟世故"的成年人，也未必就比涉世未深的少年儿童更知道应该怎样做；……现实生活常常为我们诠释这一点。当然，一般而论，生活经历的丰富可能会直接、间接地促进价值直觉能力的形成；但我们更应注意的是那些不是用心体验生活的人，不是真诚地生活，而仅仅是应付生活，即斤斤计较、患得患失"活着"的人。这些人在生活中积累的阅历越厚重，可能越会阻滞价值直觉能力的形成与提高，甚至可能完全丧失对生活的敏感直觉。

此外，还应该指出的是，价值直觉尽管是一种有效的思维方式或方法，但它也存在自身难以克服的局限性，这就是直觉结论的或然性、不可靠性。也就是说，通过价值直觉而获得的价值判断并不一定是一个恰当的、合理的评价。蒂里希（Paul Tillich）指出："关于价值知识的直觉方法，包括'良心发现'在内，是可能出现错误的，需要受到经验的批判。"[①] 究其原因，除了价值直觉作为对客体的一种直接当下的评价，缺乏精细、严格的分析和推导过程，没有一定规律和规则可循外，可能还受到如下一些因素的影响。一是主体获得、掌握的客体信息有误或者不足，从而使主体过于匆忙地作出评价，形成决断；二是主体的利益、需要、情感、态度等主体因素直接主导着价值直觉，这些主体因素难免对直觉产生负面影响，如所谓"关心则乱"、"情不自禁"、"身不由己"，等等，而且主体的此类非理性的因素更可能误导直觉。这正如杜威所指出的：没有什么东西比根深蒂固的偏

---

① 蒂里希：《人的价值科学是可能的吗》，载马斯洛主编《人类价值新论》，胡万福等译，河北人民出版社，1988，第196页。

见更即时、更确信自身了。三是各种社会历史因素的影响。人是社会的历史的存在物，通过一定环境的熏陶、灌输式的教育和社会对人的价值实践的范导，人们难免形成某种"模仿与从众心理"、"服从与依赖意识"，乃至一定的评价思维定势。这类影响的后果之一，就是可能使人以社会（指异化社会）或他人的价值标准为标准来进行评价，确立与认同规范。据亚里士多德考证，奴隶确有奴性。如果我们设想，鼓动某个"忠诚的"奴隶起来反对主人，他（她）可能直觉这是一个恶毒的阴谋，从而意志坚决地进行抵抗。在现代社会风起云涌的女权运动中，那些抗拒"解放"、助纣为虐的妇女，就是例证。总之，价值直觉的结论既可能是一个深刻、睿智的洞见，也可能是一个轻率、荒谬的评价与要求。对之，我们必须依据主体的目的、利益与需要等，通过主体的社会实践活动加以检验。

总而言之，通过价值直觉沟通客体与主体、事实与价值的过程，还是一个不自觉的、带有人的本能色彩的"适应"世界的过程。尽管在不同的历史发展阶段，不同人的直觉水平和能力不同，而且不同领域的人（例如杰出的科学家、军事家、企业家等）对直觉的依赖程度不同，但是，由于直觉自身存在的缺陷和局限性，它总应该向更理性、更自觉的方式过渡，或者，至少以更理性、更自觉的方式作为补充。

2. 尝试式的实践探索

事实判断、真理是主体（人）的实践—认识活动（特别是科学活动）的结果。尽管特定主体在反映、把握具体的事实时，应该尽可能避免主体的主观因素的影响，保持"价值中立"，以获得客观的事实判断，逼近真理；但是，人的实践—认识活动、科学活动从总体上、根本上说，却不可能是"为认识而认识"、"为科学而科学"的，而是服从于主体（人）的目的、利益和需要的，是与人的幸福、自由和全面发展相联系的。也就是说，人的实践—认识活动不是盲目的，在根本上、总体上服从于人的价值目的。

　　既然如此，那么，在主体（人）的任何具体的、历史的把握事实、追求真理的活动后面，实际上都隐藏着主体（人）的某种价值动机与追求。如果我们不把这种动机与追求狭隘地等同于功利或手段价值，而主要与人的活动的目的价值相联系，与提升人自身、实现自由全面发展相联系，那么这一点也是不难理解的。

　　既然人的任何实践—认识活动（包括科学活动）都对人具有某种潜在的价值意义，那么，主体（人）在具体的历史的实践活动中把握事实，获得了某个或某些事实判断后，总是会根据其目的、利益和需要，探讨其与主体（人）的关系，发掘、开发其对主体（人）的意义。当然，最初，在主体（人）的实践—认识活动（包括科学活动）还没有成为人的自觉的、制度性的活动的时候，当科学、认识成果的价值转换与应用机制尚未建立和健全的时候，特别是，当主体（人）"认识自我"的能力与水平还不太高，即尚未清楚而真实地把握自己的利益和需要的时候，对事实判断与主体（人）关系的探讨和意义的挖掘就主要是尝试式、探索式的，甚至主要是在不自觉的、偶然的摸索中"为自己开辟道路的"。这就像《内经·针刺篇》中所记载的那个樵夫一样：有一个患头痛病的樵夫上山砍柴，不慎碰破了脚趾（中医学称此处为"大敦穴"），出了一些血，但头不痛了。开始，他并未在意这之间的联系。后来，他的头痛病又复发了，偶尔又碰破了脚趾的那个部位，头痛又好了。这一次引起了他的注意。以后，凡是头痛病复发时，他就有意刺破脚趾的那个部位，并且屡试不爽。显然，这位樵夫已经从反复的尝试、探索中归纳出了结论："刺破脚趾'大敦穴'能治好头痛病。"而且，他愿意忍受刺破脚趾之痛换取头之不痛，实际上，他还作出了一个价值选择："刺破脚趾虽然疼痛，但比头痛好受。"

　　在人类社会实践的历史发展过程中，关于事实的认知和建立在这一基础上的价值评价（即价值判断的获得过程）最初几乎是交织在一起的；然后才在实践中不断走向分化，分别走向全面与深刻，并通过人的具体的历史的活动走向统一。这一过程是一个漫长的反复的尝试、探索过程。

例如，火的"发现"和使用是人类进化史上具有深远意义的事件。在偶然获得火种、对火进行认知的同时，初民们很可能是由于偶然的巧合，把动物的肉或者植物的果实烧熟或烤熟了，感觉熟食的味道更好，并且更易于消化，这使他们逐渐形成了一个关于火的评价："火能烧烤出美味且易消化的食物。"火能发光，从而驱散黑暗，这使人们在漫漫长夜中也可以劳作，行动更加便捷，从而令可怕的黑夜有了白昼的感觉。特别是，人们偶然发现，只要燃起火堆，或者手持火把，猛兽等就犹豫而不敢走到近前，于是不断地尝试，发现了火在防卫和安全保障方面的价值。冬天来了，天寒地冻，火能驱寒取暖，曾经"要命"的严寒对人的威胁变小了。还有，或许稍不小心，就被火烧伤烧残了，同伴或许葬身火海，家园或许为火毁灭，这也会令其十分痛心，体会到"火是无情的"一面。……在这种不断的尝试、探索中，在经验的日积月累中，人们逐渐形成了关于火的多方面评价，形成了日益全面、系统的评价结论。

任一客体（对象）都有着多方面的规定性。以"水"为例。水是由两个氢原子和一个氧原子所组成的化合物，是一种无色、无味、无嗅的液体，在一个大气压下，于0℃结冰，100℃沸腾，比重为1，等等。而主体自身的需要也是多方面、多维度、多层次的，包括物质需要与精神需要，生存需要、享受需要与发展需要，等等。在主体的具体的历史的生活实践中，客体的哪些方面的规定性会与主体的相应需要产生价值关系，从而使主体反映这种关系产生评价判断，这也是一个不断尝试的甚至无止境的历史过程。以人们对"水"的评价为例。水是一切生命（包括人）的必要组成部分，它对生命或其生存的价值是连动物也能"感觉"到的；水是由两个氢原子和一个氧原子构成的化合物，这使人能从中分离出工农业生产和人的生命等所需要的氢和氧；水在一个大气压下于0℃结冰，这令工农业等方面降温、制冰有了可能；水的比重为1，是液体，有浮力，因而"水能载舟"，可以开展运输和游泳、潜水、跳水、水球等文娱体育活动；"水往低处流"，水的流动是一种天然能源，这为人类提供了巨大的水能效益；当然，水的泛滥也是无情的，它冲毁道路、淹没农田、毁坏家园、淹死人畜……主体通过不断的尝试、实践，总能形成对客体多方面、本质性的认识，并探索出客体对于主体多维度的、全面的意义，从而建立起关于客体与主体关系的日益全面的评价。

由于主体对客体的本质与规律性的把握要受到多方面因素影响，诸如客体在实践中本质与规律性的隐蔽性与暴露程度，认识工具的先进性与适用程度，以及主体认识能力与主观因素等，因而主体对客体事实的把握常常出现偏差，有时甚至可能南辕北辙。而主体"认识自我"即把握自己的利益与需要则更为困难，因为当"认识自我"时，除了具有认识对象同样的困难以外，还可能由于"自我指涉"和"同构"而产生认识上的悖论。因此，主体对客体和主体两方面事实的把握，在具体的历史的活动中都有一个正确与否的问题，体现为一个不断纠错、反复探索的过程。也正因为如此，在具体的历史的实践活动中，建立在对主、客体双方事实判断基础上的，关于客体是否以及如何能够满足主体需要的评价，就有一个不断尝试、探索，从而走向科学、合理的问题。例如，在中国南海有一种名叫网衣藻的海生植物，人们经常食用它，认为它是一种味道鲜美、营养丰富的食物。但后来有一段时间，不少人吃了网衣藻后产生中毒症状，一些人因此死亡了，于是人们又认为，这是一种有毒的植物。再后来，人们通过更多的观察和科学实验分析，发现网衣藻只是在每年3月繁殖期间有剧毒，而其他时期则没有毒，可以食用，并且营养丰富，于是，通过这样一个不断尝试、纠错的过程，最终形成了一个科学、合理的价值判断。

　　无论是客体本质的暴露还是主体需要的凸显，无论是主体的认识能力还是评价能力，等等，都处在一种动态发展过程中，这决定了主体（人）对主客体之间价值关系的评价，从事实到价值、从事实判断导出价值判断的过程，永远都是一个不断尝试探索、无限反复循环的动态发展过程。关于这一点，我们可以从关于麻雀的评价受到启迪。从前，人们看到大量麻雀在稻田、麦田等中觅食，便把麻雀列为"害鸟"，见则驱赶，痛加捕猎。有些人通过更加仔细的观察，发现尽管有些麻雀偷吃谷物，但麻雀常常大量捕食的却是庄稼上的虫类，因而便要求为麻雀"平反"。再后来，通过科学家更为系统的观察，特别是大量解剖麻雀，进行食性分析，发现麻雀在育雏期间大量捕食虫类，而在其他时期则嗜食谷类，于是，对麻雀的认识更进了一步，对之的评价"总体上是种害鸟，但有时对人类有益"也就更准确、更合理了。同时，价值评价的这种尝试性过程也可以从主体需要的变化之侧面表现出来。例如，火药、指南针都是古代中国的"四大发明"之一，应用前景广阔。然而，火药曾长期主要用来制造鞭炮，驱邪志庆，指南针则主要被阴阳先生用来勘察风水，它们并未导致像西方那样的"船坚炮利"的结果。根据李约瑟的观点，这是当时中国内部缺乏这种需求的后果。而近代鸦片战争之后，中国国势衰微，屡受列强侵略凌辱，这时需要"师夷长技以制夷"，奋发图强，救国救民，火药与指南针等的价值又重新得到了评价，人们开始想方设法开发、实现其多方面的价值。因为"中央帝国"面临的形势发生变化，对火药、指南针的需要得以凸显，相应的评价也出现了变化，这些古老的发明才开始展现盎然的生机，在航海、防卫、开矿、修路等方面的价值逐渐体现出来。

　　在具体的历史的实践活动中，这种尝试式、探索性的实践评价以成功与失败、正确与不正确、恰当与不恰当、合理与不合理等多种方式，向人们昭示了一条辩证的真理：任一对象或事实，对具体的主体都可能具有正、负两个方面的价值。例如，火能用来烧烤食物，也能烧伤或烧死人；水能灭火，但火势太猛、温度太高时，以水灭火，水可能会分解成能燃烧的氢和助燃的氧，反而会加剧火势；质能关系式 $E = mc^2$ 可能被人用来指导建设核电站，为人类提供紧缺的能源，也可能被人用来研制对人类具有毁灭性威胁的核武器；重组 DNA 技术可以用来改变动植物性状以更合乎人类的需要，但也可能被心怀不良者利用，制造"怪胎"，制造生物武器；等等。这一切表明，根据同样的事实，或者同样的事实判断，人们可以依据其目的、需要以及能力等，在具体而现实的尝试性实践中，建立不尽相同的价值关系，形成不尽相同的价值判断。

更进一步说，在具体的历史的实践活动中，主体根据事实情况尝试性、探索性地作出评价的过程，实际上是一个依主体的目的、需要和能力等的不同而不同、变化而变化，由主体通过自主的活动加以实现的过程，它具有鲜明、强烈的主体性。在这一过程中，主体及其活动起着主导作用。随着实践活动的拓展和深化，人把握世界以及人与世界关系的能力的增强，特别是人自身的素质与能力的提高，那种尝试式、探索性的实践评价，必将进化为主体（人）的自觉而科学的实践推导。

3. 自觉而科学的实践推导

人是一种有理性、会思维的动物，人的活动具有目的性、计划性和创造性。人与人的活动是多样化的，并且仍处于无止境的创造过程中。其中，立足人们认识世界、改造世界的目的，挖掘现象背后的本质，找出偶然之后的必然，从混沌、无序走向有序，是一切科学活动的本质特征。这也是导出价值判断的实践方式的发展方向。

随着时代的变迁，主体沟通事实与价值、从事实判断导出价值判断的实践方式，经过反复的尝试、不断的摸索，已经越来越形成一整套自觉而科学的机制与模式。当然，具体就不同的主体而论，这一机制与模式的完善程度不尽相同，其自觉调控能力和功能等也不一样。

大致看来，一套自觉而科学的实践机制总是由如下一些步骤组成的。

（1）主体通过实践—认识活动，特别是分门别类的科学探索活动，不断把"自在之物"纳入属人世界，寻找与发现新的事实，并对这些新事实进行系统的、全方位的研究，以尽可能地把握其全面的规定性，特别是其本质与规律性，从而达到对之全面、立体、系统、客观的认识。例如，人们对"水"的研究，就不仅从物理学去把握——"水是无色、无味、无嗅的液体，在一个大气压下 0℃ 结冰，100℃ 沸腾，比重为1"，而且从化学去考察——"水是由两个氢原子和一个氧原子组成的化合物 H_2O"；不仅从地理学、生物学、医学、农学、林学、生态学等角度进行探索，而且还从经济学、政治学、社会学、宗教学、历史学、人类学、民俗学等角度加以思考……综合上述各个领域、各个方面的成果，"水"的本质、属性、特点、功能以及与其他事物的关系，就全面、立体地呈现在我们面前了。

同时，主体通过反思，"认识自我"，真正把握自己的目的、利益、需要、能力等内在规定性。众所周知，"认识自我"自古以来就是一道哲学难题，这与认识自我之外的对象相比较，甚至是一个困难得多的过程。用心地观察、思考，我们不难发现，有些人根本未及"省察"人生，就糊里糊涂地走完了生命的里程；也有一些人为着某种非真实的利益与需要，诸如被权力或金钱所异化，牺牲了自己的健康、快乐、幸福乃至生命；还有一些人或社会共同体常常一意孤行，干着一些出卖自己利益、危害自我生存和发展的事情。例如，一些地方在逐利欲望的驱使下，没有节制地乱伐森林，过度放牧，损毁了植被，加剧了水土流失，破坏了生态平衡，逐渐毁灭了人们赖以生存的家园……近几十年来，如果你在中国西北、非洲腹地广袤的沙漠边缘走一走，了解一下沙进人退的悲凉过程，或许就会涌生许多感慨。

无论是对客体规定性还是对主体需要等的认识，都需要一个历史过程，需要在主体的实践—认识活动中不断加以深化。

（2）主体在实践—认识活动中，依据自己所面临的实际情形、条件状况、问题与需要（当然并不囿于直接当下的需要）等，对客体的特性和功能的可能性进行推断，作出预测。这一过程也就是对事实判断所可能导致的价值后果的预见。

例如，全球气候变暖是目前困扰国际社会的一个突出问题。如果气候持续变暖，会导致南北极冰层融化，海平面上升，一些岛屿和城市面临被淹没的危险，等等。那么，具体来说，假如"气温变化1℃"，这会对全球的农业产生什么后果呢？人类常常根据所发现的事实，或事实的可能的变化图景进行预测，从而发现事物的价值，或者采取必要措施，防患于未然。美国达尔奇教授认为，如果全球气温比20世纪70年代平均值下降1℃，全球60%地区的玉米将增收，增值约2100万美元；全球棉花则歉收，约损失22亿美元；65%地区的水稻会歉收，损失约9.56亿美元；等等。中国气候学家张家诚也论证了气温变化1℃对中国粮食作物的影响：气温变化1℃时，华南年日均气温基本超过10℃，故积温变化有365℃；华南种三茬作物，相当于每茬作物有122℃的积温变化。东北每年也有120天的10℃以上时间，种一茬作物，约有150℃的积温变化。如果把早熟作1级，中熟作2级，晚熟作3级，每级差100℃以上的积温，那就说明气温变化1℃，全国各茬作物变化一个熟级。根据农业生产经验，每变化一个熟级，产量变化10%，即气温变化1℃，全国粮食产量将增产或减产10%。① 由于中国每年巨额的粮食产量，10%的变化可不是一个小数目。

（3）主体在具体的历史的实践活动中，为避免出现预测中的消极后果，并实现主体所需要的价值目标，便会根据客观条件与主体能力，制订计划、规划、蓝图；同时，将这些计划、规划、蓝图分解为

---

① 参见王金宝《气温变化1℃》，《光明日报》1996年3月11日。

比较具体的目标，设计实施方案，进行可行性研究。

例如，质能关系式 $E = mc^2$ 的发现，为人类核能的开发、利用提供了无限广阔的前景，但同时，也可能使人类面临严峻的核武器威胁、核辐射危险、核废料困扰。为了和平、安全地开发、利用核能，目前很多国家和社会共同体都制定了中远期规划，制定了阶段性的目标，以及具体的实施方案。毕竟事关重大，人们在任何一个方面"失足"，都可能带来"不可承受之痛"。

（4）在上述计划、方案的基础上，进行现实的价值转换与应用。这是主体通过生活实践在事实与价值之间架设的一道桥梁。通过这种价值转换与应用，科学、事实、真理在主体的生活实践中被转换成具有现实价值意义的东西。

主要就当今社会而论，这典型地表现为科学技术转化为现实生产力的问题。人类通过科学活动等对于事实的正确把握，即真理，对于具体的研究人员来说，诚然具有诸如开阔视野、洞悉真相、智力上的满足、审美上的愉悦等价值，但是，如果这些成果仅仅保留在科学家等人的脑袋里，封存在研究所、大学等的档案柜里，那么，它的社会价值就并未实现出来。只有通过科技成果转化，产生出一定的经济和社会效益，它们才对社会真正实现了价值；也只有在价值实现过程中，人们才可能在上述事实、真理的基础上，形成合理的价值评价，形成恰当的价值判断。

（5）对价值转换与应用的结果加以检验。在这类结果中，既包含着事实因素，也包含着价值因素。因此，成功的实践结果总是既表明了事实认识（事实判断）之真理性，又表明了主体的价值预测、预见（价值判断）是恰当的、合理的，并且使这种价值预测、预见变成了现实。而失败的实践结果则表明，或者是事实认识（事实判断）不正确，或者是主体的价值预测、预见（价值判断）是主观的、不恰当的，或者是计划、方案及实施过程中哪一环节出了问题，当然也可能兼而有之。但无论如何，在这种情况下，价值判断之合理性还未得到实践的确认。

特别值得指出的是，主体的具体的历史的实践过程是一个能动的创造性过程，是主体依据客观现实条件和状况，有计划地创造出一个属人的价值世界的过程。无论从实践过程来看，还是从实践结果分析，其中都渗透着主体的能动性、创造性——我们视野中的"人化世界"，特别是"人工创造物"，已经不容置疑地证实着这一点。然而，也正因为实践是主体的一种能动性、创造性活动，因而对其结果的检验就是一个必要的环节。人类自觉而科学的实践，总是需要从实践结果中得到经验教训、得到反馈信息，从而判定事实判断的真理性，价值预测（价值判断）的合理性，计划、方案的可靠性与可行性，等等，从而不断地调整、修正、完善这一过程。

在生活实践中，这种自觉而科学的实践推导已经被逐渐完善成为一种机制、一种制度。例如，就科学技术的经济价值而论，在不少社会共同体中，科学⇄技术⇄生产的双向互动机制都已经或正在建立。通过这样的双向互动机制，事实、真理不断地被实现为现实的价值，事实判断不断地过渡为价值判断；而这种实现了的价值，即实践结果，又作为新的事实而存在，又形成新的事实判断。通过这一自觉而科学的双向互动实践机制的不断运作、反复循环，事实与价值也就不断地在主体的具体的历史的实践中双向转化，走向统一。

三 实践何以能沟通事实与价值

主体（人）的实践何以能沟通事实与价值，从事实判断"导出"价值判断？关于这一问题，必须从实践本身寻找根据，或者说必须深入实践内部寻找根据。总体而言，实践都是主体（人）的实践，是体现主体（人）的本性或"内在尺度"的一种活动；从实践的内在结构看，既包括主体的方面（如主体的目的、需要和能力），也包括客体的方面（如客体的状况和规律性）；在具体的历史的实践活动中，主体（人）依据实践的目的，将客体与主体两方面因素结合在一起，通过对它们的自觉调控而不断"沟通"它们，实现它们的具体的历史的统一。

1. 实践是主客体双向作用的感性活动

社会实践之所以能够沟通事实与价值，从事实判断"导出"价值判断，根本的原因就在于社会实践本身：任何社会实践都是主体（人）的一种"本质性活动"，是一种有目的、有计划、能动性的活动；任何社会实践都是一种主观见之于客观的感性活动，是主体和客体相互"设定"、双向作用的感性活动；任何社会实践都不是空洞的、僵死的，它具有具体的历史的内容，具有普遍性（可重复性）和直接现实性等特点。社会实践"高于"认识，[①]"高于"理论的逻辑，它是主体将主客体两方面因素结合在一起，令其相互作用的一种"本质性活动"。

一方面，社会实践不可能脱离客体（对象）的客观现实状况。客体的客观现实状况包括了自然、社会环境与条件，包括了客体的存在状况和发展规律。这个方面的事实情况以其现实性、规律性和必然性决定了人们可能"想"什么、做什么，不可能"想"什么、做什么，并且在一定程度上决定着人们应该怎么做。例如，在生存环境十分恶劣的人类社会早期，生产力发展水平极其低下，即使是身强力壮的成年人，维持生存也是一件非常艰辛的事情。当时，由于年迈的老人往往体弱多病，求食艰难，病苦不堪，因而在一些氏族部落，遗弃甚至

---

① 概括地说，实践"高于"认识，因为社会实践不仅是认识的来源、认识结果的检验标准，而且是认识的目的和归宿，将认识成果感性地实现出来。这正如列宁所说："**实践高于（理论的）认识，因为它不仅具有普遍性的品格，而且还具有直接现实性的品格。**"（《列宁全集》第55卷，人民出版社，1990，第183页。）

杀戮年迈父母曾被视为子女的"敬老"义务。而在生产力比较发达的文明社会中，人们的生活水平得到极大的改善，完全有可能让老人过上丰衣足食的幸福生活，因此，在这种情况下，如果不赡养父母，遗弃、虐待甚至杀戮父母，便被视为丧失人性、十恶不赦的缺德行为。

另一方面，实践作为主体（人）的一种自主、自觉、有目的的活动，与主体自身的结构、本性、利益、需要、能力等是密切相关的。这个方面——即关于主体自身的事实状况——也是客观的，是一种具有"主体性"的具体的、历史的现实状况。虽然在不同的主体那里，它表现得多姿多态、复杂多变，有时难以清晰把握，但它也有"要求的品格"，在相当程度上决定了一定主体面对一定对象得出什么样的评价，作出什么样的选择。例如，当一个人饿得"前胸贴后背"了，他往往会饥不择食，"本能"地觉得极普通的菜肴也"味道好极了"；当一个人置身于冰天雪地、刺骨寒风中，冻得直哆嗦，他"自然"地就倾向于"取暖"、"加衣"；当一个人陷入了巨大的危险之中，"应该"想方设法避祸（包括逃跑），几乎就是他"理所当然"的选择……

主体觉得什么"好"，"应该"怎么做，往往是立足客体和主体两个方面的事实情况，通过具体的价值评价、选择来实现的。而如前所述，价值评价、选择具有鲜明的主体性。在评价、选择的过程中，主体和主体方面的因素相较客体的方面，往往发挥着更加直接也更加重要的作用。这正如马斯洛所说的："一个人要弄清他应该做什么，最好的办法是先找出他是谁，他是什么样的人，因为达到伦理的和价值的决定、达到聪明选择、达到应该的途径是经过'是'、经过事实、真理（指关于事实的正确认知——引者注）、现实而发现的，是经过特定的人的本性而发现的。"[①] 就此而言，我们也可以说，在沟通事实与价值、从事实判断导出价值判断的过程中，主体和主体方面的因素

---

① A. H. 马斯洛：《人性能达的境界》，林方译，云南人民出版社，1987，第112页。

往往更为关键，发挥着更加重要的作用。

总之，在人们的具体的历史的生活实践中，当客体和主体两方面的因素"相遇"，主体（人）觉得客体怎么样，或者应该怎么办，事实上并不那么复杂，有时甚至是一件"自然而然"的事情。当然，有时人们也会陷入两难或多难困境，需要仔细权衡，然后作出抉择。不过，这无论如何都不能与自然主义者的观点相混淆。自然主义者也主张从事实能够过渡到价值，从事实判断能够导出价值判断，但是，他们所谓的事实仅仅是指客体方面的现实状况，而不涉及主体方面的事实，其推导因而就仅仅是从客体方面出发，通过把价值视为客体或客体的某种属性来完成，这也就难免犯摩尔所谓的"自然主义谬误"。而在实践唯物主义者看来，在具体的历史的生活实践中，如果主体知道了客体的本性、规律等现实状况，弄清楚了主体自身的目的、利益、需要是什么，那么，就会依据其本性、需要与能力，而与客体构成特定的主客体关系，包括价值关系；同时，也就能在自身实践活动的基础上，对客体是否合乎主体目的与利益、满足主体需要这种价值关系加以认识与反映，作出评价，形成价值判断，从而决定自己"应该怎么办"。当然，在这一过程中，由于多方面的原因，人们有可能会犯各种各样的错误，有可能会走弯路，有可能付出代价，甚至还有可能要作出牺牲。也正因为如此，历史往往不是直线式向前发展的，而总是表现为一个不断调适、不断发展、不断完善的过程。

2. 人的活动的"两个尺度"

马克思在《1844 年经济学哲学手稿》中指出，人的活动与动物的本能活动存在本质区别。动物的活动是由其生理方面的本能、需要导引的，它无意识地适应自然的现实状态，本质上是与自己的生命活动直接同一的。而人的活动（特别是社会实践）虽然受着客体条件和规律的限制，却不是为了实现客体的规律，而是具有其"内在的尺度"，为了实现自身的价值目的。

"动物只是按照它所属的那个种的尺度和需要来构造，而人却懂得按照任何一个种的尺度来进行生产，并且懂得处处都把固有的尺度运用于对象；因此，人也按照美的规律来构造。"①

在这段著名的话中，马克思阐述了极为独到、深刻的哲学思想。它表明，人的实践创造活动和动物的本能的生命活动之间存在本质区别：动物的生产、活动是片面的，只是遵循着一个尺度，即它所属的那个种的尺度；而人的生产、活动则是全面的，可以"按照任何一个种的尺度来进行"；并且，与动物只是盲目地、无意识地遵循自然本能的尺度不同，人的生产、活动能够自觉地意识和理解所遵循的尺度，并且"懂得处处都把固有的尺度运用于对象"。

在这里，对于人的生产、活动、实践来说，"任何一个种的尺度"包括了人自己的尺度和"客体（对象）的外在尺度"，而"固有的尺度"以及"按照美的规律来构造"的"美的尺度"，当然是指"主体（人）的尺度"。因此，"客体（对象）的外在尺度"和"主体（人）的内在尺度"就是人的活动、实践所遵循的两个尺度，在主体（人）的对象性活动中，人能够同时把这两个尺度贯彻、"运用"到对象上去。

所谓"客体（对象）的尺度"，指的是客体（对象）的本性、规定性和规律性，它是事实方面的因素。它不仅规定着客体（对象）自身及其变化，而且也是主体在实践—认识活动中所要反映、遵循的尺度。这种尺度以外在、强制的力量，要求主体活动的合规律性、合历史必然性，规定、促使主体面向客体、接近客体，走向同客体本性和规律的一致。

所谓"主体（人）的内在尺度"，指的是主体（人）的结构、本性、目的、需要、能力等内在规定性，它既包括了关于主体的事实方面的因素，也包含着价值方面的倾向性。它不仅内在地构成和制约着

---

① 马克思：《1844 年经济学哲学手稿》，人民出版社，2014，第 53 页。

主体自身，而且从主体方面规定、制约着主体的实践—认识活动，规定、制约着主体对客体的作用，促使客体主体化。

无论是"客体（对象）的外在尺度"，还是"主体（人）的内在尺度"，都作为主体（人）活动的现实尺度和原则而起作用。前者体现着主客体关系中的客体性内容方面，后者体现着主客体关系中的主体性内容方面；前者体现着实践—认识活动的主体客体化过程，后者则体现着实践—认识活动的客体主体化过程。主体（人）活动的历史，就是不断自觉或不自觉地调节这两个尺度的要求和作用，走向具体的统一的历史。

一方面，人的一切活动只有按照"客体（对象）的外在尺度"——即由客体的结构、属性、本质和运动变化规律给人的活动所设定的准则和规范——进行，才有可能取得成功。当然，从本质上说，人的活动是一种创造性活动，它表现为对现有客观世界的不满足，决心用自己的行动改变世界。但是，人并不能无中生有地创造世界本身，并不能随心所欲地把自然物质改造成自己所需要的一切。这正如马克思所说："人并没有创造物质本身。甚至人创造物质的这种或那种生产能力，也只是在物质本身预先存在的条件下才能进行。"①实际上，人类的伟大并不在于"无所不能"，不受任何对象的客观尺度的限制，为所欲为，而在于有自知之明，能够自觉地认识、掌握对象的本质与规律，主动地运用"客体（对象）的外在尺度"为自己服务，在限制中发挥自己的才能。这正如恩格斯在《自然辩证法》中所说："我们对自然界的整个支配作用，就在于我们比其他一切生物强，能够认识和正确运用自然规律。"②

另一方面，"主体（人）的内在尺度"表明，人要从自身的目的、

---

① 《马克思恩格斯全集》第 2 卷，人民出版社，1957，第 58 页。
② 《马克思恩格斯选集》第 3 卷，人民出版社，2012，第 998 页。

需要出发来评价、选择与改造世界，并有目的、有计划地发挥自己的主观能动性，让外部世界为自己服务。现实世界不会以其现成的形式满足人，它常常表现出来的不是对人"应该如此"的形式，因而主体（人）必须根据自己不断发展的需要，对之加以改造、变革乃至创造。主体的活动并不是为了实现客体的规律，而是为了使世界适合、服从人的本性、目的与需要。主体的内在尺度作为制约人的活动的规范，同样可以为人的意识所反映和把握，成为人在活动中自觉"运用"的尺度。因此，具体的实践是一种体现人的本质、本性的活动，在实践中，人们首先考虑的是为了满足一定的需要而进行相应的活动，然后才考虑如何利用现有条件和客观规律，以达到或实现这一目的（当然，那些超越客观条件、违背客观规律的目的是无法达到的）。从这一角度来说，主体的内在尺度甚至具有更加重要的意义，它通过人的自觉能动性，通过主体的自觉调节，在人的活动中居于主导、主动地位。

可见，在主体（人）的活动中，"客体（对象）的外在尺度"与"主体（人）的内在尺度"具有不同的要求与作用：前者要求从客体出发，依客体的本性和规律而行动；后者要求从主体（人）出发，依主体的本性、目的和需要而行动。两者之间当然可能存在矛盾。一部人类活动史，也就是不断协调与解决两者之间矛盾的历史。

特别应该注意的是，在主体（人）的活动中，"客体（对象）的外在尺度"与"主体（人）的内在尺度"并不是相互孤立、相互分离地存在和起作用的，它们是相互依存、相互渗透、彼此补充、相互转化的。只有合规律性、合历史必然性，人的活动才有可能实现其目的，满足其需要；也只有合主体目的性，与主体相应需要相关的存在及其规律，才具有现实的意义。甚至客体（对象）的本性与规律并不总是表现为外部强制的方式、冰冷的面孔规范人，而常常是作为主体认识到了的"真"，由主体自主、自觉去遵循的。一切割裂两个尺度的统一，割裂合规律性与合目的性、物与人、客体与主体、客观与主观、存在与意义、可能与需要、现实与理想、必然与自由的统一的做法，在实践中都可能招致挫折甚至失败。

说到这里，人们可能会想到古希腊哲学家普罗泰戈拉（Protagoras，约公元前 490 或 480～前 420 或 410）那段著名的话："人是万物的尺度，是存在者存在的尺度，也是不存在者不存在的尺度。"① 显然，这段话中不乏深刻与合理性的内容。例如，"人是万物的尺度"如同康德的"人为自然立法"一样，揭示了人是人自身活动的主导者、创造者，人是一切价值之源，是世界与人自身意义的赋予者，同时也是衡量万物的价值标准；甚至，它还隐含着一个重要命题：人是目的——假如世界万物的价值都须以人为尺度、由人来赋予的话，那么，人本身对人来说便是作为目的的价值。② 但是，片面地强调"人是万物的尺度"，割裂人的活动的两个尺度之相互依存性、相互规定性，却难免夸大人的主观能动性，走向唯心主义的唯意志论。因此，"马克思主义的观点是：万物是人的尺度与人是万物的尺度的统一，'环境改造人'与'人改造环境'的统一"③。

总之，在人们的具体的历史的活动中，"客体（对象）的外在尺度"和"主体（人）的内在尺度"是相互依存、相互补充地起作用的。单纯强调某一方面的尺度与规定性，都存在一定的局限性，都难免导致不良后果。例如，它们的畸形、片面、极端的发展，前者可能导致人的物化、异化，以及能动性、创造性的丧失；后者则可能导致人自我膨胀，难以把握主观能动性发挥的限度与方向，从而导致片面

---

① 转引自北京大学哲学系外国哲学史教研室编译《西方哲学原著选读》上卷，商务印书馆，1988，第 54 页。

② 联想到当今流行的人类中心主义与反人类中心主义，表面上看，它们似乎针锋相对，水火不容，其实它们有一个共同的前提，即人，只不过在如何保证人类的生存繁衍、促进人类的发展的手段上存在差异而已。例如，反人类中心主义并不是真想反人类，而是忧患以人类为中心的各种盲目、近视的做法可能或正在危及人类自身，并可能对人类产生灾难性、毁灭性后果，可见，其目的仍然是为了人的，甚至是在更深层的意义上为了人的。

③ 李德顺：《价值论》，中国人民大学出版社，1987，第 360 页。

的"唯我论"、"唯意志论"。只有反对任何形式的孤立化、片面化和极端化，才可能在它们相互依存、相互补充、相互作用的矛盾运动中，通过人们自主、自觉、能动的活动，解决其现实的矛盾，走向具体的历史的统一。

3. 主体自我调控是解决问题的关键

实践是主体（人）自觉的能动的创造性活动。在具体的历史的社会实践中，主体（人）充分发挥其能动性、创造性，在"客体（对象）的外在尺度"与"主体（人）的内在尺度"之间，在主体与客体、主观与客观、可能与需要等之间进行双向调节，从而解决其矛盾，平息其冲突，沟通事实世界与价值世界。

按照实践唯物主义的观点，哲学是从"实际活动着的人"出发，通过实践活动而关注、理解世界上的一切。人作为"万物之灵"，是一种极为奇妙、极为丰富、极为复杂的存在，是自然属性、社会属性和精神属性的统一体。人有理性、有情感，更有思想，能够制造和使用生产工具，善于通过自己的活动改造、变革自己的生存空间。而且人"能群"，可以结成多种形式的社会组织认识和改造世界，并通过社会遗传不断积累创造成果。特别是，人有其特有的存在方式——自主、自觉、能动的实践活动，通过劳动实践而与动物界区别开来，并且通过劳动实践不断地向上提升。这种劳动实践具有"变革"世界和人自身的神奇伟力。通过实践活动，人改造了外部世界，使之变成与人相关的"人化世界"、属人世界，变成人的活动的客体；同时，也改造和提升了自身，人由此成为自身活动的主体，并且是不断发展、完善的主体。这正如马克思、恩格斯指出的："人创造环境，同样，环境也创造人。"①

实践活动体现着自然的物质作用与人的能动创造作用的统一。存

---

① 《马克思恩格斯选集》第 1 卷，人民出版社，2012，第 172～173 页。

在、客体的本性与规律性，以客观的形式规定着实践的可能性范围，而主体（人）的本性、目的、愿望、意志等又以主观的形式，要求不断冲破这种范围，以满足主体（人）的更多、更高层次的需要。可见，存在与意义、客体与主体、客观与主观、可能与需要等相互对立的矛盾关系，都是在人所特有的实践活动中才发生的，都根源于人的具体的历史的实践活动。

在主体（人）的实践活动中产生的存在与意义、客体与主体、客观与主观、可能与需要等，又反过来作为基本的要素而在实践活动中起作用。前者使人们懂得世界上"有什么"或"没有什么"，"是什么"或"不是什么"，"可能怎样"或"不可能怎样"，从而规定着实践的范围、程度和运行轨迹，后者使人们懂得什么是有意义的或什么是无意义的，什么是合意的或什么是不合意的，什么是值得的或什么是不值得的，什么是必要的或什么是不必要的，从而提供着实践的必要性、动力、热情以及运行指向。前者以外在、强制的力量，以铁的规律性、必然性，规定着实践的可能性和方式；后者以内在的、自觉自愿的要求，以顽强的意志力，引导着实践的方向和进程，提供着克服实践中困难的力量。前者体现着"客体（对象）的外在尺度"，后者体现着"主体（人）的内在尺度"；前者体现着客体对主体的作用，后者体现着主体对客体的作用。可见，从理论上考察，这两方面因素在人的实践活动中，既相互对立又相互依存，它们都只反映了人与世界、主体与客体全面关系和活动中的一个侧面。

单独地看，上述两个方面在实践活动中的作用各有分工和侧重，也都有其局限性和片面性，如前者是从存在、客体的角度提出要求和限制，表明人的活动的适应性、受制约性和现实性，这是人的活动的基础和条件，却不是人的活动的目的和实质意义；后者是从人、主体的角度提出要求，表明人的活动的能动性、创造性、理想性与超越性，但其自身却难以克服和超越主体（人）自身的弱点，诸如主观因素的膨胀，就可能导致唯意志论之类悲剧，将需要等同于想要，也难免引导人们在生活实践中干蠢事。但是，如果对上述两方面因素的作用及其局限性、片面性加以分析，那么我们不难发现，它们具有互补性。在实践活动中，它们既相互分离、相互对立，又联系互动、相辅相成。

作为实践活动中的两个方面的基本要素，存在与意义、客体与主体、客观与主观、可能与需要所各自具有的局限性、片面性和互补性，以及经常发生的矛盾与冲突性质，要求人们不断地对两者的要求和作用加以双向调节，不断解决其矛盾与冲突，以在其相互作用、相互转化中实现它们的辩证统一。

这种双向调节和统一之所以可能，是因为如下两个方面的原因。

一方面，上述两方面因素各有其作用与局限性，但它们并不是单纯对抗性的、不相容的，而恰好是互补的。尽管它们之间有矛盾、有冲突，但并不一定是"你死我活"的，不一定非要"吃掉一方"、"消灭一方"，才能达到矛盾和冲突的解决。相反，双方既相互依存，又相互影响，还可以相互转化。例如，就主体与客体来说，它们互为前提，没有主体就没有客体，没有客体也无所谓主体；在一定实践关系中的主体或客体，在另一关系中则可以转化为客体或主体；主体与客体还可以通过实践—认识活动中的双向对象化，通过相互作用而不断得以提升。人的实践活动的过程，就是存在与意义、客体与主体、客观与主观、可能与需要等不断相互补充、相互结合的过程。

另一方面，实践是作为主体的人的一种本质性活动，这种双向调节和统一的根据，归根结底在于主体，在于人本身。在实践活动中，既没有与人不相关的事实，也没有与人不相关的价值。人是完整的，而并不分裂地表现为一个事实认知者和另一个价值评价者。威斯考夫精辟地指出："人自身就是一个可以使事实和价值这样一些矛盾得到统一的统一体。"① 蒂里希指出："我们对价值的认识与我们对人的认识是一致的。""蕴涵在客观价值中的'应该是'就植根于人的本性之中。"② 在实践活动中，人本身就是人与世界、主体与客体之间关系的建立者和推动者，是这一关系中的主导因素，而且，人本身也是人与世界、主体与客体等相互作用的产物与体现。实践是一种体现人的本性和本质需要的活动，"实际活动着的人"总是会依据存在、客体的可能性，根据主体（人）的本性和需要，首先设定实践的目的，然后依据这一目的，对上述两方面因素能动地加以双向调节，从而在具体的实践活动中整合、沟通它们，不断实现它们之间的有机统一。

至于这种调节顺利与否、成功与否，要受到很多因素的影响。例如，主体（人）对客观规律性、历史必然性以及所面对的具体现实状况的理解与把握状况；主体（人）自身的根本目的、利益、需要是否与历史必然性趋势相一致——因为已经丧失了存在必然性的利益集团是不可能扭转历史的进程的；主体（人）现实的调节手段、中介、工具以及能力如何，资金、能源、工具、组织管理能力、技术水平等如何……任何一个方面的欠缺、不足，都可能使这种调节"力不从心"，功亏一篑，甚至彻底失败。

正是"实际活动着的人"对存在与意义、主体与客体、主观与客观、可能与需要的这种双向能动调节，客体的存在、性质与主体的需要，客观的可能性与主观的要求、愿望，等等，才在具体的历史的实践活动中联结、沟通起来，形成一种实际的价值关系。这正如列宁所说：实践是"事物同人所需要它的那一点的联系的实际确定者"③。

具体来说，主体实践的这种双向能动调节可从如下几方面体现

---

① 威斯考夫对于马斯洛等人观点的评论，载马斯洛主编《人类价值新论》，胡万福等译，河北人民出版社，1988，第248页。

② 蒂里希：《人的价值科学是可能的吗》，载马斯洛主编《人类价值新论》，胡万福等译，河北人民出版社，1988，第193、194页。

③ 《列宁选集》第4卷，人民出版社，1995，第419页。

出来。

首先，存在、客体具有什么样的属性、规定性，具有什么样的功能，只有通过人的实践才能揭示出来。经验观察和科学实验足当此任，而哲学家所能知道的界限，也就是科学和经验的界限。但是，存在、客体的诸多属性、规定性中，客体、存在的多方面功能中，到底哪一方面适合主体的目的，哪一方面会与主体的需要发生满足或不满足的关系，这是由实践具体地历史地造成的。存在、客体的规定性和功能的范围往往极其广泛，它会形成一个丰富的可能性空间。当然，这一可能性空间绝不是无限制的，诸如在正常条件下，石头不能用来充饥，沙漠中不能养鱼，人也不能在百米以下的深海中生活，等等。存在、客体的这一可能性空间中的某一规定性或功能，是根据主体（人）活动中产生的需要特别是优势需要才加以发掘、确定下来的。例如，在生活实践中常常有这样的情形，某个贫穷落后的小山村在致富欲望的驱使下，突然发现本来不起眼的小山村"到处都是宝"：大石山上的石头可以用来加工建筑装饰材料；漫山遍野的某种植物原来是比较名贵的中药材；农民种养的蔬菜、家禽产量虽低，却是绿色无污染的"有机食品"；山村中原本随处可见的田园风光，在城里人眼中都是令人欣羡的"美景"，旅游开发导致"农家乐"十分火爆，等等。如果不是市场经济条件下千方百计致富的需要，或许千百年来一直蕴藏在这个小山村的诸多致富可能性，还将一如既往地沉睡下去。

其次，主体（人）的利益、需要也是其社会历史实践的产物，是受社会实践制约并随其发展而发展的。人们通过实践"认识自我"、"内省"可以把握它。但是，主体（人）在和存在、客体打交道的过程中，面对存在、客体的规定性、可能性，突出自己的哪些需要，拓展、开发自己哪些方面的需要，这是由相应的活动条件和社会实践具体地历史地确定的。在历史和现实生活中，如果大范围地观察不同地域人们的活动，那么不难发现这样一些规律和习性：高纬度地区气温低、降雪多，人们不得不经常与冰雪打交道，因而普遍喜爱冰雪运动，也比较擅长冰雪运动；草原上的游牧民族无论是放牧还是经常的迁徙，大多以马为代步工具，往往对马感情深厚，骑马、赛马是其普遍热爱的活动；江南水乡泽国，到处都是沟渠、江河、水塘、水库、湖泊，因而人们多熟悉水性，很难习惯缺水、少水的生活，并热衷于从事游泳、跳水、潜水、水球等与水有关的运动；等等。

尽管表面上看，需要常常表现的是匮乏、不足，但实际上，一个人产生什么需要、需要什么和不需要什么，什么能满足其需要、什么不能满足其需要，这往往是由自然与社会存在具体地历史地决定的。2000 年前，古希腊人不会产生到美洲旅行的需要；200 年前，发展中国家的人也普遍没有购买家庭轿车的需要；20 年前，中国人也不可能有使用微信联络的需要。只有当人们的社会实践改造或创造了现存世界，提供了某种可能性框架，并在社会历史文化的综合作用下，使得某种存在、客体及其可能性在人们生活中的地位得以突出的情况下，人们的相关需要才凸显、发掘出来。这也是企业家、广告商们竭力宣传某种产品存在且其品质优异的原因，其目的就在于吸引人们的眼球，发掘人们的需要，将人们口袋里的钱掏出来，最大限度地变现产品的价值。

再次，存在、客体的可能性空间中的某一规定性或功能，是否现实地与主体需要构成满足或不满足的关系，是由主体（人）的具体的历史的实践确定的。存在、客体的可能性空间中的任一规定性、任一功能，都可能满足主体的某一方面或某些方面的需要，从而呈现对于该主体的某种价值。但是，只要存在、客体的这些规定性或功能尚未在实践中实际地与主体的相应需要相联系，就只能称作客体的规定性或功能，而不能称作价值。换句话说，存在、客体的规定性或功能只有在具体主体的需要上面实际地实现出来，才是现实的价值。明确这一点极其重要。依据这一点，价值的所谓"实体说"或"属性说"

便是不能成立的。在现实中，那种以为某物的价值就是某物的属性或功能的说法，例如，椅子的价值是"可坐性"，水的价值是"可喝性"，菠萝的价值是"可吃性"，屁股的价值是"可打性"（通过鞭刑或杖刑惩罚人、教育人），表面看来有理，实则似是而非。而且，这里需要特别强调的是，价值具有主体性，是以主体尺度为尺度的，存在、客体的规定性和功能只有在具体的历史的实践中，与某一具体的主体需要相联系而实现出来，才是对这一主体的价值。例如，诚然科学在过去几百年里在一些发达国家实现了巨大的经济价值，但对于那些科技水平落后，或者科技转化为生产力的机制尚未建立的发展中国家，科学的上述功能常常便不是现实的价值；但一旦这些发展中国家觉醒了，产生了诸如发展生产的需要，通过其自觉努力与创造性实践，实现了从科学到技术到生产力的转化时，这时科学才实现了对发展中国家的相应价值。

综上所述，通过主体实践的自觉的双向调节，客体的性质、功能与主体的目的、需要，客观的必然性、可能性与主观的愿望、态度等不断相互规定、相互作用，从而在主体（人）的具体的历史的实践活动中构成现实的价值关系，实现事实与价值的沟通，并在此基础上，通过主体的评价从事实判断过渡到价值判断。而价值判断一旦产生，又以要求、命令、规范、习惯、惯例、风俗的力量，对主体"变革世界"的实践活动产生影响，从而开始又一轮从事实到价值、由事实判断导出价值判断的实践过程。历史地看，主体实践的这种自觉能动调节是一个无限发展的过程，因而事实和价值也就在不断发展的水平上得以沟通，实现统一。

第九章

解决休谟问题的逻辑方式

指出实践是从事实过渡到价值、从事实判断导出价值判断的普遍而基本的方式，对休谟问题的解决具有决定性意义。但行文至此，问题的解决尚不彻底，尚不能真正令人信服。因为，在历史上，在理论上，它并不被看作一个实践的问题，就像用具体的行动解决芝诺的悖论"阿基里斯追不上龟"一样，或者通过指出在人类思维中，人们一直在使用归纳法来论证归纳问题一样。休谟在论及归纳问题时，曾经说过这样一段话："也许你会说，我的实践反驳了我的怀疑，但是，你误解了我这问题的意义。作为一个行动的人，我会对这一点相当满意；然而，作为一个有好奇心（且不说是怀疑主义）的哲学家，我想知道这种推论的基础。"[1] 列宁在谈到运动的连续性和非连续性时也曾经指出："问题不在于有没有运动，而在于如何在概念的逻辑中表达它。"[2] 对于事实与价值的关系问题，休谟和列宁的这些观点同样适用，即关键还在于"如何在概念的逻辑中表达它"。

---

① 休谟：《人类理智研究》，关文运译，商务印书馆，1972，第38页。
② 《列宁全集》第38卷，人民出版社，1959，第281页。

一　形式逻辑的局限性

逻辑和逻辑思维是人类伟大的认识（包括价值评价）工具。目前，逻辑学的发展已经取得了长足的进步，形式系统日益复杂，应用能力日渐增强。然而，既有的形式逻辑是在科学主义、认知主义、客观主义氛围中成长起来的，它处理的对象主要是超主体的、客观的事实问题。由于事实与价值存在深刻的"异质性"，因而形式逻辑对于价值思维来说，对于解决休谟问题来说，却存在多方面的局限性。

事实是指主客体关系中体现"客体的尺度"、"物的尺度"，作为人的实践和认识活动对象的客观存在状态。价值既不是单纯指客体及其状况，也不是单纯指主体及其状况，不是指其中任何一方的本然状态，而是实践—认识活动中以主体尺度为尺度，因主体不同而不同、变化而变化的一种客观关系。事实突出的是主体趋向客体、逼近客体，它具有超主体性，即对于事实来说，不论主体是谁，或具有什么样的规定性（包括主观性），事实就是事实，不会因主体不同而改变。而价值则体现着客体向主体"展开"、"服务"的特征，代表着客体主体化过程的性质和程度。价值具有鲜明的主体性（个体性、多维性和动态性等），因人而异，因人的发展不同而不同。如果说，事实表征的是客观世界的现实状况、"实然状态"，那么，价值由于反映包含理想性、超越性、创造性为特征的主体尺度，因而表征着主体超现实、理想化的"应然状态"，并且具体价值的这种超现实的理想、应然意味，是因具体主体之主体尺度（如需要与能力）的不同而不同、变化而变化的。

正因为事实与价值之间存在"异质性"，因而处理价值问题的逻辑与处理事实问题的形式逻辑不可能完全一致，简单地照搬、套用形式逻辑处理主体性、相对性的价值问题，既行不通，更可能导致各种思维中的困惑。

　　首先，形式逻辑是一种"无主体逻辑"，它撇开或超越具体的主体，排除各种主体性因素的影响和干扰，是一种"客观地"、"价值中立"地处理客体的存在、性质、功能以及各种关系的逻辑。皮亚杰（Jean Piaget，1896－1980）指出："当前形式下的逻辑学是一门同数学紧密相联的公理和算法学科。它在理学院讲授时的名称通常是数理逻辑学。按照这个名称它就属于精确的与自然的科学……因此构成一种似乎与人文科学不再发生关系的'无主体逻辑'。"① 这种逻辑根本不考虑具体的主体和各种主体性因素，而仅仅考虑客体性事实的逻辑性质和关系，特别是事实判断之间的各种逻辑推导关系。在同样的前提条件面前，无论主体是谁，无论是谁运用这种逻辑，都可以而且应该得出同样的结论，并且事后可以进行重复性检验。然而，具体的逻辑和逻辑思维从来不是外在于人、无主体的文明成果，甚至处理事实问题也不可能与主体完全隔绝开来。皮亚杰指出："在作为理论的、科学的或科学理论的逻辑领域里，人们已经不能把逻辑和逻辑主体完全分开。一方面，逻辑语言或一般句法要求一个元语言或语义系统，而这一般的语义学则与主体人有关。另一方面，出自哥德尔（1931）定理的种种有关形式化界限的论述也提出了主体问题。"② 特别是，价值思维处理的不是无主体或超主体的所谓"客观现象"，而是以主体和主体尺度为根据的主客体之间的价值关系，它必须从主体自身出发，以主体尺度为根据进行评价、判断、选择和推理。那种"无主体逻辑"或主体中立的"客观普遍化"的逻辑，因为不考虑价值的主体性（包括主观性）、相对性等，因而必然导致或者无法直接应用，或者在强行应用过程中产生各种不符合常识与直观的情形，包括令人尴

① 让·皮亚杰：《人文科学认识论》，郑文彬译，中央编译出版社，1999，第57页。
② 让·皮亚杰：《人文科学认识论》，郑文彬译，中央编译出版社，1999，第57页。

尬的悖论。

其次，形式逻辑是一种"必然性逻辑"，它主要考察事实之间单向的线性的因果关系、必然性联系，对于偶然性、非决定性关系涉及很少，即使偶有涉及，也是按照必然性逻辑的形式、方法和规则进行加工、处理。甚至可以说，形式逻辑具有某种"必然性崇拜"、"普适性崇拜"。这种逻辑要求在一个有效的推理或论证过程中，在结论中出现的词项，必须或者在前提中出现，或者能够通过对前提中的某一词项的适当定义而得到。而且，推理必须以前提和结论之间的概念的层属关系为基础，结论必须包含在前提之中，或者说前提蕴涵结论。这实际上是说，逻辑推理只能是所谓"必然地得出"，逻辑只能是演绎逻辑，其他逻辑或推理形式都是不可靠的，或没有意义的。然而，无论是在事实领域，还是在价值领域，逻辑面对的都并非只是"必然地得出"领域，而涉及十分丰富、复杂的情形，涉及大量非必然、非决定、概率性、偶然性的事件和情形，甚至涉及许多没有"标准答案"或唯一选择的价值冲突和价值二难。虽然"必然地得出"、演绎逻辑是人类思维的坚实基础，但逻辑学的发展史证明，必然性推理或演绎逻辑并不是逻辑史的唯一内容，归纳逻辑、概率逻辑、辩证逻辑以及逻辑方法等，从来都是逻辑学的有机组成部分。将"必然地得出"、演绎逻辑视为逻辑学的全部内容，特别是将之不加分析地泛化、绝对化，显然有可能将人类思维、逻辑导入非正常发展的轨道，甚至是一种僵化、偏执性的企图。也正因为如此，面对人类丰富多彩的价值生活实践，"必然地得出"、演绎逻辑只能"怨天尤人"，"抱怨"它不够"规范"，充满主观性、偶然性、相对性和不确定性。

再次，形式逻辑是一种"静态化逻辑"，它主要关注和处理静态的事物、对象，以及事物、对象的静态性质、功能与关系，或将动态、流变中的事物及其关系"割断"，加以固定化、抽象化，以静态的理论方式进行加工处理。这种逻辑没有充分考虑世界的流变性、过程性，没有充分考虑事物的生成、发展特性，即使是对于事实的静态处理，常常也采取了过于简化、抽象化的形式。当然，它更没有将主体（人）的生成及其活生生的生活实践纳入自己的视野，没有有效地对实践性、动态性、生成性、过程性的价值关系进行逻辑加工，对于具体的历史的价值问题经常是直观、机械、僵化地处理，无法把握其辩证生成本性。或许有人会辩解，在价值思维中，静态的分析描画也是必要的，而且，将对象、客体抽象地静态化，人类思维可以更为方便地对之进行把握和加工处理。这确实不无道理。只是问题在于，"世界不是既成**事物**的集合体，而是**过程**的集合体"①。世界本身就是生成性、动态发展的，静态只是理想化、抽象化的产物，是非常态。因此，在思考世界特别是价值问题时，不能仅仅局限于客体、主体或主客体之间的某种既成状态，而要进入其动态发展过程或历史生成过程，动态地进行分析、描绘、定义、判断和推理。

最后，形式逻辑是一种"程式化逻辑"，它严格遵循同一律、矛盾律、排中律等逻辑规律，依据形式逻辑的一定格式、规则和规律进行思考，它的进程是直线的、集中的、阶梯式的，可以分解为一连串严谨、连续的类比、归纳、演绎过程，整个过程具有明显的程式化特征。然而，无论是事实领域还是价值世界，都并非完全程式化的，而是充满着多样性、相对性、偶然性、动态性、生成性，这一切并非都可以公理化、形式化、程序化。而且，即使是公理化、形式化、程式化本身，也存在自身的局限性。哥德尔不完全性定理、丘奇—图林的不可判定性定理和塔斯基的真概念不可定义性定理，就以严格的数学证明的方式表明了这种局限性。例如，哥德尔不完全性定理揭示，任何形式化、公理化逻辑系统如果是一致的（无矛盾的），那么总有一

---

① 《马克思恩格斯选集》第 4 卷，人民出版社，2012，第 250 页。这是恩格斯高度称颂的黑格尔的"伟大的基本思想"。

些问题是不可判定（证明）的，也即我们既不能用公理和逻辑推导判断其为真，也不能证明其为假，它们是不可判定的。如果我们一定要设法证明这些不可判定的问题，就必须增加新的公理；但新的公理引入后，整个形式系统如果仍然是一致的，那么又会产生新的不可判定命题。这就是说，任一特定的形式系统都有其局限性，形式化方法在任何发展阶段都不可能一劳永逸地解决所有问题，都存在不可避免的局限性。在这种形式化、公理化的逻辑的局限之处，需要借助一些非形式甚至非理性的方法，例如直觉、顿悟、灵感等，需要将形式化、公理化与非形式、非理性的思维方法等结合起来。实际上，价值直觉等往往就是人们面对现存世界、问题情境，作出价值评价，进行价值判断与选择的重要方式。摩尔指出，伦理或价值"命题全都是'综合的'，它们全都终归建立在某一命题之上，而这一命题不可能根据逻辑从任何其他命题演绎出来；必须直截了当地接受它或否定它"①。罗斯也指出："现在如果要问，我们究竟是怎样达到认识这些基本的道德原则的，那么，答案看来是……和数学一样，我们是通过直觉的归纳把握这些一般的真理的。"②

概而言之，传统的处理事实问题的形式逻辑本身存在多方面的局限性，有待进一步丰富和发展；对于加工和处理另类的异质性的价值问题，解决休谟问题，则更是能力有限，甚至不相适合。只要这种逻辑应用于实际的价值评价、选择过程，就会显得苍白无力，甚至导致各种难解的悖论。价值领域的这种"前逻辑性"，既制约了价值论的发展，也是逻辑学自身的严重缺陷。因此，逻辑学必须在彻底反思的基础上，清理和转变观念，突破僵化、固定化的思维定势，面向生机勃勃的价值生活实践，进行新的创新和突破。

---

① 摩尔：《伦理学原理》，长河译，商务印书馆，1983，第152页。
② W. D. Ross, *Foundation of Ethics*, Oxford：Clarendon Press, 1939, p.320.

二 逻辑的实践品格

逻辑是关于思维的科学。但逻辑与逻辑思维并非人生而具有的本能，而是人类思维长期进化、发展的结晶，是人类基于长期劳动实践活动的自我理性提炼和心智建构。

考古学、人类学、逻辑学、哲学等方面的研究表明，人类思维的发展呈现为一个逐步进化的历史过程。从猿到人的早期进化时期，主客体混沌一体，尚未真正分化，思维形式十分幼稚，思维能力比较低下。在漫长的蒙昧时期和野蛮时期，人类智能既没有形成抽象的概念，也没有提出严格意义上的逻辑形式。当然，在原始人的思维与文明人的思维之间，也绝无一条界限分明、不可逾越的鸿沟。在原始思维向逻辑思维缓慢演化的过程中，已逐渐孕育着某种"前逻辑"或"潜逻辑"，只不过，这与严格意义上的逻辑学还相去甚远。

用文明人的逻辑观看，原始人的思维常常显得混乱极了，有时杂乱无章，有时牵强附会，有时思绪跳跃，有时甚至自相矛盾。例如，纳西族的《创世纪》中写道："天和地还没有分开，先有了天和地的影子。"天地尚未形成的混沌中，又哪来天地的影子呢？又如，纳西族的《挽歌》中说："在天和白云交接的地方，白雀和老鹰死在那里，它们看见（自己的）羽毛掉下来，才知道自己死了。"既然白雀和老鹰看见自己的羽毛掉下来，又怎么能说已经死了呢？如果已经死了，又如何能够看见自己的羽毛掉下来呢？原始思维的"混乱无序"、"不合逻辑"、"不可理喻"，由此可见一斑。

原始人的思维在文明人看来是如此混乱不堪，然而，他们又如何能正常地思考并指导自己的行为呢？法国著名社会学家列维－布留尔（Lucien Lévy-Bruhl，1857－1939）认为，原始思维和文明人的逻辑思维是两种不同类型的思维。原始思维遵循一种与文明人的同一律、矛盾律等逻辑规律不同的"互渗律"。所谓互渗（participation），意即共同参与、相互渗透。列维－布留尔用这个概念表示存在物与客体之间通过一定方式（如巫术）占有其他客体的那种神秘属性，如踩着别人的影子在菲吉群岛就被认为是一种谋杀行为。原始思维是具体的思维，亦即不知道因而也不应用抽象概念的思维。这种思维只拥有许多世代相传的神秘性质的"集体表象"，"集体表象"之间的关联不受逻辑思维的任何规律支配，它们靠神秘的"互渗"来彼此关联。尤其是，"具有这种趋向的思维并不怎么害怕矛盾（这一点使它在我们的眼里成为完全荒谬的东西），但它也不尽力去避免矛盾。它往往是以完全不关心的态度来对待矛盾，这一情况使我们很难于探索这种思维的过程"①。列维－布留尔还通过大量事例，揭示了原始思维中违反逻辑规律的现象。但列维－布留尔从上述现象出发，把原始思维和文明人的逻辑思维根本对立起来，这却片面而极端地割裂了逻辑思维形成的历史。且不说其观点论据不足，至少在逻辑上是难以成立的：既然原始思维与文明人的逻辑思维之间存在本质差异，那么，又如何能用逻辑思维"理解"原始思维，并武断地作出上述结论呢？

我们以为，早期人类的思维方式是非常单调、粗陋的，思维能力也比较有限，人类思维的发展经历了一个从低到高、不断进化的过程。大量考古学、人类学事实雄辩地证明，在原始人的思维中，逻辑因素是逐步增多的，逻辑化趋势是逐步增强的，呈现为一个逐步理性化、逻辑化的历史发展过程。

实践唯物主义认为，在逻辑和逻辑思维的起源问题上，具有决定性意义的是人的劳动实践活动。在人类日益进化的工具性活动中，出现了主客体的分化，主体（人）的主导地位逐渐确立。在主客体相互作用的进化过程中，自然世界的逻辑特性，以及人的劳动实践活动的

---

① 列维－布留尔：《原始思维》，丁由译，商务印书馆，1981，第71页。

逻辑结构等，逐渐在主体（人）的头脑中有所反映。尤其值得指出的是，在人的劳动交往实践中，由于共同的需要产生了言语，进而形成了简短的语言和简略的语法，这大大促进了逻辑和逻辑思维的产生。因为根据乔姆斯基等人的研究，逻辑是语言的深层结构，逻辑与语言的发展具有关联性、一致性。语言的形成过程，特别是语法结构，已经包含了一定逻辑构造在内；而语言的学习和运用过程，也包含着对逻辑结构的自觉或非自觉掌握。

从根本性意义上可以说，逻辑和逻辑思维是由客观世界本身和人类的生活实践所具有的逻辑结构决定的。列宁指出："逻辑形式和规律不是空洞的外壳，而是客观世界的反映。"[①] 维特根斯坦也指出："逻辑不是理论而是世界的反映。"[②] 黑格尔更是认为，"实践是**逻辑的'推理'**"，"**'一切事物都是一个判断'**，这就是说，一切事物都是**个体的**，而个体事物又是具有普遍性或内在本性于其自身的；或者说是，**个体化的普遍性**。"[③]"**一切事物都是一推论。**"[④] 黑格尔的论述虽然具有泛逻辑主义色彩，但他正确地揭示了：判断中个别和一般两个环节的形式结构，推理中个别、特殊、普遍三个环节的形式结构，都与事物本身的这些环节及其形式结构存在内在的联系。更直接地说，判断、推理的逻辑结构内在根源于事物本身的逻辑结构。原始思维之所以原始，是因为当时人们的生活实践比较单调、层次比较低，思想工具比较粗陋，理论水平比较低，尚未达到在头脑中反映这种逻辑结构并进行创造性提炼和建构的程度。

这种"反映"不是客观世界和人类实践活动的逻辑结构的简单移植，而是人类在漫长的生活实践过程中对其进行加工、整合与提炼的

---

① 《列宁全集》第 38 卷，人民出版社，1959，第 192 页。
② 维特根斯坦：《逻辑哲学论》，郭英译，商务印书馆，1962，第 88 页。
③ 黑格尔：《小逻辑》，贺麟译，商务印书馆，1980，第 340 页。
④ 黑格尔：《小逻辑》，贺麟译，商务印书馆，1980，第 356 页。

结果，人类的生活实践在这一过程中具有决定性作用。作为"万物之灵"，人的思维具有能动性、建构性和创造性；与人的思维相互关联的生活实践不仅具有直接现实性，而且具有"普遍性"。黑格尔天才地指出：行动、实践是逻辑的"推理"，是逻辑的"格"或"式"。列宁对此精辟而深刻地评价道："这是对的！……人的实践经过亿万次的重复，在人的意识中以逻辑的式固定下来。这些式正是（而且只是）由于亿万次的重复才有着先入之见的巩固性和公理的性质。"①这就是说，逻辑的规律、规则、格式、方法等，并不是人脑先天就有的，也不是凭空捏造出来的，它不过是人类生活实践中带有普遍必然性的"感性活动的逻辑"、行为方式（即"行动的推理"）在人的意识中的能动反映和建构。显然，这种反映和建构经历了十分艰辛漫长的历史过程，是人类意识亿万次的重复的结果，是人类在生活实践中不断学习、总结和提炼的结果。

也正因为这样，所谓逻辑，就是人们以具体的历史的生活实践为基础，在实际思维过程中总结和提炼出来的关于思维的形式结构、方法、规律和规则的学说。而与之相关，所谓逻辑思维，就是在思维过程中，严格遵循思维的逻辑规律和规则，按照逻辑的形式结构、各种方法进行思维的思维方式。

人们对逻辑的理解，与人们对实践思维加以总结、提炼的能力密切相关，也和具体的提炼活动密切相关。由于人的这种能力和提炼活动的发展都是无限的，表现为一个无止境的历史过程，因而逻辑的发展也必然是一个无止境的历史过程。从经典逻辑到非经典逻辑、从形式逻辑到非形式逻辑、从必然性逻辑到或然性逻辑……传统逻辑到现代逻辑的发展过程就说明了这一点。如果我们不是固守传统的视角和观念，保守地将我们自己封闭起来，那么会发现，传统逻辑实际上也

---

① 《列宁全集》第 55 卷，人民出版社，1990，第 186 页。

正在以生活实践为基础和目标而不断创新。目前，在计算机和人工智能研究的推动下，认知逻辑（特别是动态的、群体的和公共的认知）、社会管理和社会博弈的逻辑、偏好逻辑、次协调逻辑、自然语言逻辑等都取得了一定成果，不断向人的实际思维逼近的尝试取得了明显的进步。只是在既有的逻辑观影响下，相关的努力面临着难以克服的困难：随着时代和生活实践的发展，逻辑学需要考虑的因素越来越多，系统变得越来越复杂，越来越难以提炼出普适的、具有操作性的程序和格式，理论建构与实际应用之间的矛盾越来越突出。但无论如何，我们不能拘泥于过去、现在甚至将来某一时期的逻辑发展状况，例如"必然性"逻辑或演绎逻辑的发展状况，就固定逻辑的最后定义，划定逻辑的最后范围，从而令我们的思维僵化、凝固化，令我们对逻辑和逻辑思维的创新停滞下来。

三　价值逻辑与休谟问题

休谟问题是从思维与逻辑的角度提出来的，因此，我们也有必要给问题以思维或逻辑上的解决。在对休谟问题的苦苦求索中，人们"发现"了一个支撑着自己信念的、不容忽视的基本事实：生活实践中并不存在事实与价值的二歧鸿沟，或者说，一直存在解决这一问题的方式。既然如此，问题仅仅出在人们的抽象的思维领域，那么问题的关键就在于创造性地反映人们的实践思维过程，并在"概念的逻辑"中构思和表达它。同时，如果我们转换观念和视角，不仅仅局限于既有的逻辑观、思维方式和逻辑模式，而是从人们的具体的历史的生活实践出发，从实际活动着的人（主体）出发，虚心地向生活实践"学习"和"请教"，因应价值生活实践的发展而进行反映与提炼，那么，或许就将导致一系列逻辑观念的革命，导致一系列逻辑学理论的创新性发展，从而也为休谟问题的解决提供有效的逻辑工具。

1. 价值逻辑的基本特性

由于价值与事实的异质性，立足价值生活实践，实现逻辑观念的变革，提炼、构建价值逻辑的格式和规律，是逻辑学面临的一个巨大挑战。这种提炼、构建需要解放思想，以人类具体的历史的价值生活实践为根据，从人类具体的历史的价值生活实践中汲取灵感，并通过创新性探索，试图在理论层面和具体应用层面均取得突破。

由于一般价值论产生的时间不长，人们对价值现象的认识尚不充分，对价值生活实践的模式与规则的掌握比较粗糙，因而目前国内外既有的所谓"价值逻辑"、"道德推理"，要么名不副实，将价值"简化"为事实了；要么比较稚拙，应用价值不高。理论的创新、发展必须遵循其内在的规律，人为的跃进只能事与愿违。或许，与其匆匆忙忙地建构价值逻辑的形式系统，不如先对价值逻辑展开方向性、原则性的研究。

据此，加工处理价值现象、反映规范价值思维的价值逻辑，与传统的处理事实问题的形式逻辑相比较，由于其所根据的"现实原型"不同，因而具有自身的独特性，它们之间甚至存在深刻的学术差异。概略地说，价值逻辑的独特性体现如下。

（1）实践性

价值逻辑源自人们具体的历史的价值生活实践，是生活实践中价值思维的格、式、方法、规则、规律等的提炼与升华。虽然任何逻辑理论都有人类心智构造的成分，可能包含着逻辑学家的约定、发明，但是，从根本上说，它们都是源于实践、依据实践并以实践为判据的。不过，与形式逻辑来自生活实践却又相对独立于人的生活实践不同，价值逻辑不仅仅是关于思维形式的逻辑，而且是关于价值生活实践内容的逻辑，不能脱离宗教、道德、审美等生活实践的具体内容。它从人们的价值生活实践中来，是生活实践中各种价值判断、选择与取舍的反映，是主体确立的各种价值原则、规范、秩序和程序的反映，具有与人们的价值生活实践的一致性、统一性。更进一步，任何时代的价值逻辑都具有那个时代价值生活实践的显著特征。如果说过去价值逻辑更关注相对个体主体的价值判断以及价值判断之间的推导关系的话，那么，在当今全球化时代，人类价值生活实践的发展呈现出了大规模、协作性、整体性、对话与合作等鲜明特性，当代价值逻辑更注重"关系"范畴，它不仅需要考虑主体与客体之间的价值关系，还需要考虑主体间或主体际关系，要求在主体际视野中，针对共同面对的全球性问题，考虑主体间或主体际的理解、沟通、对话与合作。

（2）主体性

价值逻辑不是无主体、超越主体、撇开主体的逻辑，而是一种主体自我相关、自我指涉的主体性逻辑。与形式逻辑"中立于主体"、撇开主体因素不同，价值逻辑立足于具体的主体自身，从相应的主客体关系特别是从主体角度思考问题，主体及其丰富复杂动态的规定性，包括主体所属的宗教、民族、阶级、阶层、政党及其规定性，以及主体的目的、利益、需要、情绪、情感、态度、意志、能力，等等，作为逻辑思维的必要环节与要素，在思维过程中具有关键性、制约性、决定性的作用。就是说，主体和主体因素不是可以撇开的、外在于价值思维的，而是价值评价、判断、推理、选择等思维结论的要素和依据，也是思维结论恰当与否、合理与否的内在判据。例如说，任何包含"善（好）"、"应该"、"正当"、"义务"、"禁止"的价值判断，都不是抽象的无主体的要求、规定和命令，而是相对于一定主体（人）制定、认可、接受的价值体系而言的。某种行为是应该的，当且仅当一定主体认可的价值体系要求该行为发生；某种行为是禁止的，当且仅当一定主体认可的价值体系不允许该行为发生。离开了特定主体，相应的要求、规定或命令便没有约束的指向性。例如，佛教徒禁止杀生，禁止饮酒，如果不是佛教徒，便不受这些佛教戒律的硬性约束。只有人们公认的少量、基本的"底线价值"，才对全人类具有普遍的约束力。

（3）具体性

价值逻辑不仅仅是形式的逻辑，它将人类价值生活实践的全部内容和基本特征都纳入思考的范围，探讨其中的逻辑结构、形式、规则和规律。众所周知，在形式逻辑中不允许矛盾存在，不矛盾律、排中律是基本的逻辑规律。而在价值生活实践中，价值矛盾与冲突则广泛存在。如在一定社会中，往往可能同时存在许多宗教、法律、道德、习俗以及其他方面的价值原则和规范，它们之间的关系极其复杂，有些是相容的，有些则可能只是部分相容，有些甚至根本不相容，无法调和。在特定情况下，人们可能面临这些规则之间的冲突，陷入两难甚至多难困境，典型的如"忠孝不能两全"，"鱼与熊掌不可兼得"。这类情形往往需要通过人们的评价与选择，在生活实践中合乎情、理、法地找到解决方案。价值逻辑也应该考虑如此具体而复杂的内容，坚持具体问题具体分析，恰当地处理各种价值矛盾和冲突，并发现其中蕴藏的逻辑结构、形式、规律与规则。

（4）生成性

价值逻辑不仅考虑主客体之间静态的价值关系，更要以时间、条件、环境为转移，将主客体之间价值关系的动态性、生成性、过程性作为理性思考的重心。价值逻辑是一种受主体内在因素和客观外在条件两方面制约的逻辑，可以随主客体及外在时间、条件、环境的变化而变化。例如，从主体角度看，主体的身心状况、社会关系、利益和需要、素质与能力等方面的变化，都可能令不断变化着的世界与主体自身的价值关系发生变化，因而价值逻辑必须是一种"动态的逻辑"，视这种动态运动和历史生成过程为自己的基本内容。——甚至处理事实问题的逻辑也不应该仅仅以静态对象为内容，而应该面向动态的生活世界，灵活地处理变动不居的世界中的各种问题。冯·赖特（G.

H.Von Wright，1916－2003）在《归纳的逻辑问题》等著作中，已经开始对"变化逻辑"（logic of change）表现出兴趣，认为在考虑动态的变化过程中，逻辑的结构、推理形式等都会呈现特殊的状态。①

综上所述，或许我们可以把价值逻辑称为"主体性、生成性的实践逻辑"。当然，由于价值论和逻辑学的研究尚不成熟，人们对价值现象的理解、把握尚嫌稚拙，对生活实践中价值思维的格式、方法、规则、规律等的提炼尚不充分，建构价值逻辑的形式系统目前尚存在不少困难。我们这里的讨论仍然是基础性或预备性的，获得的也只是原则性、方向性的结论，明显还需要进一步提炼，特别是需要进行创新性的艰苦建构。但是，只要我们更新逻辑观念，善于立足价值生活实践进行总结和提炼，这种新型的逻辑是完全可能建构出来的。

最后，还应该特别声明的是，价值生活实践尽管具有鲜明的主体性，与人的非理性、非（形式）逻辑因素关系密切，总体上却不是反理性、反逻辑的，只不过它有着自身的逻辑特征，遵循着相应的逻辑格式和规则。价值逻辑尽管与处理事实问题的形式逻辑具有异质性，存在上述明显的差别，是一种"非形式逻辑"，但它绝不是"反形式逻辑"，更不是"反逻辑"，而是在形式逻辑的基础上，根据价值论的性质和问题域，根据价值评价、选择的方式和特点，对逻辑学的创新性发展和应用性完善。那种刻意"与理性为敌"、"与形式逻辑为敌"、为反形式逻辑而反形式逻辑的做法，既不合乎事实，过于偏执与自大，对于价值论研究和价值生活实践来说，也没有什么建设性意义，甚至可能阻碍价值论与逻辑学健康发展的道路。

2.价值逻辑与休谟问题的解决

休谟问题提出之后，坚持事实与价值的二分法，否认从逻辑上可以从事实判断导出价值判断，这种观点在西方哲学界曾占据主流地

---

① See G. H. Von Wright, *Logical Problem of Induction*, New York: The Macmilian Co. , 1957.

位。系统梳理相关哲学家的思想，从逻辑角度进行分析，不难发现支撑他们观点的两个重要的理由。其一，在一个有效的推理或论证过程中，在结论中出现的词项必须或者在前提中出现，或者不在前提中出现，但能够通过对前提中的某一词项的适当定义而得到。其二，推理必须以前提和结论之间的概念的类属关系为基础，结论必须蕴涵在前提之中。这实际上反映了相关哲学家的逻辑观，即认为逻辑推理只能是必然性推理，逻辑形态只能是演绎逻辑，其他逻辑形态或者推理形式都是无效的，或者是没有意义的。

　　如前所述，我们以为，这种逻辑观是既偏执又狭隘的。一方面，这种逻辑观不符合逻辑学发展的史实。从逻辑史来看，必然性推理或演绎逻辑虽然重要，相对比较成熟，甚至可以说是逻辑学的典范，但是，它并不构成逻辑学的全部内容。实际上，归纳逻辑、辩证逻辑（实践逻辑）以及逻辑方法等，历史同样悠久，应用同样普遍。在大多数逻辑学家那里，它们都被视为逻辑学的有机组成部分。逻辑学作为一门应用广泛的基础科学，实在没有道理画地为牢、故步自封。另一方面，这种逻辑观无视生活实践的要求与决定意义。逻辑学绝不是不以人们的实践为基础的"心智构造"。生活实践既是逻辑产生的根源或来源，又"要求"逻辑因应不断发展着的实践，与实践互动、协同发展。对于客观存在的价值现象的思考，对于休谟问题，传统的形式逻辑的观念与处理方式明显存在局限性，而且是自身难以克服的局限性。逻辑实证主义（包括情感主义、规定主义）等的工作从反面论证了这一点。按照逻辑实证主义者的观点，价值现象与主体及其规定性相关联，根本不具有"客观性"，价值概念和价值判断不过是"伪概念"、"妄判断"，价值论也不能成为一门科学。"伪概念"、"妄判断"的"非科学"，当然不是逻辑和逻辑思维所"管辖"的范围了。这就把问题直接导入了"死胡同"，再也不存在解决的希望了。

　　然而，如前所述，价值现象是不可否认的客观存在，人们对于价值现象的反映与把握，生活实践中从事实到价值的过渡，即相应的价值思维和价值逻辑的存在也是不容否认的。尽管实践（或实践方式）并不就是思维与逻辑，实践的解决也并非思维—逻辑上的解决，但是，由于逻辑是对实践的总结和提炼，因而实践中对于价值问题的处理，对于事实与价值关系问题的解决，总结、上升、提炼为逻辑的格式、规律和规则，便可能找到处理和解决价值问题的逻辑方式。——当然，对此也不要将逻辑与实践割裂开来进行理解。由于实践总是具体的有思维能力的人的实践，在实践过程中，并不是不运用各种传统逻辑的推导方式与方法的。不过，人的实践是能动而富于创造性的，具有丰富的社会历史内容，因而它总是在运用逻辑的推理方式、方法、规律、规则的同时，又创造出蕴含新的社会历史内容的东西。实践的发展为意识与思维的发展提供着源泉与动力。

　　总之，既然现有的逻辑观念、格式、方法、规律、规则对于处理价值问题远远不够，甚至不相适应，而生活实践中又一直存在把握价值现象的理性方式，那么，是"裁剪"丰富多彩的生活实践以服从、适应既有的逻辑，还是发展逻辑以适应和服务于人们的生活实践呢？答案几乎是不言而喻的。毕竟，就生活实践与逻辑的关系而言，是具体的历史的生活实践制约和决定着逻辑，而绝不是相反。诚然，人们在生活实践中可能会犯错误，具体的行为选择也不一定是最高效的，但是，生活实践毕竟不断地创造并完善着人和社会，不断地提供各种价值问题的解决方案。而且，生活实践是全面、丰富而有力的，其中确实存在从事实到价值的推导关系，能够承担沟通事实与价值的重任。列宁指出："**实践高于（理论的）认识，因为它不仅具有普遍性的品格，而且还具有直接现实性的品格。**"[①] 逻辑学尽管十分抽象，但毕竟只是人类依托生活实践的一种心智构造，依然具有或者说应该具

---

① 《列宁全集》第55卷，人民出版社，1990，第183页。

有鲜明的实践品格。生活实践既是逻辑学的根源和来源，是逻辑学发展、创新的前提和基础，同时，它又以社会需求和人的自我提升的需求等方式，呼唤、要求逻辑学不断开拓新领域，丰富其内容，完善其形式。因此，生活实践中关于事实和价值问题的思考，对于事实与价值关系问题的解决，都可以也应该总结、上升、提炼为逻辑学的格式、方法、规律和规则，从而实现逻辑学的革命性发展和实质性飞跃。——因为不同类型的逻辑往往存在深刻的学术差异，应用范围和功能也存在实质性的区别。依赖传统的形式逻辑（特别是演绎逻辑或必然性推理）所不能理解和解决的休谟问题，依据以生活实践为基础的价值逻辑则是完全可能的。生活实践中这类推导方式的广泛存在给了我们这样一份信心。

四　导出价值判断的推理方式

由于价值判断可以区分为评价判断与规范判断，而规范判断又是以评价判断为基础的，因而从"是"导出"应该"、从事实判断导出价值判断的推理过程，实质上是由两个互相联系的步骤或过程构成的，即由事实判断到评价判断，再由评价判断到规范判断。当然，在具体的推导过程中，有时这两个步骤体现得并不清晰、并不充分，特别是评价判断在其中的中介与过渡作用往往被人们忽视了。究其原因，这一方面是由人类思维的简单性或简约性原则所决定的，即人的思维常常省略或跳过某些思维环节与步骤；另一方面是因为主体及其规定性直接作为推理的要素与环节而出现，而主体的评价可以表达为多种方式（如情绪、情感、沉默以及身体语言等），而不一定反映或表达为一个完整的、用语言表达的评价判断，因而在推导过程中主体不自觉地省略或超越了这一过程。但是，有些思想家认为，规范判断可以直接由事实判断导出，这却是值得商榷的。因为如前所述，无论是规范的确立还是规范的遵守，若不以一定的评价为基础，则可能是不合理的、荒谬的乃至无聊的；这样的规范即便得以确立，也必须回过头来，基于人们的评价加以审查。只有这样，它才可能真正为人们认可、接受并自觉遵守，否则，便可能因为违背人性、违背人的目的与需要而被抛弃、废除。

1. 关于推理的前提

无论在何种形式的推理中，前提都充当着推理的理由，以一定的方式承担着推理的结论。一个推理是否成立，结论是否有效，与前提是真是假、是否充分密切相关。具体而言，按照充足理由律的要求，得出正确结论的推理的前提必须满足如下两个条件：一是前提必须是真实可靠的，虚假的前提并不能支撑有效、正确的结论；二是前提（理由）必须是充足的，如果前提不充足的话，结论便是或然的、不可靠的，甚至是完全无效的。这是推理成立的必要条件，也是推理成立的充足理由，缺少其中任何一条，都可能导致无效的推理。

然而，仅仅就逻辑推理而论，推理的前提或承担推理结论的理由，却不是逻辑本身所能够解决的。就是说，当我们讨论如何由事实判断前提导出价值判断结论时，事实判断的来源、具体事实判断的涵义，都不是哲学和逻辑所能揭示的。获得关于世界的事实判断，以及指出这些具体的事实判断的涵义，是经验与科学的任务，哲学和逻辑所能利用的只是经验与科学的现成结论，哲学和逻辑学所能知道的限度，也就是经验和科学的限度。当然，尽管如此，在讨论从事实到价值的推理的前提时，我们仍有必要从哲学和逻辑学的角度，对作为推理前提的事实判断进行一番分析。

首先，作为前提的事实判断是不包括"价值事实"在内的客体性事实判断。如果前提中就包括了评价判断或规范判断，那只不过是依据传统逻辑或形式逻辑的推理形式进行的推理。这样的推理的可能性并不是问题之所在，因为它在形式逻辑中大量地运用着，根本就不成其为问题。

其次，作为前提的事实判断也并不仅限于关于客体的事实。单纯从"客体是什么"、"客体怎么样"之类事实判断，并不能逻辑地导出"主体应该怎么办"之类价值判断。自休谟以来，不少学者都曾经指出并认真地论证过这一点。只有那些持价值的"实体说"、"属性说"的人，那些坚持"天人合一论"、"神人合一论"的人，以及神秘的目的论者（在他们那里主客体是混沌不分的），等等，才认为上述推导是可能的。

再次，作为前提的事实判断还应该包括主体方面的事实，如"主体是什么"、"主体怎么样"。只有联系关于主体的事实，才能逻辑地导出"主体认为……是好的"、"主体应该怎么办"之类价值判断。但是，单纯指出主体是谁，主体的目的、利益与需要等，而不是在以实践为基础的主客体关系中进行思考，也不能简单地决定主体应该怎么办。

也许，有人会举普耐尔提出的一个反例[①]：

前提：他是一位船长；

结论：所以，他应该做一位船长该做的一切。

表面来看，这一例子似乎是从关于主体之"是"过渡到了"应该"，但实际上，这是一个省略三段论，其中省略了大前提，即"任何社会角色都应该做他该做的一切"。这一大前提恰恰是一个规范判断，该规范来自文明社会中司空见惯的社会分工。根据分工体系，任何社会角色都被赋予了一定的权力，也被要求履行一定的职责或义务。这一大前提实际上来自主体的社会关系事实，来自主体的社会实践，是主体在特定社会关系、社会实践中逐步形成的要求，而且，其内容还将随着主体社会实践的发展、客观条件与状况的变化而变化。

---

① 参见麦金太尔《德性之后》，龚群译，中国社会科学出版社，1995，第54页。

所以，这一推理根本构不成一个反例，而不过是一个省略了大前提的规范推理。

总之，从事实判断推导出评价判断的逻辑前提不仅涉及客体方面的事实，而且还涉及主体方面的事实。在主体（人）的生活实践中，客体与主体两方面的事实具体地构成一定的主客体价值关系。这一具体的主客体关系通过主体的评价反映出来，就可以得出"……是好的"或者"应该……"之类价值判断（价值原理）。这也就是说，价值判断的规定性内容已经内蕴在关于客体与主体的事实（即"是"）之中了。

最后，需要特别指出的是，由于规范判断是以评价判断为基础的，而并不是直接建立在事实判断之上的，因而导出规范判断的前提实际上至少要包括一个评价判断。也就是说，"应该……"形式的规范判断，一般是由一个以"是"形式表达的评价判断，联系其他的事实判断而导出的。

2. 从事实判断到评价判断

在生活实践中，沟通事实与价值、从事实判断导出评价判断的方式是多种多样的；对这些方式的结构、模式和方法加以总结、提炼，可以将之归纳为如下一些推理形式和方法。

（1）"定义法"① 或"正名术"

这是指通过揭示某些特殊概念（主要是具有"价值意味"的事实概念）内涵的方法，从事实过渡到价值，从事实判断导出评价判断。任何概念都有内涵，即概念所指称的对象的本质属性或特有属性。一个概念与其内涵是相同一的。概念的内涵可以通过一个定义揭示出

---

① 这里并不是指自然主义的"定义论"观点。"定义论"认为，"价值"能够用"事实"的解释来下定义，"应该"能够用"是"的解释下定义，如"善的"意指"一种兴趣（欲望）的对象"（培里）。摩尔认为，这种观点犯了"自然主义的谬误"，并用"开放问题论证"方法反驳了它。

来。应该注意的是，这种揭示——"定义"或"正名"——不是假定或设定某一概念的内涵，也不是给某一概念"赋值"，而只是明确揭示生活实践中已经确立的一定概念的本质属性或特有属性，作为人们推理的前提。

概念的类型非常丰富。对语词、概念进行语义分析，我们发现，有一些概念是与人和"人的尺度"密切相关的。它们或者与人的生存和发展等相关，或者与人的本性、目的等相关，或者与人的利益、需要等相关，或者与人和他人、社会的关系相关，或者与人的职责、义务等相关。我们可以将这些特殊的"属人概念"称为具有"价值意味"的事实概念。这类概念很多，如社会角色概念：母亲、医生、教师、警察、法官、裁判、公务员，等等；与人的身心状况有关的概念：危险、有毒、疾病、药品、健康、平安，等等；某些社会行为概念：救护、捐赠、扶贫、帮助、服务、裁决，等等；……对这些"属人概念"加以定义、"正名"，往往就能将其"价值意味"凸显出来。

我们不妨以"母亲"这个社会角色概念的分析为例。尽管某些辞典将"母亲"简单地等同于"有子女的女人"，但在长期社会实践特别是婚姻家庭生活实践中，这一社会角色常常包括两个方面的含义，一是生育子女，二是养育子女。生育需要经历十月怀胎，自然颇为不易，但一般而论，养育比生育的过程更为漫长，付出的辛劳往往以倍数计，因而在一个人的成长过程中，养育往往是更为重要的方面。许多人对养育之恩都颇为看重。例如，在历史与现实中，人们常常将抚育自己的人（乃至国家）呼为母亲；那些因为各种原因生而未养的女人，自己往往也会深深自责，认为自己不称职，不是一位合格的"母亲"。总之，人们常常把切实履行了两个方面职责的女人称为"好母亲"，或者将由于非自己的原因（如养母），只切实履行了某一方面职责的女人称为"好母亲"。这类事例表明，类似社会角色这样的主体性事实是一种社会关系、社会实践的事实，其中颇有价值意味，内蕴着某种价值（关系）的规定性。通过"定义法"或"正名法"把握其内涵，就能把这种价值规定性明确地揭示出来，并将之展开，形成一个评价判断。

（2）推理的演绎模式

这是以演绎推理的各种推理格式为依托，根据价值实践中客体事实与主体事实（利益、需要等）所构成的主客体关系，由主体依据其"内在尺度"（目的、利益、需要与能力）而进行的一种推导。其中，"主体的内在尺度"（目的、利益和需要等）充当着"价值原理"，如三段论中的"大前提"，发挥了关键性的作用。例如：

苍蝇污染环境、传播疾病等；
污染环境、传播疾病等不符合人的目的、利益和需要；
所以，苍蝇是不符合人的目的、利益和需要的。

又如：

A 行为将给人带来剧烈疼痛，并且除了产生疼痛外，做 A 与不做 A 的结果完全相同；
剧烈疼痛不符合人的目的、利益和需要；
所以，A 行为对于人的目的、利益和需要来说是不好的。

当然，在实际的推理过程中，一定对象对于人们的目的、利益和需要来说适合还是不适合，有利还是有害，特别是根本性好还是根本性坏，往往需要人们在生活实践中反复摸索，进行比较、权衡，不断验证、完善。只有经过一个去伪存真、去粗取精、循环往复的过程，才可能逐渐形成比较准确、真实的评价。

此外，还应该强调指出的是，上述演绎模式只是人们实际的价值评价过程的一个大致思路。它与我们关于"价值"的理解与定义——价值是客体与主体目的、利益和需要的关系，凡合乎主体目的、利益和需要的即是有正价值的（好的），反之，则是有负价值的（不好的或坏的）——密切相关，甚至可以说，是以之为前提的一种推导。

（3）推理的归纳模式

休谟提出的"归纳问题"虽然没有解决，归纳推理或归纳法的使用却很常见。当"客体是什么"与"主体是什么"都确定时，主体对主客体之间的价值关系的评价，常常是主体依据一定的价值原理，通过一个或一些归纳程序而得出的。

如果某类被考察对象无一例外地具有某种属性，而这种属性或者是合乎主体目的、利益与需要的，或者是不合乎主体目的、利益与需要的，据此就可以断言某类对象的全部都与该主体具有某种价值关系。例如，苍蝇污染环境，传播霍乱、痢疾、伤寒、炭疽等疾病；蚊子叮咬人血，引发感染，传播疟疾、乙型脑炎、登革热等疾病；老鼠四处打洞，咬坏物件，啃食庄稼，能够传播30多种疾病（如鼠疫）；麻雀嗜食谷物、果实等，与人争食，破坏农业生产；这些都是不符合人类的目的、利益和需要的，因此，这四种动物都有害于人类，曾被人们统称为"四害"。①

如果被考察的某类中的部分对象，有些与主体具有某种价值关系，有些则不具有这种价值关系，那么该类对象与主体的价值关系可依概率归纳的方式，得出一个概率结论。例如，某果园里的苹果成熟了，这批苹果的味道怎样，那只有亲口尝一尝才知道。而人们尝的结果，有的酸、有的甜、有的涩、有的脆，等等。假设某个人喜欢吃甜的、脆的，而不喜欢吃酸的、涩的，那么，根据他自己品尝的结

---

① 1958年2月12日，中共中央、国务院发出《关于除四害讲卫生的指示》，将苍蝇、蚊子、老鼠、麻雀列为"四害"。后来，"麻雀"被"平反"，以"臭虫"取代，之后"臭虫"又被"蟑螂"取代。

果，就可知有多大概率的苹果"好吃"。

由于归纳推理的结论超出了前提的范围，因而其结论是或然的，有时会出现以偏概全的情况。因此，为了提高结论的可靠性，特别要注意如下几点。首先，被考察的对象应该尽可能地多。山雀、燕子主要觅食花草树木和庄稼上的虫类，是益鸟，但我们进行判断时，不能只根据一两只山雀、燕子的食性分析，而要尽可能多地解剖一些，其结论才较为可靠。其次，考察的时间要尽可能地长，范围要尽可能地广，不同时间、地点、条件下的对象都要尽量考虑。例如，麻雀在育雏期间大量捕食虫类，而在其他时期则以谷类为食；画眉的食性随季节变化，春、秋、冬三季以豆类、高粱、草籽等植物为食，夏季则以蜗牛、白蚁、蝗虫等动物为食。如果我们只根据一时一地的情况匆忙作出归纳，就难免会以偏概全。再次，归纳结论不是一劳永逸的，它要随着客体与主体的相关要素的变化而变化。例如，磺胺类药和青霉素、链霉素等抗生素药物的出现，曾抑制住了大规模的可怕的传染病，可是，后来这些"特效药"越来越不像当初那么灵验了，因为细菌中能抗药的菌株迅速繁殖起来。在新的变化了的情况下，人们对这些药物的效果的评价就不能一成不变，而应该与时俱进地形成新的评价结论。

（4）假设法

从事实判断导出评价判断的过程，往往是主体依据其目的、利益和需要，在实践中反复试探、不断摸索的过程。它常常表现为如下这样一个逻辑过程。

首先，主体在实践中面向客体（特别是新客体）时，根据客体所呈现出来的特性、功能等，产生一定的初步印象，给出一个大略的、带有猜测性的评估。例如，当人们最初接触智能机器人时，有人可能感到由衷的喜悦，认为它可以代替人完成不少繁杂、单调、有毒、危险的工作，将极大地造福人类；也可能有人对此忧心忡忡，认为它将取代人，持续地增加失业率；有人甚至悲观到恐惧的地步，认为日益先进的智能机器人会敌视、统治人类，将人类"关进动物园里"……对于机器人的这些不同评估，应该说都还只是一些假设、一种猜测性评价。

其次，通过对主体的这一初步假设加以论证，寻求证据，在实践中证实或证伪、修改或完善这一假设。例如，对上述机器人的设计理念、构造原理、基本性能、发展可能性，对其可能产生的正负效应加以理论上的论证；另一方面，在实践中了解、熟悉机器人，观察总结机器人的出现与应用在现实生产与生活中带来的一系列变化，与上述假设加以对照、检验，从而证实、证伪或修正、完善它：机器人既可能造福人类，也可能导致一定的社会负效应。

再次，由于主客体状况都是不断发展的，任何已经受检验的评价，也必须在实践中进一步充实与发展。这是一个过程，其结果将是评价不断走向深入、客观，评价判断变得更加恰当、合理。

当然，应该指出的是，上述总结、提炼仍是比较简略、不完全的。生活实践是十分丰富且极富创造性的，作为对之的反映的价值思维、价值推导，这里的工作仅仅是初步的，还有许多具体的工作要做。

3. 从评价判断到规范判断

在具体的历史的生活实践中，根据主体和客体两方面的事实情况，根据从事实判断中导出的评价判断，主体往往会推导出合乎其目的、利益和需要等，以"应该"为联结词的规范判断，从而指导和规范自己的行为选择。

与从事实判断中导出评价判断一样，这一过程也可以在多种逻辑框架中运用多种推理方式进行。

（1）"定义法"或"正名术"

与通过定义或正名揭示一定概念之"好"的内涵、形成评价判断一样，通过对一定概念之"应该"内涵的揭示，也可以形成以"应该"为联结词的规范判断。

在任何一个正常、有序的社会中，规范几乎无处不在。甚至可以说，根本不存在一个没有规范的社会。规范形形色色，难以简单枚举。不少规范与社会分工或职业相联系。在一定的社会分工体系中，有些社会角色具有特殊性，直接与一定的职责、规范内在地、紧密地结合在一起。例如，竞技体育领域的"裁判员"，即在竞赛中执行评判工作的人，就内在地与"应该公正地裁决比赛"相联系。如果裁判员心术不正，或收受贿赂，不能秉持公正，故意偏袒竞赛中的某一方，他就会被认为"失职"，被人们嘲讽为某一方的又一名"队员"。"失职"情节严重者，甚至可能被取消裁判资格，剥夺裁判员称号。因此，通过对"裁判员"的界定，即通过对其内涵的全面揭示，我们就能获得有关裁判员的一个规范判断："任何裁判员都应该公正地裁决比赛。"类似"裁判员"这样的社会角色还有很多，如法官、检察官、警察、战士、教师、医生、公务员、议员（人大代表），等等，他们都内在地与一定的规范相联系。

有些社会行为也与一定的规范、要求相联系。我们不妨分析一下"捐赠"这个概念。所谓"捐赠"，是把自己或委托人的财物无偿地送给他人或某（些）社会共同体。如果在未取得委托或代理等权利的情况下，把他人、集体或国家等的财物无偿地送给他人（或社会共同体），就像一个人走在大街上，指着某栋与其毫不相关的大楼，郑重其事地说"捐给你了"，这事实上是不能称作"捐赠"的。我们只能将之称为无聊的玩笑，或者干脆认为此人"不正常"，犯了"神经病"。因此，"捐赠"这一概念的含义要求"应该捐赠自己的（或自己代理的）财物"。这就是关于"捐赠"的规范或要求。从"捐赠"的定义以及其中所包含的规范出发，我们可以发现，当今社会流行的某些"捐赠"，如一些明星"义演"后、尚未纳税就一股脑儿捐了，如果法律没有明文规定"义演"可以免税的话，这至少是部分地慷了国家和公众之慨。

（2）推导的演绎模式。

尽管主体评价为"好"的，即符合主体的目的、利益和需要的，并不一定都是主体"应该"做的，但是，某些"好"中确实蕴藏着"应该"的根据和理由。赫尔通过语言分析发现，"善（好）"的首要功能是赞扬，而赞扬本身就是一种规定性、引导性活动，赞扬的目的是引导人们进行价值选择。"当我们赞扬或谴责任何事物时，总是（至少间接地）为了引导我们自己或其他人的现在或将来的各种选择。"① 在生活实践中，通过一定的演绎推导程序，主体常常能依据其"内在的尺度"觉得对象是否"好"，从而以之作为根据和理由（特别是价值原理），也即推理的前提，确立、认同相应的"应该"规范，帮助人们作出具体的行为抉择。

有时，主体认为"好"或"坏"的事情是与人类、社会共同体或个人的根本目的、利益和需要相联系的，如果不做此"好"事，或者做了此"坏"事，便可能损害或危及主体的根本目的、利益等。在这种情况下，选择做那件"好"事，避免做那件"坏"事，就是"应该"。众所周知，核武器是大规模的毁灭性武器，世界现有的核力量足可使地球上的生命毁灭数百次，而毁灭人类自然是违背人类的根本目的和利益的，明显是"不好"的，因此，为了人类（包括有责任心的社会共同体或个人）的生存和可持续发展，任何国家在对待核武器的问题上都应该慎之又慎，应该全面禁止使用核武器。这一推理过程可以简示如下：

如果不禁止使用核武器，必将导致人类的毁灭；

———————

① R. M. Hare, *The Language of Morals*, Oxford, Clarendon Press, 1952, p. 127.

毁灭人类是违背人类的根本目的和利益的；

所以，应该禁止使用核武器。

有时，为了实现自己的目的，主体应该且必须做那件能够并且舍此便不能达到目的的唯一的事。也就是说，由于受各种主客观因素的制约与限制，有且仅有一种方式、一种手段、一条路径、一种行动等能够实现这一目的，于是，人们别无选择，要么放弃目的，要么就"应该"这么做。例如，某人不幸受伤了，失血过多，生命危在旦夕。这时若想活命，便应该立即输血，否则，病人便不可能转危为安。这一推理过程如下：

只有立即输血，病人才有可能活命（如果不立即输血，那么等待的只有死亡）；

活命是符合病人的目的、利益与需要的；

所以，应该立即给病人输血。

有时，如果实施某一行为，必然产生不良后果，如使主体的利益受损，或者身体与精神受到伤害，或者对他人与社会产生某种危害，等等，并且实施这一行为与不实施这一行为，除了上述的不良后果之区别外，其他的一切都相同，那么，这一行为便是不应该（禁止）实施的。这主要指生活实践中的那种"损人不利己"、"损己不利人"的行为。例如，无端地伤害他人或自己的身体，从而导致剧痛、创伤的行为，如用拳猛击他人或自己，就属此类。这一推理过程如下：

用拳猛击自己将引起剧痛和创伤，并且除了剧痛、创伤等对身体的伤害外，拳击自己与不击自己的其余后果都相同；

剧痛、创伤等对身体的伤害不是主体所需要的，是主体应该避免的；

所以，不应该用拳猛击自己。

（3）推导的归纳模式

在价值生活实践中，人们为了实现自己的价值目的，经常会对具体的价值活动的方式、原则与效果等进行归纳、概括，这一归纳、概括的结果常常以规范的方式稳定下来，以指导其进一步的价值实践，并进而通过"社会化"和社会遗传，形成一定社会共同体的价值规范。

例如，在法治建设比较成熟、完善的市场经济实践中，诚实守信的经营者通过无数次经历归纳出了如下规律：如果讲信誉，守合同，那么相互比较信任，麻烦与纠纷少，办事效率高，有利于合作，更易取得长期稳定的成功；反之，如果不讲信誉，不守合同，虽然偶有成功，但麻烦与纠纷不断，合作伙伴或敬而远之，或互相蒙骗，并难免受到索赔、罚款甚至法律制裁，因而长远来看，收获的更多是麻烦和失败。因此，根据契合差异并用法可知，讲信誉、守合同是基本的经商之道。也就是说，如果想获得成功，那么就应该讲信誉、守合同。

再如，在人们与赖以生存的大自然打交道，特别是改造自然以求得需要的满足时，通过长期的实践，人们终于认识到：如果按照自然规律办事，例如，适度地开荒种植、放牧、捕猎等，那么收获常常比较稳定，也不会污染环境、破坏生态、损毁家园；而如果采取掠夺式的方式对待自然，如过度地开荒种植、放牧、捕猎等，那么，即便短期效益可观，但长远来看必遭自然报复，导致环境污染、生态失衡、毁坏家园等后果。因此，根据契合差异并用法可知，按照自然规律对待自然、改造自然，是人类维持生存、求取发展必须遵循的原则。也就是说，为了人类的生存与可持续发展，应该按照自然规律对待自然、改造自然。

（4）假说演绎法

从评价判断、事实判断导出规范判断的过程，常常是一个探索性的创造性过程。对一个人或社会共同体来说，特别是在变革和转型时期，找到符合其利益与需要，同时合乎客观实际的新的行为规范，常常是一个不断设定、不断论证、反复检验的历史过程。在设定这样的行为规范时，没有通行的普适性方法，但假说演绎法是一种常用的、非常有效的逻辑方法。

假说演绎法可以大致分析为如下几个步骤。

首先，主体根据一定时间对客观实际情况的把握，特别是主体对一定对象的评价，尝试性地提出、设定一定的行为规范。例如，在中国迈向市场经济的征程中，有人倡议设立"商业行为应该诚实无欺"等规范。这自然是市场所呼唤的基本的"商德"。

其次，根据所设立的这一规范，主体联系一系列现实情况，在商业实践中"演绎"这一行为规范，看看会得出一些什么样的结论。实践的结果是，有些商人严格遵循这一规范，诚信处世，童叟无欺，从而顾客盈门，生意红火，赚取了丰厚的利润；有些商人根据这一规范行事，销毁了自己生产或者销售的假冒伪劣产品，直接蒙受了损失，一时陷入困境；有些商人违背这一规范，制售假冒伪劣商品牟利，但最终东窗事发，被科以重罚，信誉扫地，客户流失，最终得不偿失；等等。

再次，对上述的各种"演绎"结论进行分析、比较，验证这一规范是否真正符合主体的目的、利益和需要，从而决定是否接受、奉行这一规范。对此规范，如果人们都不认同、不接受，那么就需要重新设定新的规范，重新开始这一探索过程。

这是一个随着客观形势的发展特别是主体自身的变化而不断变化、永无止境的过程。其目的是要达到：这种约束、制约人的必要的规范，能够最大限度地体现价值原则，保持与主体的根本目的、利益和需要的一致。

4. 推理的特性与有效性的检验

从事实判断推导出价值判断的推理是一种新型的推理形式，我们目前知道的还比较有限，还有待进一步探索。

（1）关于推理的必要说明

关于这种新型的推理形式，有几点说明是基本而重要的。

首先，当我们说可以从事实判断推导出价值判断时，这里的事实判断常常并不是一个孤立的、唯一的事实判断。实际上，任一事实判断都存在于一个事实判断的系统中，即皮亚杰所谓"图式"、库恩所谓"范式"、拉卡托斯所谓"科学研究纲领"、蒯因所谓"知识场"之中。每一个事实判断都与一定的理论体系、其他事实判断构成彼此依赖的有机结构，并且，这些事实判断都处于不断发展、变化之中。例如，"太阳从东方升起"是一个事实判断，它与托勒密的地心说理论，以及大量的天文观察方面的事实判断密切相关。当然，这一判断也有待检验和发展。例如，当哥白尼的太阳中心说提出后，"太阳从东方升起"这一判断就不太科学了，至少是不太严谨了。因为地球并不是宇宙的中心，"没有资格"作为判断的标准。至于太阳是否为宇宙的中心，今天看来也是存疑的。总之，所谓从事实判断推导出价值判断，更准确地说，就是从一个事实判断系统中，联系主体的目的、需要等推导出价值判断。

其次，当我们说可以从事实判断中推导出价值判断时，并不是说事实判断在起源意义上优先于价值判断，即所谓"先有事实判断，后有价值判断"。每个社会的、历史的人，既生活在一个事实世界之中，又生活在一定的文化价值体系之中。他既在一定的价值判断或价值观念体系指导下生活，变革和创造世界，同时，又在生活实践中不断生成、归纳出新的价值判断。所谓事实判断与价值判断谁在起源上优先的问题，就如同"先有鸡还是先有蛋"一样，笼统而抽象的讨论并没有什么意义，也不可能获得明确的答案。

再次，必须承认，以上讨论的推理方式——无论是从事实判断到评价判断，还是从评价判断到规范判断的推理方式——都还比较粗糙，尚待完善。例如，上述推导的演绎模式，仅仅是对传统逻辑的三段论推理的一种尚待进一步琢磨的改造，作为一种真正的沟通事实判断与价值判断的推导，其实践性、主体性特征尚需得到更明确的体现，其"形式化"也有待进一步"构造"。此外，从价值生活实践来看，具体的推理方式还有很多，需要我们进一步加以总结和提炼。因此，目前还仅仅处于初步的探索阶段，甚至只是一些稚嫩、不成熟的尝试。

　　不过，我们也应该看到，从事实判断到评价判断、从评价判断到规范判断的推理方式的真正建立与完善，至少需要满足两个条件：一是价值论的研究比较成熟，二是逻辑基础方面的准备比较充分。而目前来看，这两个条件恰恰都不具备。从价值论研究来看，什么是价值？如何理解价值的主体性？如何区分事实与价值？评价与认知的关系如何？如何检验评价的合理性？如何合理地"设定"规范？诸如此类的问题的研究都还不太成熟，需要进一步探讨。从逻辑基础方面来看，长期以来，逻辑仅仅是关于事实的，从来没有真正考虑过主体性、相对性的价值。在逻辑思维中，如何体现价值的主体性特征？价值思维的形式与规则是什么？价值逻辑是否遵守形式逻辑的基本规律？价值逻辑是否可以像形式逻辑一样地进行构造？诸如此类的问题不容回避。

　　也许有人会说，不是已经出现了关于某些特定价值领域的"价值逻辑"，如评价逻辑、优先逻辑、道义逻辑、命令逻辑吗？确实，这些逻辑分支已经取得了一定的进展，而且对于一定的价值思考，如从一定价值判断导出另一个或一些价值判断的推导，也证明是有价值、有意义的。但是，我们无法否认，这些逻辑分支是按照处理事实问题的方式来处理价值问题的，是依照某种"事实逻辑"构造起来的。且不说其尚不成熟、尚不完善，离现实的价值思考距离甚远，功能也不尽如人意，即便这种意义上的逻辑发展成熟了，它也只能解决价值判断之间的推导问题。前面我们已一再指出并证明了，依照这种思路，根本不可能解决事实与价值、事实判断与价值判断的关系问题。解决休谟问题需要的是一种实质上不同类型的逻辑。

当然，我们也相信，只要不是仅仅从客体出发，而是从"实际活动着的人"（即主体）出发，在主客体的相互作用和矛盾运动中进行思考，把主体及其规定性看成推理的必要要素与环节；只要我们坚持把实践的观点看作首要的基本的观点，从主体的具体的历史的实践中进行总结和提炼，那么，我们最终是一定能够在逻辑上取得突破，找到解决问题的明确而完满的答案的。至少，实践中的解决以及实践方式之可以被总结、提炼，可以给我们这样的信心。

（2）推理的特性与有效性的检验

在人们具体的社会实践中，从事实判断导出评价判断，并进而导出规范判断的推理过程，与形式逻辑的事实判断之间的推理相比较，具有鲜明的特性。作为实践逻辑之推理的一种方式，当然它是以形式逻辑为基础的，但又不同于一般形式逻辑的推理。

首先，这一推导过程具有鲜明的主体性。众所周知，形式逻辑是撇开思维的内容研究思维的形式结构的科学，它用一系列模式、方法和规则处理概念、判断间的形式关系，但并不处理概念、判断等的具体内容方面的关系。在这种形式的推理中，推理主体是不介入具体的推理过程的，主体及其规定性（如主体的目的、利益和需要等）并不作为推理过程中的内在因素而起作用，因此，这种推理追求客观性，具有相对于具体主体的独立性。

而从事实判断导出价值判断的辩证推理过程并不撇开具体的思维内容，特别是，推理的主体及其规定性（主体的目的、利益和需要等）作为决定性的要素或环节而在推理中起作用，因而这种推理呈现强烈的主体性特征。在推理过程中，主体始终把自身置于推理情形中，将其主体性（特别是目的、利益、需要等）"加"之于客体之上，从而作出价值评价，形成价值判断。而且，从同样的"客体是什么"出发，不同主体或不同时间条件下的同一主体依据其自身的规定性，特别是依其特殊的目的、利益与需要，往往可能推导出不同的结论。历史与现实中存在的大量的、独特的价值观念体系，目前世界上普遍存在的激烈的价值冲突，以及一定社会共同体的价值观念的调整与变革等，已经充分地诠注了这一点。

有人感到特别费解和不可思议的是，从事实判断导出价值判断的实践推理，面对同样的现实状况，不同的主体居然可能得出不一样甚至完全相反的结论。例如，在市场经济建设中，诚实守法的劳动者会认为讲信誉、守合同是事业成功所必需的品质，而坑蒙拐骗之流则可能认为，讲信誉、守合同费时费力且不讨好，不如能坑则坑、能骗则骗来得实在；在人与自然的关系上，目光长远、负责任的个人或社会共同体认为，应该尊重自然，按照自然规律办事，维护人类的生存与可持续发展的环境，而以"我死后，哪怕洪水滔天也与我无关"为信条、不负责任的个人或社会共同体则认为，"现钱不抓不是行家"，为了眼前的一点利益，不惜掠夺式地对待自然。正是看到了这种主体性，有人从传统的形式逻辑出发，断然否认这类推理形式的有效性，甚至拒绝承认它们作为逻辑推理方式的合法性，在逻辑学中拒绝给予其应有的地位。他们的错误或失误之处，"就在于他们不懂得或者不承认包含了人、主体在内的价值推理的特殊性，否认或者无视主体、实践的地位"①。如果能够超越传统的形式逻辑，认识到价值现象、价值思维的特殊性（主体性），那么，理解与接受生活实践中常见而自然的这种辩证的推理方式就并不困难。也许，关键在于解放思想，抛弃成见，勇于面对现实，向生活实践学习。

正因为这种推理鲜明的主体性，推理与内容密切相关，推理结论

---

① 李德顺：《价值论》，中国人民大学出版社，1987，第 370 页。

因主体不同而不同，因而关于这种推理的有效性的检验也必须依据这种主体性来进行。一定的推理只有切实反映客体事实和具体主体的需要之现实关系，才是正确的、有效的，更具体地说，才是对推理的具体主体来说正确的、有效的。

其次，从事实判断导出价值判断的推理是一种关系推理，它以实践中所建立的主客体关系特别是价值关系为具体内容。

传统的形式逻辑推理所要处理的只是客体的性质（客体的存在、关系都是性质的一部分），并不考虑主体及其规定性，甚至以"主体中立"为前提或原则，而且也并不以主客体之间的价值关系为内容。一些极端的二分对立论者从传统的狭隘的逻辑观出发，甚至否认价值概念、价值判断的意义，认为它们不过是"假概念"、"伪判断"，从而割裂了事实判断与价值判断之间的联系，人为地将它们对立起来。

从事实判断导出价值判断的推理思考的对象却是主客体之间的价值关系。它不仅要考虑客体的性质，也要考虑主体及其规定性，特别是主体的目的、利益和需要等，而且，推理主体是把客体的性质与主体的规定性作为实践中的一种现实关系来思考的。推理主体根据主体的目的、利益与需要等对客体的现实状况作出评价，并进而以这种评价为基础，形成约束、限制自己的价值规范，以实现自己的价值目的。由于在生活实践中，客体与主体都处于运动、发展过程中，主客体之间的价值关系也是不断变化、发展的，因而这种推理并不像形式逻辑那样，将思维对象当作固定静止的概念、判断来处理，而要考虑到思维内容的流变性、动态性，即这种推理是一种动态的推理。

与之相适应，对这种推理的有效性的检验也不是一个封闭、静态、固定的过程，也不能无条件地固守某个具体的结论，而必须因应时代和环境的变化，因应主体与客体双方因素的变化，以主客体关系的不断动态发展为标准，对之进行动态的检验，从而确定推理的正确性、有效性。

再次，从事实判断导出价值判断的过程，并不体现为远离人的生活实践的纯粹形式的理性思辨，它具有鲜明的实践性。所谓的上帝或神为人立法，实质上不过是人为人立法而已，只不过采取了一种曲折、隐蔽的方式，甚至是带有欺骗性的方式，其实质和现实社会中常见的一些人为另一些人——例如统治者为被统治者——立法并无本质区别。真正的人们自己为自己立法的过程不是一个信仰的问题，也不是纯粹理智所能解决的问题，更不是纯粹逻辑形式的推导所能承担的问题，而是一个生活实践的问题。只有在生活实践中，健全的具有独立自主意识的主体（人）把自己的目的、利益、需要、情趣等投射到对象上，才能产生主体的真实评价；以这种评价为基础和根据，主体才会为达到其目的、维护其利益、满足其需要而选择与设定一定的限制性、分配性规范。评价应该是主体的自由、自主思维的产物，而规范则是主体在生活实践中的自觉选择、调节与约束，而且，生活实践会随时随地并且最终地对这种评价或规范的合理性进行检验，作出评判，以便主体修正其评价、重塑其规范。这是一个由实践到实践的循环往复、永无止境的过程。

最后，需要强调指出的是，由于主客体之间的价值关系以及对之的评价都具有主体性，因而实践对价值评价、规范之合理性的检验，与对事实判断之真理性的检验有所不同。作为检验事实判断之真理性的标准，实践是指无数个人或具体的实践的总和或整体，而作为检验价值评价、规范之合理性的标准，"实践则可以是，并且常常是价值主体的个体的、独特的发展着的实践整体，只要在一定范围内，事物满足这一特定主体的需要这一点能够证实，那么它的价值和相应的评价标准就被证明是成立的，尽管这种价值和评价标准对于其他主体可能不是普遍成立的"①。

---

① 李德顺：《价值论》，中国人民大学出版社，1987，第 293 页。

第十章

价值推理与人的行为

从事实世界过渡到价值世界，即获得了价值判断，这就可能为人们的行为提供依据与指导。当然，人们获得的价值判断可能是有限的，并且是普遍性的，它作为具体的、丰富的、多样化的行为之指导与依据，常常需要经过一个或一系列价值推理过程，将价值判断"展开"，以具体地建立与生活实际的联系。例如，价值原理对于人们的具体价值行为的指导，就是如此。

一 价值推理与事实推理

无论是通过实践方式还是逻辑方式沟通了事实与价值，从事实判断过渡到了价值判断之后，从一个或多个价值判断联系其他的价值判断或事实判断进行逻辑推导，都不是什么困难的事情。甚至在这里，也不需要与事实判断之间的推导实质不同的逻辑。已有的一切逻辑成果，特别是现代逻辑以模态逻辑为基础的一系列新进展，如评价逻辑、优先逻辑、道义逻辑等的兴起，为这种价值推导提供了基本的、必要的工具。当然，就目前这些逻辑的发展水平和功能看，无论如何尚需新的实质性拓展，否则，是不可能很好地承担这一任务的。

1. 价值推理及其分类

所谓价值推理，就是从一个或一些已知的价值判断，推出另一个新的价值判断的推理。

例 1：

> 凡增进人的幸福的行为是好的；
> 保持身心健康有利于增进人的幸福；
> 所以，保持身心健康是好的。

例 2：

> 见死不救是极不人道的行为；
> "不交费不手术" 是见死不救；
> 所以，"不交费不手术" 是极不人道的行为。

在价值推理的前提中，至少有一个判断是价值判断，而其他判断可以是价值判断，如例 1 中的 "保持身心健康有利于增进人的幸福"；也可以是事实判断，如例 2 中的 "'不交费不手术'是见死不救"，而结论则必是一个价值判断。

在实际的推理情形中，特别是在日常推理中，人们常常省略价值推理中的某些前提或结论。例如，A 见 B 正在抽烟，走过去语重心长地对 B 说："抽烟对你没有好处！"其中的推理过程实际上就省略了大前提："抽烟有害健康"，或者 "抽烟是不好的"。又如，某公共场所规定，抽烟是一种违禁行为，甲见乙在此若无其事地抽烟，走过去责备乙说："你抽烟了！"甲的意思（即结论）则尽在不言中："你的行为是违禁的！"

依据不同的标准，采用不同的方法，可以将价值推理分成不同的类型。例如，根据价值推理的前提数目是一个还是两个或两个以上，可以把价值推理分为直接价值推理和间接价值推理；根据价值推理的前提和结论之间是否有蕴涵关系，可以将价值推理分为必然性价值推理和或然性价值推理；根据推理所表现的思维进程的方向性，即根据思维进程从一般到个别、从个别到一般、从个别（一般）到个别（一般）的区别，可以将价值推理分为演绎价值推理、归纳价值推理和类比价值推理；根据价值推理的前提或结论是评价判断还是规范判断，可以将价值推理分为评价性推理和规范性推理；等等。

在本书中，我们将依据价值理论自身的特点，以价值推理的评价性与规范性区分为主线，并结合其他分类方法，对价值推理进行一番剖析和研究。

2. 价值推理与事实推理

关于价值推理与事实推理的关系，可以从两方面进行讨论。

一方面，从逻辑上考察，从前提中已知的价值判断联系事实判断或其他价值判断，导出另一个价值判断为结论的价值推理，与一般事实推理并没有什么本质的不同。与主体从事实判断导出价值判断的实践推理相比，这里并不需要其他实质不同的逻辑或推理方式。价值推理的推理形式，只需在形式逻辑的命题演算、谓词演算，特别是模态命题演算与谓词演算的基础上，增加一些相应的算子（联结词）和公理，即可构造相应的推理系统。这似乎可以看作关于事实的逻辑与推理的一种特殊的应用，就如同现代逻辑之优先逻辑、道义逻辑、命令逻辑所做的一样。

目前来看，与事实推理相比较，关于价值推理——无论是评价性推理，还是规范性推理——的研究只是刚刚起步。特别是，目前所构造的相关形式系统往往既粗糙、简陋、不完整（如大多缺乏谓词演算系统），又功能不强，难以真正应用于价值生活实践，甚至在应用过程中，还导致了一些与常识和直觉相违背的"悖论"。

但是，无论是价值推理还是事实推理，作为逻辑推理的不同类型，既不是人先天所固有的，也不是"天启"或"神启"获得的，而是人们在长期社会实践中，对客观事物的联系、关系（事实推理）或对主客体之间的价值关系（价值推理）的反映。既然人类的现实生活实践中存在与需要价值推理这种类型的逻辑，那么，它也必将如事实推理一样逐步构造出来并完善起来。

另一方面，虽然价值推理是以事实推理为基础的，它们并不是实质不同的逻辑推理，但由于价值推理、价值判断的特殊性，特别是其鲜明的主体性，因而价值推理也就难免与一般事实推理存在一些区别。具体的，这可以从如下几方面表现出来。

首先，价值推理和事实推理的前提不同。在价值推理中，至少有一个前提是价值判断。当然，另外的前提可以是价值判断，也可以是事实判断。赫尔因此把这种推理称作"混合的推理"。但正是由于前提涉及价值判断，从而使得价值推理具有比一般事实推理更复杂的情形，其公理、推导规则、推理格式都有其自身的特点。关于这一点，从我们后面的讨论中可以看得出来。

其次，价值推理的结论与事实推理不同，它必是一个价值判断。关于这一点，赫尔在《道德语言》中在论述其著名的两条推理规则时，曾经做过比较详细的讨论。他甚至指出，如果结论是一个价值判断，那么前提中必有一个价值判断。也就是说，这一推理必是一个价值推理。

再次，对价值推理的有效性的判定与事实推理不尽相同。对于一个事实推理来说，只要前提正确，推理合乎逻辑，那么结论对任何人来说都必然是正确的。但对于价值推理来说，由于作为前提或结论的价值判断具有鲜明的主体性，因而对其结论有效性的考察也必须针对一定主体来进行，即它只具有相对于特定主体的"真"。

二　价值推理的模式与规则

与价值判断的评价性与规范性相呼应，这里我们也从评价推理和规范推理的分类着手，对价值推理进行一些技术性探讨。

1. 评价推理的模式与规则

所谓评价推理，就是以一个或一些评价判断为前提，推出另一个评价判断为结论的推理。例如：

> 虐待父母是一种不孝行为（评价判断）；
> 辱骂父母是虐待父母；
> 所以，辱骂父母是不孝行为（评价判断）。

在人们的具体的历史的评价活动中，评价推理也可能会省略某些前提或结论。例如，上例在日常生活中完全可能是这样的：A 见 B 在辱骂父母，便规劝、指责 B 说："你应该知道，虐待父母可是不孝行为。你这样口无遮拦地辱骂父母，可是大大的不孝啊！"在这里，便省略了这一评价三段论的小前提："辱骂父母是虐待父母。"

从对评价性概念，如好、不好、坏、不坏、优先（更好）的定义和直观理解，以及具体评价的实践中，我们可以总结出如下关于评价推理的基本规则。——在这里，我们将用大写字母 G 表示"好"、H 表示"坏"、P 表示"优先（更好）"，小写字母 p、q、r、s、t……表示任一价值判断（命题），用 ¬、∧、∨、→、↔分别表示逻辑联结词否定、合取、析取、蕴含、等值。

（1）不矛盾规则：在同一条件下，同一主体不能同时对一个价值事实作出两种对立和矛盾的评价，如认为 p 既好（Gp）又坏（Hp），或者，同时承认 p 好（Gp）与 p 不好（$G¬p$）。用公式表示即为¬

$(Gp \wedge Hp)$，或者$\neg (Gp \wedge G\neg p)$。

（2）非二值原则：对某一主体来说，存在某些价值事实既不是好的，也不是坏的，即存在三种或多种不同的评价。如果任何价值对某一主体来说，总是不好即坏、不坏即好，那么只要把好看作真，把坏看作假，评价逻辑就不过是处理事实判断之间关系的二值逻辑了。

（3）反对称原则：在同一条件下，对同一主体来说，如果一价值事实p优先于另一价值事实q，那么q必然不优先于p。用公式表示，即$(pPq) \rightarrow \neg (qPp)$。例如，张三认为梨子比木瓜好吃，就不能同时认为木瓜比梨子好吃。

（4）传递性原则：在同一条件下，对同一主体来说，如果一价值事实p优先于价值事实q，并且，价值事实q优先于价值事实r，那么，p必然优先于r。用公式表示，即$(pPq) \wedge (qPr) \rightarrow (pPr)$。例如，如果张三认为说真话比不说话好，不说话比说假话好，那么，他必然认为说真话比说假话好。

（5）类与分子原则：对某一主体来说，如果某类对象全部都是好（坏）的，那么其中的某些分子也是好（坏）的。例如，如果他们一家人都心地善良的话，那么，他也是善良的。

（6）合取原则：如果价值事实p是好的，q也是好的，那么p和q都是好的。用公式表示，即$Gp \wedge Gq \rightarrow G(p \wedge q)$。此原则有时似乎与直觉或常识相违背。例如，张三和李四各自都是很有力量的，但两人组合在一起，便因为各种原因产生严重的内耗，反而相互抵消，变得没有力量了。这种情况确实存在。但是，这不是合取原则的反例。因为，这里是对两人内耗的评价，而不是对合取的评价，因而上例的结论应是"张三和李四都是很有力量的"。这也就是说，合取原则的意义是两个合取肢同时成立。

（7）析取原则：如果两个价值事实的析取是好的，那么至少必有一个析取肢是好的。用公式表示，即$G(p \vee q) \rightarrow Gp \vee Gq$。例如，如

果服用保健品 p 或 q 有益健康，那么，要么服用 p 有益健康，要么服用 q 有益健康，要么服用 p 和 q 都有益健康。

以上仅是一些最基本的评价逻辑的原则。从不同的角度，评价逻辑的基本原则还可以总结出一些。例如，冯·赖特所构造的优先逻辑的公理化系统中的五条公理，均可视为优先原则。

（1）$(pPq) \rightarrow \neg(qPp)$

这即是反对称性原则。

（2）$((pPq) \wedge (qPr)) \rightarrow (pPr)$

这即是传递性原则。

（3）$(pPq) \leftrightarrow (p \wedge \neg q) P (\neg p \wedge q)$

这即是说，一价值事实 p 优先于另一价值事实 q，当且仅当这一价值事实和另一价值事实的否定，即 $(p \wedge \neg q)$，优先于另一价值事实和这一价值事实的否定，即 $(q \wedge \neg p)$。

（4）$(p \vee q) P (r \vee s) \leftrightarrow ((p \wedge \neg r \wedge \neg s) P (\neg p \wedge \neg q \wedge r)) \wedge ((p \wedge \neg r \wedge \neg s) P (\neg p \wedge \neg q \wedge s)) \wedge ((q \wedge \neg r \wedge \neg s) P (\neg p \wedge \neg q \wedge r)) \wedge ((q \wedge \neg r \wedge \neg s) P (\neg p \wedge \neg q \wedge s))$

这即是说，析取的优先是合取分配的。解释从略。

（5）$(pPq) \leftrightarrow ((p \wedge r) P (q \wedge r) \wedge (p \wedge \neg r) P (q \wedge \neg r))$

这即是说，假定存在三个不同的价值事实 p、q、r，当 r 出现时，p 优先于 q，当 r 不出现时，p 也优先于 q。

根据评价逻辑的基本原则（它们实际上可作为评价推理的前提或公理），以及一些关于评价基本概念的定义或规定，结合主体所获得的关于主客体的信息（可以是事实性的，也可以是价值性的），运用相应逻辑的基本推理模式，我们就能作出一个具体的评价推理。

应该说，人类的实际评价过程是异常丰富、多样而复杂的，囿于现有的逻辑观念和发展水平，以及我们掌握的有限材料和实践经验，尚不具备把所有甚至大部分评价推理之模式总结出来的条件。但是，我们也不能因为问题非常复杂、科学探索之难就放弃努力，什么都不去做。而且，根据现有的认识水平和条件，我们实际上可以总结出一些基本的——当然可能是十分稚嫩的——尚待改进、完善的推理模式。甘当后人攀登高峰的阶梯，应该也算是一种美德。

（1）评价性直接推理。即以一个评价判断为前提，推出一个评价判断为结论的推理。这类推理不算太复杂，但有很多种方式。比较典型的，有评价判断变形推理，例如，从"中国有些地方风景如画"可以推出"有些风景如画的地方在中国"；复合性假言评价判断的易位推理，例如，从"如果他把钱还给了你的话，那么他还是很诚实的"可以推出"如果他不诚实的话，那么他就不会把钱还给你了"；等等。

（2）评价三段论。即以一个评价判断为前提，联系另一个评价判断或事实判断，推出一个新的评价判断的推理。例如：

> 损人不利己是一种极端不道德的行为；
> <u>人为破坏公共财产是损人不利己的行为；</u>
> 所以，人为破坏公共财产是一种极端不道德的行为。

（3）复合评价推理。即前提中至少有一个复合评价判断，并根据复合评价判断的逻辑性质进行推导的推理。例如：

> 只有恪尽职守、清正廉洁，才是一名称职的公务员；
> <u>甲玩忽职守，贪污受贿（并不清正廉洁）；</u>
> 所以，甲不是一名称职的公务员。

这个推理的前提中包含一个必要条件假言评价判断，它是根据必要条件假言评价判断"否定前件，就要否定后件"之性质来进行推理的。根据联言、选言评价判断的逻辑性质，也可以进行相关的评价推导。

（4）优先逻辑推理。优先逻辑推理主要与好、坏特别是更好、更坏之类概念相关，以价值判断之间的优先关系为研究对象，是一门研究优先关系的逻辑理论。

在优先逻辑的发展史上，存在两种不同的研究方法，即公理方法和语义方法。所谓公理方法，就是首先借助直觉，"发现"、规定一些基本的形式规则，然后从这些形式规则出发，通过严格的逻辑推导，从而构造出优先逻辑系统。冯·赖特、齐硕姆－索莎（Chisholm－Sosa）和马丁等人就是用这些方法来构造其理论的。所谓语义方法，则是先为优先逻辑制定一个可接受标准，并且把所有根据这个标准可接受的原则都包括在系统之内，雷谢尔（Nicholas Rescher，1928－　）是这种方法的代表。从冯·赖特和雷谢尔等人分别用不同方法构造的优先逻辑系统相比较来看，语义方法构造的优先逻辑更为自然、精确一些，并且，系统的解释和预测能力也更强一些，似乎是更有前途的工作。

不论用什么方法构造的优先逻辑系统，关于优先（更好）的一些基本逻辑原则，如反对称性关系、传递性关系等总是成立的。那么，如下的推导也总是基本的推理形式。

反对称性优先原理：

pPq
所以，¬（qPp）。

例如：

蜜蜂比苍蝇对人类更有益处；
所以，并非苍蝇比蜜蜂对人类更有益处。

传递性关系优先原理：

$$pPq$$
$$\underline{qPr}$$

所以，pPr

例如：

昆明比北京的气候更宜人；

北京比兰州的气候更宜人；

所以，昆明比兰州的气候更宜人。

不论是在什么优先逻辑系统中，这种普遍成立的优先逻辑关系、优先逻辑推理都可以再列举出一些，由于解释起来比较复杂，这里就不赘述了。

不过，总的来说，现有的优先逻辑系统的推演能力都比较有限，而且，一旦运用于价值生活实践，总是令人感觉比较烦琐，不太自然。也就是说，它们还远未成熟，远没有达到应用阶段。因此，这需要我们从具体的历史的价值生活实践出发，认真观察、体会价值生活实践的逻辑进程，立足新的逻辑观，开展更为深入、细致的总结、提炼和创造。

（5）评价归纳推理。在价值生活实践中，人们经常需要对一类对象作出一个一般性、普遍性或总体性的评价。这往往就需要运用归纳推理或归纳法。凡是从个别性、特殊性的评价判断前提推出一般性、普遍性的评价判断为结论的推理，都可以称为评价归纳推理。

一是完全归纳推理。即根据对某类的每一个对象的评价（如都好或都坏），而推出关于某类的一般性结论的推理。例如，某人上街买了一批哈密瓜，全部吃完后，感觉味道都不错，他就可以作出如下评价："这次买的哈密瓜都很好吃。"由于完全归纳推理涉及全部对象，因而它的结论是可靠的、可信的。也就是说，它的归纳强度为1，归纳结论具有逻辑必然性。

二是不完全归纳推理。即根据对一类对象中的部分的评价，从而推出关于该类的一般性结论的推理。它主要有两种形式。一种是简单枚举法，即以人们的价值生活经验为主要依据，根据某类事例的多次重复而未发现反例，从而作出一般性的结论。诸如"瑞雪兆丰年"、"多行不义必自毙"、"善有善报，恶有恶报"、"人怕出名猪怕壮"、"枪打出头鸟"、"出头的椽子先烂"之类俗语，就是根据价值生活经验中多次出现如此状况，而没有发现什么反例而概括出来的。当然，归纳者当时未曾发现反例，并不等于反例不存在，更不等于以后不可能出现反例。所以，简单枚举法的结论并不那么可靠。就像上面提到的这些俗语，今天看来，有些就并不缺乏反例。特别是，在价值生活实践中，由于生活本身是丰富、多彩、复杂的，真相与假象、幻象等并存，再加上人为的伪装、干扰和捣乱，囿于评价主体的素质、能力和偏好，因此，要从价值生活经验中依据简单枚举法归纳出一般性结论，往往并不会一帆风顺，手到擒来。在这种情况下，人们往往会求助于另一种不完全归纳推理，即科学归纳法。所谓科学归纳法，即以一定的科学理论为指导，以探索价值客体与价值主体之间的内在联系，特别是探索客体及其属性与主体的目的、需要、能力之间的内在联系，从而概括出一般性结论的方法。例如，在长期的医疗实践中，人们通过对一定病症的病理分析，然后借助某种药物对患者进行治疗，在对疗效进行长期观察、记录的基础上，归纳出该药物对于该类病症的疗效的结论。由于科学归纳法不仅仅是人们的感觉经验的简单总结，而是建立在一定的科学理论之上，并经过了主体的一定逻辑分析，因此，尽管归纳的结论仍然是或然性的，但它比简单枚举法却要可靠得多，也更加令人信服。

三是概率归纳推理。在价值生活实践中，人们常常有这样的经验：当我们对 s 类的部分对象进行评价时，有些 s 是 p（好、坏或其他），有些 s 又不是 p（好、坏或其他），也就是说，并非所有被评价的 s 都是（或不是）p，s 是否为 p 具有偶然性、随机性。在此类情况下，我们就不能归纳出一个全称结论，而只能作出统计概括，即形成一个概率结论。例如，当我们对世界上或者某一范围内的人进行评价时，总能发现一些人是好人（或者善良的人、能干的人，等等），也会发现一些人是坏人（或者恶毒的人、平庸的人，等等），还会发现更多的人介于这两者之间，不好不坏，好坏参半，时好时坏，好坏不定……在这种情况下，人们得出的结论就只能是一个统计结论，几分之几或百分之几的人是好人（坏人），或者更模糊的"世界上还是好人（坏人）多"。很显然，这种概率推理尽管也是由个别导出一般，但它同一般归纳推理的全称概括是很不相同的：一是其前提中允许不同情况或者反例存在，二是结论只是关于某类对象的统计结论，而不是全称结论。直观地看，概率推理的结论比较合乎实际，人们也更愿意认同和接受。

概率逻辑的出现有其历史与现实背景。一方面，在理论上，休谟1748 年在《人类理解研究》中提出了"归纳问题"，对归纳的合理性给予了致命的非难，即归纳无论是在逻辑上还是在经验上都没有得到证明。由于归纳的重要性（例如，它的使用频率非常之高），而它又无法得到逻辑上的证明，赖欣巴哈、卡尔纳普等人为了解决这一矛盾，便利用归纳推理的或然性引入概率，将归纳结论的可证性问题偷换为可靠性程度问题，用概率来表达结论，于是便催生了概率逻辑。另一方面，概率逻辑的应用也有着十分广阔的现实基础。毕竟，无论是在科学研究还是在价值生活实践中，都存在大量的适用于统计或概率归纳的领域，如民众对政府（包括政策）的支持率、经济发展的总体状况、人民生活各领域的基本情况、军事演习中武器的命中率、天气或地震的预报、民众对××的满意度，等等。特别是在价值领域，众所周知，并不存在什么"绝对的好（坏）"，不存在"十全十美"，不存在什么"全善"、"万能"……因此，在大多数时候，主体对某一对象的总体评价都是模糊的，并不那么精确。如果要获得具体、有效的结论的话，得到的往往是一个概率性（统计性）结论。这就像人们经常说的："基本上是好的"、"总体来说不错"、"大致看来很美"、"还算讲良心"、"多半可行"、"我敢说，十有八九你会成功"……

总的来说，概率评价也是由部分推论全部，由过去和现在推论未来，由于结论超出了前提的范围，因而结论是或然性的，有待检验。在价值生活实践中，概率评价难免会出现"以点代面"、"以偏概全"、"轻率概括"之类的情况。例如，我们常见这样的现象：有的女孩上了几次男人的当，往往大呼"男人全都是骗子"；有的人接连遇上了几次坏人，就会哀叹"世界上的坏人多如牛毛"；有的人接连遇上烦心事，便不断抱怨"这个世界实在糟透了"……至于真相究竟如何，世人似乎自有"公论"。那么，如何提高概率评价的可靠性呢？这是一个困难的问题，至少应该注意以下两点。一是尽可能地扩展考察对象。一般而言，考察的对象范围愈广，数量愈多，概率评价的结论就愈可靠。二是概率评价的结论并非僵死、固定、一劳永逸的，必须随着相应主客体之间的价值关系的变化而变化，及时地进行调整、修正。

（6）评价类比推理。类比是根据两个（类）对象若干方面相同或相似，从而设想一个（类）对象所具有的某种性质等，也可能为另一个（类）对象所具有。在评价过程中，类比之所以可能，或者是因为两个（类）不同客体具有某些相同或相似的性质或功能，或者是因为不同主体的目的、利益和需要等相一致、相类似，当然，更有可能是兼而有之，这时推理结论的可靠性也更高。例如，从客体角度的评价类比：人们发现赤豆具有增益人体健康的补血功能，由赤豆之"红色"，与红枣、血糯米等皆具"红色"相类比，于是得出结论"红枣、血糯米等也具有增益人体健康的补血功能"。从主体角度的评价类比：人作为一种"类存在物"、"社会的存在物"，人与人之间具有很多相类似、相通、相依之处，以之为依据，人们往往能够运用类推方式得到自己的结论。例如，从"别人粗暴地侮辱性地对待我是不道德的"，可以合理地推出"我粗暴地侮辱性地对待别人也是不道德的"。这也是人们常说的"将心比心"、"换位思考"之意。特别是，人们的社会评价常常具有从众性、合群性和模仿性，因此，在实际的评价过程中，类比的使用既自然又频繁。

由于类比评价的根据是客体或主体在部分性质等方面的相同或相似，而不同事物在性质等方面的联系，有些是必然的，有些是偶然的，有些是长久的，有些是暂时的，因而类比评价的结论是或然性的，其可靠性或可信度需要运用逻辑与实践加以确认、检验，并与时俱进地进行调整。

2. 规范推理的模式与规则

所谓规范推理，就是前提中至少有一个规范判断，并且根据规范判断的逻辑性质进行推导的推理。规范推理的结论，一般是一个包含"应该"或"禁止"之类联结词的规范判断，它常常是人们行为的直接指导与依据。例如：

> 教师都应该为人师表；
>
> 甲是一名教师；
>
> 所以，甲应该为人师表。

当然，与其他逻辑推理形式一样，上述推理中的某些前提或结论，在具体语境中也是可以省略的。

从对规范性概念——如应该、不应该、允许、不允许、禁止、不禁止等——的定义和直观理解，特别是从规范性推理的具体实践中，我们可以总结出如下一些关于规范推理的基本原则。在这里，我们用 O 表示"应该"，用 P 表示"允许"，用 F 表示"禁止"；其他关于判断（命题）与逻辑联结词的表示方法与评价推理一样。

（1）不矛盾原则。在同一条件下，同一主体不能同时接受、认可两种互相对立或矛盾的规范。如认为既应该做 p，又禁止做 p。用公式表示，即 $\neg (Op \wedge Fp)$。例如，如果已经制定了"禁止公务员产生任何腐败行为"之类规范，就不能认可"公务员偶尔腐败一下（如大吃大喝）是难免的、必要的"。

（2）非二值原则。对某一主体来说，存在某些事情是既不鼓励、要求（应该）做的，也不禁止做的。例如，居民在自己家中，吸烟、喝酒、打牌、赤裸、亲吻、做爱等私人性的事情，就既不是"应该"做的，也不是"禁止"做的。

（3）类与分子原则。对某一主体来说，如果应该（或禁止）做某类事情，那么，当然也应该（或禁止）做此类事情中的任何事情。例如，如果禁止领导干部以权谋私，那么，当然也禁止领导干部以权力多占住房。

（4）合取原则。如果既应该（禁止）做 p，也应该（禁止）做 q，那么就应该（禁止）做 p 和 q。用公式表示：$Op \wedge Oq \rightarrow O (p \wedge q)$，$Fp \wedge Fq \rightarrow F (p \wedge q)$。例如，$A$ 应该孝敬父母，并且 A 应该尽忠国家，那么就可以推出，A 既应孝敬父母，也应尽忠国家。

（5）析取原则。如果应该（禁止）做 p 或者 q，那么，至少应该（禁止）做 p，或者至少应该（禁止）做 q。用公式表示，即 $O (p \vee q) \rightarrow Op \vee Oq$，$F (p \vee q) \rightarrow Fp \vee Fq$。

从不同的角度，运用不同的方法，我们还可以总结出一些规范推理的推导规则。一般说来，任一规范逻辑系统的公理都可以视为这样一种规则。由于目前的规范逻辑系统甚多，内容十分庞杂，这里就不一一赘述了。

规范推理是人们价值生活实践中的一种普遍的、经常的思考方式，其推导的具体模式、方法既丰富又复杂。按照规范推理的规则，以及现有逻辑的一系列成果，我们可以对规范推理的模式进行一些概略性的讨论。

①规范对当推理。在各种规范判断（命题）之间，存在多种逻辑联系。由于禁止 p 等值于应该非 p（$Fp \leftrightarrow O\neg p$），禁止非 p 等值于应该 p（$F\neg p \leftrightarrow Op$），那么，以应该、允许、禁止为规范词的命题就可以归结为应该 p（Op）、应该非 p（$O\neg p$）、允许 p（Pp）、允许非 p（$P\neg p$）四种，而这四种判断之间具有类似传统的性质判断逻辑方阵所示的逻辑关系。而根据此图所揭示的逻辑关系，我们就可以进行一系列简单的规范推理，即规范对当推理。

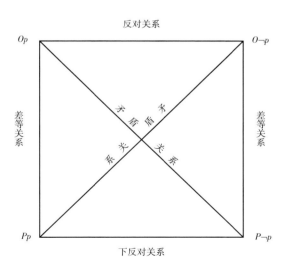

此图表明，应该 p（Op）与应该非 p（$O\neg p$）之间的关系是反对关系，即二者中一个正确，另一个就不正确；一个不正确，另一个则正确与否不定。那么，根据这一关系，我们可以进行如下推理。

- 应该 p→不应该非 p（Op→¬ O¬ p）

例如，领导干部应该以身作则，所以，领导干部不应该不以身作则。

- 应该非 p→不应该 p（O¬ p→¬ Op）

例如，法官应该不徇私枉法，所以，法官不应该徇私枉法。

允许 p（Pp）和允许非 p（P¬ p）之间是下反对关系，即二者中一个错误，另一个就正确；一个正确，另一个则正确与否不定。那么，根据这一关系，我们可以进行如下推理。

- 不允许 p→允许非 p（¬ Pp→P¬ p）

例如，不允许赌博，所以，允许不赌博。

- 不允许非 p→允许 p（¬ P¬ p→Pp）

例如，不允许学生不尊敬师长，所以，允许学生尊敬师长。

应该 p（Op）和允许 p（Pp）、应该非 p（O¬ p）和允许非 p（P¬ p）之间的关系是差等关系，即应该命题正确，允许命题正确；应该命题不正确，允许命题正确与否不定；允许命题正确，应该命题正确与否不一定；允许命题不正确，应该命题不正确。根据这一关系，我们可以进行如下推理。

- Op→Pp

- O¬ p→P¬ p

- ¬ Pp→¬ Op

- ¬ P¬ p→¬ O¬ p

应该 p 与允许非 p，应该非 p 与允许 p 之间的关系是矛盾关系，即一个正确，另一个不正确，反之亦然。根据这一关系，还可以进行如下推理。

- Op↔¬ P¬ p

- Pp↔¬ O¬ p

- ¬ O¬ p↔Pp

- ¬ P¬ p↔Op

等等。

在这里，$Op\leftrightarrow\neg P\neg p$ 与 $\neg P\neg p\leftrightarrow Op$、$Pp\leftrightarrow\neg O\neg p$ 与 $\neg O\neg p\leftrightarrow Pp$ 是等值关系，因而可以说是一回事。

②规范三段论。即在三段论中引入应该、禁止等规范词的三段论。其大前提是规范命题，小前提是性质命题，结论是规范命题。

例如，"应该"的规范三段论：

医务工作者应该尊重病人的隐私；
<u>张三是医务工作者；</u>
所以，张三应该尊重病人的隐私。

又如，禁止的规范三段论：

禁止捕杀稀有野生动物；
<u>华南虎是稀有野生动物；</u>
所以，禁止捕杀华南虎。

③复合规范推理。即指前提中至少有一个复合规范判断，并根据复合规范判断的逻辑性质进行推导的推理。例如，前提中有联言规范判断的联言型规范推理：

<u>一个人既应该孝敬父母，又应该尽忠国家和民族；</u>
所以，一个人应该孝敬父母。

前提中有选言规范判断的选言型规范推理：

对犯错误的子女，父母或者应该责其改正错误，或者应该包庇其错误；

父母的正确态度是应该责其改正错误；

所以，父母不应该包庇子女的错误。

前提中有假言规范判断的假言型规范推理：

如果食品过了保质期，那么禁止出售；

这批食品已经过了保质期；

所以，禁止出售这批食品。

此外，还有一种特殊的、价值生活实践中运用广泛的复合规范推理，即二难推理。例如，在特定历史时刻，如外寇入侵、国家与民族面临灭亡之祸，抗敌前线需要成千上万的热血青年，而你的老父母体弱多病，生活难以自理，作为父母唯一亲人的儿子，便会面临"忠孝不能两全"的二难困境。

如果要尽忠国家、民族，便应该上前线杀敌；如果要孝敬父母，便应该在家侍候父母；

你或者要尽忠国家、民族，或者要孝敬父母；

所以，你或者应该上前线杀敌，或者应该在家侍候父母。

在价值生活实践中，人们可能同时面临不同方面、不同层次的问题，需要遵守不同的价值原理、价值原则，因而难免陷入"忠孝不能两全"之类的二难困境。类似的情形很多，如"忠臣不事二主"与"良臣择主而事"、"效率优先"与"公平第一"、"保护环境"与"（透支环境）发展经济"，等等。实际上，这也即陷入了某种价值矛盾和冲突之中。解决这类困境或冲突，没有一定之规，通常只能由当事人立足自身的根本利益和需要，根据具体情形"两利相权取其重"，或者"两害相权取其轻"。

④规范道义逻辑系统。形式化是现代逻辑发展的主流，现代逻辑的重要特征之一是建立形式化的公理系统。20 世纪 60 年代以来，在规范（道义）逻辑方面，逻辑学家们也提出了形形色色的规范逻辑系统，如朴素绝对的道义逻辑系统 OT^*、OS_4^*、OS_5^*，真值绝对的道义系统 OT"、OS_4'、OS_5'。

由于绝对道义逻辑系统中的道义（规范）概念（如应该、禁止、允许等）都是绝对的，不以任何情况为条件，这显然与事实不符，因而出现了罗斯悖论、导出义务的悖论、齐硕姆的二难、承诺悖论、乐善好施者悖论等无法摆脱的道义悖论。于是，为了建立更加合理的道义逻辑系统，出现了使道义概念相对化的相对道义逻辑系统，如冯·赖特 1964 年建立的相对道义逻辑系统 RD。在这一系统中，他使道义概念相对化、条件化了，如引入了"条件性义务（应该）"、"条件性允许"等。后来，又有人构建了更为复杂的相对道义逻辑系统，如境况化道义逻辑系统 $CMORT^*$、$CMORS_4$、$CMORS_5$ 等。在这些系统中，道义概念被彻底地相对化了。应该（义务）、允许等都是相对于一定伦理规则等而言的，是相对于一定境况（行为者、场所、时间）而言的，并且容许不同甚至相互冲突的义务存在。但就目前而论，道义逻辑还是一个年轻的、发展着的学科，各种道义（规范）逻辑系统都存在大量的问题。

首先，由于价值论（伦理学等）研究目前尚不成熟，特别是对于价值评价（认识）的机制、方式、过程、规律等缺乏充分、清醒的总结，这一理论背景的薄弱严重制约了规范（道义）逻辑等的发展，特别是它的形式化发展。

其次，与背景理论的薄弱相联系，道义（规范）逻辑这一领域本身，甚至在一些最基本的问题上也存在大量的不一致，导致人们争论不休、莫衷一是。例如，道义逻辑与真值模态逻辑的关系是怎样的？道义逻辑的公式如何解释？如何理解道义悖论？是否应该容忍道义悖论？等等，都尚待深入探索。

再次，目前道义逻辑系统在价值理论与实践中的应用还很弱，甚至根本就谈不上应用。这反映了目前的道义逻辑系统存在严重的缺陷。这一倾向与现代逻辑工作者醉心于理论（形式化系统）的构造，而不是从人们的生活实践、不是从现实的价值活动出发加以总结提炼是密切相关的。尽管从绝对道义逻辑系统到相对道义逻辑系统已显现了关注现实的倾向，但相关逻辑工作者如果不彻底更新逻辑观，调整研究视角和工作方式，恐怕很难在逻辑上取得实质性突破。

⑤规范归纳推理。世界上并不存在一般的、普遍的东西，一般与普遍都存在于个别与特殊之中。就如同并不存在抽象的一般的"腐败"，"腐败"都是通过贪污、受贿、特权、吃请、大吃大喝、挥霍公款等具体表现出来的。在生活实践中，正是在那些个别的、特殊的、非基本的价值判断中，包含着一般的、普遍的、绝对的价值原理的成分，并通过它们在具体的历史的实践活动中显现出来。通过对一些个别的、特殊的规范价值判断的归纳与综合，就可以推导出比较一般的、普遍的规范原则或规范原理。例如，对于任何一位公务员来说，他都不应该贪污、不应该受贿、不应该享受特权、不应该吃请、不应该大吃大喝、不应该挥霍公款……归纳起来说，就是不应该腐败。"公务员不应该腐败"这一全称性的规范判断，即是通过一个归纳推理而概括、提炼出来的。

⑥规范类比推理。在自然界与人类社会之间、在人类社会各共同体之间、在人与人之间，通过人们的社会实践，都存在一定的相关性、统一性，以这种相关性、统一性为基础，人们就可以在物与人、人与人等之间进行类推，设立价值规范，形成价值秩序。著名的道德"黄金律"，即《圣经》中所谓"无论何事，你们愿意人怎样对待你

们，你们也要怎样待人"，或者孔子所谓"己所欲，施于人；己所不欲，勿施于人"，实际上都可以看作一条类推原则。当然，这一原则也是在人与人交往的长期生活实践中归纳、总结出来的，它是人的道德思维与行为适合人之同情心、合群协作之需要等的产物。按照这一原则"推己及人"，一切我所不欲、不爱、不为的，也不应该强求他人，我希望他人如何对待我，我也应该如此对待他人。关于人与人之间的这类类推原则还有很多，例如，"老吾老以及人之老，幼吾幼以及人之幼"，"以命抵命，以牙还牙"，"血债要用血来偿"，等等。更进一步，如果我们认识到世界上的生命活动是内在关联的，如承认人与一般动物有共同之处的话，那么，（按照动物保护协会之类组织的说法），也应该像对待人一样对待动物，而不能随意猎杀动物、虐待动物，特别是那些日渐稀少、濒临灭绝的动物。如此推导是否可以一直延伸到一切生物乃至一切事物，目前尚存争议，尚无定论。

导出规范判断的类比推理由于根据的仅仅是事物之间的某种相关性，而不同事物之间是否具有某种相关性，并不具有逻辑上的必然性，因而类比结论是不可靠的，其有效性有待人们在生活实践中加以对照、检验。

以上我们主要依托自然语言，对价值推理（包括评价推理和规范推理）及其规则做了一些简略的探讨。这种探讨无疑是初步的，尚待进一步深化、系统化。而深化、系统化的目标，应该是立足人类具体的历史的价值生活实践，弄清不同的价值推理的模式、方法和规则，直至构造出兼具可靠性和完全性的形式化系统。这将是一个挑战人类智力极限的任务。

三　价值推理与人的行为

人的思维与行为、"知"与"行"是既相互对立又相互关联的。

人是一种有理性、会思考的动物，人的行为与一般动物活动的区别，在于有意识、有目的、有计划，而且能够调动自己的热情和意志，创造性地实现自己的目的和计划。如果说人们在简单的日常生活中还可能受习惯的支配"自然而为"的话，那么，凡是比较新颖、兼具复杂的人类活动，都不可能不进行价值思考，不可能不包括一系列价值推理活动。就此而言，价值推理是人们采取一定价值行为、实现自己的价值目的（目标）的必要前提。这正如所谓"没有正确的理论，就没有正确的行动"。

1. 价值推理的功能

作为逻辑推理的一种特殊形式，价值推理是人们进行价值思考特别是价值论证的必要工具。由于知与行（或者说人的思维与行为）的相关性，以及总体而言的统一性，在价值生活实践中，人们每时每刻都离不开价值推理。只不过，有时价值思维是"自然而然"的，内化在诸如"习惯"、"惯例"、"常识"以及"下意识"等之中，并非任何人都总是能够明确地意识到它的存在。

首先，所谓价值推理过程，也就是价值判断的展开过程，或者不同价值判断之间的关系的明确过程。

通过一定的价值推理，人们可以具体地理解、解释各种评价判断和规范判断，从而明确什么是好的、什么是坏的，什么是善的、什么是恶的，什么是应该的、什么是禁止做的，什么应该优先、什么应该缓行，等等。特别地，价值推理往往是阐述、说明价值原理或价值原则的过程。价值原理或价值原则是一个价值体系中最基本的价值判断，它具有抽象性和普遍性，往往与具体的历史的价值生活实践存在一定的距离。若要使它为人们所接受、认同，并实际地用来指导价值生活实践，就必须联系具体的现实情况，加以必要的解释和说明。而主体思维的这一过程，正是一个或一系列价值推理过程。

其次，改造世界的过程并不是单向的、一劳永逸的。当人们运用一系列价值原理、价值原则于现实生活实践时，有时可能很顺利、很成功；有时可能会陷入价值冲突之中；有时，还可能会碰到一些按照已有的价值原理、价值原则而无所适从的情况，即所谓"价值失范"状况。因此，生活实践中的价值推理过程，也是人们不断检验、确证（证伪）、丰富、完善价值原理、价值原则的过程。

一般而言，从某一价值原理或原则出发，联系一些具体的价值情形，不能导出不协调特别是自相矛盾的结论，这是一定的原理或理论得以成立的最基本的逻辑要求。而且，从价值原理或原则出发，应该可以解释或解决所面对的相应的价值问题，否则，这一价值体系就是不完全的，有待充实和完善。而无论是导致价值矛盾和价值冲突，还是价值体系不完全的情况，都要求价值原理甚至整个价值体系作出修改、变迁和发展，有时甚至要求彻底"重估"，推倒了重建。因此，这一过程常常也就是价值原理变迁、更迭以及寻求新的价值原理的过程。

再次，在价值生活实践中，人们的价值推理过程也是价值思考、决策，采取恰当的价值行为的过程。理论只有"掌握群众"，才能实现其价值；而没有理论指导的行动，则难免是盲目的、莽撞的，甚至是不负责任的。后者蕴藏着巨大的风险，在历史与现实中，都已经有人为此付出过代价，有些代价（如死亡与毁灭）甚至是"难以承受之痛"。

人们根据某一价值体系中的价值原理、价值原则，联系现实生活中的具体情形，可以对现实、客体进行评价，或者获得指导、约束具体行为的价值依据。任何一个人都总是处在与自然、社会的一定关系中，同时，人自身内部也存在一定的矛盾，而且这一切都处在发展过程之中。为了更好地改造世界，创造自己的幸福生活，人们就不能不努力地认识世界、认识自我，对现实世界与未来发展作出评价与预测，并慎重地进行决策，选择最富价值意义的行为。而任何一个理性的人的这一过程，并不是一种动物式的本能活动，而是一个有目的、有计划的能动的主体创造过程。在这一过程中，运用各种价值推理，对客体作出适当的评价（反映），立足自我选择最优的行为，至关重要。

2. 价值推理与行为之理由

人们的"社会生活在本质上是**实践的**"①。价值作为一个属人的范畴，价值活动作为人们的一种本质性活动，价值原则作为人们的社会生活的纲领，价值判断作为人们的社会生活的指南，决定了价值论是一种以"变革世界"为旨趣的"实践哲学"。脱离了人们的生活实践，一切关于价值问题（包括价值推理）的探讨都难以理解，并且也没有意义。

无论是价值原理的确立，还是依据价值原理所进行的价值推理，实际上，都在于指导人们具体的历史的价值生活实践，为人们的具体的价值行为寻求理由或根据。

一般地看，人们的价值行为的理由或根据何在呢？

或许有人会不假思索地说，人们之所以采取某一行动，是因为这一行动是一定的规范所要求的，即"应该"的行为。

那么，这时我们总可以追问："为什么这一行为是应该的呢？"

"因为这一行为是好的。"

对这一问题的回答，应该注意，不能再简单地诉诸某一作为评价标准的规范了："这一行为是某一规范所要求的、应该履行的行为。"否则，便陷入了毫无结果的循环论证。

于是，对某一行为为什么是"好"的理由，根据我们前面的讨论，就只能撇开各种相互对立的学说，而坚持"以人为本"，立足人本身去探寻。虽然"认识人自身"是困难的，但一般说来，只有符合"人是目的"、符合人的根本目的、利益与需要的行为，才是"好"的。

这就是说，价值行为的**最终根据**在于人自身，在于人的根本目

---

① 《马克思恩格斯选集》第 1 卷，人民出版社，2012，第 135 页。

的、利益与需要。这就是人的行为的**最终理由**。

当然，在面临具体的现实情形时，人们作出行为选择、采取相应行动的思考过程，便是上述过程的逆向推理，即在某一具体、现实情形中，可能存在有限甚至无限多种做什么或不做什么的可能选择；人们通过自己所预先接受的，即合乎人之为人之目的、符合其利益与需要的评价与规范原则进行推理，作出具体的选择；如果适用的评价与规范原则是唯一的，人们的选择将比较轻松，选择的方向也比较确定；而如果适用的评价与规范原则是互相矛盾、不协调的两个或多个，那么，他就可能陷入价值冲突之中，而不得不从价值原理特别是从自己的根本目的、利益与需要出发，反复进行权衡，然后才可能作出选择。当然，有时也会遇到没有适合的价值原理或原则的情况，那么主体的行为选择表面上就会陷入一种"无规则可依"的"自由"状态、"失范"状态。但实际上，如果人们足够清醒、理性的话，这时还是有章可循的，即人们的行为必须合乎自己的根本目的、利益和需要。在任何时候，人都应该是自己的主人，是自己的行为的主宰，这几乎是一条公理。

但是，不能把这一推理过程本身等同于实际的选择、决策过程，等同于价值实践活动本身。毕竟，思与行（或者知与行）之间存在着原则的界限。价值推理所能告诉人们的是，也仅仅是如何便遵守了某一价值原则，如何便违背了某一价值原则，如何便可能产生什么后果，包括令人付出什么代价，但是，具体应该做什么、怎么做，仍然需要主体（人）自行选择与决策。王阳明曾在《传习录》中反复强调"知行不可分作两事"："一念发动处，便是行了"，"知之真切笃实处即是行"，"只说一个知，已自有行在"。① 这里的所谓"知即是

---

① 王阳明：《传习录》，载《王阳明全集》（上），上海古籍出版社，2012，第 1～124 页。

行"、"以知为行"、"知行合一"等，除了把知行都诉诸"心"之外，即一切都囿于"心"中之外，一遇现实便是胡说。

价值推理可以是主体选择、决策的一环，但绝不是全部，特别是在多元的价值相互冲突的情形下，或者是在社会转型时期，社会环境发生了根本变化，已无价值原则可直接依凭的情况下。甚至在适用某一价值原理或原则的情况下，有时我们也会三思而后行，可能会作出自己的独特决断。这一方面是因为，价值原理或原则本身不是僵死、固化的，而是可批判、可否定的，一个富于怀疑精神的人，对待任何价值原理或原则的态度都应该是批判性的，都应该对之追问"为什么"。那种不论任何评价原则或规范原则都无条件接受和遵守的人，是不具有怀疑与批判精神的人，甚至可能是主体意识不健全的人。这种被价值原则驯化了的"奴隶"，一旦遇到无原则可依的情况，往往就会心生茫然，手足无措，伤透了脑筋依然可能束手无策。当然，相反地，一个知道很少原则的人或者"原则盲"，则往往需要花费太多的时间与精力，才可以作出依价值原则便可轻易作出的各种评价与决策。在价值生活实践中，这无疑是一种低效的行为，有时可能坐失良机，在激烈的社会竞争中难免碌碌无为，被淘汰出局。

有时，即使人们依据价值原理，在现实中通过价值推理知道应该怎么做，但根据自己独特的利益与需要，他可能别有考虑，而并不照此付诸行动，甚至可能反其道而行之。例如，假设"任何人都不应该做损害自己健康的事"是一个价值原理，而且科学实验证明，"吸烟有害健康"是证据确凿的事实，但是，有的人可能吸烟已经成瘾，不吸烟就浑身难受，精神萎靡，工作、学习和生活都提不起劲头，于是，他权衡来权衡去，可能还是会选择吸烟。在极端情况下，有些人甚至可能饮鸩止渴。可见，价值原理或原则对人们的行为的指导，实际上并不那么简单，并非总是线性地决定，有时反而可能是苍白、无力的。不过，也正是因为违背价值原理或原则的现象存在，相应的价值原理或原则才有存在的意义。一个没有人违反价值原理或原则的世界，一方面可能是机械运转、平淡无奇、单调乏味的，另一方面，人也会变成没有灵魂、缺乏灵性、整齐划一的机器零件，甚至"代人选择"都成为可能乃至合理的事情。事情发展到极端，一切源于人、为了人的价值原理与规范，也将逐渐失去其生机和活力，失去其存在的意义。

由上可见，价值推理可以是人们的价值行为中的一环，是人们的价值生活实践中的一环，在个别时候，甚至是至关重要却又相当令人费解的一环。这正如先哲所谓"行易知难"。有时人们面临一定的问题情境，自然而然地就那样做了，事后却很难解释清楚为什么要那么做。总体来看，人们的价值行为、价值生活实践是丰富多彩、与时俱进、充满创意的，往往是比抽象的价值推理复杂得多、丰富得多、变化更多的一个过程。这正如歌德在《浮士德》中所说的："理论是灰色的，而生活之树常青。"沟通"是"（事实世界）与"应该"（价值世界），从逻辑上解决休谟问题，理性地进行价值评价和决策，建设更加公正、美好的世界，创造人们自己的幸福生活，永远需要向不断创造、发展着的生活实践学习，全方位地提升人们自己，包括提升人们的理性思维能力，特别是价值推理能力。

结　语

事实与价值的统一是一个过程

我们既生活在一个事实世界中，又生活在一个价值世界中。这并不是两个孤立、分离的世界，两个截然不相关联的世界，而是我们此时此刻生活的现实世界的两面。

一方面，孤立的、单纯的"事实"毫无意义，譬如所谓"在人之先"、"在人之外"的"事实"。它与我们没有现实关系，与我们"无涉"。——当然，随着人类实践和认识能力的进步，随着人类活动的拓展和深化，它们可能会闯进我们的视野，从而变得"相关"和"有意义"。——不过，就现实而论，这只是"可能"，或只是"可能的意义"而已。实际活动着的我们完全可以"忽略"它们。也正因为所谓的事实都与人存在一定的现实关系，与人的生活实践相关联，因而事实之为事实，就潜在地存在对于人的种种价值可能性，或者说，存在某种"潜在的价值"。当它在人们的生活实践中，与人们的目的、利益、需要与情感等相互撞击、作用时，其价值的可能性就可能变成现实性，成为某种"现实的价值"。

另一方面，价值必以人们生活实践的事实世界为基础。并不存在超脱于现实世界的"价值"，设想某种不食人间烟火、高高在上的"善"与"价值"，既无法理解，也没有意义。或许有人会举出宗教的"上帝"之类例子。"上帝"似乎是高高在上的纯粹"价值"或"价值之源"。但究其实，在实践唯物主义者看来，它不过是以某种"人造物"的方式，对现实世界之价值的一种抽象罢了，并且采取了颠倒、歪曲的方式。关于这一点，经典作家洞若观火，早就深刻地阐述过了。①价值不过是在人们的生活实践中，客体的存在、性质、功能等与主体的目的、利益、需要相互作用的产物。脱离事实世界的价值是虚无缥缈的、没有根基的，是既无法理解也不能长久的。

与具体的生活实践中事实和价值相互关联相对应，事实认知活动与价值评价活动、事实判断与价值判断也是内在关联、互相渗透、辩证统一的。

有人认为，认识与思维的领域可以是一种远离生活实践的纯粹抽象，因而事实认知与价值评价活动可以是全然不相干的，存在孤立、单纯的事实判断或价值判断。此论貌似有理，但其实不然。经典作家早就指出了，认识、思维并不是超脱于人们的生活实践的杜撰，而不过是对生活实践的能动反映。事实认知与价值评价都是以人们的生活实践为基础的，它们在生活实践的基础上相互作用、相互渗透，并统一于具体的历史的生活实践。

一方面，"为认知而认知"、"为科学而科学"听起来很令人动容，但是，这从来就只是人们的一种幻想或幻觉。科学认知不过是主体（人）基于自己的本性、目的和需要等，在生活实践的基础上对对象、客体的一种能动反映。无论是人们观察世界、搜集事实的活动，

---

① 马克思指出："人创造了宗教，而不是宗教创造人。就是说，宗教是还没有获得自身或已经再度丧失自身的人的自我意识和自我感觉。但是，人不是抽象的蛰居于世界之外的存在物。人就是人的世界，就是国家，社会。这个国家、这个社会产生了宗教，一种颠倒的世界意识，因为它们就是颠倒的世界。"（《马克思恩格斯选集》第1卷，人民出版社，2012，第1页。）

还是加工处理、归纳整合事实材料的活动，都深深地植根于人类的根本利益和社会需要之中，即为解决问题、改变世界寻求必要的依据和指导，使之更适合、更有利于人类的生存、享受和发展。也正因为如此，科学认知活动本身，以及科学认知活动所获得的一切成果——事实判断，就必然不是"价值中立"的，不是与价值无涉的，而内在地负荷着一定的价值意蕴。

另一方面，也不存在与事实认知活动、事实判断全然无关的价值评价活动或价值判断。评价作为主体依据一定评价标准对客体有无价值、价值之大小之把握，它必须以事实认知为基础。没有对客体和主体的最基本的认知，根本不可能产生相应的对象意识和自我意识，形成相应的价值评价；没有对客体和主体自身的全面、深入、科学、合理的把握，也不可能获得恰当、深入、科学、合理的价值判断。

当然，事实与价值、事实判断与价值判断的这种联系，以及沟通事实与价值，在事实认知与事实判断基础上导出价值判断的过程，是一个异常复杂并令人产生种种疑虑的过程。古往今来，东西方不少思想家对之都百思不得其解，其中不少人断然否定其间的联系，否定推导的任何可能性。在这里，我们必须立足"实际活动着的人"，高扬反思和批判的大旗，走出两种传统的思维或观念上的误区。一是不能囿于传统的科学认知论框架，解决这个超出了科学认知论范围的基础性问题。在科学认知论领域，求解休谟问题的尝试很多，正反两个方面的经验启示我们，撇开主体（实际活动着的人），单纯从"客体是什么"是推不出"主体（人）应该怎么办"的。只有走出"中立于主体"这一传统的认知论教条，立足于具体的生活实践中的主客体关系，才可能柳暗花明，找到理解和解决"休谟问题"的金钥匙。二是不能仅仅囿于纯粹思维或既有逻辑的范围，解决那些本来是不断发展和变化着的生活实践的问题。在主体（人）的具体的历史的社会实践活动中，并不存在事实与价值的截然二分，更不存在不可逾越的鸿沟，主体（人）无时无刻不在根据其本性、需要和能力，根据实践活动中发现和把握的事实，进行价值评价，以各种方式沟通事实与价值，从事实判断中导出价值判断。也就是说，主体（人）通过具体的生活实践，将事实世界和价值世界有机统一起来了。而生活实践中事实与价值关系问题的解决，又为思维与逻辑上的解决提供了前提，提供了现实的可能性。——毕竟，逻辑归根结底是对人们的实践方式的提炼与总结。我们不能裁剪生活实践以服从或适应逻辑，而应该发展逻辑以反映和服务于生活实践。按照旧的狭隘的逻辑所不能理解与解决的休谟问题，按照某种新型的、立足于主客体关系，特别是从主体角度思考与反映实践的"主体性实践逻辑"，是完全可以得到解释和解决的。

必须指出，从事实到价值、从事实判断到价值判断的转化过程并不是单向的、静态的。属人的价值基于事实世界，但又以其"人化"、"人造"等性质，"变革"和"塑造"事实世界，从而"高于"事实世界。主体（人）根据自己的目的和需要，在生活实践中沟通事实与价值、从事实判断中所导出的价值判断，反过来又成为人们行动的指南、生活的目的。它在人们的生活实践中会变成一种强大的力量，导引人们克服各种困难，演绎出丰富多彩甚至波澜壮阔的生活画面。当然，并不是任何价值评价与价值判断都会导引人们走向成功，走向辉煌。不合时宜、不合规律或者违背主体目的、需要的价值评价与价值判断，有时会导致人们付出代价，走向失败，会令人感到烦恼和痛苦，令存在变得荒谬，甚至走向肉体与精神的坟茔……但无论是成功还是失败抑或其他，都改变了人们生活的世界，塑造了进一步变革世界的环境，都不能不让人反思，不能不使人清醒。新的事实鼓舞或教育人们，必须重新认识、评估整个世界，认识、评估过去所做的一切，以新的生活实践和事实前提为基础，重新扯起生活实践的风帆，重新开掘生命的内涵，建设更加美好的世界。这一过程展开来，对个人来说就是人生，对人类来说就是生命的历程。

这种事实与价值、事实判断与价值判断的双向作用、相互过渡、相互转化的过程是历史的，永不停歇，永无止境，并在新的实践水平上不断达到统一。

主要参考文献

一　著作

1. 《马克思恩格斯选集》（1～4 卷），北京：人民出版社，2012。

2. 《1844 年经济学哲学手稿》，北京：人民出版社，2014。

3. 《马克思恩格斯全集》第 1 卷，北京：人民出版社，1995。

4. 《马克思恩格斯全集》第 3 卷，北京：人民出版社，2002。

5. 《马克思恩格斯全集》第 30 卷，北京：人民出版社，1995。

6. 《马克思恩格斯全集》第 44 卷，北京：人民出版社，2001。

7. 《列宁选集》（1～4 卷），北京：人民出版社，1995。

8. 《列宁全集》第 55 卷，北京：人民出版社，1990。

9. 《诸子集成》（全八册），上海：上海书店影印出版，1986。

10. 苗力田主编《古希腊哲学》，北京：中国人民大学出版社，1989。

11. 柏拉图：《理想国》，郭斌和、张竹明译，北京：商务印书馆，
    1986。

12. 亚里士多德：《尼各马科伦理学》，苗力田译，北京：中国社会科

学出版社，1990。

13. 《亚里士多德全集》（VIII），苗力田主编，北京：中国人民大学
    出版社，1992。

14. 斯宾诺莎：《伦理学》，贺麟译，北京：商务印书馆，1983。

15. 休谟：《人性论》（上下册），郑文运译，北京：商务印书馆，
    1980。

16. 休谟：《人类理智研究》，吕大吉译，北京：商务印书馆，1999。

17. 休谟：《道德原则研究》，曾晓平译，北京：商务印书馆，2001。

18. 笛卡尔：《谈谈方法》，王太庆译，北京：商务印书馆，2000。

19. 亚当·斯密：《道德情操论》，蒋自强译，北京：商务印书馆，
    1997。

20. 约翰·穆勒：《功用主义》，北京：商务印书馆，1962。

21. 康德：《道德形而上学原理》，苗力田译，上海：上海人民出版
    社，1986。

22. 康德：《实践理性批判》，韩水法译，北京：商务印书馆，1999。

23. 康德：《纯粹理性批判》，蓝公武译，北京：商务印书馆，1982。

24. 黑格尔：《小逻辑》，贺麟译，北京：商务印书馆，1980。

25. Bentham, J., *An Introduction to the Principles of Morals and
    Legislation*, University of London, Athlone Press, 1970.

26. Ogden, C. k. and Richards, I. A., *The Meaning of Meaning*, 2d ed.
    London, Kegan Paul, Trench, Trubner, 1923.

27. 摩尔：《伦理学原理》，长河译，北京：商务印书馆，1983。

28. 亨利·西季威克：《伦理学方法》，廖申白译，北京：中国社会科
    学出版社，1993。

29. 罗素：《我们关于外间世界的知识》，陈启伟译，上海：上海译文
    出版社，1990。

30. 罗素：《伦理学和政治学中的人类社会》，肖巍译，北京：中国社

会科学出版社，1992。

31. 罗素：《宗教与科学》，徐奕春等译，北京：商务印书馆，1982。

32. 罗素：《哲学问题》，何兆武译，北京：商务印书馆，1999。

33. 罗素：《人类的知识——其范围与限度》，张金言译，北京：商务印书馆，1983。

34. 罗素：《西方哲学史》（上下册），何兆武、李约瑟译，北京：商务印书馆，1976。

35. 怀特海：《思维方式》，刘放桐译，北京：商务印书馆，2004。

36. 维特根斯坦：《逻辑哲学论》，郭英译，北京：商务印书馆，1962。

37. 维特根斯坦：《哲学研究》，汤潮、范光棣译，北京：三联书店，1992。

38. Ross, W. D. , *The Right and the Good*, Oxford University Press, 1930.

39. Ross, W. D. , *Foundation of Ethics*, Oxford, Clarendon Press, 1939.

40. Ewing, A. C. , *The Definition of Good*, Hyperion Press, Inc. Westport, 1979.

41. A. J. 艾耶尔：《语言、真理与逻辑》，尹大贻译，上海：上海译文出版社，1981。

42. Ayer, A. J. , *Philosophical Essays*, New York：St. Martin's Press, 1954.

43. A. J. 艾耶尔：《二十世纪哲学》，李步楼等译，上海：上海译文出版社，2015。

44. 石里克：《伦理学问题》，张国珍、赵又春译，北京：商务印书馆，1997。

45. 卡尔纳普：《哲学和逻辑句法》，上海：上海人民出版社，1962。

46. Carnap, R. , *The Unity of Science*, London, 1934.

47. 卡尔纳普：《卡尔纳普思想自述》，上海：上海译文出版社，1985。

48. 克拉夫特：《维也纳学派》，李步楼、陈维杭译，北京：商务印书馆，1998。

49. Stevenson, C. L., *Ethics and Language*, New Haven, Connecticut, Yale University Press, 1944. 史蒂文森：《伦理学与语言》，姚新中译，北京：中国社会科学出版社，1991。

50. Stevenson, C. L., *Facts and Values*, New Haven, Connecticut, Yale University Press, 1963.

51. Hare, R. M., *The Language of Morals*, Oxford University Press, 1952. 赫尔：《道德语言》，万俊人译，北京：商务印书馆，1999。

52. Hare, R. M., *Freedom and Reason*, Oxford, Clarendon Press, 1963.

53. Hare, R. M., *Moral Thinking: Its Levels, Methods and Point*, Oxford, Clarendon Press, and New York, Oxford University Press, 1981.

54. Hare, R. M., *Sorting out Ethics*, Oxford, Clarendon Press, 1997.

55. Toulmin, S. E., *An Examination of the Place of Reason in Ethics*, Cambridge University Press, 1950.

56. Austin, J. L., *How to Do Things With Words*, Oxford University Press, 1962.

57. K. E. Goodpaster, ed., *Perspectives on Morality-Essays of William K. Frankena*, University of Notre Dame Press, Indiana, 1976.

58. Goldman, A. I. and Kim, J., *Values and Morals: Essays in Honor of William Frankena, Charles Stevenson and Richard Brandt*, Dordrecht, Reidel, 1978.

59. Warnock, G. J., *Contemporary Moral Philosophy*, Macmillan, 1966.

60. Warnock, G. J., *The Object of Morality*, Methuen & Co. Ltd. London, 1971.

61. Urmson, J. O. , *The Emotive Theory of Ethics*, Oxford：Oxford University Press，1969.

62. Hudson，W. D. , *Ethical Intuition*, St. Martin's Press，1942.

63. Hudson, W. D. , *Modern Moral Philosophy*, *Garden City*, N. Y. Doubleday，1970.

64. Hudson，W. D. , *A Century of Moral Philosophy*，St. Martin's Press，New York，1980.

65. W. D. Hudson Ed. , *The Is – Ought Question*, Macmillan，1979.

66. Perry，R. B. , *General Theory of Value*, New York，Longmans, Green，1926.

67. R. B. 培里：《现代哲学倾向》，北京：商务印书馆，1962。

68. R. B. 培里等：《价值与评价》，刘继编选，北京：中国人民大学出版社，1989。

69. 威廉·K. 弗兰克纳：《伦理学》，关键译，北京：三联书店，1987。

70. 麦金太尔：《德性之后》，龚群、戴扬毅等译，北京：中国社会科学出版社，1995。

71. 麦金太尔：《谁之正义？何种合理性?》，万俊人等译，北京：中国社会科学出版社，1996。

72. 麦金太尔：《伦理学简史》，龚群译，北京：商务印书馆，2003。

73. M. 怀特：《分析的时代——二十世纪的哲学家》，杜任之主译，北京：商务印书馆，1981。

74. 罗尔斯：《正义论》，何怀宏等译，北京：中国社会科学出版社，1988。

75. 斯马特和威廉斯：《功利主义：赞成与反对》，牟斌译，北京：中国社会科学出版社，1992。

76. Gerald Runkle, *Ethics：An Examination of Contemporary Moral*

Problems，CBS College Publishing，1982.

77. Doeser，M. C. and Kraay，J. N.，*Facts and Valves*：*Philosophical Reflections from Western and Non – western Perspectives*，1986.

78. P. Foot，*Virtues and Vices and Other Essays in Moral Philosophy*，University of Califonia Press，1978.

79. P. Foot（ed.），*Theories of Ethics*，Oxford University Press，1967.

80. L. C. Becker，*Encyclopedia of Ethics*，Volume II，Garland Publishing，Inc. New York，1992.

81. 玛丽·沃诺克：《1900 年以来的伦理学》，陆晓禾译，北京：商务印书馆，1987。

82. 汤姆·L. 彼彻姆：《哲学的伦理学》，雷克勤等译，北京：中国社会科学出版社，1990。

83. L. J. 宾克莱：《理想的冲突——西方社会变化着的价值观念》，马元德等译，北京：商务印书馆，1983。

84. L. J. 宾克莱：《二十世纪伦理学》，孙彤、孙南桦译，石家庄：河北人民出版社，1988。

85. 麦基：《思想家——当代哲学的创造者们》，周穗明、翁寒松译，北京：三联书店，1987。

86. 李凯尔特：《文化科学与自然科学》，涂纪亮译，北京：商务印书馆，1986。

87. 文德尔班：《哲学史教程》（上、下卷），罗达仁译，北京：商务印书馆，1987、1993。

88. 马克斯·舍勒：《伦理学中的形式主义与质料的价值伦理学》（上、下册），倪梁康译，北京：生活·读书·新知三联书店，2004。

89. 约翰·杜威：《人的问题》，傅统先、邱椿译，上海：上海人民出版社，1965。

90. 约翰·杜威:《确定性的寻求》,傅统先译,上海:世纪出版集团、上海人民出版社,2005。

91. 约翰·杜威:《评价理论》,冯平译,上海:上海译文出版社,2007。

92. 弗·布罗日克:《价值与评价》,李志林译,北京:知识出版社,1988。

93. 小仓志祥:《伦理学概论》,吴潜涛译,北京:中国社会科学出版社,1990。

94. 西田幾多郎:《善的研究》,何倩译,北京:商务印书馆,1989。

95. W. D. 拉蒙特:《价值判断》,马俊峰等译,北京:中国人民大学出版社,1992。

96. В. П. 图加林诺夫:《马克思主义中的价值论》,齐友等译,北京:中国人民大学出版社,1989。

97. 芬德莱:《价值论伦理学》,刘继译,北京:中国人民大学出版社,1989。

98. И. 维坦依:《文化学与价值学导论》,徐志宏译,北京:中国人民大学出版社,1992。

99. A. 塞森斯格:《价值与义务——经验主义伦理学的基础》,江畅译,北京:中国人民大学出版社,1992。

100. 弗兰克·梯利:《伦理学导论》,何意译,桂林:广西师范大学出版社,2002。

101. 列维-布留尔:《原始思维》,丁由译,北京:商务印书馆,1981。

102. 达尔文:《物种起源》(增订版),舒德干等译,北京:北京大学出版社,2005。

103. 威尔逊:《新的综合:社会生物学》,阳河清译,成都:四川人民出版社,1985。

104. 理查德·道金斯：《自私的基因》，卢允中等译，北京：中信出版社，2012。

105. 爱因斯坦：《爱因斯坦文集》（全三卷），许良英等编译，北京：商务印书馆，2010。

106. 让·皮亚杰：《人文科学认识论》，郑文彬译，北京：中央编译出版社，1999。

107. H. 赖兴巴哈：《科学哲学的兴起》，伯尼译，北京：商务印书馆，1983。

108. M. W. 瓦托夫斯基：《科学思想的概念基础——科学哲学导论》，范岱年译，北京：求实出版社，1982。

109. 普特南：《理性、真理与历史》，李小兵、杨莘译，沈阳：辽宁教育出版社，1988。

110. 普特南：《事实与价值二分法的崩溃》，应奇译，北京：东方出版社，2006。

111. 马克斯·韦伯：《新教伦理与资本主义精神》，于晓、陈维纲等译，北京：三联书店，1987。

112. 马克斯·韦伯：《社会科学方法论》，韩水法、莫茜译，北京：中央编译出版社，2002。

113. A. H. 马斯洛：《人性能达的境界》，林方译，昆明：云南人民出版社，1987。

114. A. H. 马斯洛：《存在心理学探索》，昆明：云南人民出版社，1987。

115. A. H. 马斯洛主编《人类价值新论》，胡万福等译，石家庄：河北人民出版社，1988。

116. A. H. 马斯洛等著《人的潜能和价值》，林方主编，北京：华夏出版社，1987。

117. 马里奥·本格：《科学的唯物主义》，张相轮、郑毓信译，上海：

上海译文出版社，1989。

118. M. K. 穆尼茨：《当代分析哲学》，吴牟人等译，上海：复旦大学
出版社，1986。

119. 施太格缪勒：《当代哲学主流》（上下卷），王炳文等译，北京：
商务印书馆，1986、1992。

120. 保罗·利科主编《哲学主要趋向》，李幼蒸、徐奕春译，北京：
商务印书馆，1988。

121. 埃德蒙德·胡塞尔：《伦理学与价值论的基本问题》，艾四林、
安仕侗译，北京：中国城市出版社，2002。

122. 理查·罗蒂：《哲学与自然之镜》，李幼蒸译，北京：三联书店，
1987。

123. 弗莱德·R. 多尔迈：《主体性的黄昏》，万俊人等译，上海：上
海人民出版社，1992。

124. F. 普洛格、D. G. 贝茨：《文化演进与人类行为》，沈阳：辽宁
人民出版社，1988。

125. 恩斯特·卡西尔：《人论》，甘阳译，上海：上海译文出版社，
1985。

126. 乔治·弗兰克尔：《道德的基础》，王雪梅译，北京：国际文化
出版公司，2007。

127. 齐格蒙特·鲍曼：《后现代伦理学》，张成岗译，南京：江苏人
民出版社，2003。

128. 罗兰·罗伯森：《全球化——社会理论和全球文化》，梁光严译，
上海：上海人民出版社，2000。

129. 孔汉思、库舍尔编《全球伦理——世界宗教议会宣言》，何光沪
译，成都：四川人民出版社，1997。

130. 俞可平、黄卫平主编《全球化的悖论》，北京：中央编译出版
社，1998。

131. 雷蒙德·瓦克斯：《法哲学：价值与事实》，谭宇生译，南京：译林出版社，2013。

132. 周辅成编《西方伦理学名著选辑》（上、下卷），北京：商务印书馆，1964、1987。

133. 周辅成主编《西方著名伦理学家评传》，上海：上海人民出版社，1987。

134. 洪谦主编《西方现代资产阶级哲学论著选辑》，北京：商务印书馆，1982。

135. 洪谦主编《逻辑经验主义》（上、下卷），北京：商务印书馆，1982、1984。

136. 洪谦主编《现代西方哲学论著选辑》（上册），北京：商务印书馆，1993。

137. 洪谦：《论逻辑经验主义》，北京：商务印书馆，1999。

138. 冯平主编《现代西方价值哲学经典·经验主义路向》（上、下册），北京：北京师范大学出版社，2009。

139. 冯平主编《现代西方价值哲学经典·先验主义路向》（上、下册），北京：北京师范大学出版社，2009。

140. 冯平主编《现代西方价值哲学经典·心灵主义路向》，北京：北京师范大学出版社，2009。

141. 冯平主编《现代西方价值哲学经典·语言分析路向》（上、下册），北京：北京师范大学出版社，2009。

142. 唐凯麟主编《西方伦理学名著提要》，南昌：江西人民出版社，2000。

143. 石毓彬、程立显、余涌编《当代西方著名哲学家评传·道德哲学》，济南：山东人民出版社，1996。

144. 石毓彬、杨远：《二十世纪西方伦理学》，武汉：湖北人民出版社，1986。

145. 万俊人：《现代西方伦理学史》（上、下卷），北京：北京大学出版社，1990、1992。

146. 宋希仁主编《当代外国伦理思想》，北京：中国人民大学出版社，2000。

147. 江畅主编《现代西方价值哲学》，武汉：湖北人民出版社，2003。

148. 杜任之、涂纪亮主编《当代英美哲学》，北京：中国社会科学出版社，1988。

149. 周晓亮：《休谟哲学研究》，北京：人民出版社，1999。

150. 王雨田主编《现代逻辑科学导引》（上、下册），北京：中国人民大学出版社，1988。

151. 陈波：《逻辑哲学导论》，北京：中国人民大学出版社，2000。

152. 夏甄陶主编《认识发生论》，北京：人民出版社，1991。

153. 夏甄陶、李准春、郭湛主编《思维世界导论——关于思维的认识论考察》，北京：中国人民大学出版社，1992。

154. 郭湛：《主体性哲学——人的存在及其意义》，昆明：云南人民出版社，2002。

155. 陈志良：《思维的建构与反思》，北京：中国人民大学出版社，1989。

156. 高清海：《哲学的憧憬》，长春：吉林大学出版社，1993。

157. 李德顺：《价值论——一种主体性研究》，北京：中国人民大学出版社，1987。

158. 李德顺：《新价值论》，昆明：云南人民出版社，2004。

159. 李德顺主编《价值学大辞典》，北京：中国人民大学出版社，1995。

160. 李德顺：《立言录》，哈尔滨：黑龙江教育出版社，1998。

161. 李德顺、孙伟平、孙美堂：《家园——文化建设论纲》，哈尔滨：

黑龙江教育出版社，2000。

162. 李德顺、孙伟平：《道德价值论》，昆明：云南人民出版社，2005。

163. 袁贵仁：《价值学引论》，北京：北京师范大学出版社，1991。

164. 李连科：《价值哲学引论》，北京：商务印书馆，1999。

165. 王玉梁、岩崎允胤主编《中日价值哲学新论》，西安：陕西人民教育出版社，1994。

166. 冯平：《评价论》，北京：东方出版社，1995。

167. 马俊峰：《评价活动论》，北京：中国人民大学出版社，1994。

168. 何萍：《生存与评价》，北京：东方出版社，1998。

169. 王海明：《伦理学方法》，北京：商务印书馆，2003。

170. 高兆明：《伦理学理论与方法》，北京：人民出版社，2005。

171. 黄慧英：《后设伦理学之基本问题》，台北：东大图书公司，1988。

172. 赵汀阳：《论可能生活》，北京：三联书店，1994。

173. 赵汀阳：《一个或所有问题》，南昌：江西教育出版社，1998。

174. 周农建：《价值逻辑》，长沙：湖南人民出版社，1999。

175. 韩东屏：《人是元价值——人本价值哲学》，武汉：华中科技大学出版社，2013。

176. 孙伟平：《史蒂文森》，台北：东大图书公司，1998。

177. 孙伟平：《赫尔》，台北：东大图书公司，1999。

178. 孙伟平：《价值哲学方法论》，北京：中国社会科学出版社，2008。

179. 孙伟平：《价值论转向——现代哲学的困境与出路》，合肥：安徽人民出版社，2008。

180. 孙伟平：《伦理学之后——现代西方元伦理学思想》（修订本），北京：中国社会科学出版社，2013。

二 论文

1. H. A. Prichard，"Does Moral Philosophy Rest on a Mistakes?"，*Mind* 21，1912，pp. 21 – 37.

2. W. K. Frankena，"The Naturalistic Fallacy"，*Mind* 48（192），1939，pp. 464 – 477.

3. W. D. Falk，"'Ought' and Motivation"，*Procedings of the Aristotelian Society* 48，1947，pp. 111 – 38.

4. C. L. Stevenson，"The Emotive Meaning of Ethical Terms"，*Mind* 46，1937，pp. 14 – 31.

5. C. L. Stevenson，"Moore's Arguments against Certain Forms of Ethical Naturalism"，in *The Philosophy of G. E. Moore*，P. A. Schilpp（ed）Northwestern University Press，1942.

6. C. L. Stevenson "Relativism and Nonrelativism in the Theory of Value"，*Proceedings of the American Philosophical Association*，1961 – 62.

7. R. M. Hare，"Universalisability"，*Aristotelian Society* 55，1955.

8. R. M. Hare，"Descriptivism"，*British Academy* 49，1963.

9. R. M. Hare，"A Reductio ad Absurdum of Descriptivism"，*Philosophy in Britain Today*，ed. S. Shanker（Croom Helm），1986.

10. Richard B. Brandt，"Stevenson's Defense of the Emotive Theory"，*The Philosophical Review* 59，1950，pp. 535 – 40.

11. P. Foot，"Moral Beliefs"，*Proceedings of Aristotelian Society* 59，1958，pp. 83 – 104.

12. P. Foot，"Goodness and Choice"，*Proceedings of the Aristotelian Society*，*Supplementary* Vol. XXXV，1961.

13. P. Foot, "Morality as a System of Hypothetical Imperatives", *The Philosophical Review* 81, 1972, pp. 305 – 316.

14. A. C. Macintyre, "Hume On 'Is' and 'Ought'", *The Philosophical Review* 68, 1959.

15. M. Black, "The Gap Between 'Is' and 'Ought'", *The Philosophical Review* 73, 1964.

16. J. R. Searle, "How to Derive 'Ought' from 'Is'", *The Philosophical Review* 73, 1964.

17. P. Wingh, "The Universalizability of Moral Judgements", *The Monist* 49, 1965.

18. D. Parfit, "Reasons and Motivation", *Proceedings of the Aristotelian Society, Supplementary*, Vol. 71, 1997, pp. 99 – 130.

19. 维特根斯坦：《伦理学演讲》，万俊人译，《哲学译丛》1987 年第 4 期。

20. 图尔敏：《科学中的概念革命》，孙伟平译，《自然科学哲学问题》1989 年第 1 期。

21. 埃德尔：《二十世纪美国的价值概念及其发展历程》，高乐飞译，《现代外国哲学社会科学文摘》1994 年第 7、8 期。

22. 安维复：《哲学观的嬗变：从拟科学到拟价值》，《求是学刊》1994 年第 1 期。

23. 万俊人：《当代西方伦理学的主题嬗变与传统回归》，《学术月刊》1993 年第 9 期。

24. 高清海：《价值与人》，《长白学刊》1995 年第 6 期。

25. 韩东屏：《论价值定义困境及其出路》，《江汉论坛》1994 年第 7 期。

26. 陈波：《"是"的逻辑哲学分析》，《中国社会科学》1993 年第 1 期。

27. 陈波：《分析哲学的价值》，《中国社会科学》1997 年第 4 期。

28. 李德顺：《实践的唯物主义与价值问题》，《南京社会科学》1996 年第 1 期。

29. 李德顺：《社会伦理演进中的元道德问题》，《学术月刊》1997 年第 6 期。

30. 徐梦秋：《20 年来国内西方元伦理学研究的走向、成就与得失》，《哲学动态》2011 年第 1 期。

31. 孙伟平、齐友：《略论科学的价值》，《哲学研究》1996 年第 3 期。

32. 孙伟平：《求解事实与价值关系问题的诸方案述评》，《人文杂志》1996 年第 5 期。

33. 孙伟平：《实践唯物主义同事实与价值关系问题之解决》，《求索》1996 年第 6 期。

34. 孙伟平：《事实认知与价值评价的相互关联》，《社会科学战线》1997 年第 1 期。

35. 孙伟平：《价值定义略论》，《湖南师范大学学报》1997 年第 4 期。

36. 孙伟平：《论事实》，《社会科学家》1997 年第 5 期。

37. 孙伟平：《价值原理及其意义》，《人文杂志》1997 年第 6 期。

38. 孙伟平：《休谟问题及其意义》，《哲学研究》1997 年第 8 期。

39. 孙伟平：《赫尔的功利主义思想述评》，《南京社会科学》2001 年第 8 期。

40. 孙伟平：《论赫尔的普遍规定主义伦理学思想》，《求索》2002 年第 2 期。

41. 孙伟平：《试析现代西方元伦理学的学术旨趣及学术价值》，《天津社会科学》2005 年第 1 期。

42. 孙伟平：《论价值思维》，《哲学研究》2005 年第 8 期。

43. 孙伟平：《中西价值哲学方法之比较》，《湖北大学学报》2007 年第 4 期。

44. 孙伟平：《逻辑学的革命：从形式逻辑到价值逻辑》，《自然辩证法研究》2011 年第 5 期。

45. 孙伟平：《科学的分析伦理学评析》，《自然辩证法研究》2013 年第 1 期。

46. 孙伟平：《论维特根斯坦的元伦理学思想》，《学习与探索》2013 年第 5 期。

47. 孙伟平：《普特南的"事实与价值二分法的崩溃"评析》，《山东社会科学》2013 年第 9 期。

索　引

艾耶尔　9，14，17，20，22，63，
　76，184，185

辩证的思维　107

柏拉图　35，42，46，123，125，
　160，243

杜威　53，54，205，250

规定主义　14，17，24，26，28，70，
　162，198～201，224，290

规范　3，9～12，23，24，27，39，
　72，78～83，111，145，151，152，
　157，160～163，167，173～183，
　186，188～197，199，201～205，
　215～218，221，225，227，228，
　231，234，239，245，251，265，

266，274，278，286～288，292～
　295，300～302，304～308，310，
　311，314，315，325～327，329～
　334，336～339

规范判断　9，10，195～197，201，
　202，292～295，300，301，304，
　306～308，314，325，327，329，
　330，332～334

规范推理　295，315，325～327，
　329，330，333

规范性原理　215～217

归纳问题　2，12，13，47，51，275，
　298，323

个体价值原理　218，219，221～
　223，227，228

关系思维　106，107

赫尔　14，24～28，55，56，64，81，82，182～184，195，201，224，302，315

黑格尔　37，38，46，48，88，93，94，180，192，236，279，283，284

价值　1，2，5～7，9～26，28～42，45，47，48，51～59，61～67，69～71，73～85，87，91，99～101，103～111，114，118～121，123～132，134～158，160～164，166～171，173～180，182～189，191～196，198～218，220，221，223～231，234～253，255，256，258～264，267，268，270，271，273～280，285～298，300，302，304，306～312，314，315，317，318，321～324，327，330，332～344

价值词　24，25，32，58，149，182～186，196，198，199，231

价值科学　10～14，17，23，31，39，51，147，195，213，250，271

价值观　2，30，45，48，84，157，207，208，212，215～217，224，227～229，238，239，245，246，306，309

价值论　1，2，8～10，12，13，17，19，21～24，30～32，34，38，39，48，51～53，58，61，62，85，88，113，118，121，129，132，133，141～144，182，186，197，210，226，227，267，280，286，289，290，307，309，311，331，334，336

价值逻辑　285～289，291，292，307

"价值盲"　33，241

价值判断　9～15，20，21，23～30，48，51，53，54，56，58，61，62，64，70，71，74，75，79，82，105，109，127，144，147，153，154，161～163，170，171，173，174，182～184，186，194～208，210～213，215，216，218，221，224～226，228～230，235，236，240～242，247，250，252，254～256，259～263，274，275，280，286，287，289，290，292～295，305～316，320，332，334，336，341～344

价值评价　33，65，91，109，118，119，127，139，140，147，152，157，161～170，174～176，184，186，190，192，199，209，215，221，226，236，239，240，243，245，247，248，252，255，259，262，270，275，280，287，289，297，309，311，331，339，341～343

价值事实　83，84，118，120，137，

141，143，144，164，199，293，
316～318

价值推理　24，26～28，224，226，
229，243，309，312～316，333～
339

价值原理　26，28，60～62，160，
207，208，210～218，220～231，
234，245～247，295，297，298，
302，312，330，332，334～339

价值原则　61，62，85，179，216，
223，225，226，228，231，234，
245，246，287，288，305，330，
334～338

价值中立说　152～155

卡尔纳普　14，17，23，78，201，323
康德　15，16，37，38，60，75～
77，121，123，153，177，201，
243，267

客体（对象）的尺度　109，264
客体性思维　103，105
科学人本主义　65，66，69
可证实性原则　19，22，23，39，105

李凯尔特　38，140
伦理学　2，3，7～19，21～24，29～
32，34，35，39，40，42，46，53，
58～63，70，74，75，78，82～85，
121～124，157，166，167，186，

187，201，208，216，247，280，331
逻辑　2，7～10，13，15，17，19，
20，22～28，31，40，47，49～51，
55，56，58，60，62，64，65，74～
80，82～86，91，101，104，106，
107，112，123，127，136，147，
149，153，163，164，168，171，
172，174，177，178，184，185，
187，193，194，196，197，200，
201，204，211，224，225，229，
231，234～236，242，244～249，
261，275～295，299，300，305，
307～312，314～323，325～327，
329，331～335，339，342，343

逻辑实证主义　17，19，62，75～
79，83，84，127，163，224，290
罗斯　14，58，63，280，331
罗素　14，17，19，20，39，111

马克思　52，87～98，100，102，
103，105～107，123，128，129，
134，138，154，158，161，169，
180，181，188，219，227，235～
237，246，263～265，267，268，
279，336，341

马克斯·舍勒　208
马斯洛　65～70，114，134，135，
159，210，250，262，270，271
麦金太尔　8，55，57，150，294

摩尔　14～17，22，24，26，29，31，
　54，58，60，63，121～125，247，
　263，280，295

目的　29，32～38，42，43，53，
　57，59，67，81，85，89，90，
　97～99，101，106，107，109，
　116，121，125，128～130，132，
　133，135～137，139～142，145，
　146，150～156，158～160，162～
　164，168～170，176～178，187～
　192，194，198，203，204，206，
　207，210，213，214，216～219，
　223，226，230～234，240，245，
　246，251，252，256，257，261～
　267，269，271～274，287，293，
　294，296～300，302～306，308～
　311，322，324，334～337，340，
　341，343

尼古拉·哈特曼　209

能力　17，36，37，47，59，62，64，
　67，68，90，93，99，137～140，
　142，143，146，154，155，159，
　160，165，168，170，176～178，
　180，193，205，211，212，214，
　235～237，239，240，247～252，
　254～258，261～265，271，276，
　280～282，284，287，288，291，
　297，320～322，339，340，343

培里　15，53，54，150，155，295

评价　9，10，16，21，24，25，30，
　37～39，53，56，64，72，73，75，
　79，81～83，88，98，99，111，
　127，132，139～144，146～148，
　150～153，157，158，161～170，
　173，175，176，178，179，181～
　183，186，188，190～197，
　199～204，215～218，221，222，
　225，226，228，229，231，239，
　240，242～245，247，250，251，
　253～256，262，263，266，274，
　277，284，288，292，293，295，
　297～300，302，304～308，310～
　312，314～319，321～326，
　333～338，342

评价判断　9，10，53，195～197，
　201，202，253，292，293，295，
　297，299，300，304，306～308，
　314，316，319，321，334

评价推理　315，316，318，319，
　326，333

评价性原理　215～217

普特南　55，58，74～85，151

情感主义　10，14，17～24，28，54，
　70，77，162，184，185，198～
　200，224，290

《人性论》　3～8，11，13，19，31，91

认知　17，20，22，28，32，36，37，
　42，58，61，65，78，81，83，85，
　98，99，105，106，109，112，
　113，116，117，119，120，126，
　127，132，133，139，142，144，
　146，147，152，153，155～158，
　160～170，198～200，202，204，
　252，253，262，270，276，285，
　307，341，342

塞尔　38，39，55，58，70～74，150

思维方式　41，49～52，59，73，
　86，87，91，92，101～110，114，
　116，127，132，143，166，167，
　242，243，245，247，248，250，
　282，284，285

善不可定义　14，16

实践　3，10，23，27～30，32～35，
　37，38，40，46，49，57，59，62，
　64，65，70，74，75，83，84，86～
　92，94～99，101，102，104～110，
　112～114，116～120，127，131，
　132，134，138～143，145，146，
　148，149，154～158，161，163～
　165，167～171，174，177，178，
　182，186～188，190～194，200，
　205，207，210，212～216，
　223～249，251～276，278～292，

294～297，299，300，302～312，
　314～316，318，321～327，330，
　332～344

实践观　87～90，92

实践唯物主义　52，70，92，96，
　97，106，110，114，115，119，
　142～144，164，230，233，235，
　263，268，282，341

实体思维　102

史蒂文森　14，17，20～22

石里克　17，39

事实　1～18，20～23，25～42，45，
　47，48，50～58，60，62，64，66～
　85，87，91，92，100，101，103～
　105，108～120，124，127，141～
　161，163～171，174，184～186，
　197～204，206，210，211，
　213～215，220，221，230，
　234～242，244，246，251，252，
　254～264，268，270，274～280，
　282，285，286，288，289，291～
　297，300，301，306～308，310，
　312，314，318，331，338～344

"事实盲"　33，241

事实判断　9～15，17，26～28，30，
　51，54，58，62，74，82，85，
　105，109，113，117，152，155，
　157～160，162，170，171，173，
　174，186，196，198，200～205，

213，224，229，235，236，240，
242，251，252，254～256，258～
263，274，275，277，289，292～
295，299，300，304～315，317，
319，341～344

事实推理　105，312，314，315

"是盲"　33，66，241

苏格拉底　34，35，41，42，82

天人合一　42～45，48，294

王阳明　88，337

维特根斯坦　14，17，40，112，
　149，183，283

文德尔班　38

新自然主义　31，52，55，58，70，
　85

休谟　1～14，16～19，22，26，28～
　31，33，34，37，38，40，41，47，
　51，52，54～58，65，70，73，78，
　79，81，85～87，91，102，105，
　120，123，147，153，171，201，
　234，235，275，276，280，285，
　289，290，292，294，298，308，
　323，339，342，343

休谟法则　12～14，28，30，52，
　58，85，235

休谟问题　1～3，8～14，28，30，

33，34，37，38，40，41，51，52，
55，58，65，73，85～87，91，
102，105，120，147，171，234，
235，275，276，280，285，289，
290，292，308，339，342，343

需要　1，8，10，11，13，21，32，
　33，35，47，53，57，65，67，68，
　77，85，86，90，96，97，99～
　101，108，109，116，117，124，
　127～129，131～143，145，146，
　152，154～156，158～165，
　168～170，175～177，181，182，
　185，188～194，200，203～207，
　209～218，220～224，226，228～
　237，240，243～247，249～258，
　260～274，276，280，283，285～
　289，293～300，302～312，314，
　315，321，322，324，325，330，
　331，333，336～343

亚里士多德　35，45，46，57，68，
　217，251

"应该盲"　33，66，241

语言学转向　28，48，197

真理　3，20，24，31，34，38～40，
　52，59，64，67，68，74～77，80，
　83～85，89，90，100，105，108，
　112，114，117～120，132，153，

154，157～161，164，169，184，
185，204，214，221，251，252，
255，259，260，262，280，311

直观形式的思维　103，104

直觉　14，17，58～65，123，161，
162，193，198，200，242～251，
280，315，317，320

直觉主义　14，17，58，59，61～
65，162，198，200，247

"知行"之辩　47，48

主体（人）的尺度　264

主体性　23，30，45，63，69，74，
99，103～108，113，116～120，

127，134，137，139，141～143，
149，155，156，163，164，185，
191，193，199，200，203～206，
212，213，218，256，262，265，
274，276，277，287，289，296，
307～311，315，343

主体性思维　103，107

自然主义　14～17，31，52～55，
58，70，104，105，114，
122～125，162，198～200，230，
263，295

自然主义谬误　14～16，31，52，
54，58，122～125，263

原版后记

　　三年的时光就那样匆匆流逝了，纪念它的，是面前的这堆文稿。我知道，在这条崎岖的路上，这至多只能算是开始。

　　人生就如同登山，只有登上一定的高度，才可能欣赏到相应的风景。三年前，获得如此珍贵的学习机会，我曾充满感激与希望。可匆匆流逝的时光留下了许多遗憾。但无论如何，那温馨宁静、充满朝气的校园，那么多风格各异、诲人不倦的师长，仍让我受益匪浅，永生难忘。特别是导师李德顺教授，更是对弟子倾注了一腔热忱。他那严谨规范的治学态度、敏锐深刻的批判精神，以及对待学生真诚无私的胸怀，将不仅是我今后治学的榜样，也将指导、鞭策我走完今后的人生之旅。

　　这部文稿，汇入了很多人的心血。无论是论文的选题、提纲的设计，还是观点的提炼、表达方式的选择，导师李德顺教授自始至终给予了悉心的指导与关怀，特别是论文写作和答辩后的修改过程中，三次对全文做了严肃认真的审阅批改。肖前教授、夏甄陶教授、李德顺教授、陈志良教授参加了论文开题报告会，提出了许多指导性意见；夏甄陶教授、郭湛教授、李景源研究员、陈波教授、江畅教授等在写作过程中，给了我很多启发、建议、关怀与鼓励。夏甄陶教授、袁贵仁教授、陈中立研究员、刘奔编审、陈志良教授、杨百顺教授、齐振海教授、钟宇人教授、谢龙教授、郭务本教授、陈波教授、马俊峰教授审阅了论文，对论文作了中肯客观的分析与评价，并一致推荐答辩。夏甄陶教授（主席）、肖前教授、赵凤岐研究员、吴家国教授、李淮春教授、郭湛教授等参加了博士论文答辩，对论文做了深刻的剖析，认为这是一篇"优秀的博士论文"（《决议》）；同时，也客观地指出了论文中存在的诸多疏漏与不足，并提出了具体的修改意见（可惜由于学力所限，这些意见未能在修改时全部吸收）。没有他们及家人朋友们的帮助与关怀，就不可能完成这篇论文。在此，我愿借此机会对他们表示深深的谢意。

孙伟平

1997 年 1 月 1 日

修改完稿至今，又是三年多时间过去了。仅仅于我个人的经历来说，这实在是我不情愿回首的岁月。因为提出调往中国社会科学院哲学研究所从事学术研究工作，原供职单位在拒绝放行的同时，使出了能够想到的所有手段，令我付出了沉重的代价。当我身心疲惫地到哲学研究所报到时，经人提醒我才蓦然发现，"辛辛苦苦近十年，一朝回到工作前"。好在我本是农民的儿子，本来一无所有，不怕从头再来。今天，一切开始步入正轨。收拾心情，端坐桌前，重读论文，已然陌生却又熟悉的感觉逐渐涌上心头……

十分感谢《中国社会科学博士论文文库》编辑委员会决定出版拙作。中国社会科学出版社的王俊义先生、冯广裕先生、冯春凤先生等为本书编辑出版，给予了诸多关怀，付出了辛勤劳动，在此，一并致以衷心谢意！

孙伟平

2000 年 5 月 18 日

图书在版编目（CIP）数据

事实与价值：休谟问题及其解决尝试／孙伟平著
. -- 修订本. -- 北京：社会科学文献出版社，2016.9（2018.11 重印）
（社科文献学术文库．文史哲研究系列）
ISBN 978 - 7 - 5097 - 9170 - 7

Ⅰ. ①事…　Ⅱ. ①孙…　Ⅲ. ①休谟，D.（1711 ~
1776）- 哲学思想 - 研究　Ⅳ. ①B561.291

中国版本图书馆 CIP 数据核字（2016）第 108911 号

社科文献学术文库·文史哲研究系列
事实与价值（修订本）
——休谟问题及其解决尝试

著　　者／孙伟平

出 版 人／谢寿光
项目统筹／周　琼
责任编辑／单远举

出　　版／社会科学文献出版社·社会政法分社（010）59367156
　　　　　地址：北京市北三环中路甲 29 号院华龙大厦　邮编：100029
　　　　　网址：www.ssap.com.cn
发　　行／市场营销中心（010）59367081　59367083
印　　装／三河市东方印刷有限公司

规　　格／开 本：787mm × 1092mm　1/16
　　　　　印 张：25.25　字 数：336 千字
版　　次／2016 年 9 月第 1 版　2018 年 11 月第 2 次印刷
书　　号／ISBN 978 - 7 - 5097 - 9170 - 7
定　　价／168.00 元

本书如有印装质量问题，请与读者服务中心（010 - 59367028）联系